# 경제학의 역사와 사상

# 경제학의 역사와 사상

● 이천우 지음

율곡출판사

# 들어가는 글

경제학은 우리가 먹고 사는 가장 본질적인 문제를 다루는 학문이다. 곧 우리 주변의 모든 일상과 우리를 둘러싸고 있는 모든 사회현상을 분석대상으로 하고 있는 학문이다. 따라서 경제학은 우리의 삶을 떠나서는 존재할 수 없으며 경제학의 분석영역은 바로 우리의 삶 그 자체라고 할 수 있다.

그러면 경제학은 언제부터 학문으로서 확립되었는가? 경제학의 역사를 공부하면 경제학이 이제까지 무엇을 문제로 했고, 그 문제에 대하여 어떻게 답했는가를 알 수 있다. 경제학의 역사를 거슬러 올라가면 초기의 경제학자들은 보통사람들이 사용하는 말로서 경제적 사상을 논의했다. 그러나 오늘날 대부분의 경제학자들은 경제문제에 대하여 수학적 표현을 포함하여 보다 전문적이면서도 난해한 개념을 사용하여 논의하고 있다. 이러한 사실은 그들 개념이 발전해 온 역사를 살펴봄으로써 알 수 있다. 따라서 경제학의 역사를 이해할 필요가 있다.

산업혁명을 선두에서 이끌던 영국의 고전학파 경제학이 1850년대 이후 발전이 정체되면서, 그 대안으로 구미 각국에서 다양한 이론적 조류들이 나타났다. 이 조류들 중에서 중요한 흐름은 본서의 서장 앞에 제시된 현대 주류경제학 계통도에서와 같이 정리할 수 있다. 즉, 아담 스미스로부터 비롯된 고전학파로부터, 한계혁명으로 불릴 정도로 영향력이 커지게 된 신고전학파, 독일어 문화권의 중심적인 경제학이었던 역사학파와 그 영향을 받아 미국에서 발전한 제도학파, 유럽 사회주의 운동과 결부되어 현실적인 영향력이 컸던 마르크스주의, 그리고 독일어 문화권에 있었지만 독자적인 방법론을 가진 오스트리아학파가 있다. 이들 경제학은 서로 다른 문화적 배경에서 나온 것이지만, 1870년대 이후 경제학의 국제화 internationalization 와 전문화 professionalization 가 심화되면서 서로 교류하고 경쟁하며 발전하였다. 그리고 제2차 세계대전 이후 명실상부하게 중심이 된 미국 중심의 현대경제학은 날로 정치화하며 발전하고 있다.

본서에서는 이렇게 발전하고 있는 경제학 및 경제사상의 시대적 배경, 학문으로 확립된 과정, 이론이나 사상의 발전과정, 나아가 시대적 조류에 따라 발전하던 이론이나 사상이 어떤 전환기를 맞아 새로운 대안이 출현하였는가를 알기 쉽게 서술하였다. 아울러 주요 이론이나 사상을 설파한 학자들도 엄연한 현실을 부딪히며 살아가는 생활인이기에, 학자로서 그리고 생활인으로서 경제학을 어떻게 이해하며 살았는가 등을 함께 서술하였다.

경제학의 역사에는 우여곡절의 큰 흐름을 좌우한 사람들이 있다. 노동가치설을 기반으로 '보이지 않는 손' 에 의한 자유무역주의 시장경제 모델을 밝혀낸 아담 스미스, 스미스의 노동가치설을 잘못 이해하여 '과학적 사회주의' 의 실현을 믿었던 칼 마르크스, '효용가치설' 을 바탕으로 가치현상의 주관적 성격을 확립시킨 칼 멩거, 시장기구가 제 역할을 못하자 정부 간섭주의를 옹호하며 정부의 적극적인 개입에 의한 적자재정 및 복지운영에 의한 정책을 주장한 존 메이나드 케인즈, 그리고 칼 멩거의 효용가치설의 일관된 주관주의 위에서 사회주의와 국가간섭주의를 비판한 루드비히 폰 미제스 등이 그들이다.

오늘날에도 세계는 2008년에 전 세계를 강타한 미국발 금융위기 이후 그 원인과 해법을 풀어가는 방법에 대하여 자유주의 경제 진영과 국가간섭주의 진영으로 나뉘어져 있다. 자유주의 진영에서는 저금리 정책에 의해 서브프라임 모기지가 남발되었고, 이로 인해 생긴 부실이 금융위기를 초래했다고 본다. 그러므로 인위적인 금리 인하 정책과 국가간섭주의를 철폐할 것을 해법으로 내세운다. 반면에 국가간섭주의 진영에서는 정부당국의 규제가 없음으로 인해 서브프라임 모기지의 위험을 분산하는 고수익 파생상품이 남발되었고, 서브프라임 모기지 부실이 금융위기 도미노 현상을 야기했다고 본다. 따라서 정부가 적극적으로 파생상품 등의 규제를 강화해야 한다고 주장한다.

우리는 경제학의 역사를 공부하고 이해함으로써 위대한 학자들의 생각과 사상을 현실에 어떻게 접목시킬 것인가를 생각하게 된다. 그리고 위대한 사상가들의 생각이 오늘의 보통사람들에게는 어떤 의미를 주고 있는가, 나아가 정책당국자들에게는 어떤 처방전을 제시하고 있는가에 대한 시사점을 얻을 수 있을 것이다.

끝으로 본서에는 〈부록-1〉 역대 노벨경제학상 수상자에 관한 자료와 〈부록-2〉 주요 경제사상사 연표를 세계사 및 한국사 주요 사건과 연대를 연계시킨 표를 첨부하였다. 〈부록-1〉로부터 우리는 20세기 후반 이후 경제이론의 발전 추이를 개략적으로나마 알 수 있을 것이다. 그리고 〈부록-2〉로부터는 세계가 역동적으로 변화하고 있던 당시 시대에 우리나라에서는 어떻게 사고하며 무엇을 했는지를 살펴볼 수 있을 것이다.

저자는 초반에 웅대한 꿈을 가지고 출발했는데, 집필이 끝날 무렵에는 그 꿈을 제대로 펼치지 못한 아쉬움이 적지 않게 남았다. 이 같은 본서의 불완전성은 독자 여러분들에 의해 그 부족함이 메워지길 간절히 기대한다.

2017년 6월

봉림산 기슭에서

저자

차 례

## 제2장 고전파 이전의 경제사상



# 2부 고전학파 경제학

## 제3장 고전파 경제학

# 3부 역사학파 경제학

## 제4장 역사학파의 경제학



# 4부 마르크스의 경제학

## 제5장 자본주의에 대한 근본적 비판 : 칼 마르크스의 비판

## 제7장 마샬의 경제학



## 제8장 케인즈의 사상과 경제학

## 제9장 제도학파

## 제10장 공공선택학파



## 제11장 신오스트리아학파



## 제12장 슘페터의 경제학

## 제13장 힉스의 경제학과 현대



# 6부 현대경제학

## 제14장 현대경제학

현대 주류경제학 계통도

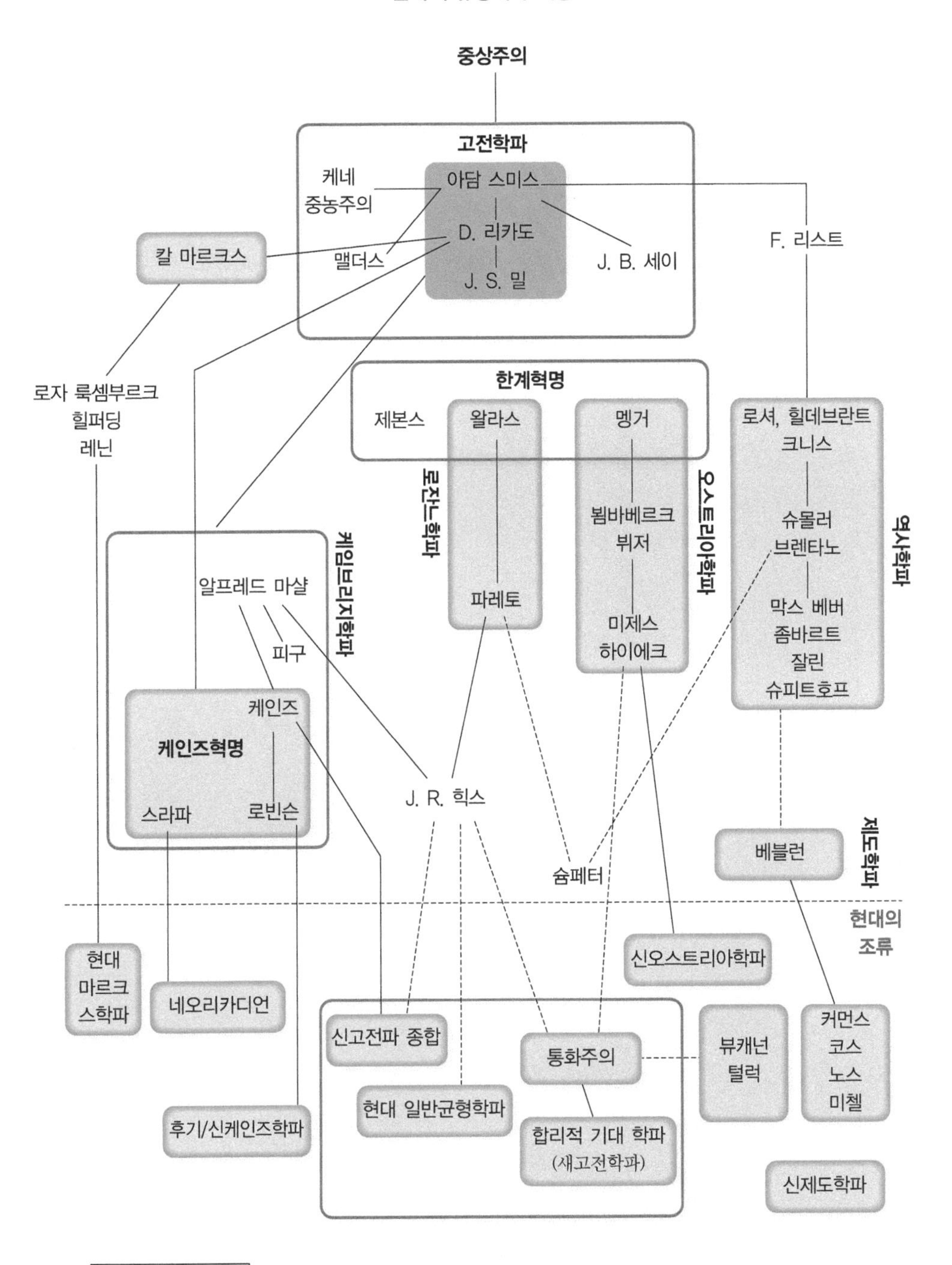

중상주의
고전학파
케네
중농주의
아담 스미스
D. 리카도
맬더스
J. S. 밀
J. B. 세이
F. 리스트
칼 마르크스
로자 룩셈부르크
힐퍼딩
레닌
한계혁명
제본스
왈라스
멩거
로잔느학파
파레토
오스트리아학파
뵘바베르크
뷔저
미제스
하이에크
로셔, 힐데브란트
크니스
슈몰러
브렌타노
막스 베버
좀바르트
잘린
슈피트호프
역사학파
케임브리지학파
알프레드 마샬
피구
케인즈
케인즈혁명
스라파
로빈슨
J. R. 힉스
슘페터
베블런
제도학파
현대의 조류
현대 마르크스학파
네오리카디언
신오스트리아학파
신고전파 종합
통화주의
현대 일반균형학파
합리적 기대 학파
(새고전학파)
뷰캐넌
털럭
커먼스
코스
노스
미첼
후기/신케인즈학파
신제도학파
강한 관계
약한 관계

서장

# 왜 경제학의 역사를 공부해야 하는가?

경제학이란 인간의 일상을 연구하는 학문이다. 이 정의는 19세기 위대한 경제학자 알프레드 마샬Alfred Marshall이 내린 정의이다. 이 정의는 21세기인 오늘날에도 여전히 유효하다고 하겠다. 마샬의 정의가 우리에게 와 닿는 이유는 경제학은 다름 아닌 우리가 먹고 사는 문제라는 우리 생활의 가장 본질적인 문제를 다루고 있기 때문일 것이다.

이처럼 경제학은 우리가 먹고 사는 가장 본질적인 문제를 다룰 뿐만 아니라 좁게는 주변의 모든 일상과 넓게는 우리를 둘러싸고 있는 모든 사회현상을 분석대상으로 하고 있다. 따라서 경제학은 우리의 삶을 떠나서는 존재할 수 없으며, 경제학의 분석영역은 바로 우리의 삶 그 자체라고 할 수 있다.

그러면 경제학은 언제부터 학문으로 확립되었는가? 경제학의 역사를 공부하면 경제학이 이제까지 무엇을 문제로 했고, 그 문제에 대하여 어떻게 답했는가를 알 수 있다. 경제학의 역사를 거슬러 올라가면 초기의 경제학자들은 보통 사람들이 사용하는 말로 경제적 생각들을 논의했다. 그러나 오늘날 대부분의 경제학자들은 경제문제에 대하여 수학적 표현을 포함하여 보다 전문적이면서도 난해한 개념을 사용하여 경제적 사고를 논의한다. 그렇다면 경제학자들이 사용하는 전문적이고 어려운 개념을 알아야 한다. 이들 전문적인 개념 및 사상은 역사적 성격과 관련되어 있는 경우가 많다. 따라서 경제학의 역사를 공부할 필요가 있다.

경제사상은 인류의 사고의 발달과도 궤를 같이한다고 할 수 있지만, 사실 학문으로서의 경제학의 역사는 그리 오래되지 않았다. 경제학은 근대사회의 발전과 더불어 발전해 왔다. 경제학이 근대사회의 발전에 유용했던 것은, 경제학이 기본적 인권을 존중하고, 자유로운 개인에 의한 자발적인 협조를 촉진시켰기 때문이다. 아담 스미스Adam Smith의 『국부론』이 미국의 독립선언과 같은 해인 1776년에 출판된 것도 이와 무관하지 않다고 생각된다. 경제학은 단순히 경제에 관한 학문을 넘어, 근대사회의 조직원리를 명확히 하는 정치경제학이기 때문이기도 하다.

위대한 사상가들은 자신이 살고 있는 시대의 다양한 문제들을 해결하기 위해 노력했다. 위대한 경제학자들의 경제사상은 당시 자신들이 살고 있는 당면 문제로부터 인류가 지향하는 원대한 목표에 이르기까지 그 폭이 넓고 깊다. 그들은 우리와 똑같이 현실을 살아가면서 그러한 사상을 창의적으로 발전시키면서 새롭게 제시했다. 그렇게 제시된 경제사상은 당시의 현실을 어떻게 설명했는가? 그리고 당면했던 현실 경제문제에 대한 처방전은 어떻게 제시했는가? 오늘날의 기준으로 봤을 때 보통사람들에게는 어떤 의미와 시사점을 주고 있는가? 학자들도 당연히 현실을 살고 있는 생활인이다. 그렇다면 학자로서, 그리고 생활인으로서 경제사상을 어떻게 이해하며 살았는가? 학자들의 생각과 사상을 현실에 어떻게 접목시킬 수 있는가? 그리고 당시의 정책당국자들에게는 어떤 처방전을 제시했던가? 등에 초점을 두며 경제학의 사상의 변천을 역사적 순서에 의거 정리하였다.

오늘날 국제사회는 과거 어느 때보다도 각자도생各自圖生의 시대로 들어섰다. 경제에서도 자유무역주의가 쇠퇴하고 신중상주의Neo Mercantilism 시대로 접어들고 있다. 이데올로기나 가치동맹을 떠나 세계 각국이 자국의 이익을 최우선으로 하는 시대로 접어든 것이다. 이러한 시대에 우리는 각 시대의 상황에서 탄생한 경제사상을 조명할 필요가 있다.

본서는 경제학의 발전과정을 역사적으로 고찰하고, 그 역사적 · 사상적 연원을 정리함으로써 독자들이 현대경제학 및 현대의 제반 경제이슈를 이해하는 데에 필요한 식견을 높일 수 있도록 쓰여졌다. 이를 위해서 경제분석의 도구뿐만 아니라 그 사상이나 이론이 나오게 된 경제적 · 지적 · 개인적 배경까지 살펴본다. 그렇게 함으로써 각 시대 경제사상의 조류를 이해하고, 오늘의 관점에서 주요 경제사상을 음미하고, 오늘날 빚어지고 있는 문제의 해결방안을 시사받고자 한다.

근대사회에서 무엇보다 가장 큰 변화는 경제혁명經濟革命이 이루어져 경제적 수준이 크게 향상되었다는 사실이다. 18세기에 경제학이란 학문이 성립되어 근대산업국가의 사상적 체계思想的 體系를 제공했다. 오늘날 산업사회의 힘의 근원이 형성된 것이다. 사실 힘은 사상적 근거나 명분이 필요한데, 경제학이라는 학문의 성립은 현대 자본주의 사회를 구성하는 이론적 무장을 확립하게 했다고 할 수 있다. 어쩌면 위대한 사상과 이념은 대제국을 붕괴시킬 수 있는 이상의 힘을 가졌다고 생각된다. 그런 의미에서 현대사회에서 경제학은 이론적 틀로 무장하여 현대의 산업문명을 등장케 했다고 할 수 있다. 경제학이 무질서한 인간사회의 여러 가지 현상에 질서를 부여했던 것이다.

그러면 경제학의 역사를 공부하는 방법론에 관하여 생각해 보자. 경제학은 과학과 도덕철학의 두 측면을 동시에 갖춘 학문으로 발전해 왔다. 본서는 이 두 측면을 함께 중시하면서 경제학의 역사적 추이를 명확히 하고자 노력하였다. 또한 경제학의 과학적 측면을 이해하기 위하여 칼 포퍼Karl Popper(1902~1994)의 과학론과 토마스 쿤Thomas Samuel Kuhn(1922~1996)의 과학관, 그리고 지식사회학적 방법론을 적절히 융합하는 쪽을 택하였다.

칼 포퍼는 과학이야말로 인간의 능력이 가장 이상적으로 발휘되는 분야라고 생각했다. 또한 그는 과학에는 인간 지식의 향상을 목표로 하고, 그 지식에 의거하여 보다 좋은 환경이나 사회를 실현시키려는 노력이 최대한 발휘되기 때문에 과학의 발전은 점진적으로 이루어지는 것이라고 했다. 그러나 토마스 쿤은 과학적 진보의 계기가 되는 혁명은 하나의 이론구조라 할 수 있는 패러다임의 포기와 양립 불가능한 다른 패러다임이 대체되는 것으로 이루어지므로 비누적적인 발전의 에피소드로 구성되어 있다고 했다. 토마스 쿤의 이론에서는 이런 패러다임의 천이遷移, shift 과정을 결정하는 객관적인 절차 따위는 존재하지 않는다. 그는 오히려 과학자 공동체의 사회학적 성격이 중요한 역할을 수행하고 있다고 주장했다. 특히 토마스 쿤은 과학적 발전에 있어서 과학자 공동체가 공유하는 기본적 연구방향인 '패러다임'의 역할과 이에 바탕을 두고 과학적 과제를 해명하는 '본보기'를 중시했다. 한편, 지식사회학적 접근을 통해 학파를 연구하는 학자들은 '연결망network'을 강조한다. 본서는 이러한 분석방법들을 융합하는 방법을 취하였다.

본서에서는 먼저 경제학의 탄생 이전인 그리스 · 로마 시대의 사상적 흐름을 간략히 정리한다. 그리고 시대 구분을 경제학 탄생 이전과 경제학 탄생 이후로 나눈다. 경제학 탄생 이전은 고대 그리스 · 로마 시대로부터 중상주의, 중농주의로, 그리고 경제학 탄생 이후는 고전학파를 시발로 하는 주류경제학과, 역사학파, 마르크스 경제학으로 나누어 고찰한다. 그리고 근대경제학, 현대경제학으로 구분하여 논의한다.

본서에서는 각 시대의 주류경제학[1]의 주요한 학자들의 경제사상을 중심으로 논

---

1. 주류경제학(Mainstream Economics)이란 (i) 경제적 문제는 '희소한 자원의 효율적 배분'의 문제이고, (ii) 경제적 결정은 일차적으로 개인 소비자와 개인 생산자에 의해 결정된다는 입장을 취하는 경제학으로 정의한다. '희소한 자원의 효율적 배분'의 문제는 개인 소비자에게는 주어진 소득 하에서 효용을 극대화하는 상품소비 배합을 결정하는 문제로 나타나며, 개인 생산자에게는 주어진 생산요소의 양과 생산요소 서비스 가격 하에서 비용을 극소화하는 생산요소의 배합을 결정하는 문제로 나타난다. 이런 경제적 문제를 해결하기 위해서는 ① 개인 소비자의 선호, ② 생산기술 상태, ③ 부존자원의 양과 분배가 '주어진 것'으로 가정한다. ①과 ③에 근거하여 개인 소비자는 효용을 극대화하고, 그 결과 각 상품에 대한 수요함수와 생산요소에 대한 공급함수가 결정된다. ②와 ③에 근거해서 개인 공급자는 비용을 극소화하고, 그 결과 각 상품에 대한 공급함수와 생산요소에 대한 수요함수가 결정된다. 이제 각 상품과 생산요소 시장에서 수요와 공급이 일치하는 점에서 각 상품과 생산요소의 가격과 수량이 동시에 결정된다. 이 같은 정의는 아주 넓게 포괄하므로 경제학의 여러 학파들을 '주류경제학'으로 분류할 수 있게

의하였다. 그렇지만 비주류경제학의 사상이나 이론들도 적절히 배치하여 살펴보았다. 그러면서 중요한 전환을 이룬 위대한 사상이 등장하는 것과 관련된 시대적 배경도 검토하였다.

본서에서는 주요한 역사적 전환을 가져온 계기에 따라 주요 사상을 구분하였다. 이 구분에 따라 제1부 경제학 탄생 전사, 제2부 고전학파, 제3부 역사학파의 경제학, 제4부 마르크스 경제학, 제5부 근대경제학, 제6부 현대경제학에 이르기까지 제6부 제15장으로 구성하였다. 특히 제15장에서는 주류경제학의 변천을 정리하였다. 그리고 주요 인물의 사상과 학파의 흐름을 독립된 장으로 하기에 어려움이 있으면 박스box로 정리하여 보완하였다. 또한 〈부록-1〉에서 역대 노벨경제학상 수상자와 수상에 대한 간략한 공적을 정리하였다. 이렇게 함으로써 20세기 후반 이후의 경제이론과 경제사상의 발전을 일별해 볼 수 있도록 하였다. 〈부록-2〉에서는 주요 경제사상의 연표를 세계사 및 한국사 주요 사건과 연대를 매치시킨 도표로 정리하였다. 우리는 이로부터 당시 우리 사회가 어디에서 무엇을 했는지를 돌아보고, 현대의 관점에서 우리의 자세를 점검할 수 있다.

한다〔박만섭(2007. 5. 4), pp.2~3〕. 여기서도 이러한 분류에 따르고 있다.

제1부

# 경제학 탄생 전사

**제1장** 경제학 탄생 이전의 경제사적 · 사상적 배경

**제2장** 고전파 이전의 경제사상

제1장

# 경제학 탄생 이전의 경제사적 · 사상적 배경

## 1. 고대 그리스와 로마의 문화적 기반

최초의 서양문명을 이룬 고대 그리스 세계는 지중해를 중심으로 한 발칸반도 남단과 그 인근 지역이었다. 기원전 3000년~기원전 2000년 기간에 있었던 크레타와 미케네에 의해서 이루어진 에게문명의 종식 이후, 폴리스 체제에 기반을 둔 고대 그리스문명이 수립되었다. 그리스인들은 지중해를 통하여 활발한 식민지 활동을 벌였다. 특히 소아시아와 북아프리카, 지중해 유역의 이탈리아와 프랑스 등지로의 진출이 활발했다. 이에 따라 자신들의 정치체제인 폴리스 체제와 함께 그들의 문화를 외부로 전파시켰다.

그리스는 전제군주 체제에 입각해 있던 아시아와는 달리 민주제에 입각한 '폴리스' 라는 국가형태를 이루고 있었다. 당시의 그리스인들이 주로 활동하던 발칸반도 이서지역以西地域은 서양, 그리고 그 동쪽 지역은 동양으로 불리게 되었다. 이러한 면에서 서양의 개념은 유럽Europe의 개념과 겹치는 측면이 있다.

그리스문화는 시간이 지나면서 그리스라는 국한된 지역의 문화 혹은 폴리스라는 소규모 공동체의 문화라는 성격에서 탈피하여 지중해의 국제적인 문화로 탈바꿈하게 되었다. 이 국제적인 그리스문화는 지중해를 지배하는 대제국으로 성장한 로마인에 의해 수용되어 서양문화의 큰 줄기를 형성하게 된다.

### 호메로스의 『일리아스』와 『오디세이아』

트로이 유적지는 고대 그리스 작가 호메로스Ὅμηρος(기원전 8세기경)의 서사시 『일리아스』와 『오디세이아』를 통해 세상에 드러났다. 트로이 유적지의 비밀을 밝혀낸 것은 아마추어 고고학자 하인리히 슐리만Heinrich Schliemann(1822~1890)이다. 그는 집요한 추적 끝에 1873년 마침내 유적지를 발굴했다.

호메로스의 『일리아스』와 『오디세이아』는 문학 차원을 넘어 서구 문화의 원천으로 자리한다. 『일리아스』는 트로이 전쟁에서 벌어지는 전사들의 무용담이나 영웅들의 이야기를 그렸다. 『오디세이아』는 주인공 오디세우스가 트로이 전쟁을 끝내고 고국으로 돌아가는 길에 겪은 모험, 사랑과 방랑 등을 기록한 여행담이다. '일리아스'는 '일리온트로이의 노래'란 뜻이고, '오디세이아'는 '오디세우스의 노래'라는 의미다.

『일리아스』의 줄거리는 간단하다. 그리스군 용사 아킬레우스는 자신을 무시하는 총사령관 아가멤논에게 화가 나서 전투를 거부한 뒤 여신인 어머니에게 부탁해 자기편이 지도록 일을 꾸민다. 그리스군은 한동안 아킬레우스 없이도 잘 싸우지만 끝내 위기에 처한다. 이를 보다 못한 아킬레우스의 절친한 친구인 파트로클로스가 전투에 뛰어든다. 그는 잠깐 동안 큰 전공을 세우고 적을 격퇴하지만, 헥토르에게 죽고 만다. 이때 아킬레우스의 분노는 친구를 죽인 헥토르에게 방향을 돌린다. 그는 신이 만든 새로운 무장을 하고 친구의 원수를 죽인다. 친구의 장례를 치르고도 화가 풀리지 않자 날마다 헥토르의 시신을 학대하지만, 결국 신들의 중재로 시신을 돌려보낸다.

『오디세이아』의 줄거리는 이렇다. '증오받는 자'라는 뜻을 지닌 오디세우스는 트로이 전쟁에서 혁혁한 공을 세우고 고향 이타카로 돌아가려 항해에 나선다. 올림푸스의 신들이 결정한 그의 운명은 이름처럼 고난과 역경으로 가득 차 있다. 이타카 왕인 오디세우스가 자리를 비운 사이 왕비 페넬로페에게 구혼하는 자들이 궁전에 몰려들어 그의 재산을 탕진한다. 오디세우스는 항해 도중 포세이돈의 아들인 외눈박이 거인 폴리페모스의 동굴에 갇혔다가 불에 달군 말

뚝으로 폴리페모스의 외눈을 찌르고 가까스로 탈출한다. 귀향을 위해 저승 문턱까지 갔던 오디세우스는 이후에도 몇 번의 죽을 고비를 넘긴다. 파이아케스인들의 스케리아 섬에서 나우시카 공주에게 구조되어 천신만고 끝에 고향 이타카 섬으로 돌아간다.

『일리아스』는 모든 사건이 분노의 모티브를 중심으로 전개되지만, 『오디세이아』는 여러 모티브가 복잡하게 얽혔다. 두 서사시를 비교하면서 『일리아스』는 비극적이고, 『오디세이아』는 낭만적이라고 얘기한다. 『일리아스』가 인간의 조건을 보여주는 데 비해, 『오디세이아』는 인간의 삶이 어떻게 펼쳐지는지를 제시한다는 견해도 있다. 어떤 이는 『일리아스』가 인간은 궁극적으로 죽을 수밖에 없다는 사실에 대해 분노를 표출했지만, 『오디세이아』는 인간으로 태어났다는 사실 자체에 괴로워하는 내용을 담았다고 해석한다.

문자로 전해지는 서양 최초의 문학작품인 『일리아스』와 『오디세이아』는 서양 문화를 언급할 때 가장 먼저 나온다. 그리스 3대 비극작가 중 한 사람인 아이스킬로스Aischylos(BC 525년/524년~BC 456년/455년)는 자신의 비극 작품이 모두 호메로스의 '위대한 만찬의 한 조각'에 불과하다고 말했다. 단테Durante degli Alighieri[1]는 호메로스가 '이야기들의 기초를 세운 아버지'라고 규정했다. 요한 볼프강 폰 괴테Johann Wolfgang von Goethe(1749~1832)에게는 '변화하며 움직이는 거울'인 호메로스가 자신의 원초적인 모델이었다. 아일랜드 문호 제임스 조이스James Augustine Aloysius Joyce(1882~1941)는 호메로스로부터 오디세우스의 이름을 끌어와 소설의 주인공으로 삼았다. 20세기 최고의 영어소설로 꼽히는 『율리시스Ulysses』는 그리스어 오디세우스Odysseus의 영어식 표기다.

국가와 민족이 변하고 세월이 흘러가면서 인간 지성은 호메로스가 이야기한 사건들의 순서를 바꾸고, 그가 만든 등장인물들에 새로운 이름을 부여하였다. 아랍을 배경으로 변형된 호메로스의 몇몇 에피소드는 더 큰 변형을 거치면서 스페인의 로맨스, 프로방스의 칸초네, 프랑스의 우화시, 독일의 민화가 됐다. 아이슬란드 무용담 '외팔이 에길'과 영국 민간우화인 '잭과 콩나무'도 이와 비슷하다.

우리는 이제 힘든 여행의 대명사로 '오디세이'라는 말을 일상적으로 쓴다. 클래식 오디세이, 우주 오디세이, 과학 오디세이, 논술 오디세이, 미학 오디세이… 가히 두 작품을 모르고선 유럽의 문화를 제대로 이해할 수 없는 경지에 이르렀다.

출처 : 김학순, "세상을 바꾼 책 이야기", 『신동아』 2014년 9월호에서 발췌하여 정리한 것.

---

1. 이름은 두란테 델리 알리기에리(Durante degli Alighieri, 1265~1321)지만 애칭으로 단테라고 불린 게 더 유명하고 알려졌다.

기원전 1세기 말 세계제국으로 팽창한 로마는 헬레니즘을 바탕으로 여러 지역의 문화적 요소들을 받아들임으로써 통합적인 문명을 이룩하게 된다. 라틴족인 이탈리아와 주로 켈트족이 분포되어 있던 프랑스, 이베리아 반도, 영국의 일부 외에 북서부 아프리카 지역까지 팽창하는 성과를 거두었다. 이런 점에서 로마는 이미 헬레니즘 문화권 안에 들어와 있던 소아시아와 이집트 등의 동부 지중해 지역 외에 서부 지중해 지역까지 자신의 영역 안으로 통합시켰다. 언어적인 측면에서 볼 때 동부 지중해 지역은 그리스어, 서부 지역은 라틴어에 기반하고 있었다.

▲ 로마의 건국신화에 등장하는 로물루스와 레무스[2]

라인강과 도나우강은 로마의 자연적인 국경이 되어 북쪽 한계선을 이루었다. 그러나 로마 역시 이 광대하고 다양한 지역을 통합하는 데에는 어려움을 겪었다. 온갖 박해에도 불구하고 로마의 국교로 자리잡은 그리스도교가 그 증거라 하겠다. 그리스도교를 로마의 국교로 정했던 테오도시우스 황제Flavius Theodosius(347~395)가 사망한 395년 이후 로마는 서쪽의 라틴어 사용지역인 서로마제국과 동쪽의 그리스어 사용지역인 동로마제국(비잔틴제국)으로 분리된다.[3] 이에 따라 그리스 주변의

2. 로물루스와 레무스(Romulus and Remus)는 로마의 전설적인 건국자이다. 전설에 따르면 이들은 알바롱가의 왕인 누미토르의 딸 레아 실비아가 낳은 쌍둥이 아들들이다. 로물루스(Romulus)는 전설적 로마의 건립자이며 초대 왕이다. 전설에 의하면, 로물루스는 고대 그리스의 트로이 전쟁의 한 영웅인 아이네아스(Aeneas)의 손자라고 하기도 한다. 또 레무스는 로마의 전설적인 건국자들로 전해지는 쌍둥이 형제 중 하나다. 누미토르의 딸 레아와 전쟁의 신 마르스 사이에서 로물루스와 함께 태어난 쌍둥이 형제이다.

3. 테오도시우스 대제는 379~395년까지 로마의 황제였다. 그라티아누스 황제(Flavius Gratianus Augustus, 359~383 : 375~383년 기간 로마제국의 서방을 다스린 황제)로부터 동로마제국을 다스릴 것을 임명받은 이후 서로마제국의 황제 발렌티니아누스 2세(Flavius Valentinianus, 371~392 : 375~

남유럽지역은 처음에는 그리스정교의 비잔틴권에, 이어 1453년 동로마제국의 몰락 이후로는 이슬람권에 편입되었다. 그리스는 1830년 오스만 투르크로부터 독립한 이후 다시 서양세계로 복귀하였다.

## 아리스토텔레스의 『정치학』

▲ 아리스토텔레스

아리스토텔레스Aristoteles(BC 384~322)는 그리스 북부 지방에서 의사의 아들로 태어났다. 그는 플라톤 밑에서 학문을 배웠다. 플라톤은 소크라테스의 제자였다. 아리스토텔레스는 진리를 인식하는 지적 덕과 욕구를 억제하는 도덕적 덕을 구분하였다. 이 두 가지 덕은 인간이 이성적 존재라는 전제에서 출발한다. 아리스토텔레스는 지식을 안다고 실제로 행동하는 것은 아니라고 생각했다.

**넘치지도 모자라지도 않는 상태**

그렇다면 어떤 노력을 해야 하는가? 아리스토텔레스는 '중용中庸'을 갖추라고 말한다.

"우리는 『윤리학』에 나온 언명들, 곧 (1) 진실로 행복한 삶이란 모든 장애로부터 벗어난 선의 활동이며, (2) 선이란 중용에 있는 것이라는 언명들을 진실이라고 받아들인다면, 최선의 생활방식은 각 개인이 실천할 수 있는 중용에 있다는 결론이 나온다.

…… 모든 국가에는 세 개의 계급이 있다. 아주 부유한 사람들, 아주 가난한 사람들, 그리고 그 사이에 존재하는 중간계급 …… 최선의 형태를 가진 정치사회는 권력이 중간계급의 손에 있는 사회이며, 중간계급의 규모가 큰 국가가 좋은 정부를 구현할 수 있다."

중용이란 넘치지도 모자라지도 않는 상태를 말한다. 어느 극단으로 치우치지 않은 상태, 즉 낭비하지도 인색하지도 않은 상태인 절약을 행하면 이것이 중용이다. 유의할 점은 중용은 두 극단의 기계적인 중간이라기보다는 균형잡힌 선택을 의미한다. 『정치학』에서 중용은 개인적인 차원을 넘어 국가적 차원으로 해석될 수 있음을 보여준다. 국가의 중용이란 중간계급이 수적으로 우세한 상태이다.

---

392년까지 서로마제국의 황제)가 죽자 동로마와 서로마 모두를 통치한 마지막 황제였다. 그가 죽은 후 로마제국은 동로마와 서로마로 완전히 분리되었다. 그는 그리스도교를 로마제국의 공식적인 국교로 제정하였다.

인생의 궁극적인 목적은 무엇일까? 아리스토텔레스의 대답은 '행복eudaimonia'이다. 행복이란 주관적 감정 상태라기보다는 인간의 자연스러운 능력을 덕에 일치하게 발휘하는 것을 의미한다. 아리스토텔레스는 완전한 인간으로 성장하기 위해서는 공동체(국가, polis)가 필수적이라고 말한다. 인간이란 결코 혼자서는 살아갈 수 없는 '정치적 동물'이기 때문이다.

국가는 어떻게 발생했을까? 인간은 필요에 의해 가족을 이루고, 계속해서 더 큰 필요를 충족시키기 위해 마을이라는 공동체를 거쳐, 마침내 자족을 실현할 수 있는 최고의 공동체로서 국가에 이르게 된다. 아리스토텔레스는 인간이 국가를 이루는 것은 우연한 것이 아니라 본성적으로 그렇게 될 수밖에 없다고 설명한다.

국가는 발생적인 시간 순서로 따진다면 개인보다 뒤진다. 그러나 국가는 '자족'을 실현하여 인간의 '잘 삶'을 구현해 줄 수 있는 공동체라는 점에서 개인보다 앞선다. 행복은 긴 시간 동안 반복적 습관을 통해 얻을 수 있다. 이런 성품과 관련된 훈련 과정은 가족 내에서는 충분하지 않고, 국가의 '법률(규범)'과 '교육'을 통해 이루어질 수 있다. 국가의 목적은 인간의 최고 선인 지적·도덕적 삶의 실현에 있다. 국가는 개인의 행복을 최대한 완성시키고 시민들을 선하고 정의롭게 만들 수 있는 중요한 역할을 할 수 있다. 이 점에서 국가는 개인에 우선한다.

#### 중간계급이 통치하는 현실적 정체

"빈민정치는 과두정치보다는 견고하고, 변혁이 발생할 가능성이 희박할 것이다. 왜냐하면 과두정치에서는 과두적 집정가들 상호 간의 갈등뿐만 아니라 민중들과의 분쟁이라고 하는 이중적인 위험성이 존재하지만, 빈민정치에서는 과두적 지배자들과의 싸움이라는 위험성밖에 없기 때문이다. 민중 상호 간에 일어나는 알력은 그다지 문제될 만한 것이 없다. 그리고 또 한 걸음 나아가서 중간계급으로 구성되어 있는 정체는 과두정치보다는 빈민정치에 보다 가깝지만, 정치형태들 중에서는 가장 안정적이라고 할 수 있을 것이다."

아리스토텔레스는 정체를 통치 목적과 통치자의 수를 기준으로 구분한다. 공공의 이익을 목표로 하는 올바른 정체의 경우 '군주정치'(일인), '귀족정치'(소수), '법치적 민주정치'(다수)로 나뉜다. 반면 개인적 이익을 목표로 하는 타락된 정체는 한 사람이 통치하는 '참주僭主정치', 몇몇의 뛰어난 부자들이 통치하는 '과두寡頭정치', 재산이 없는 다수가 공동으로 통치하는 '빈민정치'로 세분된다.

아리스토텔레스는 군주정치를 가장 이상적이라고 봤으나 실현되기 어렵다고 생각하였다. 현실적으로 가능한 정체는 '법치적 민주주의'이다. 이 체제에서는 법에 의해 번갈아 가며 통치하고 복종하는 다수의 전사戰士들이 존재한다. 아리스토텔레스는 중무장 보병인 이들 전사계급만을 온전한 의미의 시민계층으로 보았다. 이것은 사실상 중간계급에 의한 통치와 동일하며 어느 정도는 과두정치와 민주정치의 중간적인 형태이다. 법치체제라는 점에서 과두정치와 구별되며, 재산이 있는 전사계층이라는 점에서 재산이 없는 대중이 이끄는 빈민정치와도 다르다.

현실주의자인 아리스토텔레스는 철학자가 통치하는 플라톤Plátōn, 영어 : Plato(BC 428/427 또는 424/423~BC 348/347)의 이상국가를 비판했다. 플라톤의 주장대로 재산뿐 아니라 아내와 자식도 공유한다면 국가 자체가 국가로 성립할 수 없을 정도로 획일적으로 되고, 공동소유물은 가장 빈약한 취급을 받게 되는 문제가 발생한다. 아리스토텔레스는 개인의 선이 중용을 통해 성취될 수 있는 것처럼, 국가의 선은 권력과 자유, 권위와 견제 등의 균형을 통해 이루어진다고 보았다. 아리스토텔레스의 정치사상은 훗날 로크나 몽테스키외의 사회계약설에 영향을 주었다.

**출처** : 한국경제신문 생글생글 178호 2009년 1월 12일자에서 발췌하여 정리한 것.

# 2. 중세의 조락과 사회적 변화

## 2.1 중세 유럽의 형성과 확대

로마제국은 지중해 제국이었지 유럽 제국이 아니었다. 따라서 유럽의 형성과정은 로마제국의 해체와 더불어 진행되었다고 말할 수 있다. 서로마제국이 쇠약해지자 라인강 이북以北 지역에 거주하던 야만의 게르만족이 로마 영토로 들어왔다. 그리고 서로마제국이 멸망한 이후에는 게르만족이 유럽의 주인이 되면서 서양 문화권은 이제 스칸디나비아반도까지 포함하는 북서부 유럽까지 확대되었다. 반면에 동로마 지역은 이들과 분리되어 다른 문화를 이루었다.

게르만족은 로마문화를 파괴하는 한편 서유럽을 중심으로 한 새로운 사회와 문화를 구성하였다. 특히 프랑크족은 게르만적인 요소와 로마제국의 문화적 유산을 종합하고 유지하는 데 크게 기여했다. 7~8세기에 걸쳐서 이슬람인들이 남서부유럽을 크게 위협했는데, 프랑크족의 한 후예인 찰스 마르텔Charles Martel(686~741)은 이슬람인들을 피레네산맥 이남으로 격퇴시켰다.

이렇게 해서 수립된 것이 서양의 중세 봉건체제였다. 10세기까지 유럽의 중세 봉건사회는 지리적으로는 피레네산맥 이북 및 엘베강 이서지역으로 국한되었다, 군사적인 봉건제와 가톨릭교회를 기반으로 한 자급자족적이고 폐쇄적인 농업사회였다. 또한 그 통일성이 많이 파괴되었지만 로마제국의 영토와 문화를 기반으로 이루어진 사회였기 때문에 전체적으로 보편적인 면모를 많이 갖고 있었다. 가톨릭교회에 의한 종교, 문화 및 지적 통합과 유럽 전 지역의 지식인들이 사용했던 라틴어가 그 대표적인 양상이었다고 하겠다.

10세기 이후 서유럽 봉건사회가 점차 안정되면서 서양세계는 다시 팽창의 계기를 맞는다. 오늘날의 독일 지역에 살고 있던 사람들은 농경활동의 영역을 엘베강 동쪽으로 넓혀가면서 동부독일, 서슬라브 지역의 폴란드와 체코슬로바키아, 헝가리 등 동유럽지역을 봉건화시켜 나갔다. 여기에다 이른바 "성지회복"을 명분으로 11세기 말부터 이루어진 십자군운동은 옛 로마제국 영토에 대한 유럽인들의 팽창의 몸짓이기도 했다. 십자군운동은 비록 실패로 끝났지만, 지중해를 중심으로 한 동방지역과의 교류가 활발하게 이루어지면서 상업의 발달을 가져와 중세 봉건사회의 해체를 촉진시키기도 했다. 이에 따라 지중해 지역의 이탈리아 도시국가들은 여전히 경제적 · 문화적 선진지역으로서의 의미를 지니고 있었다.

게르만족은 로마제국의 번성기에 라인강과 도나우강 너머에서 부족제적인 원시생활을 하다가 로마가 쇠퇴하는 3세기경부터 로마로 유입하기 시작했다. 초기의 평화적 이주는 곧 무력침공으로 바뀌었다. 게르만의 여러 왕국 중 유일하게 존속한 프랑크왕국은 게르만문화와 로마문화, 그리고 그리스도교신앙을 융합시킴으로써 중유럽의 문화 및 사회의 기반을 닦았다. 프랑크왕국은 로마문화의 유일한 계승자였던 로마교회와 제휴하여 서로마제국을 부흥시켰다.

서로마제국은 프랑크족의 관습에 따라 분할 · 상속되면서 현재의 독일, 프랑스, 이탈리아의 지역적 기원을 이루었다. 이 과정에서 중앙의 통제권이 붕괴되고 지방

세력이 독립하는 현상이 나타났다. 이슬람, 마자르,[4] 노르만 등 이민족의 침입은 혼란을 심화시켜, 유럽은 7세기에서 10세기 말까지 계속 무질서 상태에 있었다. 이른바 중세 봉건사회는 강자들의 지배체제인 봉건제도로 사회가 안정되면서 성립되었다. 중세 봉건사회는 봉건귀족의 위계질서로 구성된 주종제主從制, 지방분권적인 정치체제, 농노의 노동에 입각한 자급자족적 경제체제인 장원제 등을 통하여 유지되었다.

10세기 이후 안정된 서유럽에는 농업기술혁신, 농업생산성의 향상, 인구 증가, 개간운동 등의 현상이 나타났다. 이는 나아가 유럽의 상업과 도시의 발달을 가져왔다. 또한 동방과의 원거리무역은 동방사치품과 교환할 모직물산업의 발달을 촉진했다. 이탈리아와 플랑드르 및 북독일 지역의 도시가 발전하고 유럽 각지에 시장의 그물망이 펴졌다. 중세도시는 공동체적인 투쟁을 통하여 자치권을 획득했으며, 농노의 신분적 해방에도 기여했다. 투쟁에 앞장섰던 길드는 경제활동의 중심으로서 성원의 상호평등 및 상부상조를 중시하고 자유경쟁을 억제하며 생산과 기술을 통제했다.

중세의 사회경제적 발전도 13세기 말부터 개간의 한계, 지력의 고갈, 부역노동의 비효율성 등으로 퇴조하기 시작했다. 특히 14세기 중엽에 전 유럽을 휩쓴 흑사병으로 인해 인구의 1/3이 감소되고 많은 경작지가 유기됐다. 사치품의 구입을 위해 화폐가 필요했던 영주는 부역을 강화하는 '봉건적 반동'의 행태를 보였으며, 농민들의 도주 및 반란이 속출했다. 농민반란은 진압되었지만 농노제는 서서히 폐지되어 갔다. 도시에서는 길드규제가 강화되어 길드와 길드, 상인과 수공업자, 주인과 직인 사이의 대립이 심화되었으며 대중폭동이 빈발했다. 그러나 길드 체제에서 벗어난 대상인 및 은행가들은 선대제先貸制, 원거리무역, 복식부기 등의 합리적인 기업방식을 채택했다. 이들은 화폐라는 새로운 형태의 부로써 봉건적 경제체제를 침

---

4. 마자르족은 중앙아시아 출신의 유목 기마민족으로 9세기 말 오늘날의 헝가리 지방으로 이주해 왔다. 반세기 동안 마자르족은 멀리 이탈리아와 스페인까지 침략하면서 독일 전역을 비롯한 서쪽을 약탈했다. 당시 유럽의 지배자들은 취약하고 분열되어 있어 이들을 방어하지 못했다.

식시켜 갔다. 이들은 또한 정치세력과 결탁해 르네상스와 민족국가의 형성 등 근대 유럽의 탄생에 기여했다.

이상과 같이 형성된 유럽의 중세 봉건사회는 천년에 걸쳐 발전하다가 쇠락하는 과정을 겪었다. 한 시대의 종식은 또 다른 시대의 출현을 의미한다. 중세 말기의 불안으로부터 근대사회의 출현이라는 새로운 발전적 국면이 등장했던 것이다.

## 2.2 중세 유럽의 조락과 지리상의 발견

유럽에서는 14세기경부터 근대사회와 근대문화의 요소들이 싹트면서 르네상스, 유럽세계의 확대, 종교개혁 등이 나타났다. 우리는 이 다양한 변화들의 축을 이룬 것으로서 왕권의 강화와 유럽 경제의 팽창을 생각해 볼 수 있다.

먼저 서유럽이 근대사를 주도하게 되었던 원동력은 진취적인 개척정신에 기인한 지리상의 발견이었다. 지리상의 발견에는 종교적 동기 및 동양에 대한 호기심 외에도 경제적인 동기가 크게 작용했다. 또한 항해술 및 조선술의 발전, 중앙집권화된 민족국가의 출현은 현실적인 뒷받침이 되었다. 최초로 인도항로를 탐색한 포르투갈은 동양무역의 실권을 장악했으며, 스페인은 아메리카와 필리핀을 장악해 해상제국을 건설했다.

지리상의 발견으로 동양물산이 대량 유입되면서 유럽인의 생활은 크게 변화되었다. 특히 대량의 귀금속 유입은 가격혁명을 초래했고, 넓은 해외시장은 상업혁명을 야기하여 유럽의 상업규모를 비약적으로 확대시켰다. 이후 유럽은 동양의 문명권과 활발히 접촉하며 유럽 주도적인 세계사를 성립시켜 갔다.

한편, 유럽의 경제적 발전이 가속화하자 유럽 각국에서는 절대주의적 정치체제가 등장하였다. 절대주의시대로 불리는 16~18세기의 유럽은 사회 · 경제 · 문화면에서 근대적 발전이 두드러졌지만 봉건적 요소도 잔재했다. 중세 말부터 국가통합의 중심이 됐던 왕권은 이 시기에 절정에 달해 절대왕정의 정치체제를 이루어, 관료제와 상비군제도 및 전국적인 조세제도와 사법제도를 설치했다. 절대주의국가는 근대적인 국민국가라기보다는 국왕과 왕조의 이익을 위한 국가였다.

또한 경제적 변화는 사회세력 관계에도 큰 변화를 초래했다. 이러한 상황 속에서 부富를 축적한 사람들이 바로 '부르주아'로 불리는 상공업에 종사하는 자본가 집단이다.

## 2.3 부르주아의 성장과 사회의 변화

유럽의 경제적 변화 속에서 성장했던 부르주아는 동산 보유자로서 급격한 경제적 변화와 물가의 앙등 속에서 막대한 부를 축적했다. 더욱이 초기 자본주의적 발전을 꾀했던 국가의 보호와 특혜가 있었기에 부르주아는 더욱 빠른 성장을 할 수 있었다.

이에 비해 기존 지배집단이었던 귀족들은 정도의 차이는 있을지언정 몰락의 길을 걸을 수밖에 없었다. 이들은 부동산 소유자로서 주로 지대수입에 의존했는데, 인상되는 물가에 비해 지대는 고정적이기 때문에 이들의 수입은 저절로 감소되었다.

농촌의 농민들과 도시 서민들 역시 급격한 변화에 적응하지 못하고 고통을 감수해야 했다. 이들은 우선 곡물가격의 인상에 의한 물가 상승으로 일상적인 생활을 영위하기조차 힘들었다. 또한 도시 서민들은 자본주의적인 대작업장이 증가하는 가운데 경제적 기반을 점차 침식당하면서 일용 임금노동자의 처지로 몰락했다. 하층민들은 여기에 머무르지 않고 사회적 및 정치적인 압박까지 받아야 했다. 수입이 줄어든 귀족들이 이들에게 부역과 지대의 상승을 요구했으며, 국가는 이들에게 징세의 부담까지 지웠다. 이러한 부담 속에서 유랑하는 농민과 장인들의 무리가 줄을 이었으며, 중세 말 이래 농민폭동과 도시폭동은 만성적으로 지속되었다.

## 2.4 절대주의 체제의 등장과 모순성

중세 말의 경제적 변화는 새로운 정치체제인 절대주의 왕정을 등장시켰다. 중세 말부터 제반 위기를 극복하면서 국가통합의 중심이 됐던 왕권은 17세기에 절정에 달하며 절대권력으로 군림하게 된다. 특히 왕은 귀족층의 몰락과 부르주아의 성장을 통해 이루어진 사회세력의 균형을 잘 이용하여 자신의 권한을 강화시켜 나갔다.

그러나 절대주의 말기로 갈수록 절대주의 체제의 유동성은 경직되어 갔다. 또한 이 체제는 최고의 조정자 내지 운영자로서 국왕의 의지와 역할이 대단히 중요했다. 특히 나약한 국왕의 시기에 절대주의 체제는 약화될 수밖에 없었다. 프랑스 루이 15세Louis XV(1710~1774) 치세에서 귀족계급의 반동이 일어난 것도 바로 국왕이 제 역할을 다하지 못했기 때문이다. 여기서 지배집단 내부에서의 갈등이 깊어지면서 절대주의는 위기를 맞이하게 된다.

징세제도는 절대주의 정치체제의 중요한 지주였다. 군주는 전국적인 징세를 통하여 재정의 중앙집권화를 이뤘다. 이 과정에서 국가는 귀족 및 교회, 관료 등 특권 집단에게는 납세의 의무를 면제해 주는 대신, 일반 평민에 대한 과세권을 확보하는 모종의 타협이 이루어졌다. 이런 점에서 절대주의 체제는 민중에 대한 수탈을 통하여 몰락하고 있던 귀족들을 보호하고 자본가 집단을 육성시킨다는 근본적인 모순점 혹은 봉건적 속성을 내포하고 있었다.

# 3. 경제학 탄생까지의 경제사적 배경

## 3.1 시장경제의 발전

경제학은 시장경제의 발전과 더불어 시작되었다. 시장경제가 가장 빨리 본격적으로 발전한 지역은 유럽의 지중해 주변 지역이었다. 12세기 이후의 시장경제를 담당한 상인들의 활동은 상품의 수송이 편리한 연해지역을 거점으로 하였다. 그 이전에는 중국이나 중동지역과 로마를 연결하는 실크로드[5]를 통하여 교역이 이루어졌지만, 반복되는 전쟁과 점령 등에 의해 상업의 발전은 제약되었다.

15세기경까지의 지중해 상업은 베니스나 제노바 등 이탈리아의 도시를 거점으로 하여 발전되었다. 16세기부터는 남북아메리카 대륙이나 아프리카 대륙, 인도나 중국, 그리고 일본으로 진출하는 세계무역으로 발전하였다. 이러한 원격지무역을 담당한 나라는, 초기에는 스페인과 포르투갈 등의 남서유럽국들이었지만, 18세기에는 네덜란드와 영국을 중심으로 하는 상인들에게로 주도권이 넘어가게 되었다. 이 시대는 후기 중상주의 시대에 해당한다.

이러한 상업의 발전은 곧 국내의 산업발전을 가져왔으며, 18세기 말에서 19세기 초에 걸쳐 영국을 중심으로 하여 산업혁명이 진전되었다. 이 같은 일련의 시장경제의 발전이 경제학 탄생의 경제사적 배경이 되었다.

---

5. 실크로드라는 말은 독일의 지리학자 페르디난트 폰 리히트호펜(Ferdinand von Richthofen, 1833~1905)이 중국에서 중앙아시아, 인도로 이어지는 교역로를 연구하던 중 주요 교역품이 비단이었던 것에서 착안하여 '비단길(Seiden Straße)'로 명명하면서 사용되었다. 이 실크로드라는 말은 동서방 간의 교역로 중 스텝지대의 '초원길'과 인도양을 통해 이어지는 '바닷길'을 제외한 사막과 오아시스 일대의 도시들을 거치는 교역경로 전체를 지칭한다. 중국에서는 사주지로(絲綢之路)라고 부른다. 양측 기점은 동양 쪽은 당나라의 장안, 서양 쪽은 동로마 제국의 콘스탄티노플로 표시하는 경우가 많다.

## 3.2 지식과 과학기술의 발전

시장경제의 발전은 또한 다양한 지식과 과학기술의 발전에 의해 뒷받침되었다. 14~15세기 이탈리아 여러 도시에서 시작된 르네상스(문예부흥운동)는 고대 그리스·로마의 학문과 예술을 재평가하는 운동이었지만, 인쇄기술의 발전과 그에 따른 지식의 보급에 의해 과학과 기타 학문의 발전이 촉진되었다. 이 기간에 무역이 증대되고 시장이 확대되었으며, 도시가 성장하였다. 그러면서 장원제도가 점차 쇠퇴일로를 걷게 되었다. 레오나르도 다빈치Leonardo da Vinci(1452~1519), 갈릴레오 갈릴레이Galileo Galilei(1564~1642), 베이컨Francis Bacon(1561~1626), 데카르트René Descartes(1596~1650) 등이 활약하며 학문의 발전에 기여했다. 그리고 뉴턴Isaac Newton(1642~1727)의 과학이 합리적 사고와 경험적 관찰의 기초를 제공했다.

다른 한편 신대륙에 대한 모험적 상업활동이 활발하게 이루어지면서 과학기술이 시장경제와 산업에 많이 응용되기에 이르렀다. 경제학의 탄생은 이러한 지식 및 과학의 보급과 깊은 관련을 갖는다.

## 3.3 시장경제와 구체제 간 대립에서 융합으로

시장경제의 발전은 당시 지배체제인 봉건제도와 절대왕정의 정치경제사상과는 첨예하게 대립하였다. 구체제를 떠받친 봉건체제와 스콜라의 정치사상은 농민의 자급자족경제를 예찬하고 상인의 이득활동에 대하여는 엄격하게 비난하거나 제한을 가하였다. 경제학은 그러한 스콜라의 경제사상과 대립하면서 시장경제를 옹호하는 입장에서 탄생하게 되었다.

# 4. 사상적 배경

## 4.1 스콜라의 경제사상

시장경제가 발전하기 이전의 경제사상은 가톨릭교회의 종교이념에 종속되어 있었다. 고대 그리스도교 사상에 영향을 미친 것은 아우구스티누스Sanctus Aurelius Augustinus(354~430)의 신학이었다. 아우구스티누스는 유명한 페라기우스Pelagianism 논쟁을 통하여 인간 이성의 한계와 신에 대한 신앙의 우월성을 가르쳤다. 시장경제의 지주라고 말할 수 있는 사유재산에 관하여는 인간의 원죄로서 엄하게 비난하였다.

▲ 토마스 아퀴나스

그러나 근세 그리스도교 중흥의 아버지라 할 수 있는 토마스 아퀴나스Thomas Aquinas(1225~1274)의 시대에 이르러 사정은 크게 변하였다. 토마스 아퀴나스가 활약한 13세기는 르네상스에 앞선 여러 학문의 근대화 기운이 높아지고 있던 시대였다. 토마스 아퀴나스는 학문의 근대화를 목표로 그리스도교 신학의 재건을 도모하였다. 중세 이슬람의 학문은 고대 그리스 철학, 특히 아리스토텔레스 철학을 섭취하고, 천문학과 건축학 등과 같은 많은 분야에서 당시 유럽의 학문에 비하여 우월한 위치에 있었다. 토마스 아퀴나스를 위시한 스콜라 철학자들은 이슬람 학문을 통하여 고대 그리스 철학을 유럽세계에 역수입하였다.

토마스 아퀴나스는 아리스토텔레스 철학을 그리스도교 신학에 적극적으로 도입하였다. 그 결과 토마스 아퀴나스의 경제사상에는 아리스토텔레스의 정치윤리사상의 영향이 배어 있다. 경제생활과 관련한 토마스 아퀴나스와 아리스토텔레스(토마스-아리스토텔레스)의 사상을 요약하면 다음과 같다.

### (1) 가족과 사유재산의 옹호

사람은 공동의 것보다는 자기 자신의 것에 대하여 보다 강한 관심을 나타낸다. 그러한 인간의 본성을 존중한다면 사유재산과 그것의 가족에 대한 승계는 옹호된다. 이러한 사상은 사유재산을 인간의 원죄로서 부정했던 고대 아우구스티누스의 사상에 비하여 시장경제를 옹호하는 방향으로 나아갔다고 하겠다. 그러나 그 외의 토마스 아퀴나스의 사상은 시장경제에 대하여 비판적이었다.

### (2) 부의 제한

사유재산이 인정되었다 하더라도 부의 무제한적인 사유가 변호되지는 않았다. 부는 어디까지나 인간의 공동생활을 영위하기 위한 수단으로 인정되었지 목적으로는 인정되지 않았다. 또한 개개인은 각각 직분이 있고, 부의 소유는 각자의 직분에 합당하지 않으면 안 되었다. 직분의 범위를 넘는 재산의 소유는 공동체의 질서를 교란시키는 것으로 비난받았다. 이것은 중세 봉건적인 신분제도를 지키기 위한 사상이기도 했다.

### (3) 자급자족 · 자연경제의 진척

신은 인간 개개인에 합당한 사물을 주고 각각의 직분에 따라 생활하도록 명한다는 것이다. 따라서 각 개인은 그러한 가르침에 따라 자기의 노동에 의해 얻은 사물의 범위 안에서 소비생활을 하는 것이 바람직하다. 그러나 어떻게 하더라도 자기의 노동으로써 얻을 수 없는 것이 있다. 예를 들어 가래나 괭이와 같은 농기구는 전문적인 직인이 만들어야 한다. 따라서 농민은 그러한 재화를 교환을 통하여 입수할 수 밖에 없다. 그러한 교환이 올바르게 이루어지기 위한 조건은 무엇인가? 만약 농민이 농기구를 자기들 스스로 만들어야 하는 경우 소모하는 노고와 같은 대가를 지불하고, 그러한 재화를 교환한다면, 그러한 교환이 바르게 거래되지 않겠는가. 여기에 노동가치설의 맹아가 보인다. 다만, 교환은 어디까지나 자연경제의 보조에 불과하며, 공동체의 질서를 교란시켜서는 안 된다. 여기에는 봉건적인 공동체를 유지한다는 중세 경제사상의 기본적인 목적이 흐르고 있다.

### (4) 이득활동의 제한과 이자 금지

상인의 활동은 자연경제를 보완하기 위해 필요하다. 그러나 상업에는 항상 도덕적인 비열함이 수반된다. 그러므로 이득활동에는 제한이 가해지지 않으면 안 된다. 특히 화폐의 증식을 목적으로 하는 이득활동에 대하여는 논리적인 비난이 가해졌다.

중세의 이자금지령은 구약성서 및 신약성서의 기술에 따라 이루어졌다. 성서에는 이자(또는 고리대)를 금지한다는 구절이 곳곳에 기록되어 있다. 구약성서에는 동포(형제)로부터 이자를 취하는 것을 금지하는 서술이 보이지만, 유대교에서는 이를 유대인들로부터는 이자를 받아서는 안 되지만, 이교도로부터는 허용된다고 해석하였다. 그 결과 중세기 고리대(금융업)는 유대인의 전문직업이 되었다〔셰익스피어 William Shakespeare(1564~1616)의 『베니스의 상인』〕.

토마스 아퀴나스에 의한 이자 금지의 근거는 아리스토텔레스에도 의거하고 있다. 아리스토텔레스는 금전의 대차를, 집 등과 같은 실물자산의 대차와는 달리, 그 재화의 소유를 양도하지 않고 대가(이자)를 취하는 부정한 거래라고 비난하였다. 이것은 소비대차와 금전대차의 차이를 혼동하는 비난이었다. 토마스 아퀴나스의 이자 금지의 근거는 실제 금전대차에 따라 빈곤이나 기아의 문제가 발생하고, 이자는 불로소득이며, 화폐에 대한 우상숭배의 죄로 이끌 수 있는 등 봉건적인 공동체를 유지하기 위한 경제정책이라는 측면이 강하였다.

이상에서 살펴본 토마스 아퀴나스로 대표되는 스콜라의 경제사상은 중세 봉건적인 경제질서를 지키면서 당시의 상업활동에도 대처한다는 경제정책을 도덕적인 기반으로 하였다. 그래서 상업을 도덕적인 비열함이 수반되는 탐욕으로, 나아가 상업이득을 부당하고 비천한 것으로 간주하였다. 그리고 이자금지령은 그 후 오랫동안 유럽의 경제활동이나 경제사상에 강한 영향을 미쳤다.

## 대학의 시작과 스콜라 철학

**대학의 시작**

12세기 이전 유럽의 모든 교육은 가톨릭 수도원 학교와 가톨릭 주교들이 성직자의 소양교육을 위해 주교좌 성당 인근에 설립한 교회학교에서 이루어졌다. 여기서 이뤄지는 학문활동은 주로 성서와 고대 문헌을 읽고 주석하는 것으로 종교적인 목적에 국한되어 있었다. 교과과정도 그리스 이래의 7학과인 문법, 수사, 변증의 3학과trivium와 수학, 기하, 천문, 음악의 4학과quadrivium로 이뤄져 있었다. 이 교과과정을 로마시대에는 시민의 실생활에 맞게, 중세에는 교회의 목적에 맞게 재편성해 가르쳤다. 음악은 교회음악, 수학은 부활절 계산을 위해 가르치는 식이었다. 또한 주교들은 자신의 권위를 유지시키고 신앙을 보호하기 위해 교육내용을 제한하며 교육 면허를 가진 교사magister에게만 허락했다.

그러나 12세기에 들어 급속히 성장한 그리스도교 국가의 위용과 십자군전쟁 이후의 사회적 변화는 새로운 학문적 요구를 불러일으켰다. 상업과 화폐경제의 발달로 인한 시민계급의 부상과 십자군전쟁으로 동방문화와의 접촉은 사람들의 향학열을 불러 일으켰다. 또한 600여 년간 잊혀졌던 유스티니아누스 법전Justinianus 法典[6]의 발견과 아리스토텔레스 저서의 유입, 유클리테스의 기하학과 아라비아에서 도입된 아라비아 숫자에 기초를 둔 새 수학의 도입으로 크게 확장된 정신세계를 기존의 교육제도로는 수용할 수 없었다. 교사들도 주교나 수도회 총장들의 편협한 감독에서 벗어나고자 했다.

6. 동로마 제국의 유스티니아누스 대제가 트리보니아누스(Tribonianus) 등의 법학자에게 명하여 황제 입법을 집대성한 로마의 법전으로 공법(公法)과 사법(私法)을 분리하여 근대법 정신의 원류가 되었다. 529년에서 534년까지 편찬되었다.

여기서 자주적 학문활동을 위한 교수와 학생들의 조합Universitas magistrorum et scholarium이 생겨났는데, 이것이 대학의 시작이다. 이들이 국가의 승인을 얻고, 교황으로부터 특전을 받음으로써 독립되어 대학으로 성장했는데 노트르담성당의 부속학교가 파리대학으로 성장한 것처럼 주로 유명한 교회 학교들이 대학으로 변모했다. 대학의 자치권 중 가장 두드러진 것은 소정의 과정을 마친 학생에게 학위를 수여한 것이었다. 이로서 학위를 가진 사람은 신귀족으로 대우를 받게 됐다.

중세의 대학은 새로운 학문적 활동을 요구하는 시대적 요청에 의해 시작되었지만 여전히 교회적인 성격이 강했다. 교육의 최고 파수병인 교황의 동의가 있어야 대학이 생길 수 있었고, 어디서나 가르칠 수 있는Facultas ubique docendi 권한이 주어졌다. 또한 신학이 모든 교과목 중 가장 우위에 있었으며 교수들의 대부분은 성직자였다.

이러한 대학의 성장에 큰 도움이 된 것은 설교를 위한 종교 교육을 절감한 양대 탁발 수도회였다. 프란치스코회와 도미니코회는 이미 1218~1220년에 파리대학에 기숙사를 건립했으며, 도미니코회는 1229년에, 프란치스코회는 1231년에 대학에서 신학강좌를 개설했다.

12~13세기 대학의 형성은 스콜라학의 전성기를 열어 주었다. 스콜라학Scholastica이란 말은 중세 여러 학교scolae들에서 형성된 신학적·철학적 학설을 말한다. 스콜라학의 가치는 신앙과 이성의 조화로 신학의 과학성을 강조하는 데 있다. 즉, 하느님의 계시와 같은 신학의 소재들을 이성적 능력인 철학적 원리에 근거하여 체계화시킴으로써 객관적인 진리에 도달하고자 한 것이다.

### 스콜라학의 발전

스콜라학의 번창에는 여러 요인들이 있지만 대학의 설립과 프란치스코회나 도미니코회 같은 수도회의 학문적 활동과 더불어 아리스토텔레스 저서들의 재발견이 스콜라학의 전성기를 이끈 원인이 되었다. 이전까지 교부철학 중심의 중세 학문에서 아리스토텔레스는 세베리노 보에시우스severinus boethius의 번역과 주해에 의해 논리학자로만 알려져 있던 그의 작품 전체가 번역돼 소개됨으로써 새로운 학풍이 휘몰아쳤다.

아리스토텔레스 철학은 이성과 경험과 자연의 원리에만 근거하고 있어 범신론적이고 반교회적인 사상을 안고 있었지만, 알베르투스 마뉴스Albertus magnus와 토마스 아퀴나스Thomas Aquinas 같은 대학자들을 거쳐 순화된 사상은 이전 플라톤-아우구스티노주의 중심의 학문에서 명확하지 못하던 신앙과 이성의 종합을 찾아낼 수 있었다. 아리스토텔레스적 실재론은 13세기의 지배적 세계관이 됐다.

이러한 12세기 이성의 강조는 규정화된 세상에 대한 해석을 거부하는 경향이 강했다. 따라서 직접적으로 성서를 가르치는 것보다 신앙생활을 하면서 일어나는 인간의 문제와 각종 모순

같은 신학의 명제들을 가지고 설명하는 방식이 도입됨으로써 교의신학을 등장시킨 것이다.

▲ 아우구스티누스

'이해를 추구하는 신앙'이라는 아우구스티누스Sanctus Aurelius Augustinus(354~430)의 주장에 따라 '이성의 인증'이란 방식을 도입한 캔터베리의 대주교 안셀모라틴어 : Anselmus Cantuariensis, Anselm of Canterbury(1033/1034~1109)가 교부철학과 스콜라학을 매개하는 위치에 있으므로 스콜라학의 아버지로 불린다. 그리고 이 방법을 체계화한 사람으로는 엘로이즈Héloïse와의 비극적 사랑으로 유명한 아벨라르도Abelard, Pierre(1079~1142)와 베드로 롬바르두스Petrus Lombardus(1100~1160/1169)가 꼽힌다. 그리고 "은총은 자연을 파괴하지 않고 완성한다Gratia non tollit naturam, sed perficit"란 명제를 내세운 불세출의 보편적 박사인 토마스 아퀴나스에 이르러 스콜라학이 완성된다.

스콜라학 전성기에 진보적 주장을 한 사람들은 대부분 프란치스코회와 도미니코회의 탁발 수도회원들이었고 주요 활동은 파리대학을 중심으로 이루어졌다.

**출처** : 가톨릭대사전 및 가톨릭신문, 제2315호, 2002년 9월 15일자.

## 4.2 근대의 사상혁명

스콜라로 대표되는 중세의 경제사상은 오랜 기간 유럽의 정치경제 체제를 뒷받침했다. 이는 시장경제의 발전을 총체적으로 억제하는 효과를 가져왔다. 따라서 시장경제의 발전을 위해서는 스콜라의 경제사상 및 구체제는 개편되지 않으면 안 되었다. 중세 유럽 사회는 가톨릭의 종교적 계율에 따라 통치되었으므로 종교의 개혁이 먼저 필요했던 것이다.

### (1) 종교개혁

막스 베버Max Weber(1864~1920)에 의하면 16세기 말부터 17세기 초에 걸쳐 프로테스탄트에 의한 종교개혁은 근대 자본주의 경제의 발전에 결정적인 영향을 미쳤다. 이제까지 시장경제의 발전에 대하여 억압적인 역할을 담당했던 가톨릭 경제사상과 달리 프로테스탄트, 특히 칼뱅파의 가르침은 다양한 직업을 가진 사람들로 하여금 자신들에게 부여된 천직을 통하여 세속적인 부를 축적하는 것을 종교적이며 도의적으로 인정했다. 이에 따라 상인이 금전적인 부를 축적하는 것도 인정되었다. 그 결과 시장경제의 발전에서 중요한 근면의 미덕이나 이식활동이 도의적으로 장려되었다(막스 베버의 『프로테스탄티즘의 윤리와 자본주의 정신』).

리차드 토니Richard Tawney(1880~1962)는 이 같은 베버의 견해에 수정을 가하였다. 토니는 칼뱅파의 가르침은 스콜라 사상보다 시장경제에 대하여 보다 억압적이었지만, 그 가르침이 가톨릭교회에 의해 비하되었던 직공이나 상인들 간에 보급됨으로써 결과적으로 시장경제를 발전시키는 데 도움이 되었다고 논의하고 있다. 다만 토니도 르네상스나 마키아벨리에 의한 정치사상의 개혁과 병행하여 근면의 미덕과 공리주의적 사상을 보급시킨 프로테스탄티즘이 시장경제에 적극적인 역할을 수행했다고 인정하고 있다(리차드 토니의 『종교와 자본주의의 발흥』[7]).

이와 같이 프로테스탄트에 의한 종교개혁은 이제까지의 중세적인 경제사상에 대한 개혁을 촉진하였다. 이러한 개혁의 흐름이 거세지자 가톨릭교회에서도 종교개혁을 진전시켰다. 스페인을 중심으로 한 예수회Societas Jesu파는 당시 성행하고 있던

---

7. 서구에서 자본주의 체제가 형성되는 데에 종교가 미친 영향은 어떤 것이었나? 이에 대한 고전적 저작인 막스 베버의 『프로테스탄트의 윤리와 자본주의 정신』에 대한 하나의 반론으로 나온 것이 리차드 토니의 『종교와 자본주의의 발흥』이다. 토니는 그리스도교가 자본주의에 미친 영향을 긍정적으로 서술하면서도 교황, 루터, 크롬웰(Oliver Cromwell, 1599~1658 : 영국의 정치가이며 군인, 그는 청교도혁명으로 영국의 군주제를 폐한 1658년 9월 3일부터 죽을 때까지 종신 호국경으로 잉글랜드, 스코틀랜드, 아일랜드를 다스렸다) 등의 반민중적이고 비인간적인 면모와 행태를 날카롭게 파헤쳤다.

해외무역과 연대하여 멀리 아시아와 일본에까지 포교활동을 확대하였다.[8] 이 같은 일련의 종교상의 운동이 결과적으로 시장경제의 발전을 촉진하는 효과를 가져왔던 것이다.

어쨌든 종교개혁은 복잡하고 고통스러운 파열과 파행의 과정을 통하여 17세기의 합리주의와 18세기의 계몽주의로 가는 길을 예비했다고 할 수 있다.

### (2) 후기 스콜라 사상

종교개혁과 마찬가지로 스콜라학자들 안에서도 학문적인 개혁이 진행되었다. 그것은 당시 다양한 정치 · 경제문제에 대한 해결을 위한 조언을 주고자 하는 목적으로 일어났던 신학적 논의를 통해 이루어졌다. 유럽에서는 당시 해외무역의 발전에 따라 일어났던 경제문제뿐만 아니라, 종교전쟁이나 내란, 식민지 획득을 위한 전쟁 등과 같은 정치문제들이 빈발하였다. 이러한 문제들에 대하여 이제까지의 스콜라 사상에 의거해서는 적절하게 대응할 수 없었다. 엄격한 가톨릭의 가르침에 따르면 어떤 전쟁이나 이득 활동도 도덕적으로는 인정될 수 없었기 때문이다.

많은 스콜라학자들은 이 같은 난제들에 대하여 경우에 따라 엄격한 계율을 변경하는 결의론자casuist 또는 개연론자probabilist의 논의를 받아들였다.[9] 그 중에서도 중

---

8. 이냐시오 데 로욜라(Sanctus Ignatius de Loyola, 1491～1556)가 1534년 8월 15일 프란치스코 하비에르(Francisco Xavier, 1506～1552) 등 6명의 동료들과 함께 청빈, 정결, 순명과 교종에 대한 순명을 서원하고, 영혼 구원에 헌신할 것을 맹세하며 예수회라는 가톨릭수도회를 설립하였다. 1540년 로마 교황청으로부터 정식으로 인가받았다. 16세기 유럽에서는 가톨릭의 부패와 타락을 비판하면서 프로테스탄트들의 활동과 교세가 커지고 가톨릭의 교세는 위축되었다. 예수회는 이러한 가톨릭의 위기를 배경으로 탄생하였다. 예수회는 굳건한 결합력을 바탕으로 하여 反종교개혁 운동과 유럽 이외의 지역 선교에 앞장섰다.

9. 결의론(casuistry)은 가장 넓은 의미로는 보편적인 규범을 정확하게 적용하기 어려운 특정한 경우에 옳고 그른 것을 결정하는 기술을 뜻한다. 그리스도교의 역사 속에서 결의론의 문제는 크게 두 가지로 제기되어 왔다. 하나는 과거에 과오를 저지른 죄에 대한 책임을 평가하는 문제요, 다른 하나는 의무규정이 모호한 때에 어떻게 행동지침을 제시해야 하느냐는 문제였다. 결의론은 일반적 보편적인 규범이

요한 논의는 전쟁(또는 살인)을 금지한 계율에 대하여 정당한 방위를 인정하는 경우를 들 수 있다. 이것은 궁극적으로 자기보존 본능을 국제적 수준으로 인정한 출발점으로 방위전쟁을 용인하는 국제협조의 조건을 모색하는 휴고 그로티우스Hugo Grotius(1583~1645)의 국제법학으로 발전되었다.

또 하나 중요한 논의는 이자금지령 적용의 제외를 설정한 이자 논쟁이다. 중세시대까지는 동서양을 막론하고 자신의 경제적 이익을 추구하는 행동을 금기시하는 사상이 지배적인 경제적 사조였다. 이자수취의 문제는 경제사상의 역사에서 최초로 제기된 문제 중 하나였다.[10] 이자수취를 둘러싼 중세의 경제적 윤리와 현실 간의 괴리는 어떤 형태로든 사상적으로 해소되어야 하는 문제였다. 이 문제에 대한 해답을 제시한 대표적인 신학자가 토마스 아퀴나스였다.

토마스 아퀴나스는 대부 행위의 내재적인 속성에 의해서 이자를 지불할 수는 없다고 하여 이자수취를 원칙적으로 금지한다는 입장을 견지하였다. 그러나 토마스 아퀴나스는 특수한 외적 상황에 의해서 이자를 받을 수 있는 경우로서, 첫째는 채권자가 자신의 돈을 줌으로써 손해가 발생할 때이며, 둘째는 채권자가 그 돈을 이익이 더 많이 발생하는 투자를 할 수 있을 경우 사라지는 이득을 보상해 주기 위함이며,

---

있는 곳으로부터 논리를 전개하며, 그런 다음에 여러 가지의 예외나 정상 또는 수정의 필요성을 감안하여 필요한 경우 결의론에 대한 언급이 비로소 가능해진다.

개연론(probabilism)은 어떤 행동의 합법성에 대한 차이 있는 견해가 있을 때, 그리고 그 차이 있는 견해에 대하여 확고한 논거가 성립되고 단지 합법성만이 문제가 될 때, 우리는 두 견해 중에서 보다 확실한 편을 따를 의무는 없으며, 어떤 편도 똑같이 자유롭게 취할 수 있다는 견해이다. 이것은 결의론(casuistry)의 하나의 입장이며, 도미니코회(Order of Dominic) 수도사였던 메디나의 바르톨로메오(Bartholomaeus de Medina, 1527/8~1580)가 그의 저서 『Expositio in 1am 2as D. Thomae』(Salamanca, 1577)에서 처음으로 주장했던 도덕체계이다. 예수회의 신학자들은 이 입장을 취하여, 교황의 권위 아래서, 목적은 수단을 가림이 없다는 식의 행동을 옹호 · 자행함으로써 17세기 로마 교회의 도덕을 매우 저하시켰다(출처 : 가톨릭대사전).

10. 중세 신학자들은 이자수취를 '고리대(usury)의 문제'로 설정하고 원칙적으로 금지했다. 이유는 크게 두 가지로, 하나는 화폐를 빌려갈 경우 화폐 자체가 이익을 발생시키지 않으므로 원금에 더하여 프리미엄(이자)을 받을 근거가 없다는 것이고, 다른 하나는 채무를 지게 되는 사람은 매우 궁핍한 상태인 경우가 대부분이므로 절박함을 근거로 이익을 올리는 것은 비윤리적이라는 것이다.

셋째는 채무자가 만기를 넘겨 연체했을 때이며, 넷째는 채무자가 돈을 빌려쓰지 않으면 더 위험해지는 상황이 생기는 경우를 들고 있다. 토마스 아퀴나스는 결국 '원칙적 금지, 현실적 용인'이라는 상황을 반영하며 문제를 해결했던 것이다. 이 같은 위험을 부담하는 사업에 대하여 이자를 인정한다는 논의는 드디어 뵘바베르크의 이자론으로 이어졌다고 할 수 있다.

이상과 같이 시장경제의 발전에 따라 먼저 종교 또는 스콜라 경제사상에 대한 변혁이 진행되었다. 그러나 이들은 어디까지나 도덕철학적인 대응에 머물렀다. 그렇지만 결국에는 정치철학에 이르기까지 변혁의 흐름이 거세져 구체적인 정책으로 연결되는 논의가 전개되고 결국에는 경제학이라는 사회과학의 탄생으로 이어졌다.

## 5. 정치철학의 혁명[11]

### 5.1 홉스의 『리바어던』

토마스 홉스Thomas Hobbes(1588~1679)는 옥스퍼드대학을 졸업한 후 캐번디시 가문의 가정교사로 지내면서 그 집안의 후원으로 유럽 여행을 하며 폭넓은 학문 활동을 계속할 수 있었다. 이 시대에는 갈릴레오Galileo Galilei(1564~1642)에 의해 중력의 법칙이 발견되었으며, 데카르트René Descartes(1596~1650)에 의해 근대철학이 창설되었다. 또한 청교도혁명(1641~1649)이 일어나 구체제가 공화제의 방향으로 크게 전환하던 동란의 시대였다.

홉스는 당초 스콜라-아리스토텔레스 철학에 반대하고 고대 인문주의 철학을 부

---

11. 小炯二郎(2014), pp.26~34의 내용을 많이 참고하였다.

흥시킨다는 문제의식을 가졌지만, 유클리트 기하학Euclidean geometry이나 갈릴레오의 물리학에 매료되어 데카르트 철학의 혁신운동에 공명하였다. 그리고 후반에는 영국의 시민사회를 여하히 재건할 것인가라는 정치적 과제에 몰두하였다. 홉스는 청교도혁명이 한창 진행되던 시기에 프랑스로 망명하여 1651년에 『리바이어던(원제는 리바이어던, 혹은 교회 및 세속적 공동체의 질료와 형상 및 권력(Leviathan, or The Matter, Forme and Power of a Common-Wealth Ecclesiastical and Civil)』을 집필하였다. 이 책은 근대 국가체제의 사상적 시발점으로 평가되는 중요한 사상을 담고 있다.

이 책의 제목인 '리바이어던Leviathan'은 구약성서 욥기 41장에 나오는 바다의 괴물 이름으로, 인간의 힘을 뛰어넘는 매우 강한 동물을 뜻한다. 홉스는 국가라는 거대한 창조물을 이 동물에 비유한 것이다.

홉스는 먼저 정치의 목적이 공공선의 실현에 있다고 한 아리스토텔레스의 정치학을 버렸으며, 또한 왕권신수설을 부정하였다. 그리고 인간을 과학적·물리학적으로 분석한 결과, 인간은 다른 동물과 같이 자기보존 본능을 가진 교활하고 똑똑한 동물에 지나지 않는다고 하였다. 인간을 자연 상태 그대로 두면 자기보존 본능을 위해 서로 살해할 위험을 가진다. 더욱이 인간은 과잉방위를 하며, 탐욕적이고, 허영심이 강한 잔학한 동물이다. 그러므로 인간의 자연 상태는 반드시 공포와 위험을 수반한다고 하였다.

그로티우스Hugo Grotius(1583~1645)는 홉스와 마찬가지로 인간의 자기보존 본능으로부터 출발했지만, 자기보존 본능을 상호 승인함으로써 사회계약에 도달할 수 있다고 하였다. 이에 대하여 홉스는, 인간의 자기보존 본능은 자연 그대로 두면 서로 과잉방어를 하게 되어 결국은 만인에 의한 만인의 투쟁으로 이르게 된다고 하였다. 따라서 자기보존이라는 자연권을 승인하지 않고 모든 인간이 그들의 자연권을 방기放棄함으로써 시민정부는 출발해야 한다는 것이다.

이리하여 시민적 질서를 회복하기 위해서는 모든 사람들이 자연권을 동시에 포기하기로 맹약하고, 단일 지배자에게 그 자연권을 양도하지 않으면 안 된다. 그 권한을 인수받은 단일지배자의 판단과 행동은 전체 인민의 판단이 되고 또한 전체 인민의 행동이 된다. 이 모든 사람의 맹약에 의해 생긴 전체 인민의 실재적 통일체가 바로 정부이다. 이제 인민은 주권자(정부)에 대하여 절대적인 복종을 서약한다. 정부는 이에 따라 인민의 안전과 합법적이고 근면한 생활을 보장한다. 이러한 사회계약에 의해 성립하는 시민정부commonwealth는 왕정제든 의회제든 관계없이 주권을 분열시키지 않고 통일적인 강한 권력을 행사해야 한다. 정부는 위험한 괴물(리바이어던)이지만, 정부의 공권력common power에 의해 인민이 분열하여 싸우는 위험을 회피하고 인민의 안전과 합법적인 생활을 보장한다.

이러한 홉스의 정치사상은 최초의 사회계약설로 근대적 정치철학의 선구가 되었다. 그때까지의 스콜라 정치사상과 같이 사람들의 인인애隣人愛나 공공심에 의존하지 않고, 개개인 본래의 이기심으로부터 출발하지만 그러한 이기심의 발동에 의한 싸움을 억제하는 시민적인 정치질서의 가능성을 명확히 하였다. 그러한 의미에서 최초의 개인주의적 · 합리주의적인 정치철학이라고 해야 할 것이다.

그러나 홉스의 정치철학의 설득력은 청교도혁명에 의해 야기된 무정부 상태라는 특수한 상황에 의존하기도 했으며, 또한 극단적으로 엄격한 인간 이해로부터 출발했던 것이다. 그 결과 근대시민정부의 보편적인 설립이념이 될 수 없었다. 정부에 대한 인민의 절대복종을 요구하는 정치철학은 절대왕정제뿐만 아니라 전체주의국가에서도 정당화되지 못했다. 또한 영국 교회에 대한 비판을 포함했기 때문에 당시의 정치지도자들로부터 배척되었다. 그 결과 『리바이어던』은 발매금지 처분을 받았다. 그렇지만 국제분쟁이 끊임없이 문제되고 있는 오늘날 재평가되고 있다.

## 5.2 로크의 『통치2론』

홉스보다 반세기 늦은 명예혁명시대에 활약한 존 로크John Locke(1632~1704)는 『인간지성론』(1689) 등의 저작에 의해 대륙의 합리론에 대항하는 영국 경험론의 창

▲ 존 로크

시자가 되었다. 그는 홉스의 정치철학으로부터 영향을 받았지만, 인간 본성의 통찰이나 통치이념의 이해 등 많은 면에서 홉스와 견해를 달리하였다. 여기에는 반세기라는 기간 사이에 정치상황의 변화가 두 사람의 차이를 가져왔다고 하겠다. 로크는 입헌군주제가 성립하고 명예혁명이 일어난 1689년에 『통치2론統治二論』을 출판하였다.

이 저서 전반에서 로크는 홉스와 같이 왕권신수설을 버리고, 정부를 구성하는 인간의 자연 상태는 서로 싸우는 위험을 감추고 있다는 것을 지적하고 있다. 여기서부터 홉스와 크게 달랐다. 로크에 의하면, 인간의 자연 상태에는 또 하나의 측면(자연 상태 2)이 있으며, 거기서 인민은 정부에 의존하지 않고 어느 정도 안정된 질서를 유지할 능력을 갖는다. 즉, 인간은 자기 자신의 신체를 사고없이 소유하고, 나아가 그 신체를 사용하여 노동력을 제공한 성과에 대하여도 소유할 권리를 서로 주장할 수 있다는 것이다. 이 같은 자기노동에 기반한 소유권(자신들의 노동에 의해 획득한 것은 자신들의 것이라는 주장)은 정부가 관여할 수 없는 인간의 자연 상태에 기인하는 것이며 사람들은 이것을 서로 인정하고 있다는 것이다.

그러나 인간의 자연 상태 아래에서의 질서는 불안정하다. 그래서 반드시 위반자에 의해 침해될 위험이 있다. 그러므로 사람들은 자기들의 대리인을 뽑아 소유권의 보호를 그들에게 맡긴다. 이리하여 대의제로부터 나온 시민정부가 탄생한 것이다. 이러한 정부는 무엇보다도 시민들의 사유재산을 보호하지 않으면 안 된다. 그것에 실패한 정부에 대하여는 시민들이 다시 무기를 갖고 싸워 새로운 정부를 만들 권리(저항권)를 주장할 수 있다는 것이다.

로크에 의하면 소유권의 보호가 지속적으로 중요했던 이유는 정부에 의한 화폐정책 때문이었다. 왜냐하면 사유재산의 보호를 정부에 맡긴 시민은 자기 노동에 의해 얻은 재화뿐만 아니라 정당한 교환을 통하여 획득한 화폐재산이 정부의 잘못된 화폐정책에 의해 다양하게 침해받을 수 있기 때문이다. 로크는 몇 개의 다른 논문에서 이자율이나 화폐가치에 영향을 미치는 정부의 화폐정책에 대하여 언급하고, 중상주의적인 정책을 제안하였다.

로크의 시민정부론은 인간 본성의 통찰이나 통치이념의 이해가 당시의 정치상황과 동 시대의 시민정부의 설립이념에 매우 적합했기 때문에 영국이나 미국의 정치지도자들에게 인기가 있었다. 특히 미국의 독립에 즈음하여 홉스보다는 로크의 통치이념이 건국이념으로서 많은 참고가 되었다. 미국에서는 주州의 자치권이 강화되었는데, 연방정부에 대한 국민들의 자치권 주장은 오늘날에도 강하다. 또한 정부에 대한 저항권 또는 자기방위권(총포의 합법적 소유권 등)을 국민이 가질 수 있었는데, 이는 훗날 남북전쟁 등과 같은 많은 기회에 문제를 일으킨다.

다른 한편으로 로크의 노동소유권론은 아담 스미스의 노동가치 사상에 영향을 미쳤다. 또한 로크는 화폐이론을 포함하여 경제학이 탄생할 때에 아담 스미스에 영향을 미친 중요한 선구자의 한 사람이었다.

## 루소의 사회계약론

**자유의 절대화**

프랑스 혁명 지도부의 정전正典이 된 책이 루소Jean Jacques Rousseau(1712~1778)의 『사회계약론(원제 Du Contrat Social ou Principes du Droit Politique)』이다. 프랑스 혁명이 발발하기 10년 전에 세상을 떠난 루소는 결코 혁명을 사주하려는 의도는 없었지만, 자유, 평등, 주권, 일반의지 같은 『사회계약론』의 핵심 단어들은 혁명주의자들의 가슴에 불을 지폈으며, 프랑스 혁명의 교과서가 되었다.

▲ 루소

루소는 이 책의 거의 모든 장에서 인간이 본성적으로 자유롭게 태어났다는 사실을 역설한다. 『사회계약론』은 "인간은 자유롭게 태어났지만 도처에서 사슬에 묶여 있다. 자기가 다른 사람의 주인이라고 생각하는 사람도 사실 더한 사슬에 묶인 노예다"라는 도발적인 문장으로 시작한다.

루소는 무엇보다 자유의 절대화를 부르짖었다. "자유를 포기하는 것은 인간으로서의 자격을 포기하는 것이며 인간의 권리, 나아가서는 그 의무마저 포기하는 것이다. 모든 것을 포기하는 사람에게는 아무런 보상도 있을 수 없다. 모든 것을 포기하는 것은 인간의 본성에 어긋나는 일이다." '인간의 권리'란 말은 이 책에 처음 등장한 뒤 세계적으로 통용되기 시작했다. 이처럼 타고난 자유를 합법적으로 보장해 주는 것이 바로 사회계약의 목적이라고 루소는 강조한다. 그는 인간의 자유를 자연 상태에서 누리는 '자연적 자유', 사회계약 이후 시민 상태에서 누리는 '시민적 자유', 인간이 진실로 자신의 주인이 되게 하는 '도덕적 자유'로 구분했다.

루소는 '사회계약'을 국가 성립의 기초라고 여겼다. 국가는 정신적이고 집합적인 단체이며 공적인 성격을 띠고 있다고 생각했다. 그는 계약으로 탄생한 국가는 구성원 개개인에 의해 만들어진 것이므로 그 이익에 반하는 이해를 갖지 않으며, 가질 수도 없다고 했다. 루소는 사회계약의 특성이 힘과 자유의 전면적 양도에 있다고 판단했다. 국가는 그 신성한 계약에 의해 성립하며 이에 반하는 일은 어떤 것도 해서는 안 된다고 봤다.

사회계약이란 인민 모두가 자신의 권리와 자기 자신을 공동체 전체에 완전히 양도하는 것이다. 이에 따라 탄생한 것이 개인 의지의 집합체인 '일반의지'다. 『사회계약론』에서 핵심적인 말은 '일반의지'다. 일반의지는 '국민의 뜻'이다. 오늘날 선거는 한 사회의 일반의지가 드러나는 계기다. 일반의지는 독립의 힘이고 민중의 의지다. 일반의지가 글로 표현된 것이 법이다. 사람들이 최고의 충성을 바쳐야 할 것이 법이며, 그 법 앞에선 모두가 평등하다는 논리가 루소 사상의 핵심이다.

### 일반의지와 주권론

일반의지에는 양면성이 존재한다. 모든 사람이 합의하는 거대한 공동체는 무해한 경우라면 집단적 행복의 유토피아지만, 최악의 경우에는 공동체가 '당은 언제나 옳다'는 강령에 따라 선과 악이 결정되는 전체주의 국가가 될 수 있다. 이 때문에 루소는 자유국가 이념의 아버지이면서, 민중독재의 아버지로 여겨지는 야누스의 모습을 떠안았다.

루소의 일반의지는 주권과 밀접하게 결합돼 있다. 주권은 입법하는 것이며, 법은 일반의지의 공정한 작용이다. 주권의 본질은 세 가지다. 첫째, 주권은 양도할 수 없다. 주권은 일반의지의 행사이고, 그 의지는 양도될 수 없기 때문이다. 둘째, 주권은 분할할 수 없다. 일반의지의 행사가 주권이어서 분할할 수 없는 단일한 것이기 때문이다. 셋째, 일반적 약속의 범위에서 벗어날 수 없다. 주권은 사회계약에 의해 정치체가 부여받은 모든 성원에 대한 절대적인 힘이기 때문이다.

루소의 주권론이 완전히 독창적인 것은 아니다. 루소는 '만인에 대한 만인의 투쟁'으로 유명한 토마스 홉스의 영향을 받았다. 마르크스가 헤겔의 변증법을 배워 유물변증법을 창안했듯이, 루소는 홉스의 주권론을 인민주권론으로 승화시켰다. 홉스의 이론을 루소가 이어받아 혁명적인 민주주의 이론으로 재탄생시킨 셈이다.

정치적 권위는 본질적으로 국민 안에 있다는 게 루소 정치사상의 핵심이다. 여기서 정치적 권위는 다름 아닌 주권을 가리킨다. 정부나 국가 행정기관은 주권에 종속된 기관이며, 행정기능을 위임받은 위원회 같은 것에 불과하다. 국가를 구성하는 법률은 일반의지의 표현이어야 하고, 정부는 법률이 정한 범위 안에서만 통치권을 행사할 수 있다. 만약 정부의 통치가 일반의지에 반할 경우 국민은 언제든지 의회를 소집해 행정가를 소환할 수 있다.

루소는 국가와 사인私人의 관계를 규정하는 헌법(공법), 사인과 사인의 문제를 다루는 민법 등을 형법과 구별하면서 형법에 대해서는 '법을 지키게 하는 법'이라고 정의했다. 루소는 민주주의가 항상 공동선을 보장하는 정부를 구성하는 것은 아니기 때문에 이러한 외부기구는 정치보다 우위에 있는 공평성을 갖춰야 한다고 말한다.

"자연으로 돌아가라"는 의미는 자연 상태의 자유와 평등, 건강한 도덕심을 회복하는 길을 찾자는 데 있다. 이 같은 주장은 지금에야 상식처럼 들리지만, 당시 지배계급에게는 엄청난 충격으로 다가왔다. 이 책은 1762년 1월 18일 네덜란드 암스테르담에서 처음 출판됐다.

**근대정치 태동의 원동력**

프랑스 혁명은 이 책에 담긴 이념에 기반하였다. '모든 주권은 국민 안에 있다'는 것과 '법은 전체 의사의 표현이다'가 가장 중요한 대목이다. 이 책은 프랑스 혁명은 물론 유럽 곳곳에서 근대정치 태동의 원동력을 제공했다. 또한 미국 독립혁명의 이론적 토대가 되었다.

한편으로는 루소가 창안한 멋진 정치공동체의 모델이 전제한 사회와 국가의 관계가 현실세계와는 상당한 거리가 있다. '루소가 민주주의 스승인가, 전체주의 창시자인가' 하는 논란을 불러일으킨 것도 이 때문이다. 특히 19세기에는 비판이 들불처럼 일어났다. 벵자멩 콩스탕 Benjamin Constant(1767~1830)은 "사회계약론은 모든 종류의 전체주의의 가장 끔찍한 보조자가 되었다"고 꼬집었다. 루소는 결코 전체주의 정권을 찬성하지 않았지만, 일반의지라는 이념이 많은 문제의 소지를 안고 있어 애초 취지와 다른 파장을 일으킨 것이다.

그의 정치철학은 21세기의 현실정치에서도 꾸준히 지대한 영향력을 미치고 있다. 많은 사람들은 근대사의 문을 열어준 과학의 천재가 뉴턴이라면 인문학의 천재는 루소라고 말한다. 오늘날 국제사회는 다양한 '계약'을 통해 평화를 유지해 오고 있기도 하다. 『사회계약론』은 지금도 '이 타락한 인간사회에 어떠한 정치체제를 구성할 때 인간이 자연 상태의 선한 본성을 회복할 수 있을까'라는 근본적인 질문을 끊임없이 던진다.

**출처** : 진병운, 「루소의 사회계약론」, 서울대철학연구소, 『철학사상』, 별책 제2권 제5호에서 발췌하여 정리한 것.

## 5.3 아담 스미스의 『도덕감정론』

경제학의 아버지 아담 스미스Adam Smith(1723~1790)는 글라스고대학의 도덕철학 교수로 출발했지만, 이윽고 법학과 경제학을 포함한 사회과학 전반의 근대적 기초를 구축하였다. 그의 강의내용은 자연신학에서 시작하여 윤리학, 법학(정의론), 광의의 법학으로서의 경제학 등 다방면에 걸쳐 이루어졌다. 그는 대저 『도덕감정론』(1759)과 『국부론』(1776)을 출판하였다. 여기서는 경제학 탄생의 전제로서 『도덕감정론』을 살펴본다.[12]

아담 스미스의 사상을 이해하기 위해서는 두 선구자의 사상을 검토해야 한다. 아담 스미스의 선생이며 전임자이기도 했던 프랜시스 허치슨Francis Hutcheson(1694~1746)과 철학자로서 생애의 선배 · 친구이기도 했던 데이비드 흄David Hume(1711~1776)이 그들이다.

허치슨은 스코틀랜드 계몽운동을 담당했던 중심 인물로 흄이나 칸트에게까지 영향을 미친 도덕철학자이다. 허치슨이 글라스고대학의 교수였던 1729~1746년의 후반기에 아담 스미스는 학생으로서 그를 만났다. 아담 스미스는 인인애隣人愛, benevolence를 중심으로 하는 도덕철학뿐만 아니라 경제적 자유주의 사상도 허치슨 사상을 이어받았다.

영국 경험윤리학의 시조이며 칸트의 코페르니쿠스적 전환을 유도한 것으로 알려진 흄은 허치슨을 통하여 아담 스미스와 깊은 친교를 나누었다. 아담 스미스는 저작이나 편지의 교환을 통하여 흄의 사상을 자기 것으로 받아들였다. 그 중에서도 흄

12. 아담 스미스는 『국부론』에서 한 나라의 경제발전을 위한 이론과 정책들을 제시했지만, 정작 자본주의의 철학적 원리는 『도덕감정론The theory of moral sentiments』에서 설명하고 있다. 이 책에서 아담 스미스는 인간사회 관계의 근본을 이루는 공감원리, 관용과 자기억제의 사회적 가치 등에 대한 철학적 설명 등으로 인간 본성을 설명한다. 글래스고대학에서 강의한 논리학 · 도덕철학 내용을 엮었다. 결국 인간이 영리에만 집착하는 이기적 동물이 아님을 역설한다. 아담 스미스는 정작 자신의 묘비명을 "『도덕감정론』의 저자, 여기 잠들다"로 하길 원했다고 한다.

의 『인간본성론』에서 받은 공감sympathy의 사상이 아담 스미스의 도덕철학을 이해하기 위해 중요하다.

아담 스미스의 도덕철학의 출발점으로서의 공감을 보다 깊이 살펴보자. 공감의 사상은 홉스나 로크의 사상에서도 보이는 이기심으로부터 출발하는 개인주의적인 관점과 허치슨의 스코틀랜드 계몽의 인인애를 기본으로 하는 도덕철학이 통합하는 역할을 담당하였다. 아담 스미스의 도덕철학은 개개인들 사이에 보편적으로 나타나는 이기적인 감정을 인정한다는 점에서 혁신적인 사상이었다. 그러나 어떤 이기적인 인간이라 하더라도 타인의 행복을 기뻐하고 타인의 불행을 슬퍼한다는 감정이 있다는 것을 동시에 인정하였다. 이러한 인간의 동감 또는 공감의 감정이 개별 인간을 공동사회에 필수적인 인인애로 연결지우는 연결고리 역할을 한다는 것이다. 이와 같이 인간의 동감 또는 공감의 감정을 매개로 하여 이기적인 감정과 인인애를 결합시킨 것이 아담 스미스 도덕철학의 큰 특징이다.

사람들은 자신들의 감정이나 행동, 그리고 대접을 통하여 다른 사람들의 공감을 얻고자 노력한다. 그리고 타인의 공감을 많이 얻는 만큼 그 사람의 행위는 보다 많은 사람들의 공감이나 시인을 얻는 행위라고 할 수 있다. 다만 개개인은 타인의 공감의 정도를 알 수는 없다. 거기에 아담 스미스는 "공평무사한 관찰자impartial spectator"라 하는 가공의 심판자를 등장시켰다.[13] 이 관찰자는 현실의 심판자이기도 하고, 존경받는 선생이기도 하며, 또는 스스로를 재판하는 자신의 분신alter이기도 하다. 요컨대 편견 없이 객관적으로 엄격하게 자기 자신의 행위에 대한 시비를 판단하는 관찰자는 "공평무사한 관찰자"이다. 이 관찰자가 시인하는 정도에 따라 인간의 감정이나 행위가 도덕적으로 판단된다는 것이다.

---

13. 박세일 · 민경국은 『도덕감정론』 번역판(비봉출판사, 1996)에서 아담 스미스의 'spectator'를 '관찰자'로 번역하였다. 혹자는 '관망자'로 번역하기도 했다. 관찰(觀察)은 개별적 사물을 주의 깊게 살펴볼 때 주로 사용하는 용어이고, 관망(觀望)은 보다 포괄적으로 어떤 상황이나 분위기를 어느 정도의 거리를 유지하면서 바라보는 것을 의미한다. 여기서는 관찰자로 했다.

## 스코틀랜드 계몽운동

스코틀랜드 계몽운동Scottish Enlightenment이란 19세기 영국 문화에 커다란 영향을 미친 스코틀랜드 지식인들의 활동을 일컫는다. 이 말은 물론 19세기 중엽에 만들어졌지만, 이 지적 흐름은 에든버러에게 런던, 파리, 비엔나에 못지않은 학문적 명성을 안겨 주었다.

이 계몽운동은 합병 이후 스코틀랜드 사람들의 새로운 대응방식을 반영한다. 이제 스코틀랜드는 더 이상 잉글랜드와 정치적인 면에서 대결을 고집할 수 없게 되었다. 그러나 당대의 지식인들 사이에 타자로서의 잉글랜드의 이미지가 순화된 것은 아니었다. 정치적으로 브리튼에 통합되어 있으면서도 잉글랜드와 다른 정체성을 유지하려는 이중적인 성향이 계몽운동에 깃들어 있다. 1767년 이후 새로운 도시계획에 따라 에든버러 시민들은 신도심지에 수도 런던의 쾌적한 분위기를 되살려냈지만 그러면서도 단순한 모방이 아니라 런던의 대안으로서 독자적인 성격을 나타내려고 했다.

에든버러 식자층의 주류는 전문 직업인이었다. 그들은 전문적인 식견을 지녔으면서도 남부로 진출할 만한 재력을 갖추지 못한 소지주, 변호사, 상인, 문필가, 제조업자, 교사, 목사들이었다. 18세기 후반 이래 이들 지식인들의 담론 세계와 문화는 스코틀랜드 민족주의에 기반하고 있었다. 그리고 이들의 계몽운동은 한편으로는 전산업적 요소가 깃들어 있으면서 다른 한편으로는 쇠락한 잉글랜드를 대신해서 브리튼의 문화를 되살려야 한다는 강한 자의식이 숨어 있었다. 우리는 당대 에든버러 지식인들의 토론모임이나 이들의 저널과 출판활동 등에서 이러한 분위기를 감지할 수 있다.

1764년 첫모임을 가진 에든버러 사색협회Speculative Society는 지식인들의 자발적인 담론공동체였다. 이 모임의 고정회원으로는 월터 스코트Sir Walter Scott, 1st Baronet(1771~1832), 프랜시스 제프리Francis Jeffrey, 헨리 토마스 콕번Henry Thomas Cockburn 등이 있었다. 그들은 수요일 저녁 에든버러대학 구내에서 만나 술을 곁들이며 담소를 나누었다. 이러한 담론의 장에서 그들은 좁게는 스코틀랜드의 전통과 문화를, 그리고 넓게는 브리튼의 문화와 정신에 관해서 토론을 벌였으며 그것이 지적 · 문화적 활력을 제공했다.

18, 19세기 스코틀랜드 지식인들의 문화적 성취는 타자로서의 잉글랜드를 의식한 결과이다. 그러면서도 그들은 대브리튼의 문화 창달자임을 자부하는 이중적인 의식구조를 보여준다. 이 이중구조를 정확하게 설명하기란 쉽지 않다. 아마도 그들은 현실 정치에서 잉글랜드에 종속될 수밖에 없는 스코틀랜드의 상황을 다른 방식으로 극복하려고 노력했던 것 같다. 그들은 현실정치를 넘어 전통과 학문, 그리고 문예 속에서 그들의 자의식을 발현하려고 노력했다. 그들의 정치적 열등감은 어쩌면 문화적 우월의식으로 보상받을 수 있을 터였다. 에든버러의 지

식인들이 『브리태니커 백과사전The Encyclopedia Britannica』의 편찬과 개정에 열정을 기울였고 또 많은 사람들이 백과사전의 편찬을 자랑스럽게 생각한 것도 이런 측면에서 쉽게 이해할 수 있다.

그렇다면 계몽운동과 문화중심주의를 통해서 스코틀랜드인들은 궁극적으로 대브리튼 국민이라는 귀속의식 또는 대브리튼의 정체성을 확립하는 데 성공을 거두었는가? 이 문제에 대답하기란 쉬운 일이 아니다. 그렇더라도 19세기 스코틀랜드 지식인의 의식이 '잉글랜드적인 것Englishness'을 넘어서 '브리튼적인 것Britishness'에까지 이르렀을 가능성은 조심스럽게 인정해야 한다.

**출처** : 이영석(2016. 8), 『지식인과 사회』, 「잉글랜드와 스코틀랜드—국민 정체성의 변화를 중심으로—」에서 발췌하여 정리한 것.

### (1) 아담 스미스의 도덕적 질서체계와 정치경제학

아담 스미스의 독창성은 이러한 인간의 감정이나 행동에 대한 도덕적 판단에 기반하여 도덕철학의 체계를 구축하고, 법학이나 경제학 등 사회과학의 토대도 구축했다는 것이다. 사람들의 감정 또는 정념passion은 사회에서 시인되는 사회적 정념과 사회로부터 배척되는 반사회적 정념의 두 가지로 크게 구분된다. 사회적 정념에는 관대, 우정, 존경, 친절, 연민 등의 정념이 포함된다. 이러한 정념은 사회에 조화를 가져오기 때문에 관찰자로부터 큰 공감을 얻게 된다. 이에 대하여 반사회적 정념에는 증오나 보복의 정념이 포함된다. 이 같은 반사회적 정념은 야수와 같이 시민사회로부터 축출되어야 한다. 이들에 대하여 사회적 정념과 반사회적 정념의 중간에 위치하는 것이 기쁨이나 슬픔 등에 의해 표현되는 이기적 정념selfish passion이다. 사람들이 자기들의 부귀를 과시하고, 빈곤을 숨기려는 것은 세상 사람들이 슬픔보다는 기쁨에 대하여 동정하기 쉽기 때문이다. 이들 모든 정념은 시민사회의 질서를 유지하기 위하여 각각의 역할을 담당하는 것이다.

아담 스미스는 끝으로 공평무사한 관찰자가 시인하는 정도에 따라 구축된 도덕

체계에 관하여 다음과 같이 맺음하고 있다. 이것은 단순한 협의 도덕체계가 아니고 근대 시민사회를 구성하는 3개의 다른 질서를 명확히 하는 것으로 이해할 수 있다.

### ① 다른 사람들의 행복에 관한 덕의 체계

**자선beneficence 또는 자비benevolence의 덕**

사람들이 자신보다 다른 사람들의 행복을 위해 전력을 다하는 사회는 우정이나 친절심 등의 사회적 정념이 만족되는 가장 행복한 사회일 것이다. 다만 그러한 덕의 체계는 근대 시민사회에서 필요불가결한 것이 아니다. 이러한 덕이 보이지 않는 사회에서도 다음 두 가지의 도덕〔정의의 덕과 신려愼慮의 덕〕의 원리가 있다면 안정된 질서를 유지할 수 있다.

가족 또는 서로 신뢰할 수 있는 소수의 사람들에 의한 가족적 공동체는 시민사회의 최소 구성단위지만, 이러한 공동체의 질서는 오늘날 자선이나 자비의 덕에 의해 지탱된다고 해야 할 것이다.

**정의justice의 덕**

아담 스미스가 정의하는 정의正義 가운데는 교환의 정의와 분배의 정의는 포함되지 않는다. 정의란 단순히 다른 사람의 신체와 재산을 침해하지 않는 덕을 일컫는다. 시민사회를 지키기 위해서는 이러한 정의의 질서가 불가결하며, 이러한 질서는 반사회적 정념에 의해 유지된다. 즉, 사람들의 증오나 보복의 정념은 그 자체로는 사회질서에 반하지만, 살인이나 강도와 같은 반사회적 행위에 대한 대항조치로서 유효하다. "눈에는 눈", "이에는 이"라는 고대 함무라비법전으로부터 홉스의 정치철학에 이르기까지 유지되었던 정당방위를 인정하는 사상이 여기서 유래했다고 하겠다.

이러한 정의의 덕에 의해 정부의 국방, 사법, 경찰의 존재 의의를 설명할 수 있으며, 정치·법질서의 원리가 명확해진 것이라 이해할 수 있다.

### ② 개개인의 행복에 관계하는 덕의 체계

**신려**慎慮, prudence**의 덕**

아담 스미스는 끝으로 자기 자신의 신체와 재산에 배려하고 그것의 보전을 도모하는 덕의 체계를 다루고 있다. 이러한 덕은 자선의 덕과 같이 "관찰자"가 무조건적으로 예찬하는 것이 아니며, 또한 정의의 덕과 같이 강제적으로 지켜야 하는 덕도 아니지만, 사람들의 자발적인 행동과 효용의 감각에 의해 지키려는 덕이다. 이러한 덕은 정의가 지켜진다는 것을 전제로, 근면industry과 절약parsimony의 도덕감정에 의해 근대 시민사회를 구축했던 기본 원리이다. 이러한 근면과 절약이야말로 후에 『국부론』의 도덕적 기초가 된 원리이다.

아담 스미스는 이를 신려의 덕이라 불렀으며 시민적 · 경제적인 질서의 기초가 되었다. 그리고 이러한 덕에 의해 실현된 시민사회 또는 시장사회야말로 아담 스미스가 옹호했던 사회이다.

이상에서 살펴본 바와 같이 아담 스미스는, 홉스가 주장한 정부의 권력(폭력)의 독점이나 로크가 논의했던 사적소유권에 의거하지 않고, 공감하는 감정의 교환에 기반하며 시민사회의 질서를 변호하였다. 감정의 교환은 재화 · 서비스의 교환으로 확장될 수 있다.

아담 스미스의 도덕체계에 기반한 시민사회의 질서가 현대 거시경제학에서 다루는 3개의 주요 부문에 해당하는 것이 흥미롭다. 그것은 가계, 기업(또는 시장), 정부의 세 부문에 해당한다. 이들 세 부문에서는 각각 다른 원리가 지배한다. 아담 스미스의 단계에서는 시장과 기업이 분리되지 않고 일체一體로서 다뤄지고 있으므로 3개 시민사회의 질서는 외국부문을 배제한 거시경제 부문과 대응한다. 시장은 이들 부문을 결합시키는 교환의 장이므로 이들에 의해 경제학을 성립시키기 위해 필요한 사회 구성상의 전제조건이 전부 해명되게 되었다. 이리하여 경제학이 독립하여 탄생하기 위한 전제조건이 충족되었다고 하겠다.

## 진화론적 자유주의 창시자 데이비드 흄

▲ 데이비드 흄

18세기에 들어서면서 유럽엔 이윤추구에 초점이 맞춰진 경제체제가 확산됐다. 인간관계도 화폐를 매개로 한 계약을 통해 형성되기 시작했다. 하지만 이 같은 상업사회 확산에 대한 우려의 목소리도 힘을 얻고 있었다. 이런 시기에 시장사회는 인류의 번영을 기약하는 체제라고 주장하면서 자유주의를 옹호한 인물이 영국의 도덕철학자 데이비드 흄David Hume(1711~1776)이다. 학구적이었던 그를 늘 괴롭혔던 것은 '인류 번영에 적합한 사회체제는 무엇인가'라는 주제였다. 그런 거대담론의 문제를 해결하기 위해 철학, 윤리, 역사 등 여러 학문을 섭렵한 흄이 주목한 것은 인성론이다. 사회를 올바르게 이해하기 위해선 행위 주체인 인간의 성격에서 출발해야 한다는 이유에서였다.

흄의 인성론의 핵심은 두 가지다. 하나는 지각활동과 경험을 통해 환경에 대한 지식을 얻고 이성적 판단이 가능해진다는 것이다. 인간은 지적으로 불완전해 늘 실수를 저지르는 존재라고도 한다. 다른 하나는 인간은 이기적이고 탐욕스러운 동물이며 도덕적으로도 한계가 있다는 것이다. 그런 탐욕은 모든 시대, 장소, 사람에게 작용하는 보편적 감정이라고 주장한다.

사회제도에 대한 생산적 논의는 인간의 이런 인성에서 출발해야 한다는 게 흄의 생각이다. 인간은 지적으로 한계가 있기 때문에 경험을 통한 다양한 학습이 필요한데, 학습 가능성은 제도에 좌우된다고 한다. 탐욕이 미치는 사회적 결과도 제도에 따라 달라진다고 하였다. 같은 탐욕이라도 제도에 따라 사회적으로 좋은 또는 나쁜 결과를 야기한다는 뜻이다. 그래서 제도가 중요하다고 그는 강조한다. 흄이 주목한 것은 시장경제의 제도적 기초가 되는 정의다. 그에게 정의란 타인의 재산에 대한 존중과 계약의 준수 등 재산 및 계약과 관련돼 있다. 이는 타인의 재산에 대한 침해나 사기, 기만을 해서는 안 된다며 사람들의 특정한 행동을 금지하는 행동규칙으로 표현된다. 이 같은 규칙을 위반하지 않는 한 누구나 자유롭게 경제활동을 할 수 있다.

이런 정의는 인간이 다른 사람들과 상호관계에서 자유롭게 학습할 제도적 조건이 된다. 정의의 틀 안에서는 인간이 탐욕적으로 행동한다고 해도 이는 자신뿐만 아니라 사회에도 번영을 가져온다는 게 흄의 설명이다. 주목할 것은 상업사회에서 어떻게 학습과 번영이 가능한가의 문제다. 상업은 이윤동기를 북돋아 근검절약 정신을 고취하고 낭비 습관을 억제한다는 게 흄의 경험적 인식이다. 그 결과가 자본축적과 경제성장이라고 한다.

인간은 상업적 접촉을 통해 서로의 버릇과 관습을 모방하게 되고, 그 과정에서 공유된 문화를 창출하는 능력도 상업사회만이 가능하다고 주장한다. 시장경제는 상업을 통한 열린 소통으로 이성의 능력을 개선한다는 그의 인식에도 주목할 필요가 있다. 상업이 융성하면 과학, 기술, 문학, 예술 등 갖가지 지식 혁신이 가능하고, 이는 지적능력의 향상과 광범위한 문명과정을 촉진한다고 목소리를 높인다. 자유사회는 지식에 대한 사랑과 호기심을 충족하고 위대한 정신을 배출하기 위한 조건이라는 게 그의 통찰이다. 전제정부에서는 모든 사람을 노예로 만들기 때문에 그런 혁신이 불가하다고 했다. 흄은 인류 문명의 백미는 국경을 넘어서까지 상업을 확대한 국제무역이라고 했다. 자유무역은 한쪽엔 이익, 다른 쪽엔 손해를 주는 제로섬 게임이 아니라 모든 참여자에게 편익을 보장한다고 주장했다. 이런 무역은 상품 교환을 넘어 기술적 지식, 삶의 방식을 배울 소중한 기회도 마련한다고 설명했다.

흄은 "정의는 이성이나 본능의 산물이 아니라 진화의 선물"이라고 주장하며 진화사상을 개발했다. 인간사회의 유익한 제도들은 인간이 자신들의 이익을 추구하는 과정에서 '자생적으로' 형성된다는 것이다. 어느 한 사람이 타인의 재산을 침해하지 않는 새로운 행동을 반복적으로 행할 경우 다른 사람도 그런 행동을 모방한다. 모방을 통해 그런 행동이 확산되고 그 결과 의도치 않게 재산을 존중하는 도덕이 형성된다는 설명이다. 새로운 행동의 등장과 모방을 통한 확산을 뜻하는 진화과정을 통해 재산 계약과 관련된 법, 도덕, 언어, 시장, 분업 등의 행동 규칙들이 형성된다는 게 흄의 진화론적 주장이다.

**영국의 인구와 경제성장**(1700~1860)

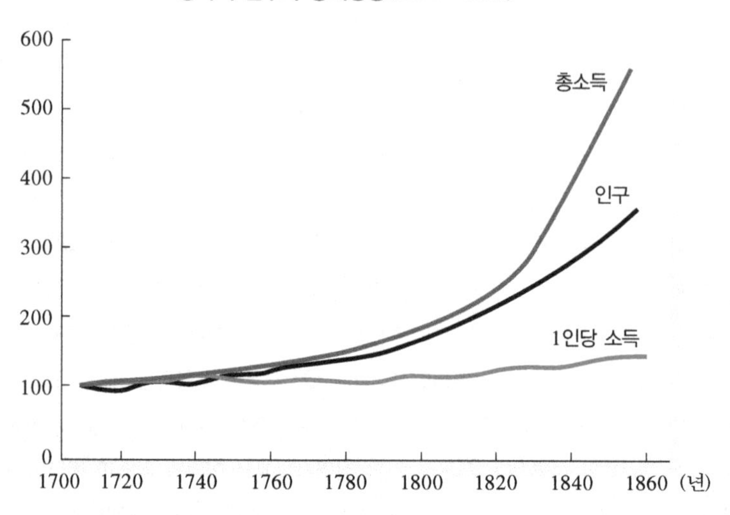


**출처** : 그레고리 클라크(2007), 민병국(2014)에서 재인용.

모든 사람이 자생적으로 형성된 규칙을 지킨다면 그런 규칙을 강제로 집행할 정부는 불필요하다. 그러나 인간이란 타인의 재산을 침해하거나 약속을 어기는 게 유익하다는 유혹에 빠지기 쉬운 연약한 동물이라는 것이다. 따라서 정부는 정의의 시스템을 유지해 재산과 자유를 보호할 의무가 있다는 것이다. 통치자가 적절히 법을 집행해 시민사회를 유지한다면 군주제든, 공화정이든, 그 혼합이든 상관없다고 말한다.

흄은 진화사상이라는 새로운 철학적 기초에서 자유주의와 시장경제 사상을 개발하는 데 개척자 역할을 했다는 점에서 높은 평가를 받고 있다.

**흄 사상의 힘**

시장경제는 어떤 특수계층이 의도한 결과가 아니라 지적으로나 도덕적으로 한계가 있는 평범한 인간들의 활동에서 자생적으로 생겨난 결과라는 게 데이비드 흄의 핵심 사상이다. 이기적 목적을 추구하는 평범한 행동의 상호작용을 통해 상업사회의 도덕도 생성 · 유지되고, 물질적 비물질적 번영도 가능하다는 게 그의 논리다. 영국이 증가하는 인구를 먹여 살릴 보편적 번영도 상업 때문에 가능했다고 주장했다. 그는 인간 이성에 대한 회의懷疑를 특징으로 하는 진화사상을 개발해 자유주의 경제학의 거성인 아담 스미스와 함께 '스코틀랜드 계몽주의'의 전통을 세웠다. 이 계몽주의는 데카르트, 루소가 창시하고 오늘날에는 영국의 간섭주의 경제학을 만든 케인즈, 분배정의로 유명한 미국 철학자 롤스John Rawls(1921~2002) 등이 계승한 '프랑스 계몽주의'와 나란히 사회철학의 양대 산맥을 형성한다.

20세기 위대한 자유주의 경제학자였던 하이에크의 사상도 흄의 진화사상의 영향을 받았다고 할 수 있다. 하이에크가 스코틀랜드 계몽주의 전통을 현대적으로 재해석하고 발전시킨 것은 흄의 영향 덕분이다. 흄의 사상은 사회적 현상을 야기하는 인간 행동이 제도에 의해 필연적으로 영향을 받기 때문에 제도 분석을 중요시하는 독일의 질서자유주의와 노벨경제학상 수상자인 로널드 코스, 더글러스 노스 등의 신제도주의 경제학을 탄생시켰다.

자유무역에 대한 흄의 논리는 오늘날까지도 보호주의와 싸우는 데 중요한 지적 무기였다. 공공부채가 자원배분의 왜곡을 초래한다는 흄의 주장은 공공부채는 아무런 해가 없다는 케인즈와 루스벨트의 적자지출 주장에 대한 강력한 반박 논리였다는 것도 인식할 필요가 있다. 흄의 사상은 자유주의와 시장경제가 범세계적으로 확대될 수 있는 바탕을 마련했고, 영국과 미국을 정치적 · 경제적으로 세계 최강국으로 만드는 데 중요한 역할을 했다.

**출처** : 한국경제신문 2013년 7월 6일자, 민경국 교수와 함께하는 경제사상사 여행(43)에서 발췌하여 정리한 것.

제2장

# 고전파 이전의 경제사상

경제학은 다른 학문에 비하여 역사가 일천하다. 경제학은 1776년에 저술된 아담 스미스의 『국부론』에 의해 체계적으로 성립되었다. 그렇다면 경제학의 역사는 오늘날까지 250년이 채 안 된다. 경제학의 역사는 아담 스미스를 출발점으로 하여 맬더스, 리카도, 밀에 이르는 경제학을 고전파 경제학이라 한다. 경제학설사는 여기서부터 시작하지만 고전파 경제학 이전에도 2개의 대표적인 경제사상이 있다. 하나는 16세기 후반부터 18세기 중반에 걸쳐 영국을 중심으로 하여 발전된 중상주의이고, 다른 하나는 18세기의 프랑스에서 발전된 중농주의이다.

아담 스미스의 『국부론』과 그 후의 고전파 경제학은 이러한 두 개의 경제사상을 비판함과 더불어 그 사고를 계승하며 형성되었다. 따라서 먼저 이들 두 개 경제사상의 내용을 살펴볼 필요가 있다.

# 1. 중상주의

중상주의란 글자 그대로 상업을 중시한 경제학설 또는 경제정책을 총칭한다. 역사적으로는 17세기에서 18세기에 걸쳐 영국이나 프랑스 등 서유럽 여러 나라에서 보급되었다.[1] '중상주의'라는 말은 1763년 프랑스의 미라보Marquis de Mirabeau(1715~1789)가 처음 쓴 것으로 알려져 있으나, 17~18세기(또는 학자에 따라 16~18세기)를 풍미한 경제정책 사조와 정책을 체계적으로 정리하고 이것에 중상주의 체제라는 이름을 붙여 통용시킨 이는 아담 스미스다. 그는 『국부론』에서, 이전 세기 및 당대의 각기 다른 경제발전 단계 및 국내외적 상황에 처해 있던 여러 국가에서 다양한 계층과 신분의 사람들이 주장한 내용과 주요국(주로 영국이지만)의 경제정책을 망라하여 중상주의 체제commercial or mercantile system로 체계화하고, 이를 자신의 경제자유주의 체제와 대비시켰다(최병선, 2002).

먼저 중상주의의 사고가 전개된 시대적 배경을 보기로 하자. 세계사 가운데서 이 시대의 주요 사건을 들어보면, 그 하나가 지리상의 발견과 그에 이은 대항해시대이다. 1492년에 콜럼버스Christopher Columbus, 포르투갈어 : Cristóvão Colombo(1450~1506)가 아메리카 대륙을 발견하고, 1498년에는 바스코다가마Vasco da Gama(1460/1469~1524)가 인도에 도달하였다. 마젤란Ferdinand Magellan, 포르투갈어 : Fernão de Magalhães(1480~1521)은 세계일주를 계획하고, 남미 마젤란 해협을 발견하였다. 마젤란의 사후 남아 있던 마젤란 선대船隊가 1522년에 세계일주를 달성하였다.

스페인, 포르투갈, 네덜란드 등을 중심으로 하는 대항해시대의 개막은 외국과의 무역 확대를 통하여 유럽 경제에 크게 영향을 미쳤다. 지리상의 발견에 의해 유

1. 중상주의시대를 16세기 초~18세기 말로 보는 학자가 있는가 하면, 17~18세기로 보는 학자도 있어 통일성이 없다. 이는 학자마다 연구 및 관찰대상으로 삼고 있는 국가의 범위가 다르고, 국가 성격과 형태, 특히 지배계층(ruling class)의 성격과 구성이 국가마다 상당한 차이를 보였기 때문이다.

럽의 교역권交易圈은 확대되었고, 무역은 급속히 증대되었다. 포르투갈인이 일본의 종자도에 철포를 가져온 것도 이 시대(1549)였다. 일본도 16세기 말에 포르투갈, 스페인과 남만무역을 행하게 되었다. 이 시기 조선에서는 안타깝게도 을사사화乙巳士禍[2]가 일어나 외척 간에 반목하며 당파싸움을 하고 있었다.

이 시대의 유럽은 중세 봉건사회에서 근대국가로 넘어가는 시대였다. 국왕을 중심으로 한 절대주의에 근거한 전제정치가 행해지고 있었지만, 1688년 영국의 명예혁명으로 대표되는 시민혁명에 의한 시민사회의 형성으로 변화하고 있던 시대였다.

전제군주의 지배 하에 놓여 있던 유럽제국이 발달한 항해기술을 바탕으로 하여 이 시대에 어떤 정책수단으로 국가의 부富를 증강할 것인가라는 문제에 대한 답이 중상주의였다고 할 수 있다.

그러면 중상주의는 무엇으로 특징지을 수 있는가? 다양한 경제정책이 주장되었기 때문에 중상주의 학설을 체계적으로 정리하기는 쉽지 않다. 중상주의는 무엇보다 대외무역을 수단으로 하여 한 나라의 부의 충실을 도모하는 것이다. 거기에서 이루어진 정책적 제안은 다양했으며, 체계적으로 이론이 전개되었다기보다는 시사적 문제에 대한 평론이라는 성격이 강했다. 그렇지만 거기에는 중상주의 정책 내지는 사상을 형성하는 공통의 요소도 존재하고 있었다.

아담 스미스 『국부론』의 중심적인 주제는 중상주의에 대한 비판이었다. 아담 스미스는, 중상주의 체제는 수입제한(고관세나 절대적 금지)과 수출진흥을 국가를 부유하게 만드는 '두 엔진'으로 간주한 정치경제 체제라고 요약하였다. 그러나 시사평론적으로 다양하게 제시된 중상주의를 체계적으로 정리하기는 쉽지 않다. 여기서

---

2. 1545년(명종 즉위년) 조선 왕실의 외척인 대윤(大尹 : 인종의 외척 중심)·소윤(小尹 : 명종의 외척 중심) 간의 반목으로 일어난 사림(士林)의 화옥(禍獄)으로 소윤이 대윤을 몰아낸 사건이다. 을사사화로 인해 모후 및 외척이 정권을 전횡하는 길을 열었으며, 사화에서 일어난 당파의 분파는 후기 당쟁의 한 소인(素因)이 되었다.

는 중상주의를 체계적으로 정리한 스웨덴의 엘리 헥셔Eli Heckscher(1879~1952)[3]의 『중상주의』라는 책의 내용을 중심으로 살펴본다〔(小炯二郎(2014), pp.40~43에서 재인용〕.

## 1.1 권력의 체계system of power : 중앙집권국가의 성립

중상주의는 당시 유럽에서 성립되었던 절대주의적 중앙집권국가를 유지 · 강화하는 역할을 담당했다. 그때까지 유럽에서는 봉건제가 유지되었지만, 17세기경부터 유럽 각지에서는 중앙집권국가로 이행하는 움직임이 나타났다. 입헌군주제에서 의회제 민주주의로 재빨리 이행한 영국이나 절대군주에게로 권력 집중을 기도한 프랑스 왕조에 이르기까지 그 통치형태는 다양했지만 권력의 중앙집중 현상은 공통적으로 나타났다. 이러한 경향은 르네상스 이후의 대외상업 발전과 밀접한 관련을 갖고 있다.

## 1.2 화폐의 체계system of money : 국부 = 화폐의 축적

중세 봉건제는 농업을 기반으로 했기 때문에 될 수 있는 한 많은 토지를 영토로 획득하는 것을 통치의 목적으로 하였다. 이에 반하여 많은 중상주의자들이 주장한 것은 화폐(= 금화)를 될 수 있는 한 많이 국가권력의 지배 아래에 두자는 것이었다. 지리상의 발견 이래, 대외무역이 성행함에 따라, 세계 공통의 화폐였던 금화나 은화가 그 나라의 부를 대표하게 되었다. 가장 빨리 해외로 진출했던 스페인이나 포르투

3. 무역이론에서 획기적인 발전을 가져온 헥셔 · 오린의 정리를 제창한 한 사람이다. 리카도는 비교우위론이 생산비의 상대적 차이에 기인한다는 것을 밝혔지만, 그러한 비교생산비의 차이가 왜 존재하는지를 잘 설명하지 못했다. 헥셔(E. Heckscher)와 오린(B. Olin)은 국가 간에 비교생산비의 차이가 생산요소의 부존도에 기인한다는 것을 밝혀 무역이론의 획기적인 발전을 이룩하였다.

같은 식민지 획득의 최대 목적이 현지 금 · 은 광산의 개발을 통하여 본국으로 금 · 은을 가져오는 것이었다. 중상주의자는 국부 = 화폐라고 생각했다는 점에서 중금주의자였다고 할 수 있다.

그러나 금 · 은의 유럽에로의 유입은 결국 물가와 임금의 상승, 즉 극심한 인플레이션으로 이어졌고 재정기반은 악화되었다. 또한 버블경제와 그것의 붕괴는 과잉투기에 대한 경계심을 강화시켜 결국 중상주의에 대한 비판의 목소리가 높아졌다.

## 1.3 상업의 체계system of commerce : 특권적 대상인에 대한 특전 부여

상업에 의한 이득활동을 엄격하게 제한했던 중세 스콜라 경제정책과 달리 중상주의는 대외적인 상업활동을 장려하였다. 중상주의는 이와 같이 종래의 경제사상을 혁신하는 측면을 가졌다. 그러나 모든 상업을 똑같이 장려하지는 않았다. 무역을 통하여 외국으로부터 큰 이익을 가져오는 상업에만 특전을 부여했다. 이러한 상업을 주도했던 상인들은 무역차액(무역의 흑자)을 통하여 외국으로부터 금 · 은을 취득하였고, 정부는 징세 등의 수단을 통하여 상인의 이익 일부를 재정수입으로 올릴 수 있었다. 또한 정부는 독점적 사업권을 제공하는 주식회사의 승인에 대한 대가로서 이익의 일부를 과세하거나 국채에 응모하도록 하여 이익을 특권적 상인들과 나누어 가졌다.

특권적 대상업大商業은 주로 주식회사의 형태로 이루어졌다. 스페인에서는 직접 정부의 독점사업으로서 이루어지는 것도 있었다. 이 시기의 주식회사는 폭넓게 대중으로부터 자금을 모으려는 목적보다는 각각의 사업에서 독점권을 획득할 목적으로 설립되었다. 1600년에 설립된 영국의 동인도회사나 아프리카회사, 러시아회사, 미시시피회사 등은 각각의 지역에서 상업을 독점하는 특전을 부여받았다. 또한 오늘날 영국의 중앙은행인 영란은행도 런던시 주변에서 은행권 발행을 독점하는 주식제 은

행으로 출발하였다. 이들 회사의 주식을 거래하기 위한 주식거래 시설도 설립되었는데, 이 시설은 훗날 주식거래소(현재의 런던증권거래소 : London Stock Exchange ; LSE)의 전신이다. 1720년에는 남해포말사건South Sea Bubble[4]이 일어났으며, 주식회사의 신설이 금지되기까지 이러한 주식회사의 설립이 성행하였다.

## 1.4 규제의 체계system of regulation : 수출장려 · 수입제한

정부는 이상과 같은 체계를 유지하기 위하여 다양한 규제를 하였다. 그 중에서도 수출은 장려금을 주면서 촉진하고, 수입에 대하여는 높은 관세를 부과하여 규제하는 정책을 채용하였다. 이러한 규제정책이 중상주의 특징의 하나가 되었다. 특히 금 · 은 광산의 획득에서 스페인이나 포르투갈에 뒤쳐졌던 영국에서는 무역을 통하여 화폐를 획득하는 방법을 채택하였다. 수출을 최대한으로 증가시키고 수입을 제한함으로써 이룩한 무역차액(무역의 흑자)을 통하여 해외에서 세계화폐인 금화를 획득하는 방법을 취했던 것이다.

요컨대 중상주의의 특징을 간략히 정리하면 다음과 같다. 첫째, 부는 금이나 은과 같은 재보財寶에 있다고 생각했다. 근세 초기의 전제국가에서 전제군주나 그를 둘러싼 특권계급의 호화로운 소비나 전쟁 준비에 필요한 가장 안정된 수단이 금과 은이었다. 즉, 금 · 은이 부富였다.

둘째, 이러한 부의 증대는 외국무역을 통하여 이루어졌다. 금광산이나 은광산을 보유하지 못한 유럽 각국은 무역을 통하여 외국이 소유하고 있는 금 · 은을 획득하고자 노력했다.

금 · 은과 같은 부를 국가를 강대하게 할 기반이라고 생각하고, 그것을 획득하는 수단으로서 외국무역을 중시하는 것이 중상주의 사고의 바탕이었다. 그러면 중

---

4. 영국 남해회사(South Sea Company)의 주가를 둘러싼 투기사건을 일컫는다.

상주의에 기초한 정책은 무엇인가? 국내 상공업을 발전시키고, 생산물을 해외에 수출하는 한편, 관세를 높게 부과하여 외국으로부터의 수입은 제한함으로써 무역에 의한 금・은의 획득에 노력하였다.

특히 중상주의 초기에는 외국으로부터의 수입을 엄격하게 제한함으로써 무역에 의해 획득한 금・은이 해외로 유출되지 않도록 하였다. 중금주의라고 하는 이유가 여기에 있다.

그러나 중상주의 후기에는 무역통제의 구조가 확대되어 무역수지가 자국에게 도움이 된다면 외국상품의 자유로운 유입을 어느 정도 인정하였다. 소위 무역차액주의가 이루어졌다. 적어도 일정 기간의 무역차액에서 플러스가 되면 금・은이 유입되므로 해외로부터의 상품 도입을 인정하였던 것이다.

무역차액설을 체계적으로 정리한 대표적인 저작으로는 동인도회사의 중역이었던 토마스 먼Thomas Mun(1571~1641)이 쓴 『외국무역에 의한 영국의 재보』(1664년)가 있다.

중상주의는 후반에 이르러 일대 전기轉機를 맞게 된다. 중상주의에 근거한 근대국가의 통일 이후 호화로운 궁정생활, 빈발하는 전쟁 등으로 유럽 각국의 국가재정은 궁핍화되었다. 그 결과 국민에 대한 중과세가 부과되었다. 또한 중상주의에 의한 외국무역 제일주의와 상업 중시 경향은 농민층을 중심으로 하는 일반 서민들에게 중과세를 부담시키는 결과를 가져왔다.

이러한 상황 하에서 보호와 통제에 의해 산업발전을 도모하는 중상주의에 대하여 자유로운 활동을 요구하는 사상이 일어나기 시작하였다. 그 하나가 프랑스의 케네를 중심으로 하는 중농주의였다.

## 몽테스키외

▲ 몽테스키외

몽테스키외Charles-Louis de Secondat, Baron de La Brède et de Montesquieu(1689~1755)는 1689년 프랑스의 보르도 근처 성채에서 태어났다. 11세에 파리 근교에 있는 쥘리의 오라토리오 교회학교에서 고전문학을 수학하고, 1705년에는 보르도로 돌아와 법률을 공부하였다. 1713년에 보르도 고등법원의 평정관이 되었고, 1716년에는 숙부의 뒤를 이어 보르도 고등법원장이 되었다. 그는 1726년 숙부가 죽자 몽테스키외 남작이라는 작위를 받고 영지도 물려받았다. 이로써 그는 27세에 사회적 · 재정적 기반을 튼튼히 하였다. 그는 법률업무에 몰두하면서 로마법, 고전문학을 공부하고 새로 설립된 보르도학회에서 과학의 지식을 쌓았다.

몽테스키외는 유럽여행에 나서 독일, 폴란드, 이탈리아를 돌아보고 영국으로 건너가 2년 동안 체류하면서 견문을 넓혔다. 영국에서 여러 정치제도를 연구하며 방대한 자료를 수집하여 귀국했다.

1721년에 몽테스키외는 동양인의 눈을 통해서 당시 프랑스 사회와 정치를 비판하는 서간체의 풍자소설 『페르시아인의 편지』를 익명으로 출간하였다. 프랑스 각지를 여행한 두 페르시아인이 고향으로 보낸 편지형식의 글로 프랑스 사회와 국가, 그리고 교회의 여러 측면을 연구하고 비판하는 내용이었다.

그는 영국을 다녀온 뒤 프랑스와 전 유럽이 영국을 본받아야 한다고 생각했다. 그는 오랫동안 역사 연구를 한 후 대표작인 『로마인의 위대성과 그 몰락의 원인에 대한 고찰』과 31권으로 된 『법의 정신』을 썼다.

그는 『로마인의 위대성과 그 몰락의 원인에 대한 고찰』에서 '역사를 지배하는 것은 운명이 아니다'라고 선언했다. 그는 자연과학적 인과법칙을 역사 현상에 적용하여 일반적인 원인과 특수적 원인의 다채로운 편성을 바탕으로 하여 역사적 사실을 통일적으로 설명할 수 있다고 하였다.

『법의 정신』은 정치이론사와 법률사에서 가장 훌륭한 저작 가운데 하나이다. 모든 국가에 적합한 정치제도란 존재하지 않는다는 전제를 하고 시작하는 이 책에서는 다음 세 가지 주제에 관한 연구가 두드러진다.

첫째, 정치이론가에게 반드시 필요한 주제로 정부의 분류이다. 이전의 이론가들은 정부를 군주정, 귀족정, 민주정이라는 전통적 구분법으로 분류했으나, 몽테스키외는 자신의 고유한 틀에 따라 각 정부형태에 활동원리를 배정하고, 공화정은 덕, 군주정은 명예, 전제정은 공포에 기초한다고 했다. 그리고 정부의 형태가 미치는 영향을 식별하여 공화정은 빈약한 소국에, 군주정은 중간 크기에, 전제정은 광대한 제국에 적합하다고 하였다.

둘째, 권력분립에 관한 이론이다. 그는 정치권력을 입법권, 행정권, 사법권으로 나누고, 국가 안에서 자유를 촉진하는 가장 효과적인 방법은 독립적으로 행동하는 서로 다른 개인이나 집단에게 이 세 권력을 맡기는 것이라고 주장하였다. 그러한 국가의 모델이 영국이었다.

셋째, 기후가 정치에 영향을 미친다고 하였다. 국가나 법률은 토양, 기후, 풍습, 교양, 종교 등 자연적 조건과 역사적 조건 아래에서 성장하고 발전된다는 것이다. 그는 더위와 추위 같은 기후조건이 개인의 신체구조와 사회의 지적 풍토에 영향을 미친다고 강조했다. 이러한 영향은 원시사회를 제외하고 극복할 수 있다고 주장했다. 그는 고대 국가 가운데서는 로마를, 근세에 와서는 영국의 국가이론과 헌법의 운용을 본보기로 들었다.

『법의 정신』 후반부에는 프랑스가 성문법 지역과 관습법 지역으로 나누어진 경위를 설명했고, 프랑스 귀족제의 기원에 관한 논의도 하였다.

몽테스키외는 『법의 정신』을 집필해 1748년 출판하였다. 『법의 정신』은 몽테스키외에게 빛나는 명성과 찬사를 안겨주었으나, 반대로 가혹한 비판에 시달리게도 하였다. 절대군주를 비판하고, 종교적인 권위조차 하나의 비판적 고려요소로 판단했기 때문이다. 특히 몽테스키외를 가장 괴롭힌 것은 1751년 로마 교황청의 금서목록 지정이었다. 당시 교회를 비롯한 그리스도교적 세계관에 갇혀 있던 사람들이 몽테스키외의 『법의 정신』을 탐탁지 않게 바라보았던 것은, 몽테스키외의 『법의 정신』이 법률을 어느 시대, 어느 장소에서나 보편적인 자연법自然法의 소산으로 판단하는 당대의 법률가들의 태도와는 달리, 인종, 지역, 기후, 제도, 정체政體 등 다방면의 요소를 고려하여 귀납적이고 실증적인 방법으로 법의 본질과 원리를 밝혔기 때문이다.

몽테스키외는 법을 사물의 본성에서 유래하는 필연적인 관계로 파악했다. 그는 "신神은 신의 법을 가지고, 물질계는 물질계의 법을 가지며, 인간보다 뛰어난 지적 존재(天使)도 그 법을 가지고, 짐승은 짐승의 법을 가지며, 인간은 인간의 법을 가진다"고 하였다. 이처럼 무신론자가 세계 만물 형성에 조물주의 자의를 배제하는 주장과도 일맥상통하는 몽테스키외의 주장은 아직 완벽히 벗어나지 못한 당대의 신적인 지배력을 숭상하는 이들에게 거센 비난을 유발하는 계기가 되었다.

몽테스키외는 스스로 변호한 것처럼 딱히 무신론적인 입장에서 『법의 정신』을 저술하지는 않았다. 몽테스키외는 물질의 법칙과 달리 인간 지성의 법칙은 불완전하며, 인간의 유한한 지성과 빈약한 오성은 상실되기 쉽기 때문에 신이 지정한 종교의 법이 필요하다고 역설했다. 몽테스키외는 『법의 정신』의 금서목록 지정을 막아내려고 노력했으나 그의 시도는 실패로 돌아갔다.

몽테스키외의 『법의 정신』은 현대에도 중요한 의미를 갖는다. 그 이유는 『법의 정신』이 근대 시민사회의 기반이 되는 주요 사상이 되었기 때문이기도 하지만 이 저서의 저술방식이 기존의 방식이 아닌 전혀 새로운 방식이었기 때문이다. 현실과 괴리가 심한 탁상공론을 떠나 직접 다방면의 요소를 종합하여 귀납적이고 실증적인 방법으로 법의 원리와 그 올바른 적용을 밝히려 한 몽테스키외의 연구방식은 비교법학 및 법사회학의 단초를 제공했다고 하겠다. 이런 관점에서 바라본다면 몽테스키외 저서의 가치는 사상의 내용뿐만 아니라 사상을 형성하는 과정에서도 찾을 수 있을 것이다.

**출처** : 서울대 권장도서/서양사 Book Review를 많이 참조하여 정리한 것.

# 2. 중농주의

중농주의는, 외국무역이라는 유통과정에서 부의 증가 원인을 구하는 중상주의가 농업의 희생과 쇠퇴 위에 성립한다고 비판하고, 농업을 중심으로 한 경제적 질서의 형성을 도모하고자 하였다.

## 2.1 생산적 노동의 중요성

중농주의는 사회의 인구를 생산적 계급(농민), 불생산적 계급, 그리고 1/10세 취득자(귀족이나 성직자)의 3개로 나누고, 사회의 부는 생산적 계급에 의해 창출된다고 보았다. 중농주의자들은 부의 유일한 원천은 자연, 즉 토지에 있으며, 부의 증가는 토지로부터 생산된 순생산물만에 의해 실현된다고 하였다. 따라서 부의 유일한 원천인 토지에서 열심히 일하여 순생산물을 생산하는 농업만이 생산이라는 이름을 붙일 수 있다는 것이다. 그리고 상업이나 공업은 새로운 순생산물을 생산하는 것이 아니라고 하였다.

결국 농업에 투하된 자본에 대한 자연의 혜택으로써 일정한 잉여가 순수입으로서 생산물에 더해지게 된다. 그 때문에 농업에 투하된 자본만이 생산적이라고 생각했던 것이다. 따라서 한 나라의 경제에서는 이렇게 생산적인 농업이 위기에 빠지거나 황폐화되지 않고 매년 자연의 혜택을 흡수하면서 재생산을 반복하는 것이 중요하다.

## 2.2 케네의 경제표

▲ 프랑소와 케네

중농주의적 관점에서 농업을 중심으로 하는 경제에서 생산, 분배, 교환, 소비의 과정을 순환적으로 나타낸 것이 프랑소와 케네François Quesnay(1694~1774)의 『경제표』이다.

케네는 중상주의를 비판하고 자유방임주의를 주장하는 중농주의의 창시자이다. 케네는 외과의사로 활약하면서 1749년부터 루이 15세 왕비의 시의侍醫로서 베르사이유 궁전에서 거주했으며, 1752년에는 루이 15세의 시의가 되었다. 여기서 철학자나 경제학자들과 교류하면서 당시 프랑스가 직면했던 정치 · 경제 문제에 관심을 갖게 되었다. 나아가 당시 프랑스의 사회적 문제를 해결하기 위해서는 농업경영의 개혁 · 육성이 필요하다고 생각하게 되었다. 그의 농업을 중심으로 하는 경제개혁을 해야 한다는 이론적 토대가 1758년에 간행된 『경제표』이다.

케네는 〈그림 2-1〉 경제표에 나타낸 바와 같이 사회계급을 생산계급(농업자)과 불생산계급(상공업자), 그리고 지주계급(교회 포함) 3개로 나누고, 생산계급에 의해 생산된 사회의 부가 불생산계급 및 지주(교회 포함)에게로 분배되고, 이어 다시 생산계급으로 돌아오는 경제사회의 단순재생산의 관계를 인간의 혈액순환에 비유

**그림 2-1 케네의 경제표**(단위 : 원[5])

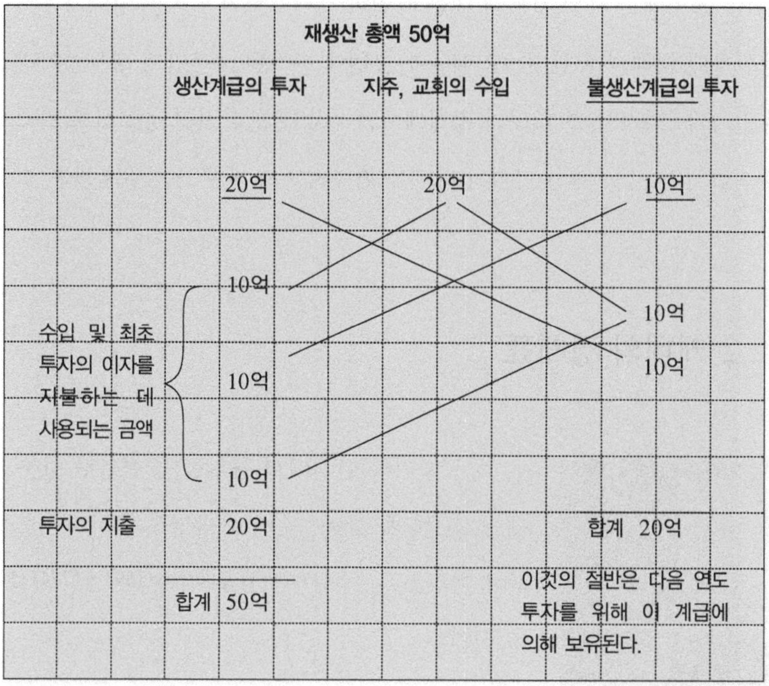

재생산 총액 50억

생산계급의 투자 지주, 교회의 수입 불생산계급의 투자

20억 20억 10억

10억

10억

10억

수입 및 최초 투자의 이자를 지불하는 데 사용되는 금액

10억

10억

10억

투자의 지출 20억 합계 20억

합계 50억

이것의 절반은 다음 연도 투자를 위해 이 계급에 의해 보유된다.

출처 : 石橋春南 · 關谷喜三郎(2012), p.10.

했다.

사회의 세 계급 중 생산계급인 농업자는 생산물을 증가시키고, 그 증가분의 얼마를 대금으로 지주계급(교회 포함)에게 지대로 납부한다. 지주(교회 포함)는 농업자로부터 받은 지대로 농업자로부터 식료품을 구입하고, 상공업자로부터는 공업제품을 구입하여 생활한다. 농업자는 상공업자로부터 일상생활에 필요한 공업제품이나 농기구 등을 구입한다. 이와 같이 세 계급은 각각 필요한 것을 수중에 넣어 사용하면서 1년의 경제생활을 마친다.

다음 해에도 지대의 납입으로부터 경제활동이 시작되고, 화폐와 농산물과 공업

5. 여기서는 편의상 단위를 원으로 하였다.

제품의 교환 및 유통이 반복적으로 이루어진다.

이상의 세 계급으로 이루어진 사회에서 순환적인 활동이 형성되는 과정은 다음과 같이 설명된다. 먼저 생산계급은 100억 원의 고정자본(최초 투자)과 20억 원의 유동자본을 사용하여 50억 원의 생산물을 생산한다. 여기서 고정자본은 내구연수가 10년인 기계·설비이며, 매년 그것의 10%가 고정자본 감모분으로 보전된다. 또 유동자본은 생산계급이 자신의 생활을 위해 소비하는 것이다.

생산계급의 수중에는 연투자 용도의 농산물이 20억 원 있다. 그것을 스스로의 생활을 위해 소비하고, 50억 원의 농작물을 생산한다. 생산계급의 수중에는 전기前期의 지대 20억 원의 화폐가 있고, 불생산계급에게는 투자 용도의 화폐가 10억 원 있다. 이러한 기초 상태 아래에서 세 계급 간의 1년간 거래가 다음과 같이 이루어진다.

불생산계급은 투자금 10억 원을 지출하여 원료로 사용되는 농산물을 구입하고, 그것을 20억 원의 공업제품으로 가공한다. 지주계급(교회 포함)은 20억 원의 지대 중 절반을 식량인 농산물 구입에, 나머지 절반을 공업생산물 구입에 지출한다. 불생산계급은 지주계급(교회 포함)으로부터 획득한 10억 원을 지출하여 생산계급에게서 농산물을 구입하고 그걸 소비한다. 그리고 마지막으로 생산계급은 지주계급(교회 포함)으로부터 획득한 화폐 10억 원을 지출하여 불생산계급으로부터 고정자본 감모분만큼의 공업생산물 10억 원을 구입한다.

이리하여 세 계급 간의 1년간 거래는 종료된다. 생산계급의 수중에는 20억 원의 화폐와 20억 원의 농산물, 10억 원의 공업생산물이 있고, 20억 원의 농산물은 다음 연도의 투자로, 또 20억 원의 화폐는 지주계급(교회 포함)에 대한 지대로 지불될 것이다. 또 불생산계급의 수중에는 10억 원의 화폐가 있고, 이 금액은 이들 계급의 다음 연도의 투자금으로 사용된다. 이리하여 다음 연도의 기초의 상황이 정리되고, 다음 연도에도 같은 거래가 반복될 것이다.

케네의 『경제표』는 중농주의자의 유산으로 가장 잘 알려져 있다. 이 『경제표』에서 힌트를 얻어 마르크스의 재생산표식, 레온티에프의 산업연관분석, 쿠즈네츠의 국민소득계산, 그리고 왈라스의 일반균형이론이 개발되었다고 할 수 있다.

예를 들어 와실리 레온티에프Wassily Leontief(1906~1999)는 산업연관표 연구로 노벨경제학상을 수상했는데, 산업연관표는 케네의 『경제표』로부터 크게 도움을 받았다고 할 수 있다. 산업연관표는 각 산업에서 생산된 것이 각 산업에 어떻게 구입되어지며, 그리고 최종적으로 얼마만큼 판매되는가를 통계적으로 나타내는 것이다. 산업연관표의 개발에 의해 각국은 경제예측의 수단을 가질 수 있게 되었다. 케네의 『경제표』가 없었다면 현대경제학의 거시분석은 오늘날처럼 발전되기 어려웠을지도 모른다.

이러한 중농주의의 기본적인 사상은 부의 대표적인 형태는 무엇보다 농산물이고, 이것을 만들어내는 근원은 자연의 혜택을 받을 수 있는 농업이라는 것이다. 이러한 의미에서 중농주의에서는 먼저 근대 제조업의 생산성에 대한 이해가 없었다는 점을 지적할 수 있다.

이상에서 알 수 있는 바와 같이 중상주의 사상은 그 시기의 경제현상을 기술한 정책적 제안을 주로 했으며, 중농주의자들은 케네의 『경제표』에 나타나 있는 바와 같이 경제사회는 매년 순환하는 것으로 이해하였다. 거기에는 매년 생산된 것 중 일부는 소비되고, 나머지 일부는 다음 연도의 생산을 위해 원본元本으로 보존됨으로써 재생산이 이루어진다는 경제의 순환과 재생산의 관계가 잘 나타나 있다. 체계적인 이론이라기보다는 다양한 사상과 정책의 집합체였던 중상주의에 비해 중농주의는 경제활동의 총체적인 이해라는 면에서 보다 우수한 학파였다고 할 수 있다.

## 2.3 자유방임의 사상

18세기 절대왕정의 경제정책에 대한 비판이 일어나 토지를 국부의 원천으로 간주한 케네 등의 중농학파는 농업에 입각한 자유방임을 주장했다. 중농주의자들은 중상주의자에 의한 국가의 인위적인 경제규제나 경제정책에 반대하며 자연 상태 그

대로 두는 것을 역설하였다. 이는 스콜라 철학으로부터 내려온 자연법 사상이었다고 할 수 있다. 나아가 이러한 사상을 더욱 발전시켜 노동력을 국부의 원천으로 파악한 아담 스미스는 자유방임적인 생산체제를 주장하며 산업자본주의의 이데올로기인 경제적 자유주의를 체계화하고 고전파 경제학의 토대를 구축하기에 이른다.

이상과 같이 중상주의와 중농주의는 아담 스미스의 『국부론』에 선행하는 2개의 중요한 학설이었다.

### 계몽주의啓蒙主義, enlightenment

계몽주의는 구체제 사회인 절대왕정 체제이던 17세기~18세기에 걸쳐서 일어났던 유럽의 지적 운동으로 신, 이성, 자연, 그리고 인간 등에 대한 새로운 개념 정립을 통하여 종합적인 세계관을 구축하려고 했던 철학적 흐름을 일컫는다. 이들의 세계관은 광범위한 동의를 얻는 동시에 예술, 철학, 정치학 등에서 혁명적인 변화를 가져왔다. 특히 계몽주의 사유에 가장 중심적인 것은 이성에 대한 축성이었다. 즉, 인간은 이성의 힘에 의하여 우주를 이해할 수 있으며 이에 따라 인간 존재의 조건도 개선시킬 수 있다고 하였다. 그 주역들은 몽테스키외, 볼테르프랑수아 마리 아루에(François Marie Arouet), 필명이 볼테르(Voltaire)(1694~1778), 달랑베르Jean-Baptiste Le Rond d' Alembert(1717~1783), 디드로Denis Diderot(1713~1784), 루소Jean Jacques Rousseau(1712~1778) 등과 같은 이른바 계몽사상가 혹은 철학자들이었다.

▲ 아이작 뉴턴

계몽주의는 프랑스 혁명을 전후한 시기에 와해되었다. 계몽주의의 기반이 되었던 합리적인 자연관과 인간관이 현실이라는 벽에 부딪히면서 계몽주의는 결국 쇠퇴하게 되었다. 뉴턴Sir Isaac Newton(1643~1727)의 물리학과 로크의 인식론은 결코 쉽지 않은 과정을 거치며 흡수되었지만, 궁극적으로 계몽주의 쇠퇴의 중대한 원인이 되었다. 이성의 동의어 내지 신 및 그 자비로움에 대한 명백한 증거로 간주되던 자연이 한편으로는 과학적 객관성으로 탐구되어야 할 어떤 것과, 동시에 낭만적인 탐닉 속에서 향유되어야 할 또 다른 어떤 것으로 분열되었기 때문이다.

그럼에도 불구하고 계몽주의의 정신적 · 지적 의미는 지대했다. 계몽주의는 서구 문명사에서 가장 오래되었던 가치 및 신조들을 새로운 언어로써 재고하려고 했다. 무엇보다도 계몽주의 속에서 역사의식이 혁명적으로 성장했던 것이다. 서구 정신은 프랑스 혁명이 발발하고 계몽주의가 쇠퇴하던 시기에 모든 인간사 및 과학적 문제를 끊임없는 변화라는 관점에서 재고하는 습관을 형성시켰다. 이를 통하여 버크Edmund Burke(1729~1797), 헤겔Georg Wilhelm Friedrich Hegel(1770~1831), 다윈Charles Robert Darwin(1809~1882)과 마르크스K. Marx로 이어지는 길로 들어서게 되었다. 그 결과 근대 서양사회의 발전에 사상적 토대를 이뤘다고 할 수 있다.

## 제2부

# 고전학파 경제학

경제학은 고전학파에 이르러 비로소 과학으로 정립되었다고 할 수 있다. 고전학파는 1776년 아담 스미스로부터 시작되었다. 인류의 시작이 아담이라면, 경제학의 시작은 아담 스미스이다. 아담 스미스는 자본주의 경제의 역동성에 대한 과학적 설명을 통하여 자유주의를 이론화하려고 노력했다. 아담 스미스는 중농주의와 마찬가지로 중세부터 내려온 자연법 사상의 영향을 받아 자본주의를 자연스런 질서로 생각했다.

제3장

# 고전파 경제학

## 1. 시대적 배경 : 산업혁명의 전개와 산업자본주의

18세기 후반 서유럽에서는 영국을 출발점으로 하여 기술의 혁신과 이로 인한 경제, 사회 등의 큰 변혁을 가져온 산업혁명産業革命, Industrial Revolution[1]이 일어났다. 각종 기계의 발명 및 기술혁신으로 인한 생산력의 비약적이고 지속적인 발전은 전 산업분야에 파급되면서 정치 및 사회경제 구조에 큰 변화를 야기했다. 산업혁명은 유럽의 지리적 · 경제적 팽창 이후 정치, 사회경제, 정신 등 모든 부문의 발전이 누적된 복합적 산물이었다.

1. 산업혁명이란 18세기 중반부터 19세기 초반까지 영국에서 시작된 기술의 혁신과 이로 인해 일어난 사회, 경제 등의 큰 변혁을 일컫는다. 산업혁명은 후에 전 세계로 확산되어 세계를 크게 변화시킨다. 이 용어는 아놀드 토인비(Arnold Joseph Toynbee, CH, 1889~1975)가 『Lectures on the Industrial Revolution of the Eighteenth Century in England』에서 처음으로 사용했다.

영국에서는 명예혁명(1688) 이후 정치 · 사회적 안정이 이루어졌으며, 18세기 이후의 농업혁명(1730～1830)으로 인해 몰락한 소농이 산업예비군을 형성했다. 또한 넓은 해외시장과 통합된 국내시장, 풍부한 자원, 근대적인 금융제도는 자유로운 경제활동을 자극했다. 면공업 분야에서 시작된 새로운 기계의 발명으로 가내수공업적인 단계를 넘어선 공장제 생산이 출현하였다. 이러한 흐름은 제철공업 및 석탄공업으로 확대되었으며, 드디어 교통 및 통신의 발전으로 이어졌다.

산업혁명의 파장은 서양의 여러 국가를 넘어 궁극적으로는 지구상의 모든 곳에 파급되었다. 산업혁명은 산업사회를 출현시키고 풍요로운 삶의 가능성을 제공함으로써 신석기시대의 농업혁명 이후 인류의 생활에 가장 큰 영향을 끼쳤다. 산업혁명은 다른 한편으로는 자본가 계급인 부르주아와 임금노동자 계급인 프롤레타리아라는 양대 계급을 형성시켰다.

산업혁명은 산업화의 진전을 넘어서는 보다 포괄적인 면모를 지니고 있다. 산업혁명은 르네상스 이래 지속돼 온 세계에 대한 합리적 태도 및 무한한 지배의 욕구 등 지리상 발견 이후부터 19세기 중엽에 이르기까지 유럽의 모든 발전과 경제적 변화가 누적된 복합적 결과였다. 또한 산업혁명은 전 산업분야에 파급되면서 경제구조와 사회구조, 그리고 정치에 큰 변화를 야기했다. 즉, 산업혁명은 경제적 변화 이외에도 법체계, 정치체계, 나아가 문화적 이데올로기의 변모까지 수반한 인간생활의 총체적 변화를 가져온 거대한 역사적 과정이었다.

산업혁명은 전대미문의 비약적인 생산력으로 인간에게 풍요로운 삶을 약속했다고 하겠다. 생산력이 비약적으로 발전하면서 인간의 생활양상에 포괄적인 변화가 일어났다. 무엇보다 도시화가 진행되면서 농촌의 비중이 상대적으로 감소되었다. 농촌인구의 도시로의 유입은 18세기 말 이래 유럽 각국에서 공통적으로 일어났던 현상이다. 이는 한편으로는 점차 늘어가는 비농업 인구를 점차 감소되고 있는 농업인구가 부양할 수 있을 정도로 농업생산성이 증대했음을 의미하기도 한다. 또한 대규모 공장에서 일하게 된 노동자들은 자신들의 작업리듬이 아니라 기계의 리듬, 나아가 이윤 확대를 꾀하는 자본가의 의도에 따라 규제받는 처지에 놓였다.

산업혁명이 진전되면서 산업자본주의 내지 산업사회가 확립되었다. 자본주의는 근대 초부터 발전해 왔지만 우리는 산업혁명 이후의 자본주의를 특별히 구분하여 산업자본주의라고 일컫는다. 그것은 산업혁명 이후의 자본주의가 그 이전의 자본주의와는 다른 특성을 갖고 있기 때문이다.[2]

이는 근저에 흐르는 경제사상을 비교해 보면 확연히 드러난다. 중상주의의 경제이론과 아담 스미스로 대표되는 고전학파 경제학의 이론을 비교해 보자. 중상주의는 세상의 부가 고정되어 있다고 생각한 반면, 고전학파 경제학자들은 부를 무한히 증대시킬 수 있다고 생각했다. 이러한 이론에 입각하여 확립된 산업자본주의는 부의 양을 증대시키기 위해서 노동과 자본에 의한 생산을 조직화했다. 따라서 산업자본주의 아래에서는 유통을 중시했던 종전의 중상주의의 입장에 비해, 생산의 개념과 영리를 추구하는 측면이 보다 강조되었다. 또한 고용된 노동을 보다 효율적으로 이용하려는 움직임도 나타났다.

이처럼 산업자본주의는 인간에게 풍요로운 삶을 가져왔지만 아울러 많은 문제도 야기했다. 우리는 이러한 관점에서 산업자본주의에 내재된 모순적인 요소에 대해서 생각해 볼 수 있다. 이 같은 모순적 요소는 자본과 노동 나아가 자본가 계급과 노동자 계급 사이의 갈등관계로 설명할 수 있을 것이다. 산업자본주의를 가져온 산업혁명은 〈그림 3-1〉에서 보는 바와 같이 업그레이드를 거듭해 왔으며, 지금도 진행 중에 있다.

---

2. 미국의 쿠즈네츠(Simon Kuznets, 1901~1985)는 선진국들의 장기 통계를 분석한 후 18세기~19세기 이래의 경제성장이 그 이전과는 질적인 차이가 있다고 하면서 이를 근대경제성장이라 하였다. 근대경제성장의 시대에는 근대과학이 경제에 광범하게 응용되었다는 것이다. 최초에 가장 중요한 혁신은 증기기관이었으며, 이어 전력, 내연기관, 화학공업, 전자, 원자력이 등장하였다. 이렇게 과학이 경제에 응용됨으로써 과학의 진보는 더욱 촉진될 수 있었다. 결국 과학과 경제는 상승적으로 진보할 수 있었다. 이것이 근대경제성장의 본질이라고 할 수 있다.
   쿠즈네츠는, 근대경제성장에서는 ① 인구와 1인당 생산이 함께 급격히 성장하고, ② 산업구조가 급속히 변화하고 인구도시화가 일어나며, ③ 위의 변화가 장기간에 걸쳐 지속적으로 일어나는 등의 특징이 있다고 하였다(南 亮進, 2001).

그림 3-1 산업혁명의 4단계

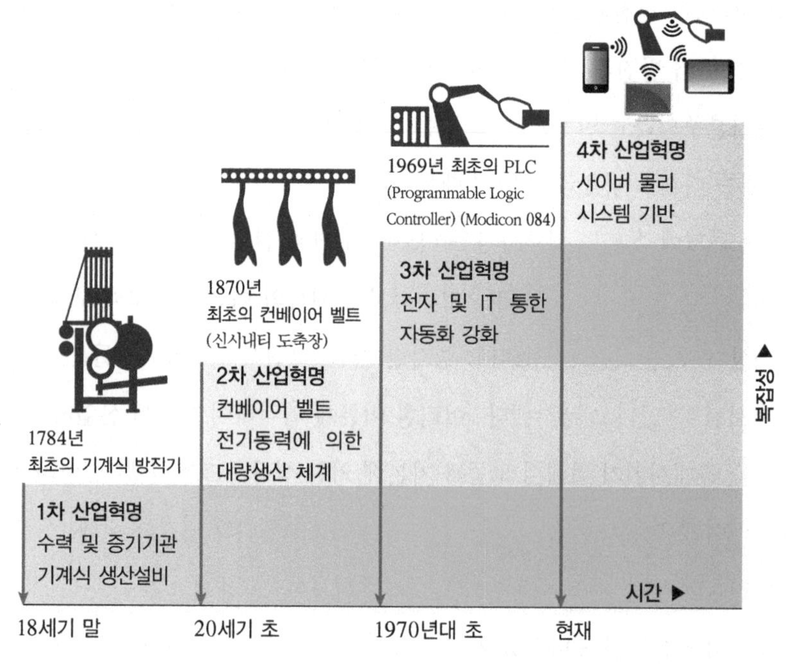


출처 : 독일 인공지능연구센터(German Research Center for Artificial Intelligence)

## 2. 아담 스미스의 경제학

고전파 경제학은 아담 스미스로부터 시작하여 맬더스, 리카도, 밀에 이르기까지 근 100년에 걸쳐 주류를 형성했다. 아담 스미스는 영국에서 산업혁명이 시작되던 시대에 등장했다. 당시는 중상주의에 기반하여 세계 상업의 패권을 잡고, 때로는 전쟁을 불사하면서, 각국이 치열하게 경쟁하던 시대였다.

이 시기의 유럽제국은 수시로 버거운 전쟁과 전쟁을 위한 경비를 조달하기 위해 국민들의 세금을 증세增稅하였다. 이에 따라 유럽 각국에서는 경제적 · 사회적 위기가 초래되었고, 그것이 드디어 중상주의를 막다른 골목으로 내몰았다. 그런가 하면 다른 한편으로는 산업혁명에 의한 생산력의 증대와 식민지의 확대에 의해 새로운 시장이 나타나던 시대이기도 하였다.

한편 경제학이 산업혁명에 의해 경제발전이 이루어진 영국과 같은 문명화된 나라가 그렇지 못한 나라에 비해 높은 생산력을 가질 수 있었던 이유를 설명할 수 있게 되었다.

고전파 경제학의 시조인 아담 스미스는 1723년에 영국의 스코틀랜드에서 태어났다. 아담 스미스는 1751년에 글라스고대학의 논리학 교수가 되고, 다음 해에는 도덕철학 교수가 되었다.

아담 스미스는 1776년에 『국부론』을 출판하였다. 『국부론』은 당시 영국 경제의 발전요인을 시장경제 메커니즘에서 찾으며 정리한 것이다. 이 책의 원 제목은 『제국민의 부의 성질 및 원인에 관한 연구An Inquiry into the nature and causes of the Wealth of Nations』이다.

## 2.1 『국부론』의 편별 구성과 개관

### 『국부론』의 문제 설정 : 서문

『국부론』의 서문에는 다음과 같은 유명한 문장이 있다.

"국민의 매년의 노동은, 그 국민이 매년 소비하는 생활필수품과 편의품의 전부를 본래적으로 공급하는 원천fund이다. 이 필수품과 편의품은 항상 노동의 직접 생산물이거나 또는 그 생산물의 교환으로 다른 국민으로부터 구입한 것이다."

아담 스미스는 이 서문에서 중상주의와 확실히 반대되는 의견을 표명하고 있다. 국민의 부는 금, 은 등의 화폐나 재보財寶가 아니라 국민이 매년 소비하는 필수품이나 편의품이다. 그리고 그러한 부를 만드는 원천은 국민들 각자의 노동이라는 것이다. 이 서문에서 오늘날은 상식이 되어 있는 국민소득의 개념과 부의 원천으로서 노동을 존중하는 관점이 명백히 선언되고 있다. 또한 아담 스미스의 노동경제사상이 표명되고 있는 것을 볼 수 있다. 아담 스미스의 이 같은 비전은 그 후 J. S. 밀에 이르기까지 일관되게 계승되었다.

노동이 부의 원천이라는 노동경제사상은 현대에 이르기까지 경제학의 기본적인 진리라고 할 수 있다. 오늘날 경제성장이 두드러진 나라의 국민은 직업이나 직위를 불문하고 근면하게 일한다고 해야 할 것이다. 그리고 지금까지 부유했던 국가라 하더라도 많은 사람들이 나태해지면 그 나라의 경제성장은 정체하게 된다.

아담 스미스는 개인의 이기심을 바탕으로 한 경제행동이 사회 전체의 이익을 가져온다고 했다. 『국부론』에서 두 번째로 유명한 대목은 개인의 이기심을 근거로 한 경제행동이 사회 전체의 이익을 가져온다는 점을 흥미롭게 표현한 부분이다.

"우리가 매일 식사를 마련할 수 있는 것은 푸줏간 주인, 양조장 주인, 빵집 주인의 자비심 때문이 아니라, 그들 자신의 이익을 위한 자신들의 고려 때문이다. 우리는 그들의 자비심이 아니라 그들의 자애심(또는 이기심)에 호소하며, 그들에게 우리 자신의 필요를 말하지 않고 그들 자신에게 유리함을 말한다."

여기서 개인은 사회에서 분리된 고립적인 존재가 아니라 타인과 공감하는 사회적 존재로서의 개인이다. 아담 스미스는 또 다른 명저 『도덕감정론』에서 이것을 논의하였다. 아담 스미스는 『국부론』을 쓰기 전에 『도덕감정론』을 먼저 저술하였다. 그는 『도덕감정론』에서 개인의 이기심을 경제성장의 원동력으로 파악했으며, 이때의 개인은 타인과 서로 공감하는 도덕과 정의감을 갖고 있다고 보았다. 아담 스미스가 『도덕감정론』에서 주장한 공감의 원리는 『국부론』에서 시장의 원리로 확장된다. 공감의 원리와 시장의 원리는 아담 스미스의 철학체계에서 모두 인간의 본성에 연유한다. 그리고 『도덕감정론』과 『국부론』의 공통적인 전제는 사람들이 근면industry과 절약parsimony의 도덕에 따른다는 것이었다.

『국부론』은 전 5편으로 구성되어 있는 대작이다. 생산과 분배의 이론으로부터 재정학에 이르기까지 오늘날 경제학이 대상으로 하는 거의 전 분야를 다루고 있다.

각 편의 주제는 다음과 같다.

**제 1 편**(Book Ⅰ)—**생산과 분배의 이론**

분업의 생산력, 분업과 시장의 관계, 가치와 가격의 역할, 노동의 임금과 자본의 이윤, 그리고 투자의 지대에 대한 분배문제를 논하고 있다.

**제 2 편**(Book Ⅱ)—**자본축적론 또는 경제성장론**

자본의 성질과 축적, 그 이용방법에 관하여 논하고 있다.

**제 3 편**(Book Ⅲ)—**경제사**

다른 나라의 부유의 정도에 관하여, 그리고 고대 로마로부터 개별 국가의 각각의 시대에 따라 부유의 정도와 그 원인에 대하여 논하고 있다.

**제 4 편**(Book Ⅳ)—**경제학설사**

정치경제학의 체계에 관하여, 주로 중상주의와 중농주의의 학설과 그 정책에 관하여 비판적으로 논하고 있다.

**제 5 편**(Book Ⅴ)—**재정학**

정부의 적절한 재정지출과 세수입에 관하여 논하고 있다.

『국부론』이 경제학을 처음 체계적으로 전개했으므로 그 저자인 아담 스미스는 경제학의 아버지라 불린다. 이 책은 오늘날 경제학의 거의 전 분야를 대상으로 하여 언급했으며, 경제학의 기초를 구축하였다. 『국부론』의 큰 특징은 근대사회에서 경제기구에 관하여 다면적으로 고찰했다는 것이다. 이러한 다면성 혹은 다양성이야말로 후대의 다른 어느 누구의 저술보다 포용성과 적응력 측면에서 탁월했던 이유였다고 하겠다.

아담 스미스는 『국부론』에서 사회의 번영을 촉진하는 두 가지 원리로 분업과 자본축적을 들고 있다. 이는 국부의 원천은 노동이며, 부富의 진정한 원천은 노동생산력의 개선으로 이루어진다는 철학에 바탕을 두고 있다. 아담 스미스는 생산의 기초를 분업에 두고 있다. 한 공장에서 노동자가 모든 공정을 혼자 행하는 것보다 공정별로 나누어 여럿이 각자 전문적 업무를 수행하는 편이 더 높은 생산성을 실현할 수 있다고 설명한다. 그는 분업과 이에 따르는 기계의 채용을 위해서는 자본축적이 필요하며, 자유경쟁에 의해 자본축적을 추구하는 것이 국부 증진의 바른 길이라고 했다.

그러면 아담 스미스의 분업론과 자본축적론을 살펴보기로 하자.

## 2.2 분업론

『국부론』의 목적은 책 제목이 나타내는 바와 같이 국부의 성질과 원인을 명확히 하는 것이었다. 이에 관하여 아담 스미스는 『국부론』의 모두冒頭에서

"어느 국가에서나 그 나라 국민이 연간에 행한 노동이, 국민이 연간에 소비하는 생활필수품과 생활을 풍부하게 하는 편의품의 전부를 만들어내는 원천이다" 라고 서술하고 있다.

아담 스미스는 노동에 의해 만들어진 생산물이 부라고 생각하였다. 그리고 이 노동의 생산물을 증가시키는 방법으로 아담 스미스가 전개한 것이 유명한 분업론과 자본축적론이다. 이것은 다음과 같은 간단한 공식을 이용하여 나타낼 수 있다.

$$Y = \frac{Y}{N} \times N$$

여기서 $Y$는 국민소득, $N$은 고용량이다. 이 식이 의미하는 것은 일국의 생산의 크기, 즉 국민소득 $Y$는 우변의 2개의 항인 $\frac{Y}{N}$와 $N$의 크기에 의해 결정된다는 것이다. $\frac{Y}{N}$는 노동자 1인당 생산의 크기인 노동의 평균생산성을 나타낸다. 여기서 노동량 $N$의 양이 결정되어 있다면, 노동생산성이 높아지는 만큼 국민소득 $Y$는 커지게 된다. 이 노동생산성은 어떻게 향상시킬 수 있는가? 이에 대한 아담 스미스의 답이

분업分業이다.

아담 스미스는 『국부론』의 제1편 제1장에서 핀의 제조에 대한 예를 들어 분업이 어떻게 생산성을 높이는지를 설명하고 있다. 아담 스미스는 거기서 핀 제조공장의 직인을 예로 들고, 1인의 직인이 핀을 만들기 위한 공정에서는 아무리 능숙하더라도 하루 하나밖에 만들지 못하지만, 10인의 직인에게 각 공정을 분담시켜, 1인에게는 쇠를 늘리게 하고, 또 1인에게는 이것을 똑바로 펴도록 하고, 세 번째 사람은 자르게 하며, 네 번째 사람은 이것을 뾰족하게 하는 식으로 작업을 분할하여 각 부분을 전문적으로 나누어 하면, 하루에 10인이 48,000개, 1인당 4,800개의 핀을 만들 수 있다고 서술하고 있다. 분업에 의해 생산력의 증대가 어떻게 실현되는가를 나타내고 있다.

노동생산력의 개선, 노동의 기능과 기교, 판단력 개선의 최대 원인은 분업의 성과이다. 분업이란 노동을 세세하게 전문화하는 것이다. 핀을 만드는 경우, 이 공정을 전부 1인이 하는 경우에는 하루 1본의 핀밖에 만들지 못한다. 다만 이 동일한 핀을 만드는 데 철을 연장하는 노동을 전문적으로 하는 사람, 철을 재단하는 사람, 핀을 뾰족하게 하는 사람 등으로 많은 사람이 분담하는 경우에는 하루에 1인당 4,800본 이상의 핀을 만들 수 있게 된다. 이러한 노동생산력의 현저한 상승은 개개 직인의 기능이 개선되고 또한 그들이 일하는 동안에 이동하는 시간이 단축되기 때문이다. 결국에는 이 직인들에 의해 노동시간을 단축하는 기계가 발명되기에 이른다.

예를 들면, 양복 상의를 만드는 과정에서도 많은 종류의 직인들의 노동이 서로 협력하고 있다. 먼저 양을 사육하는 노동이 있어야 한다. 그리고 양모를 선별하는 작업, 염색의 공정, 직포공의 일이 불가결하다. 또한 완성된 제품은 상인이나 운송업자들에 의해 소비지까지 운송되어야 한다. 배로 운반하는 경우에는 배를 만드는 노동이나 선박종사자들의 노동이 필요하다. 이렇게 생각하면, 양복의 상의 한 착이 국내든 외국이든 불문하고 최종 소비자에게 도달하기까지는 많은 노동이 참가하고 있는 것을 알 수 있다. 이와 같은 분업 또는 노동의 전문화야말로 부유한 문명국에서 노동의 생산력을 현저하게 제고시킨 원동력이었다.

그러면 이러한 분업을 일으키는 원리는 무엇인가? 그것은 분업에 의해 부유해질 것을 기대한 사람들이 의도한 결과는 아니다. 더구나 어느 특정한 사람이 계획하여 다른 사람들에게 지령한 결과도 아니다. 그것은 인간의 본성human nature에 있는 성향, 즉 어떤 물건을 다른 사람의 물건과 교환하고자 하는 성향이 완만하지만 점진적 · 필연적으로 귀결된 것이다.

문명사회에서 인간은 어쨌든 많은 사람들의 협력과 원조를 필요로 한다. 여기서의 도움은 다른 사람들의 박애심benevolence이라기보다는 오히려 동료의 자애심(이기심)을 자극하고 나아가 그 자애심이 동료 자신에게도 이익이 된다면 기꺼이 원조와 협조를 하게 되는 것을 말한다.

예를 들면, 우리들이 고기나 빵을 먹고 싶을 때에 푸줏간이나 빵집의 박애심에 호소하는 것이 아니라, 그들의 이해의 관심 = 자애심에 의거하게 된다. 왜냐하면, 푸줏간이나 빵집 주인이 우리들에게 고기나 빵을 판매하는 것은 그들의 박애심이 아니라 그들의 이익에 도움이 되기 때문이다. 이와 같이 우리들이 교환에서 우리들이 의도하는 것을 얻고자 한다면, 먼저 상대방에게 상응하는 이익을 주지 않으면 안 된다. 이렇게 주고받는give and take 것이야말로 교환을 통하여 이루어지며 상호 이익이 된다. 즉, 교환이 교환당사자의 이익을 증진한다는 원리에 따른다는 것이다.[3]

이러한 분업은 어떤 물건을 교환하고자 하는 인간 본성의 소산이지만, 그것은 무엇에 의해 제한되는가? 그것은 시장의 크기, 즉 교환의 빈도와 교환의 넓이에 의해 제한된다.

이것은 우리들의 일상생활을 생각해 보면 쉽게 이해할 수 있다. 분업이란 개개인의 노동이나 일이 전문화된 것이다. 정육점은 정육점의 일에, 교사는 교사의 일에

3. 아담 스미스는 "우리가 매일 식사를 마련할 수 있는 것은 푸줏간 주인, 양조장 주인, 빵집 주인의 자비심 때문이 아니라, 그들 자신의 이익을 위한 그들의 고려 때문이다. 우리는 그들의 자비심이 아니라 그들의 자애심에 호소하며, 그들에게 우리 자신의 필요를 말하지 않고 그들 자신의 유리함을 말한다"고 하였다.

전문화하는 것이다. 이와 같이 우리들이 어떤 노동이나 일에 전문화될 수 있는 것은 그 외의 필요한 물건이나 서비스를 교환을 통하여 획득할 수 있거나 혹은 다른 사람들의 서비스에 의해 만족된다는 희망이 있기 때문이다. 이와 같이 분업과 시장은 상호촉진적으로 확대되는 것이다.

아담 스미스는 분업이 노동생산성을 향상시키는 이유로 ① 기교技巧의 개선, ② 시간의 절약, ③ 기계의 발명 세 가지를 들고 있다.

아담 스미스의 분업론은 앞에서와 같은 하나의 작업장 내에서의 기술적 분업뿐만 아니라, 직업과 직업 간의 분업이나 농업, 공업, 상업 간의 분업과 같은 사회적 분업도 포함하고 있다. 결국 재화나 서비스의 생산은 각각 전문적인 직업으로 나눌 수 있다는 것이다.

이러한 사회적 분업이 이루어지는 사회에서는 생산물의 일부는 그 재화를 생산하는 사람 자신의 필요를 만족시키는 데 사용된다. 그러나 생산물의 대부분은 다른 사람의 필요를 만족시켜주기 위하여 생산되고 판매된다. 따라서 사람들은 항상 자기가 생산한 것을 다른 사람이 생산한 것과 교환하게 된다.

이와 같이 사회적 분업이 이루어지는 사회에서는 교환이 필연적으로 일어나며, 나아가 교환이 이루어짐으로써 분업 자체도 발달한다. 그러므로 분업과 교환은 상호의존의 관계에 있다고 말할 수 있다.

아담 스미스의 분업론은 그 후 몇 가지 비판이 제기되었다. 그 하나는 근대공업의 발달에 따라 전문화된 것은 노동이 아니라 기계라는 것이다. 특히 산업혁명 이후 기계가 전문화된 반면에 노동의 숙련도는 오히려 후퇴했다고 비판하였다. 그러나 이러한 비판은 역사적으로 변화하는 과정에서 단기간에 나타났을 뿐 근래에 들어 고도의 기술을 응용하는 전문적인 노동력이 요구됨에 따라 아담 스미스의 분업론이 재평가되고 있다.

## 2.3 자본축적론

생산성이 주어져 있는 것이라 한다면, *Y*의 크기를 결정하는 다른 하나의 요인은 노동고용량 *N*의 크기이다. 이 고용량을 결정하는 것은 무엇인가? 아담 스미스나 리카도에 의하면 그것에 대한 대답은 노동자를 양성할 수 있는 자본의 크기, 즉 임금기금이다.

자본가는 생산에 앞서 축적된 임금기금으로 일정 기간 노동자의 생활을 유지한다. 따라서 그 노동자의 생활을 양육할 만큼의 선불임금액이 *N*의 크기를 결정하는 것이다. 이를 임금기금설이라 한다. 이 임금기금이라는 자본을 증가시키는 것이 고용을 늘리고, 나아가서는 생산을 제고시킨다는 것이다.

이러한 임금기금을 증가시키는 것은 자본가의 절약에 의해 가능해진다. 자본가는 낭비를 억제하고 장래의 생산을 위해 이윤을 축적한다. 그 절약이 전체의 생산을 제고시키게 된다. 자본은 검약儉約에 의해 증가하고, 낭비와 무모한 경영에 의해 감소한다는 것이다.

고전파 경제학의 경제관을 나타내는 "저축은 미덕이다" 라는 말은 이러한 사고로부터 생겨난 것이다. 저축이 미덕이라는 생각은 장기간에 걸쳐 경제학에 큰 영향을 미쳤다.

**보이지 않는 손**

분업과 자본축적에 의한 생산의 증가는 경제활동을 발전시키는 중요한 역할을 담당한다고 생각하지만, 사회 전체의 조화와 풍요를 가져오는 것은 고전파 경제학의 핵심이라고 할 "시장에 있어서 가격메커니즘" 의 움직임이다.

자본주의 경제에 있어서는 생산자든 소비자든 시장 전체의 조화나 이익을 고려하여 행동하는 것이 아니다. 시장참가자는 자기의 이익을 위해 행동할 뿐이다. 그러나 각자의 이익추구를 위한 행동은 시장 전체를 조화로운 상태에 이르게 하며, 결과적으로 사회의 이익을 증진시키게 된다. 왜냐하면 시장에서는 가격메커니즘이라는 눈에 보이지 않는 조정기구가 작동하기 때문이다.

시장에서는 어느 상품의 생산이 과잉이 되면 가격이 낮아진다. 가격이 내려가면 수요가 증대하고 공급이 줄어 수급균형이 이루어진다. 반대로 생산이 부족하면 가격은 상승하고 생산은 증가하며, 수요는 감소하여 수급균형이 이루어진다. 이와 같이 가격의 자유로운 움직임에 맡겨진 시장메커니즘에 의해 개개인의 이익추구는 가격이라는 "보이지 않는 손"에 의해 수급이 조화를 이루고 동시에 사회 전체의 이익을 증진시키게 된다.

아담 스미스의 『국부론』에서 유명한 '보이지 않는 손'이라는 말은 다음 절에 있다.

"각자는 사회 전체의 이익을 위해 노력한다고 생각하지 않을 뿐 아니라, 자기의 노력이 얼마만큼 사회를 위한 것인지를 알 수도 없다. 외국의 노동보다 자국의 노동을 선택한다면 자기의 안전에 이익이 될 것이기 때문이다. 생산물의 가치가 높게 되도록 노동을 투입하는 것은 자기의 이익을 증대시키려는 의도에 지나지 않는다. 다만 그것에 의해 그 외 다른 많은 경우와 같이 보이지 않는 손에 이끌려 자기가 완전히 의도하지 않았던 목적을 달성하는 것을 촉진하게 된다. 그리고 이 목적을 각자가 전혀 의도하지 않은 것은 사회에 대하여도 나쁘게 되지 않는다. 자기의 이익을 추구하는 쪽이 실제로 그렇게 의도하는 경우보다도 효율적으로 사회의 이익을 높이는 것이 많기 때문이다."

'보이지 않는 손invisible hand'이란 시장이 자기 통제 기능을 갖고 있음을 비유적으로 가리킨다고 하겠다. 개인의 이기심은 시장의 가격조정 메커니즘을 통해 수요와 공급의 균형을 맞추고 공공의 이익을 촉진한다고 아담 스미스는 생각했다. 시장의 '보이지 않는 손' 만큼 사회적 책임이라는 또 다른 '보이지 않는 손'을 중요시한다는 점이 내포되어 있다고 해야 할 것이다.

자유로운 시장경제에서는 사람들의 이익을 위한 경제활동이 가격의 움직임에 의해 조화로운 상태에 이르고, 보다 풍요로운 경제를 창출하게 된다. 이것이 고전파 경제학의 경제관이다. 그리고 이로부터 누구에게도 경제활동에 간섭받지 않는다는 소위 "자유방임" 의 사상이 나타났다. 동시에 균형재정, 작은 정부와 같은 생각이 나왔다. 또한 아담 스미스는 이러한 자유방임주의lassies-faire에 근거하여 외국무역에 관하여 중상주의적인 보호무역 정책에 반대하고 자유무역주의를 제창했던 것이다.

한편, 분업을 촉진시키는 것이 교환이지만 단순한 물물교환의 경우에는 교환이 충분히 이루어질 수 없다. 물물교환에서 교환이 만족스러울 때까지는 많은 시간과 비용거래비용이 소요된다. 화폐의 사용은 이러한 비용을 대폭 줄일 수 있다. 사람들이 물품을 교환하고자 할 때는 궁극적으로 화폐를 사용하게 되었다. 미발전된 경제에서는 가축이나 소금덩어리 같은 실물이 교환의 척도였지만, 점차 경제가 발전되자 드디어 귀금속류가 척도로 사용되었다. 귀금속류는 운반하는 데 편리하고, 주조하여 표준적인 코인으로 만들 수 있기 때문이다.

이리하여 화폐가 사용되고 교환을 매개하게 되면서, 재화에는 가격이 형성되었고 매매가 이루어질 수 있게 되었다. 그리고 "재화와 화폐의 교환비율, 즉 그 재화의 상대가치를 결정하는 것은 어떤 사정에 의하는가?" 라는 문제가 발생하였다.

여기서 주의해야 하는 것은, 우리들이 재화의 가치라고 말하는 경우 2개의 의미로 사용하고 있다는 점이다. 그 하나는 재화의 효용으로서 사용가치라 불리는 것이고, 다른 하나는 그 재화의 교환비율로서 교환가치라 불리는 것이다. 이 책의 이하에서 가치라 말하는 경우 이는 교환가치를 일컫는다.

## 2.4 아담 스미스 사상의 현대적 의의

17세기 들어 상업활동이 활성화되면서 전통, 관습, 봉건주의 등과 같은 중세시대의 갖가지 속박이 풀리기 시작했다. 이에 대한 반작용으로 자유로운 상업사회의 등장을 방치하면 자칫 빈곤과 혼란을 초래할 것이라며 정부의 적극적인 개입을 주장하는

▲ 아담 스미스

목소리도 커지고 있었다. 이런 시기에 아담 스미스Adam Smith(1723~1790)는 경제를 정부에 의한 시장개입보다는 '보이지 않는 손'에 맡기는 게 번영의 길이라고 역설하였다.

아담 스미스는 일생 동안 '인간들이 이기적으로 행동해도 어떻게 사회질서가 가능한가'라는 문제를 탐구하였다. 이 문제를 '공감의 원리'를 통하여 해결하려고 하였다. '공감의 원리'란, 인간은 본성적으로 다른 사람과 입장을 바꿔 생각하게 마련인데, 그 같은 역지사지易地思之를 통해 타인의 느낌과 일치한다고 여기는 행동을 취하게 된다는 행동원리를 말한다.

인간이 공감의 원리에 따라 행동하는 이유는, 다른 사람들에게 인정은 받고 비난은 피하려는 본능적 욕구 때문이라는 게 아담 스미스의 설명이다. 주목할 대목은 공감은 사람들의 결속과 통합을 가능하게 하여 사회가 스스로 질서를 형성하는 데 기여한다는 점이다. 그러나 공감은 한 번에 형성되는 것이 아니라 지속적인 학습과 반성 등 경험을 축적하는 사회적 과정이라고 아담 스미스는 인식했다. 지적인 재치가 넘쳤던 아담 스미스는 공감의 원리를 통하여 시장경제의 도덕적 기초를 설명했다. 다른 사람을 도와주는 이타적인 행동이라도 항상 공감을 얻을 수 있는 게 아니라는 것이다. 그래서 이타적인 행동은 인간관계의 친숙성에 의해 좌우된다는 것이다.

산업사회는 친숙도가 비교적 낮은 사람들이 분업하는 거대사회이기 때문에 그 속에서 이기심이 지배한다고 아담 스미스는 인식했다.

소비가 모든 생산의 유일한 목적이고, 그래서 생산의 방향을 의도적이지 않은 채 질서정연하게 조종하는 게 소비자의 역할이라고 보았다. 그렇다면 아담 스미스는 소비자의 이익을 증진하는 경우에만 생산자는 자신의 목적을 달성할 수 있다는 소비자주권론의 창시자라고 할 수 있다. 그러한 주권의 효과적인 실현 방법이 자유경쟁이라고 그는 주장한다. 자유경쟁에서 새로운 분업 가능성과 신상품, 신기술 등이 발견된다는 것이다. 경쟁은 근면과 자발성도 북돋아준다. 아담 스미스는 기업이 크다고 걱정할 필요가 없다고 말한다. 시장경쟁을 통해 저절로 해결된다는 설명이다.

아담 스미스는 한마디로 모든 것을 시장에 맡기라고 강조했다. 국가가 시장에 개입하면 시장 내에 형성된 여러 관계가 헝클어져 자생적으로 질서가 형성·유지되는 과정이 파괴되기 때문에 국가의 역할은 제한돼야 한다고 역설했다. 아담 스미스는 보호무역을 비롯한 정부의 경제에 대한 개입은 생산의 최종 목적인 소비자를 희생시킨다고 하였다. 아담 스미스 사상은 19세기 영국과 유럽제국의 경제개혁에 큰 영향을 미쳐 산업혁명의 꽃을 피웠다. 〈그림 3-2〉에서 보는 바와 같이 18세기 이래 세계의 1인당 평균소득은 급증했다. 그렇다면 아담 스미스는 명실상부한 자유주의 경제학의 창시자라고 할 수 있다.

**그림 3-2 미국, 영국, 일본의 1870~2003년 기간의 1인당 GDP 추이**

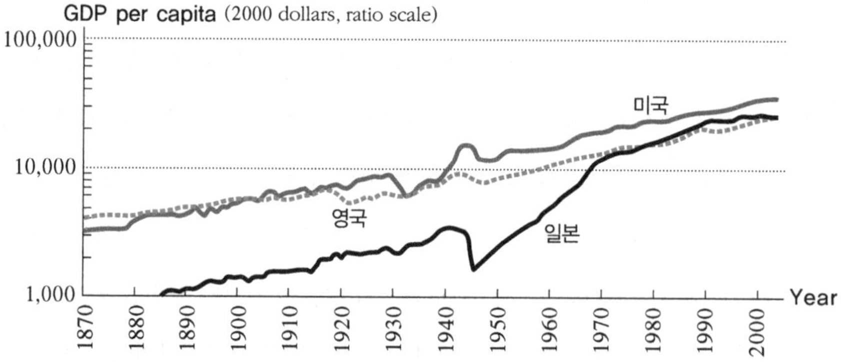

GDP per capita (2000 dollars, ratio scale)

Source : Maddison(1995), Heston, Summers, and aten(2006), World Bank(2007a).
출처 : David N. Weil, 백웅기 · 김민성 · 임경목(2009), p.14에서 재인용.

아담 스미스는 불의를 막고 정의를 지키는 게 국가 제일의 과제라고 생각했다. 이를 위해 법이 필요한데, 아담 스미스가 강조하는 법의 성격은 정의의 규칙에 적합한 것이다. 효용, 분배, 공공복리 등과 같은 개념에서 도출한 법은 법이 아니라고 주장한다. 법은 결코 정치적 목적을 달성하기 위한 수단이 아니라 자유와 재산을 보호하기 위한 것이어야 한다고 강조했다.

아담 스미스가 연구대상으로 삼았던 것은 타인에게 해를 끼치지 않고 희소성의 세계라는 숙명과 물질적인 부족을 개선하면서 타인과의 공감을 통해 인정받고자 하는 인간의 끊임없는 노력이었다. 그리고 그의 가장 큰 공로는 '스코틀랜드 계몽주의'를 형성했으며, 대표적 자유주의 학파인 오스트리아학파에도 큰 영향을 미친 점이라 할 수 있다.

아담 스미스 사상의 영향이 얼마나 컸던가는 그의 저서의 파괴력에서도 입증된다. 저서 『국부론』은 사회주의로 경도된 존 스튜어트 밀의 『정치경제학 원리』가 나오기 전까지 75년 동안 전 세계인의 경제학 지식의 원천이었다. 아담 스미스는 보호무역을 비롯한 정부의 경제에 대한 개입을 옹호하던 유럽 중상주의와 세기적 대결을 벌였다. 상인이나 제조업자를 보호하는 정책은 생산의 최종 목적인 소비자를 희생시킨다고 주장했다. 중상주의와의 대결에서 승리한 아담 스미스 사상은 19세기 영국과 유럽 대륙의 경제개혁에 결정적인 영향을 미쳤다. 영국에서는 대영제국이라는 '빅토리아 시대Victorian era'[4]를 탄생시켰고, 유럽 대륙에서는 산업혁명의 꽃을 피웠던 것이다.

### 창조적 파괴 통한 업그레이드된 자본주의

『국부론』은 나오자마자 베스트셀러가 됐고, 19세기 전반까지 그의 뒤를 이은 경제학자들의 저작은 모두 이 책의 범위를 벗어나지 못했다. 아담 스미스가 『국부론』을 발표한 후 곧바로 이를 계승하고 발전시킨 경제학자가 데이비드 리카도와 『인구론』의 저자 토마스 맬더스이다. 『국부론』은 노동가치설을 처음 제시하여 마르크스 경제학의 탄생에도 이론적 기반을 제공했다. 칼 마르크스의 『자본론』에서 가장 많이 인용된 책이 바로 『국부론』이다. 자본가들이 생산에 별로 기여하지 않고 노동자들의 생산품 일부를 가져간다고 설명함으로써 마르크스의 '착취이론'의 바탕이 됐

4. 빅토리아 시대(Victorian era)는 영국의 빅토리아 여왕이 통치하고 있던 1837~1901년의 기간을 일컫는다. 이 시대는 영국 역사에서 경제발전이 성숙기에 도달하여 대영제국의 절정기로 간주되고 있다.

▲ 찰스 다윈

던 것이다. 찰스 다윈Charles Darwin(1809~1882)이 『국부론』에서 큰 영감을 얻어 인류의 역사를 바꾼 '진화론'을 발전시켜 나간 것도 학계에서는 널리 알려진 사실이다.

영국에서 성공한 자본주의는 유럽 대륙과 북미 대륙을 거쳐 아시아로 확대·전파되었다. 그렇지만 자본주의는 하나의 모델만이 이식된 것은 아니었다. 19세기 중엽까지 고립돼 있던 섬나라 일본이 자본주의적 발전을 이뤄 경제 강국으로 떠오른 것은 놀라움 그 자체였다. 나아가 한국·대만·홍콩·싱가포르 등 '아시아의 네 마리 용'이 종속이론의 비관적 예측을 보기좋게 깨뜨렸다. 더욱이 공산국가 중국이 자본주의로 변신한 것은 '민주주의와 자본주의의 친화성'이라는 고전적 명제까지 흔들었다고 할 수 있다.

『국부론』을 바탕으로 태동한 자본주의는 위기 때마다 창조적 파괴를 통해 업그레이드되었다. 자본주의가 무너질 뻔한 순간도 있었지만 오늘날 자본주의의 토대는 확고하다고 할 수 있다. "자본주의 자체의 문제가 아니다. 잘못된 정책과 인간의 탐욕을 탓하라"는 앨런 그린스펀Alan Greenspan, KBE(1926~ ) 전 미국 연방준비제도이사회 의장의 말이 이를 잘 대변한다고 하겠다(김학순, 2012. 5).

## 3. 고전학파의 지주

### 3.1 세이의 법칙

자본주의 경제의 자동적인 조화와 같은 고전파 경제학의 경제관을 고찰하는 경우, 그 생각을 받치는 하나의 기둥인 세이의 법칙을 논의할 필요가 있다. 고전학파

학자들은 세이의 법칙 혹은 판로의 법칙이라 부르는 거시경제학의 법칙을 생산활동을 분석하는 기초로 삼았다.

세이의 법칙은 프랑스 고전파 경제학의 잔 바티스트 세이가 제창한 것으로, 사회 전체로 공급되는 만큼의 수요가 일어난다고 생각하는 것이다. 케인즈는 이것을 "공급이 그 자체의 수요를 창조한다"는 말로 압축하여 나타냈다.

## 3.2 잔 바티스트 세이의 사상

프랑스 리옹의 상인 집안에서 태어난 잔 바티스트 세이Jean-Baptiste Say(1767~1832)는 아버지의 희망대로 사업가가 되려고 했다. 영국 런던에서 2년간 경영실습까지 받은 뒤 파리로 돌아와 어느 보험회사에 취직했다. 보험회사 사장은 프랑스 혁명에서 중요한 역할을 했던 정치가이자 자본가였다. 세이는 첫 직장인 보험회사에서 훗날 프랑스 재무장관에 오른 클라비에 사장의 권유로 아담 스미스의 『국부론』을 읽은 후 경제학의 바다에 빠져들며 인생의 전기를 맞는다. 세이는 자유주의 경제학자의 길로 들어선 것이다.

세이의 나이 10세에 『국부론』이 출판되었다. 당시 영국은 산업이 발전하고 있던 시대였으며, 맨체스터를 중심으로 면공업이 영국을 대표하는 산업으로 자리잡고 있었다. 영국보다 한발 늦었던 프랑스는 섬유공업이 발전하고, 각 지역에 철도가 부설되는 등 경제발전이 시작되는 시기였다. 당시 프랑스는 나폴레옹이 활약한 시대였다. 세이는 나폴레옹 정권 하에서 법제위원회의 재무담당을 맡고 있었다. 경제학자로서 세이는 리카도, 맬더스와 같은 고전파 경제학자들과도 교류를 가졌다. 맬더스의 과소소비설[5]에 대한 반론이나 맬더스, 리카도 등과의 사이에 오고간 왕복서신

5. 맬더스는 세이의 법칙에 대하여 두 가지 측면에서 비판했다. 첫째, 저축이 잠재수요이긴 하지만 반드시 유효수요로 나타난다고 할 수 없으므로 생산물이 언제나 완전하게 판매되지는 않는다. 이른바 과소소비설의 입장에서 공황 발생의 가능성을 제시했다. 둘째, 생산물의 판매가 불완전함에 따라 이윤의 실현은

이 1833년에 샬 콘트 편집 『세이의 잡편 및 경제학서간집』으로 출판되었다.

경제학자로서 세이의 주저는 1803년에 출판된 『정치경제학개론Traité d' économie politique』이다. 이 책은 세이 생전에 제5판까지 발행되었고 그의 사후 장자에 의한 결정판이 제6판으로 출판되었다. 그 책의 중간에 세이의 법칙 내용이 나타나 있다. 세이는 『정치경제학개론』에서 기업에 의해 생산되는 생산물에 대하여 무엇이 그 판로를 주는가를 다음과 같이 설명하고 있다.

"물건에 새로운 가치가 부여되고, 이 가치가 평가되어 지불되리라 기대하는 것은 다른 사람들이 자금을 가지는 경우뿐이다. 이 자금력은 어떻게 성립하는가? 이 자금력은 가치를 가진 다른 생산물, 즉 다른 사람의 노동 · 자본 · 토지로부터 생산된 생산물에서 나온다. 생산물의 판로를 여는 것은 바로 이러한 생산에 있다." (增井幸雄譯 『經濟學』, p.299)

세이의 이러한 사상은 세이의 법칙으로 제시되었다. 공급이 수요를 창출한다는 말 대신에 농부가 곡물을 재배해 팔면(공급) 그 수입으로 아이들 옷과 비디오를 구매할 수 있듯이(수요), 어느 한 재화의 공급은 '그' 재화의 수요가 아니라 '다른' 재화의 수요를 창출한다고 지적했다. 즉, 풍년이 들면 농부가 새로운 농기계를 사고 부부가 여행도 할 수 있지만, 흉년이 들면 그런 상품을 수요할 수 없듯이, 산출이 많아야 소비지출도 늘어난다는 것이다. 그래서 경제성장이 풍요로운 소비생활을 위한 전제조건이라는 것이 세이의 해석이다.

요컨대 공급되는 생산물이 수요를 일으킨다는 것이다. 나아가 자기의 생산물을 다른 사람에게 판매하는 경우, 생산물과 교환하며 받는 것은 화폐지만, 그 화폐는 다른 생산물을 획득하기 위함에 지나지 않는다고 하면서 다음과 같이 서술하고 있다.

"화폐는 생산물의 가치를 운전하는 차가 아님에도 불구하고 결국은 교환의 매개물에 지나지 않는다. 생산자가 자기의 생산물과 교환하고자 의도하는 것은 결국

---

불완전해지고, 이에 따라 자본가의 투자 감소 및 과잉생산이 일반화될 수 있다. 맬더스의 비판은 그 후 여러 경제학자들에 의해 공황과 비자발적 실업에 대한 이론으로 발전되었다.

은 화폐가 아니고 생산물인 것이다." (增井幸雄譯, 『經濟學』, p.301)

여기에는 화폐가 교환의 매개에 지나지 않는다는 고전파 경제학의 "화폐베일관" 이 나타나 있다. 따라서 생산이 확대되는 만큼 생산물에 대한 수요가 증대한다고 생각하였다. 이것이 고전파 경제학을 받치고 있는 세이의 법칙이다.

### 세이 사상의 힘

세이의 경제사상은 나폴레옹 전쟁 후 프랑스 사회가 곤경에 처해 있던 시기에 등장했다. 보호주의, 과도한 조세, 시장에 대한 각종 규제 등 간섭주의가 득세하던 시기였다. 사회주의 이념도 서서히 고개를 들기 시작해 그 같은 규제와 간섭을 옹호했다.

세이는 이런 시기에 자유무역과 자유시장만이 프랑스의 빈곤과 실업 문제를 해결할 수 있다고 갈파했다. 정부가 할 일은 규제를 비롯하여 정부지출과 조세부담을 줄이는 것이라고 주장했다. 세이는 젊었을 때부터 자유주의 지식인들의 모임을 이끌면서 자유주의 철학 관련 계간지 『철학, 학문, 정치의 시대La Decade philosophique, litteraire, et politique』를 발간했다. 세이는 글과 강연 등으로 자유사상을 주장했으므로 정부 정책을 비판한다는 이유로 정치적인 어려움을 겪기도 했다.

그러나 세이는 그의 저서 『정치경제학개론』이 인기를 끌면서 자유주의 사상이 취약했던 독일, 스페인, 이탈리아 등 유럽 각국에 상당한 영향을 미쳤다. 미국 3대 대통령인 토마스 제퍼슨Thomas Jefferson(1743~1826)도 감격했던 것이 세이의 저서였다. 미국의 정치권이 간섭주의를 옹호하는 분위기가 감돌자 제퍼슨은 세이의 책 출판을 주선했다. 세이의 사상은 19세기 초반 내내 미국 자유주의 여론의 형성에 크게 기여했다.

한동안 세이는 역사의 뒤안길로 사라졌다. 그러나 그가 1930년대에 세상에 다시 등장했다. 그를 등장시킨 인물은 케인즈였다. 그는 자신의 이론이 옳다는 것을 강조하기 위해 '세이의 법칙' 을 이용했다. 케인즈는 세이의 법칙을 공급이 수요를 창출하기 때문에 재화는 생산하기만 하면 저절로 구매된다는 뜻이라고 설명했다. 그런 이론으로는 실업도, 경기변동도 설명할 수 없다고 목소리를 높였다.

1980년대 규제철폐와 조세삭감을 핵심으로 하는 레이거노믹스에 영향을 미친 공급경제학의 뿌리가 세이의 사상이라는 분석도 나온다. 레이건 행정부는 77%의 고소득층 한계세율을 28%로 삭감할 때 재정적자의 증가를 두려워했다. 이 두려움을 없애고 조세삭감을 이론적으로 뒷받침했던 것이 '감세가 소득증대로 이어져 전체 세금은 늘어나게 된다'는 논리로, 이는 원래 세이의 조세사상에서 비롯된 것이라 할 수 있다. 세이의 생각은 〈그림 3-3〉에 나타나 있는 바와 같이 통계적으로 입증됐다. 부유층에 대한 조세삭감 이전 소득계층 상위 1%의 조세부담은 1981년 17.6%(총 조세부담 대비)에서 1988년 27%로, 상위 5%의 조세부담 비중은 1981년 35.1%에서 1988년 45%로 높아졌던 것이다.

**그림 3-3 미국의 총 세수 대비 부유층 소득세 비중**

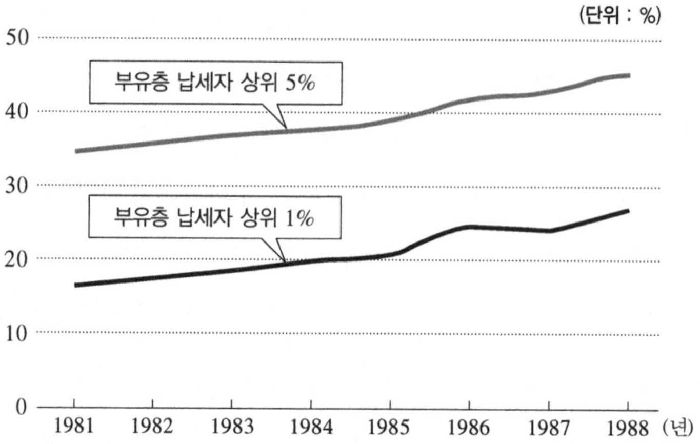

(단위 : %)

**출처** : 헤리티지재단, 민병국(2013년 5월 13일)에서 재인용.

## 3.3 고전파 경제학과 세이의 법칙

고전파 경제학은 상품의 생산이 다른 상품을 구입하기 위한 것이라고 생각하였다. 누군가 생산을 하는 것은 그 상품과 교환으로 다른 상품을 획득하기 위한 것이다. 즉, 시장경제에서 상품은 먼저 화폐와 교환된다. 그러나 화폐는 궁극적인 목적이 아니다. 생산은 그 생산물을 화폐로 교환하고, 그 화폐를 가지고 다른 무엇을 구입하기 위한 것이다.

이러한 생각이 옳다고 한다면 특정한 생산물의 생산이 얼마이든 그 공급액에 해당하는 만큼의 상품에 대한 수요가 일어난다. 경제 전체로도 예컨대 10조 원의 공급이 10조 원의 수요를 일으켜, 사회 전체의 수급 균형을 이루게 된다. 따라서 수요액과 공급액은 경제 전체로 조화를 이루게 된다. 확실히 이러한 논리가 가격메커니즘에 대한 신뢰와 합치하여 자본주의 경제의 자동 조화라는 고전파 경제학의 사고를 형성했던 것이다.

공급이 그와 상응하는 만큼의 수요를 창출한다는 세이의 법칙에서는 생산된 상품을 판매하여 화폐를 얻는 경우 그것은 전부 다른 상품에 대한 수요로 지출된다. 그러나 수취한 화폐를 전부 지출하지 않고 일부를 저축하면 어떻게 되는가? 그 경우에도 세이의 법칙은 성립하는가?

고전파에서는 이 저축이 반드시 다른 형태로 지출된다고 생각했다. 왜냐하면 저축은 결국 지출되기 때문이다. 고전파에서 저축은 주로 자본가가 장래 생산의 확장을 위해 오늘의 소비를 억제하고 절약하는 것이다. 그렇게 절약한 저축의 일부는 임금기금의 형태로 노동자에게 지불된다. 그것은 노동자를 통하여 지출되게 된다. 또 저축의 다른 부분은 기계나 설비와 같은 생산재 구입에 쓰이게 된다. 결국 저축은 지출되는 것이다. 이것을 "저축-지출이론"이라 한다. 따라서 저축이 이루어지더라도 세이의 법칙은 방해받지 않는다는 것이 고전파의 논점이다.

저축과 투자가 일치한다는 세이의 법칙의 생각은 한계혁명 이후의 신고전파 경제학에도 인계되었다. 다만 신고전파는 저축과 투자가 이자율 조정을 매개로 하여 균형에 이른다고 생각했다.

이와 같이 세이의 법칙이 올바르다고 생각한다면, 자본주의 경제에는 시장의 부족이 없는 것이 된다. 따라서 고전파 경제학의 주요 과제는 생산과 분배의 문제뿐이며, 어떻게 하면 한 나라의 생산을 확대할 것인가, 또 생산의 성과는 어떻게 분배되는가가 기본적인 문제였다.

## 3.4 노동가치설

고전파 경제학의 경제관을 형성한 중요한 기둥의 하나인 노동가치설을 살펴보기로 하자.

사회적으로 분업이 이루어지면, 사람들이 자기의 생산물을 다른 사람의 생산물과 교환함으로써 경제활동을 영위하는 교환경제 사회에서는 재화와 재화를 교환하는 경우 재화의 교환비율인 교환가치를 결정하는 것이 무엇인가라는 문제에 봉착한다. 아담 스미스는 상품의 가치를 결정하는 것은 노동량이라고 서술하고 있다. 결국 상품의 교환가치는 생산에 사용된 노동량에 따라 결정되는 것이다. 이것을 "노동가치설"이라 한다.

아담 스미스에 따르면 상품은 사용가치가 있는 것도, 반드시 교환가치가 있는 것도 아니다. 예를 들어 물은 없으면 인간은 살아갈 수 없으므로 사용가치는 높다. 그러나 물은 교환가치를 갖지 않는다. 따라서 재화의 가치는 사용가치와는 다른 별도의 무엇인가로 설명하지 않으면 안 된다. 그래서 그것은 상품의 생산을 위해 투하된 노동이라는 척도밖에 없다고 생각했다. 이것이 가치를 측정하는 경우의 기본적인 생각이다.

노동가치설에는 가치의 원천을 노동에서 구하는 투하노동가치설과 가치의 척도를 노동에서 구하는 지배노동가치설이 있다. 투하노동가치설은 상품의 가치는 그것을 산출하는 데 투하된 노동량에 의해 결정된다는 것이다. 지배노동가치설은 상품의 가치는 교환에서 지배되거나 구매할 수 있는 노동량에 의해 규정된다는 견해이다. 고전파 경제학은 아담 스미스, 리카도, 밀에 이르기까지 기본적으로는 투하노동가치설로 가치의 문제를 생각했다. 이 투하노동가치설은 드디어 마르크스에게로 인계되었다.

다만 노동가치설의 원류라고 할 수 있는 아담 스미스 자신은 『국부론』에서 투하노동가치설과 지배노동가치설의 양자를 혼동하는 듯한 설명을 하고 있다. 그는 『국부론』 제1편 제5장에서 "물건의 가격은 그것을 입수할 때에 반드시 필요한 것은 그것의 생산에 요하는 시간과 노동이다. 입수한 것을 판매하거나 다른 것과 교환하고자 하는 경우, 그것의 진정한 가치는 그것을 가졌다면 절감할 수 있는 시간이나 다른 사람들이 부담했을 시간이다. 재화와 교환으로 얻는 금전도 스스로 생산한 것과 같이 노동에 의해 획득할 수 있다. …… 세계의 모든 부富도 금이나 은이 아니고 노동에 의해 획득하는 것이다"라고 투하노동가치설을 들어 설명하고 있다.

이어 "부를 소유하고 무엇인가 다른 생산물로 교환하고자 하는 사람에게 부의 가치는 그것으로 구입할 수 있거나 지배할 수 있는 노동의 양과 완전히 같다"고 하면서 지배노동가치설을 나타내고 있다.

제6장에서도 "예를 들어 곡물의 가격에는 첫째 지주에게 할당되는 부분이 있고, 둘째 곡물을 생산한 노동자의 임금과 가축의 유지에 할당되는 부분이 있으며, 셋째 농업경영자의 이익에 할당되는 부분이 있다. 이 세 부분에 의해 직접적으로든 최종적으로든 곡물가격의 전체가 구성되는 것으로 보인다. 그러므로 어느 사회에서 1년간의 노동에 의해 생산된 것, 즉 생산물의 총액은 먼저 이 세 부분에 할당되어 사회구성원들에게 분배된다. '임금, 이익, 지대 세 가지가 모든 수입의 원천이며, 모든 교환가치의 원천이다'"라고 하여 지배노동가치설을 나타내고 있다.

이와 같이 아담 스미스는 상품가치의 크기가 투하노동량에 의해 규정되는 것을 인정하면서, 한편으로는 상품의 가치가 그 상품이 지배하고 있는 노동량에 의해 규정된다고 설명하고 있다.

이에 따라 아담 스미스 자신은 엄밀한 의미에서 투하노동가치설이 타당한 것은 토지에 대한 소유권이 확정되어 있지 않은 미개사회뿐이라고 서술하고 있다. 결국 미개사회에서는 자본이 없기 때문에 생산요소는 노동뿐이므로 교환가치가 투하노동량에 비례한다는 것이다. 이러한 의미에서 자본축적이 진전되고, 토지의 점유가 이루어진 문명사회에서는 상품의 가치는 임금뿐만 아니라 이윤, 지대의 세 부분으로 되기 때문에 지배노동가치설에 의한 설명이 필요하다고 할 수 있다.

### 투하노동가치설과 사회계급

리카도는 그의 주저 『경제학과 과세원리』에서 지대를 노동의 잉여가치로 보고 투하노동가치설을 주장하였다. 투하노동가치설을 취하는 경우에 중요한 것은 그것에 따라 사회의 견해도 달라진다는 것이다. 이 견해에 따르면 생산물의 가치는 노동에 의해 산출되는 것이며, 그것이 임금 이외의 지대나 이윤으로 분배되는 것은 노동자의 임금 이상의 가치, 즉 잉여가치를 산출하기 때문이다. 생산의 성과가 지대나 이윤으로 많이 분배된다면 노동자에게 분배되는 몫은 작아지게 된다. 거기에서 보다 많은 지대를 요구하는 지주나 보다 많은 이윤을 요구하는 자본가는 분배를 둘러싸고 노동자와 대립되지 않을 수 없다. 그러므로 투하노동가치설에 입각하는 한 계급 대립의 장으로 볼 수밖에 없게 된다.

고전파 경제학은 산업혁명기에 있었기 때문에 계급 대립은 지주 대 자본가라는 도식을 취하게 되었다. 그 후 자본주의가 진전됨에 따라 기계화가 진행되면서 노동자 대 자본가의 대립이 격화되었다. 이것이 자본주의를 노동자 대 자본가의 대립으로 보는 마르크스 경제학으로 연결되게 했던 것이다.

### 사용가치와 교환가치

『국부론』에서 가치의 설명에 관하여 또 하나 문제가 되는 것은 사용가치와 교환가치의 문제이다. 아담 스미스는 물과 다이아몬드를 예로 들어, 가치에는 두 개의 의미가 있다고 지적하고 있다. 하나는 '얼마만큼 유용한가' 라는 사용가치이고, 다른 하나는 '그것에 의해 다른 것을 얼마만큼 살 수 있는가' 라는 교환가치이다. 물은 사용가치는 크지만 교환가치는 거의 갖지 않는다. 한편, 다이아몬드는 사용가치가 거의 없음에도 불구하고 교환가치는 높다. 거기에서 이 모순을 어떻게 설명하느냐의 문제가 발생한다. 그러나 『국부론』에서는 이에 관하여 이론적인 설명을 하지 않고 있다. 아담 스미스를 포함하여 고전파 경제학에서는 주관적 가치인 사용가치의 문제는 설명하지 않고, 상품의 교환가치만 설명하고 있다.

물과 다이아몬드 간의 가치의 역설에 관한 설명은 한계혁명에 의한 한계효용 개념의 등장을 기다리지 않으면 안 되었다.

이상과 같은 특징을 가진 고전파 경제학은 아담 스미스 이후 맬더스, 리카도, 밀과 같은 학자들에 의해 계승되었다. 그러면 이들 경제학자의 사상을 살펴보기로 하자.

## 4. 맬더스

18세기 후반 영국에서는 공업화가 진행되고 생산력이 발전했지만, 다른 한편으로는 아담 스미스가 예상하지 못했던 노동문제가 사회문제로 나타났다. 공업분야에서는 산업혁명의 진전에 따라 기계제공업이 전개됨과 더불어 많은 방적공이 일자리를 잃게 되었다. 또 농업분야에서는 토지에 울타리가 처지고 농민들이 쫓겨남으로써 자본주의적 대농경영이 보급되었다. 동시에 토지로부터 쫓겨난 농민들은 도시로 유입되면서 대부분이 임금노동자로 전락하였다. 나아가 당시 영국은 프랑스와 전쟁상태에 있어 대륙으로부터 식량 수입이 두절되었기 때문에 식량가격이 급등하여 노동자들은 큰 곤란에 처하게 되었다.

▲ 토마스 맬더스

이러한 시기에 토마스 로버트 맬더스Thomas Robert Malthus(1766~1834)는 영국의 빈곤문제를 인구문제라는 형태로 특징지으며 나름의 대안을 제시하였다. 부유한 농장주의 아들로 태어난 그는 숙명적인 인구과잉으로 인류의 미래는 빈곤, 기아, 범죄 등 피할 수 없는 참혹한 사회악으로 혼란을 맞게 될 것이라고 예언했다. 이런 문제의식을 갖게 된 건 당시 풍미했던 인구 증가 예찬론 때문이었다. 당시 영국에서는 인구 감소야말로 국가가 처한 최대의 재앙이기 때문에 경제성장을 위해선 인구를 늘려야 한다는 논리가 지배했다. 또한 노후대비를 위해서도 자녀를 많이 두는 게 좋다고 믿었다.

맬더스는 1798년에 『인구론원제 An Essay on the Principle of Population』을 저술하였다. 아담 스미스가 제국민의 부의 성질과 원인에 관하여 서술한 것에 대하여 인구 증가와 식량 증가 간의 관계로부터 제국민의 빈곤의 성질과 원인에 관하여 연구를 진행했던 것이다.

## 4.1 인구론

맬더스의 『인구론』의 요지는 아주 간결하다. 맬더스에 의하면 인류는 자연 상태 그대로 두면 인간의 성적인 본능에 따라 기하급수적으로 증가한다. 현재 인구가 2억 명이라면 25년 뒤에는 4억 명, 50년 뒤에는 8억 명, 75년 뒤엔 16억 명으로 늘어나고, 100년 뒤에는 32억 명이 된다는 것이다. 그렇게 증가하는 인구를 부양할 식량은 유감스럽게도 25년마다 산술급수 정도로 증가한다. 현재 쌀 생산량이 100만 가마니라고 하면 25년 뒤에는 200만 가마니, 50년 뒤에는 300만 가마니, 75년 뒤엔 400만 가마니로 증가한다는 것이다. 그러나 이것을 뒷받침할 식량은 산술급수적으로밖에 증가하지 않는다. 따라서 인구 증가는 식물에 의해 양육되는 범위로 한정되어야 한다는 것이다. 맬더스는 인구의 폭발적인 증가와 생산 증가에 인색한 토지 때문에 기아와 가난은 숙명적이라고 보았다. 성적 욕구를 누르고 결혼을 미룬다면 인구가 줄어들 수 있지만 이런 방법은 오래 지속된다고 기대하기 어렵다는 것이다.

맬더스는 인간이 무절제한 성욕 때문에 자식을 분별없이 많이 낳아 이를 그대로 둘 경우 식량생산이 인구 증가를 따라잡지 못하는 사태가 발생한다고 우려했다. 그 결과는 빈곤의 악순환으로 돌아온다. 맬더스는 인구 급증을 막는 방법으로 전쟁, 기근, 질병 등 사망률을 높이는 '적극적 억제'와 출산율을 낮추는 '예방적 억제'를 들었다. 맬더스가 권고하는 방법은 물론 예방적 억제다. 맬더스가 살던 200여 년 전에는 피임법이 보편화되지 않았기 때문에 결혼을 늦추거나 금욕으로 출산을 줄여야 한다는 견해를 펼쳤던 것이다.

맬더스는 인류 삶의 수준은 생존하기도 빠듯하고 생활이 나아지기라도 하면 식구 수가 늘어나 삶이 어려워져 빈곤은 숙명이라고 결론 내렸다. 정부가 빈민구제를 위해 복지정책을 실시하면 결혼과 임신이 촉진되어 인구가 증가하지만, 그 결과는

**그림 3-4 영국의 인구 추이**(1541~1871년)

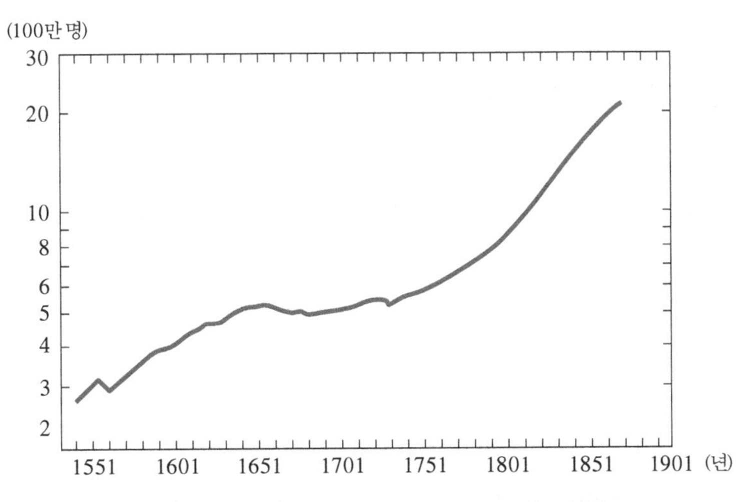


**출처** : Wringley and Schofield, p.207, 김종현(2006), p.388에서 재인용.

빈곤층의 확대뿐이라고 그는 주장했다. 또한 값이 저렴한 식량의 수입으로 생활수준이 나아질 수 있으나, 이는 인구 증가를 초래하여 결국엔 기아와 빈곤을 늘린다는 이유로 곡물 수입의 자유화를 반대했다.

인구 증가가 식량 증가를 상회하는 경우에 그 갭은 빈곤에 빠져 영양 부족에 의한 사망률의 증가나 역병의 유행, 전쟁 등에 의해 사망률을 높여 해결될 수 있지만, 낙태, 산아제한과 같은 방법으로는 해결되지 않는다. 그러나 인구는 계속 증대되는 경향이 있어 절대다수의 인구는 어쨌든 빈곤에 빠지게 된다. 그러므로 인류의 장래는 암담하다는 것이다.

맬더스는 『인구론』 제2판에서 인구와 식량의 균형을 취하는 방법으로 경제력과 결부시켜 결혼을 미루는 만혼晩婚을 권하는 도덕적 억제를 권장했다. 그러나 실제 문제로서 도덕적 억제는 크게 기대할 수는 없었다. 따라서 빈곤과 과잉인구의 존재는 맬더스에게는 필연적인 사태였다. 맬더스 이후 산아제한에 의해 과잉인구를 방지할 수 있다는 생각이 일어났다. 이를 신맬더스주의라 한다.

이와 같이 맬더스의 경제학은, 자본주의 경제는 자유롭게 맡겨두면 시장메커니즘의 작동에 의해 조화롭게 운행된다는 아담 스미스의 낙관적인 견해와 달리 상당히 비관적이었다.

## 4.2 일반적 과잉생산

장래에 대한 비관적인 견해는 맬더스가 인구문제뿐만 아니라 일반적 과잉생산을 인정한다는 점에서도 나타났다. 이미 서술한 바와 같이 고전파 경제학자들은, 아담 스미스든 리카도든 공급은 그 자체의 수요를 창출한다는 세이의 법칙에 근거하여 수요와 공급은 항상 일치한다고 생각했으며, 일반적 과잉생산은 고려하지 않았다.

이에 대하여 맬더스는 사회가 발전하기 위해서는 절약에 의한 자본축적이 필요하다는 것을 인정하면서, 자본축적이 급속히 진행되면 생산물이 증대하지만 과도한 절약은 소비를 감소시키기 때문에 유효수요의 부족으로 인해 생산물이 일반적으로 과잉 상태에 빠진다고 주장했다.

그러나 맬더스는 이러한 생각을 경제학 이론의 중심에서 강력하게 설득하려는 노력을 전개하지 않았기 때문에 세이의 법칙을 부정하지는 않았다. 세이의 법칙이 경제학에서 부정된 것은 맬더스 사후 백년 이상이 경과한 케인즈에 의해서였다. 특히 유효수요의 부족이라는 문제를 제기했다는 점에서 맬더스는 케인즈 경제학의 선구자라 할 수 있다.

## 4.3 맬더스의 현대적 의미

마르크스가 가장 잔인하고 야만적인 경제학이라고 비판한 맬더스의 사상이 정치사와 지성사에 미친 영향은 매우 크다. 19세기 초 영국은 빈곤을 해소하고 인구를 증가시키기 위해 부양하는 자녀 수를 기준으로 한 생활보조금 제도를 실시하고 있었다. 맬더스는 그런 정책을 폐지하는 데 결정적인 영향을 미쳤다.

영국의 해외로부터의 저렴한 식량 수입은 노동자의 생활수준 향상으로 인구증대만을 초래할 뿐이라는 이유로 농산물보호주의 편에 서서 비교우위론에 입각하여 자유무역을 주창한 리카도와 세기적 대결을 벌였다.

다윈Charles Robert Darwin(FRS, 1809~1882)의 생물학적 진화론에 미친 맬더스의 영향도 간과할 수 없다. 다윈은 갈등과 투쟁, 호전성, 공격성을 의미하는 '생존경쟁' 개념을 맬더스에게서 전용했다고 말한다. 다윈은 영양 섭취와 성적 욕구가 인간 행동을 결정한다는 맬더스의 전제가 생태계의 동식물에도 타당하다고 여겼다.

인구폭발에 대한 맬더스의 예언은 빗나갔고 그의 사상은 역사의 뒤안길로 사라진 듯 보였다. 〈그림 3-5〉에서 볼 수 있듯이 인류 역사에서 인구 증가는 18세기 이전 대부분의 기간에는 서서히 증가했다. 이러한 현상은 영국에서도 〈그림 3-4〉에서 볼 수 있듯이 거의 유사했다. 그러나 인구는 생활수준의 대폭적인 향상이 이루어

**그림 3-5 기원전 10,000년~2010년까지의 세계 인구의 변화**

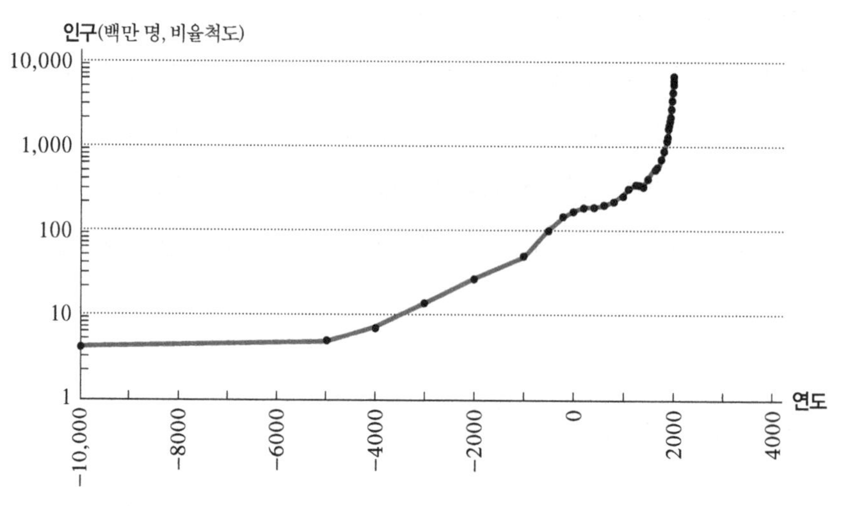


출처 : Kremer(1993), 백웅기 외(2009) p.96에서 재인용.

진 지난 200년 동안에만 빠른 증가율을 보였다. 그러므로 지난 200년은 인류 역사상 아주 특별한 시기라고 할 수 있다. 그러나 맬더스를 불러들인 장본인은 1970년대 등장한 맬더스의 후예들로 구성된 '로마 클럽'[6]이다. 그들은 인구를 억제하고 성장의 고삐를 잡아당기지 않으면 자원의 고갈, 빈곤과 기아로 인해 인류는 큰 화를 입을 것이라고 경고했다. 지구온난화를 우려하는 환경주의자들도 맬더스로부터 영향을 많이 받았다. 공업화를 지속할 경우 대기가 가열되어 생물이 재로 변할 것이라고 주장했다.

맬더스 사상의 영향을 결정적으로 받은 사례로는 개발도상국의 산아제한 정책을 들 수 있다. 중국의 엄격한 '한 자녀 정책'이 대표적이다. 이 정책은 여아에 대한 낙태 증가로 인한 남녀 간 성비 불균형, 전통적인 가족의 해체, 고령화의 문제를 야기하

---

6. 로마 클럽(Club of Rome)은 1968년 이탈리아 사업가 아우렐리오 페체이(Aurelio Peccei)의 제창으로 지구의 유한성이라는 문제의식을 가진 유럽의 경영자, 과학자, 교육자 등이 로마에 모여 회의를 가진 데서 붙여진 명칭이다. 천연자원의 고갈, 환경오염 등 인류의 위기타개를 모색하며, 경고·조언하는 것을 목적으로 했다. 1972년 「성장의 한계」라는 보고서를 발표하여 주목을 받았다.

는 등 비싼 대가를 치르면서 중국의 인구 증가율을 연 1%로 끌어내렸다. 한국에서도 맬더스 인구론의 영향을 받았다. 1960년대는 세 자녀 운동, 1970~1980년대 두 자녀 갖기 운동 등으로 인구 억제 정책을 실시했다.

맬더스는 간결한 문체로 인류의 미래에 대한 낙관론을 반박했지만, 그의 논리는 허점이 적지 않다. 그의 사상에는, 인간은 영양 섭취와 성적 만족을 위해 산다는 전제가 깔려 있다. 그는 먹을 것이 풍부해지면 출산도 늘어난다고 목소리를 높였다. 그러나 수많은 통계연구가 보이고 있는 바와 같이 경제적으로 번영한 나라일수록 출산율이 줄어드는 경향이 뚜렷하다. 경제가 성장하면 저절로 인구문제가 해결된다는 의미다. 생활수준이 낮으면 노후대책의 필요성에서 자녀를 많이 갖게 되지만, 소득이 높을수록 그런 필요성은 크게 줄어든다. 생활수준 향상으로 교육수준이 높아지면 피임방법에 대한 이해력도 향상된다. 미용과 아름다운 외모의 추구, 안락함과 편안함에 대한 선호, 사회진출 확대 등의 영향으로 여성들이 출산을 기피하는 것도 출산율 감소의 요인이 된다.

우리가 주목해야 할 점은 인간은 짐승과 달리 영양 섭취와 성적 만족만을 위해 행동하는 게 아니라 '인간답게' 살기를 원한다는 것이다. 성적 만족에 맹목적으로 굴복하는 게 아니라 성적인 만족도 저울질하는 게 인간이다.

과거에는 유아사망에 대비해 아이를 많이 낳았지만, 오늘날에는 의술의 발달, 영양, 위생의 개선으로 유아사망률이 크게 낮아졌기 때문에 그런 대비가 필요없다는 이유를 들어 출산율 저하를 설명하기도 한다.

맬더스는 농업기술의 발전을 무시한 측면도 있다. 영국, 프랑스, 미국 등 주요 국가들의 농업생산력이 19세기 중반 이래 크게 증가했다는 사학자들의 증언은 수없이 많다. 줄리언 사이몬Julian Lincoln Simon(1932~1998)은 1920년대 이후 미국의 농업 노동생산성의 급격한 상승을 보여주고 있다.[7] 품종 개량, 농기구 개량, 비료, 트랙터

7. 미국의 경제학자 스티븐 무어(Stephen Moore, 1960~)와 경영학자 줄리안 사이몬(Julian Lincoln Simon, 1932~1998)은 저서 『사상 최고의 한 세기(The Greatest Century That Ever Was)』에서 20세

등과 같은 기술개발 덕분이었다. 식량 생산이 인구를 억제하는 게 아니라 인구의 증가를 기다리고 있는 셈이다(한국경제신문, 2013. 3. 29).

흥미롭게도 의술과 농업기술의 발전은 재산권과 가격구조를 핵심으로 하는 자본주의 산물이었다. 맬더스가 이해하지 못한 것은 인구문제 해결 메커니즘으로서의 시장경제 기능이었다. 기업가적 자유시장은 경제성장을 통해 빈곤문제는 물론 인구문제까지도 스스로 해결한다는 점을 보여줬다.

맬더스의 사상은 여러 문제를 안고 있다. 하지만 그는 인구 증가로 인한 환경파괴 등 인구 증가의 경제적 원인과 결과를 체계적으로 연구한 인구경제학의 창시자로 평가받고 있다. 그는 인구폭발의 공포심에서 가족계획의 필요성을 강조하고 성장의 한계를 옹호한 간섭주의자로 분류된다.

## 5. 리카도

▲ 데이비드 리카도

18세기 후반 영국, 프랑스, 독일 등 유럽 사회는 자본주의에 대한 기대가 컸다. 자본주의가 가난을 극복하게 하고, 조화롭고 보편적인 풍요를 보장해 줄 것이라는 희망에 부풀어 있었다. 이러한 장밋빛 전망에 일침을 가한 사람이 데이비드 리카도David Ricardo(1772~1823)다. 그는 인류의 빈곤과 불공정 분배, 성장 없는 정체 상태의 도래는 극복

---

기 초 이후 인간의 기대수명이 늘어나고, 유아사망률이 1/10 정도로 낮아졌다는 사실에 주목했다. 결핵, 소아마비, 장티푸스, 폐렴 등의 질병은 세계 모든 지역에서 크게 줄어들었다. 나아가 농업생산성은 비약적으로 향상되었고, 많은 지역의 환경도 이전보다 크게 향상되었다. 그들은 자본주의 덕분에 20세기 초보다 극적이라 할 만큼 향상된 생활을 누리고 있다고 했다.

할 수 없는 인류의 숙명이라고 주장했다. 실업가로서 성공한 그는 1799년 우연히 아담 스미스의 『국부론』을 읽고 경제학에 눈을 뜬 후 10년간 경제학 연구에 전념하며 경제학자로서 활약하였다. 1871년에 『경제학 및 과세의 원리』를 저술함으로써 고전파 경제학의 이론적인 골격을 완성하였다. 리카도가 이 책을 쓴 시기에 산업혁명의 파도가 거세져 자본주의 경제가 확립됨과 동시에 지주, 자본가, 노동자라는 세 계급의 분화가 일어나고, 이들 간의 이해의 대립이 명확해지기 시작하였다.

증권 중개업으로 성공한 유태인 이민자 가정에서 태어난 리카도는 증권업자였던 아버지의 영향을 받아 어려서부터 증권업에 재능과 관심을 보였다. 14세부터 아버지의 사업에 종사하며 증권 중개업에 뛰어들어 큰 부를 일궜다. 아버지로부터 독립한 후, 증권 중개업 · 공채인 수업을 하여 재산을 모아 20대 중반에 영국의 거부가 됐다.

리카도는 아담 스미스와 같이 세이의 법칙을 믿고 일반적인 과잉생산의 발생은 일어나지 않는다고 생각했지만, 아담 스미스와 같이 각자가 자유로운 경제활동을 행하면 '보이지 않는 손'에 의해 사회적 조화가 실현된다는 식의 낙관적 전망은 경계했다. 그래서 리카도는 매년 생산물을 지주, 자본가, 노동자 세 계급 간에 어떻게 분배할 것인가라는 분배론을 전개했던 것이다.

## 5.1 리카도의 분배론

리카도는 분배문제를 지대론을 중심으로 하여 전개하였다. 그러면 먼저 리카도의 지대론부터 보기로 하자. 리카도에 의하면 인구가 증가함에 따라 농산물에 대한 수요가 증가한다. 이러한 농산물 수요의 증가에 따른 문제는 처음에는 양질의 토지를 경작하는 것만으로 해결이 가능하지만, 인구가 점차 증가함에 따라 증대하는 농산물 수요를 충당하기 위해 열등지를 경작해야 한다.

소위 조건이 나쁜 열등지에서는 우등지에 비해 같은 비용을 들이고도 수확량이 떨어지기 때문에 농산물의 생산비는 점차 높아지게 된다. 그러나 사회의 수요를 만족시키기 위해 점차 열등지를 경작할 수밖에 없어 농산물가격은 높은 생산비를 감당할 때까지 상승하게 된다. 만약 가격이 상승하지 않는다면, 농산물의 생산은 채산이 맞지 않으므로 공급이 줄어들게 되어 사람들의 수요를 만족시킬 수 없게 될 것이다.

농산물의 가격이 상승하면, 우등지를 경작하는 사람은 보다 낮은 생산비를 들이고도 보다 많은 이윤을 얻게 된다. 여기서 우등지를 소유한 지주는 우등지와 열등지 간에 생기는 수확의 차액을 지대로 요구하게 된다. 결국 리카도의 지대는 독점적 토지 소유라는 사정에 의거하여 지주가 그 수확의 차를 요구하게 된다는 것이다. 이 같은 지대의 설명방법을 차액지대론이라 한다. 리카도는 이 차액지대론으로부터 세 계급의 분배에 관한 다음과 같은 결론을 이끌어내고 있다.

리카도의 지대론에 의하면, 먼저 사회가 발전하고 인구가 증가하면 보다 열등한 토지를 경작함으로써 농산물가격이 등귀하기 때문에 우등지의 지대는 증가하게 된다. 그러면 경제발전과 더불어 지주에 대한 분배는 증대하게 된다.

리카도의 관심은 국부國富의 성장원리가 아닌 분배원리, 즉 부가 어떻게 지주와 자본가, 그리고 노동자에게 분배되는가의 문제였다. 주목할 부분은 곡물가격이다. 그는 곡물가격이 경작지 가운데 가장 척박한 토지의 생산비에 의해 결정된다고 설명한다. 척박한 열등지의 생산비에 의해 결정된 가격에서 비옥한 토지의 생산비를 뺀 것이 지주의 지대가 된다. 인구가 증가하면 생산비가 많이 드는 척박한 토지로 경작지를 더욱 확대해야 한다. 그 결과는 곡물가격과 지대의 지속적 상승을 가져온다고 주장한다.

노동자에 대한 분배는 어떻게 되는 것인가? 먼저 임금은 노동량의 수요와 공급에 의해 결정되지만, 경제발전에 따라 노동수요가 증대하면 임금은 상승하게 된다. 노동자의 임금이 상승함에 따라 노동자의 생활 상태가 좋아지고 인구는 증가하게 된다. 이러한 현상이 결국에는 노동공급을 증가시키기 때문에 임금은 다시 원래의 수준까지 저하하게 된다. 그렇다면 임금은 궁극적으로 노동자의 수를 증가시키거나 감소시키지 않는 최저생활비를 유지하는 수준에서 머무를 수밖에 없다. 실질임금이 늘어나 생활수준이 점차 나아지면 가족의 수가 늘어나기 때문이라는 설명이다. 곡물가격이 높아져 임금이 인상된다고 하더라도 최저생계비를 넘는 실질소득의 증대는 기대할 수 없다는 것이다. 러셀은 이를 임금철칙설이라 했다.

리카도가 내다본 자본가의 이윤에 대한 전망도 그리 밝지 않다. 인구 증가로 지대와 임금이 상승하면 이윤도 점차 하락하기 때문이다. 더욱이 농업이든 공업이든 수확체감의 법칙이 작동하여 이윤은 체감할 수밖에 없다고 강조했다. 언젠가는 성장이 정체된다는 뜻이다. 따라서 분배게임에서 승자는 불로소득으로 살아가는 지주뿐이라는 게 리카도의 논리이다. 노동자는 늘 가난하고 자본가의 이윤도 낮아져 새로운 자본이나 기계에 투자할 인센티브가 소멸되면서 성장은 약화된다고 말한다.

이와 같이 임금이 최저생활비에 의해 지배된다고 생각하면, 농산물의 가격상승에 의해 생활비가 상승하는 경우에는 임금을 인상시킬 수밖에 없다. 그러므로 경제발전이 진전됨에 따라 농산물가격이 상승하고 임금도 상승하게 된다. 여기서 경제발전이 진전되어 매년 생산물 중 지대와 임금으로 분배되는 비율이 증가하게 되면 자본가의 몫인 이윤은 감소할 수밖에 없다. 다만, 농산물가격이 10% 상승한다 해도 임금이 10%만큼 상승하지는 않는다. 통상 임금 상승률은 농산물가격 상승률에 미치지 못한다. 따라서 경제가 발전하고 인구가 증가함에 따라 노동자의 생활 상태는 자꾸 악화되어 간다. 여기에는 아담 스미스가 제시한 바와 같은 사회 전체의 조화적 발전이 보이지 않는다. 오히려 분배론을 통하여 이익을 증대하는 지주와 상대적으로 빈곤해진 자본가와 노동자의 대립의 도식이 묘사되고 있다.

## 5.2 정상상태

리카도는 자본주의 경제가 발전하고 자본축적이 진전됨에 따라 농산물 공급을 위한 경작지 확대가 지대를 인상시키지만, 한편으로는 자본가의 이윤은 감소시킨다고 보았다. 이윤의 저하는 자본가의 자본축적에 대한 의욕을 저하시키기 때문에 결국에는 사회의 자본축적이 정지된다는 논리적 귀결에 이른다. 이것이 정상상태定常狀態이다. 리카도는 자본주의가 이러한 정상상태에 도달할 것이라고 생각했지만, 현실의 영국 자본주의 경제는 산업자본의 발전과 자유무역의 확대에 의해 지속적인 번영을 구가하고 있었다.

## 5.3 비교생산비설

리카도 경제학의 또 하나의 특징은 자유로운 국제무역이 국가의 이익에 크게 도움이 된다고 주장한다는 점이다. 리카도는 『경제학 및 과세의 원리』에서 시장경제에서는 자유로운 경쟁이 국내뿐만 아니라 국제 간 거래에서도 적용된다고 주장하면서 다음과 같이 서술하고 있다.

"완전히 자유로운 상거래 하에서는 어느 나라든 가장 유리하게 되도록 자본과 노동을 이용한다. 개인의 이익추구는 사회 전체의 이익과 멋지게 연결된다. 근면하게 일하면 자연으로부터 주어진 특별한 힘을 가장 유효하게 이용함으로써 가장 효율적으로, 그리고 가장 경제적으로 노동을 배분할 수 있다. 한편, 대량생산을 함으로써 사회 전체의 이익을 높여 문명사회의 이익과 상호교류를 가능하게 할 수 있다. 와인이 프랑스에서 제조되고, 옥수수가 미국이나 폴란드에서 재배되고, 기계나 상품류가 영국에서 제조되는 것은 이 원리에 의한다."(竹內健二譯, 『經濟學および課稅の原理』 PP.133~134).

외국무역에서의 분업의 이익을 설명한 것이 유명한 비교생산비설(비교우위의 원리)이다. 리카도가 제시한 예는 오늘날의 교과서에서 지금도 널리 사용하고 있다.

포르투갈과 영국이 각각 와인과 곡물이라는 두 재화를 생산한다고 하자. 포르투갈에서는 와인 1단위 생산에 80인의 노동자, 곡물의 경우에는 90인이 필요하고, 영국에서는 같은 와인과 곡물을 생산하는 데 각각 120인과 100인이 필요하다고 하자.

**표 3-1 포르투갈과 영국의 비교우위**

| 구분 | 와인 | 곡물 |
|---|---|---|
| 포르투갈 | 80 | 90 |
| 영국 | 120 | 100 |

이리하여 포르투갈의 생산자는 양 부문에서 영국의 생산비보다 절대적으로 우위에 있다. 따라서 만약 생산요소가 국가 간에 자유롭게 이동할 수 있다면, 영국의 노동자 전부는 보다 높은 보수를 받는 포르투갈로 이동하게 되어, 영국에서는 어떤 물품도 생산할 수 없게 된다. 그러나 생산요소는 간단하게 이동할 수 없으므로 영국의 노동은 영국 국내에서 사용될 수밖에 없다. 이 경우 영국의 노동은 와인과 곡물 중 어느 재화를 생산하게 될 것인가?

리카도의 비교우위의 원리에 따르면, 포르투갈과 영국에서 와인과 곡물의 생산은 다음과 같이 이루어진다. 이 기본 원리는 각각의 나라가 자국에서 생산성이 비교적 높은 상품의 생산에 특화[전문화]하고, 생산성이 비교적 낮은 상품을 수입하여 상호 교환하면 무역의 이익이 발생한다는 것이다.

[표 3-1]에서 영국은 곡물 1단위를 생산하는 노동량으로 와인을 만들면 와인이 $\frac{100}{120}=\frac{5}{6}$단위 얻을 수 있고, 포르투갈은 곡물 1단위를 생산하는 노동량으로 와인 $\frac{90}{80}=\frac{9}{8}$단위를 얻을 수 있다. 결국 영국에서는 곡물 1단위가 와인 $\frac{5}{6}$단위와 등가지만, 포르투갈에서는 곡물 1단위가 와인 $\frac{9}{8}$단위와 등가이다. 따라서 영국은 곡물을 생산하고 수출하여 포르투갈의 와인을 수입하는 것이 득이 된다. 한편, 영국에서 와인 1단위를 만드는 노동량으로 곡물을 생산하면 곡물 $\frac{120}{100}=\frac{6}{5}$단위를 얻게 되고, 포르투갈에서는 와인 1단위의 노동량으로 곡물 $\frac{80}{90}=\frac{8}{9}$단위를 얻을 수 있다. 따라서 이 경우에도 영국은 곡물의 생산에 상대적으로 우위에 있고, 포르투갈은 와인의 생산에 상대적으로 우위가 있다. 결국 이들 양국이 서로 교역을 함으로써 보다 많은 이익을 얻게 되는 것이다.

이상으로부터 영국은 곡물의 생산에 특화하고, 포르투갈은 와인의 생산에 특화하여 무역을 하면 양국 모두 특화하기 이전보다 많은 곡물과 와인을 손에 넣을 수 있음을 알 수 있다. 결국 무역의 이익이 발생하는 것이다.

## 5.4 리카도 사상의 힘

리카도의 사상은 한편으로는 좌파적이고, 다른 한편으로는 우파적이다. 그래서 그의 사상적 영향도 양면적이다. 마르크스가 리카도를 자신의 스승이라고 말할 정도로 사회주의의 등장을 촉진시킨 한편으로 자유무역과 시장경제의 발전에도 기여했다.

**그림 3-6 미국 관세의 점진적 하락**

**출처** : Samuelson(1998), 한국경제신문(2013. 6. 28)에서 재인용.

노동가치설과 임금철칙설[8]을 중심으로 하는 리카도의 좌파사상은 '공상적 사회주의'에서 마르크스의 '과학적 사회주의'로 넘어가는 과도기의 사회주의 사상의 발전과 노동운동에 적지 않은 영향을 미쳤다.

모든 악의 근원을 토지에서 찾는 리카도의 토지사상의 영향도 적지 않았다. 이

8. 임금이 상승하면 생활수준이 향상되어 인구가 증가하고 노동력의 공급도 증가하는데, 그럴 경우 노동력 과잉으로 인해 임금은 다시 최저생활비(=자연가격) 수준으로 떨어지게 된다는 것이다.

사상은 미국으로 건너와 헨리 조지Henry George(1839~1897)의 토지사회주의 형성에도 결정적인 역할을 했다. 지대가 갖는 가격기능과 이에 따른 토지 활용의 역할을 무시하고, 토지 사유의 정당성을 부정했던 헨리 조지의 사상[9]은 토지에 대한 리카도의 비판적 사상에서 비롯된 것이다. 1980년대 후반 한국에서 토지공개념의 이름으로 도입된 각종 토지 관련 입법도 조지를 경유한 리카도의 토지사상에 뿌리를 두고 있다.

리카도의 사상에서 주목할 것은 그의 방법론이다. 그는 정확한 과학으로서의 경제학을 창설하겠다는 야심이 있었다. 이를 위해 현실의 복잡성을 단순화하는 형식적 모형을 만들고 원하는 결과를 입증하기 위해 다양한 전제를 이용했다. 그러나 그는 유감스럽게도 비현실적일 만큼 지나치게 모형을 단순화했다는 비판을 받았다. 그럼에도 불구하고 그의 경제학 방법론이 미친 영향은 무시할 수 없다.

또한 그의 자유무역이론이 미친 영향도 크다. 그는 날카로운 분석과 논리로 곡물 수입을 막는 곡물법 폐지를 주장했지만 생전에는 성공하지 못했다. 그의 논리는 사후에 꽃을 피웠다. 영국이 곡물은 수입하고 공산품은 수출하는 보편적인 번영의 시대를 여는 데 결정적인 영향을 미쳤다. 그의 이론은 세계 각국에 전파돼 독일, 프랑스, 스웨덴 등 많은 유럽 국가들도 무역장벽을 허물기 시작했으며, 미국도 예외가 아니었다.

리카도 사상에는 오류가 적지 않다. 리카도는 자유무역의 중요성을 강조하면서도 그것이 그가 숙명적이라고 여긴 빈곤과 성장의 한계를 극복하는 열쇠라는 것을 인식하지 못했다. 실질임금의 상승과 지속적인 번영을 가능하게 하는 혁신과 기술

9. 헨리 조지(Henry George, 1839~1897)는 단일세(Single tax)라는 토지가치세를 주창했다. 조지는 조지주의(Georgism, Geoism, Genomics)라고 하는 경제학파의 형성에 영향을 끼쳤다. 조지주의는 지공주의라는 우리말로 순화되어 사용된다. 지공주의의 주된 내용은, 개인은 자신의 노동생산물을 사적으로 소유할 권리가 있는 반면, 사람이 창조하지 않고 자연에 의해 주어지는 것(대표적으로 토지나 환경 포함)은 모든 사람에게 공평하게 귀속되어야 한다는 것이다. 불평등에 대한 논문이라고도 할 수 있는 그의 대표적 저서 『진보와 빈곤』(1879)은 산업화된 경제에서 나타나는 경기변동의 본질과 빈부격차의 원인, 그리고 그에 대한 처방으로서 토지가치세를 제시하였다.

발전을 고려하지 않은 것도 그의 사상적인 한계였다. 리카도의 사상은 여러 비판의 여지를 남겨 놓았지만, 분배이론이라는 새로운 분야를 개척했고, 무역규제를 반대하는 자유무역이론을 개척한 공로는 높이 평가받아 마땅하다고 하겠다.

## 6. 존 스튜어트 밀

### 6.1 생산론 · 분배론

▲ 존 스튜어트 밀

존 스튜어트 밀John Stuart Mill(1806~1873)은 리카도, 맬더스와 같이 고전파 경제학의 최후의 대표적인 경제학자이다. 밀의 아버지 제임스 밀James Mill(1773~1836)은 벤담 문하의 철학적 급진주의의 대표자이며, 역사가이고 경제학자였다. 밀은 유년기부터 아버지의 엄격한 조기교육을 받고 자랐다. 이 사실은 『밀의 자서전』에 상세히 서술되어 있다. 1859년에 유명한 『자유론』을 출판했지만, 경제학자로서 대표작은 1848년에 쓴 『경제학원리』이다. 이 책은 그 후 약 반세기에 걸쳐 고전파 경제학을 대표하는 교과서로서 폭넓게 읽혀졌다. 밀은 이 책에서 고전파 경제학을 계승하면서 아담 스미스 이래 자연적 조화에 관한 사고를 수정하고 있다.

밀은 『경제학원리』에서 생산과 분배의 문제를 성질이 다른 것이라 구별하고 있다. 먼저 생산에 관하여는, 생산의 증가는 노동, 자본 , 토지라는 생산요소의 증가에 의존하기 때문에 자연적이고 초역사적인 것이고, 인간의 의지나 희망으로 움직일 수 없다고 하였다. 이에 반하여 분배는 인위적으로 변경할 수 있으며, 사회의 관습이나 법률에 따라 변경될 수 있는 것이라고 하였다.

이와 같이 밀은 생산에는 자연법칙이 있고, 인간의 힘으로 어찌할 수 없지만, 분배는 사회법칙이 있기 때문에 어떻게든 변경할 수 있다고 하였다. 이 같은 자유방임과 자연적 조화의 사고가 변화된 이유는 리카도 시대에 이르러 노동운동이 격화되는 등의 상황이 동반되었기 때문이다.

그리고 밀은 『경제학원리』의 제4편 동태론에서 자본 및 인구의 증가에 따라 결국에는 이윤율이 저하하고, 경제는 정상상태에 이른다고 주장했다. 밀은 이 상태가 반드시 경제의 정체를 의미하는 것이 아니고, 성장이 정지하더라도 분배의 개선에 의해 사회의 진보는 가능하다고 믿었다. 오늘날 이러한 견해는 환경과 자원을 양립시킨 지속적인 경제활동과 같은 시각을 가진 생태학ecology의 관점으로 평가되고 있다.

## 6.2 밀의 개혁정책

19세기 전반기 영국을 비롯한 독일, 오스트리아 등 유럽 사회에는 시민들의 불만이 가득했다. 산업화를 이끈 자본주의는 그들이 기대한 만큼 경제적 성과가 없다는 진단과 빈곤이 숙명이라는, 인류의 미래에 대한 우울한 예측이 난무했다. 그런 만큼 사회주의에 관한 유령들도 유럽 지역 곳곳에 도사리고 있었다. 이러한 시기에 공리주의에 근거하여, 자유주의는 절반은 틀린 이론이라고 선언하며, 분배의 중시를 통하여 인류 번영의 길을 찾아야 한다고 갈파한 사회철학자가 영국의 존 스튜어트 밀이다.

공리주의는, 인간이란 본래 편익은 극대화하고 비용은 최소화한다는 전제에서 출발한다. 수지타산에 맞춰 행동하는 게 인간이라는 뜻이다. 이런 시각을 법, 시장, 정책에도 적용해 사회적 비용보다 더 큰 사회적 편익을 가져다주는 법이 좋은 법이라고 평가하는 게 공리주의다. 그 비용과 편익은 법이 개인들에게 미치는 피해와 이익을 서로 합한 것이다.

편익-비용을 양적으로만 계산해 정책을 판단하는 경우 이를 양적 공리주의라고 부르는데, 밀은 이런 양적 공리주의 대신에 질적 공리주의를 추구했다. 물질적 가치보다는 정의, 존엄, 평등과 같은 정신적 가치를 더 높이 평가한 것이다. 주목할 대목은 밀의 공리주의적 시장관이다. 시장은 성장을 촉진하기는 하지만 노동계급의 비극과 분배문제를 해결할 수 없다고 하였다. 시장은 양적으로 볼 때는 좋지만 질적인 면에서는 나쁘다는 의미다. 그래서 밀은 정부가 재분배를 통해 빈곤을 해소하고 분배정의를 달성해야 한다고 주장했다.

그러나 밀은 나눌 파이를 줄이지 않고는 분배하기 어렵다는 세간의 이론적 저항에 부딪친다. 그는 부의 분배와 생산은 엄격히 분리돼 있다는 이유를 들어 나눌 파이의 규모에 영향을 미치지 않고서도 정부가 다양한 분배정책을 통해 사회적 후생을 극대화할 수 있다고 응수했다.

밀은 부의 성장이 일정 수준을 넘어서면 성장을 늘릴 필요도 없고, 자본과 부의 성장이 정체된다고 해도 걱정할 필요가 없다고 했다. 부유한 단계에서 사람들은 물질적 이득보다는 나눔과 건전한 사회기품 같은 정신적인 것을 중시한다는 이유에서다. 사회주의가 저절로 실현된다는 얘기다. 사회주의만이 빈곤을 해결하고 정의를 실현하기 때문에 그것이 인류의 미래라는 게 밀의 상상이다.

그러나 밀의 사상은 기발하지만 결함투성이라는 게 일반 경제학에서 확립된 인식이다. 생산과 분배가 분리 가능하다는 주장은 옳지 않다는 지적이다. 그 두 부분은 가격을 통해 연결되어 있어 분리할 수 없는 하나의 세계이고, 세금부담이 무거우면 일할 의욕이 줄어들어 생산에 부정적인 영향을 미친다는 것은 어렵지 않게 알 수 있는 내용이기 때문이다.

정체된 경제라고 해도 분배가 중요하다는 그의 주장에도 오류가 있다. 성장 없는 경제상황에서는 흔히 사람들이 삶의 비전을 잃게 되고 사회엔 불안과 불신이 팽배해지게 마련이다. 성장을 유지하는 경제상황 속에서 사회는 활기차고 너그러움과 다양성에 대한 관용, 공동체정신 등 사회기품도 살아난다는 벤자민 프리드먼

Benjamin Morton Friedman 하버드대 교수의 최근 주장에도 귀를 기울일 필요가 있다.[10]

흥미로운 것은 자유와 번영을 위한 밀의 개혁정책이다. 그는 소득수준이 높을수록 세율을 증가시키는 누진세 대신 소득수준에 관계없이 일정한 세율로 과세하는 단일세율을 주장한다. 분배가 생산에 영향을 미치지 않는다는 주장과 모순되지만 그는 고소득층에 더 높은 세율을 부과하는 것은 열심히 일하고 저축하는 부자들을 처벌하는 것과 같다는 논리를 펼쳤다.

밀은 소득세에서 관용을 베푼 부자들에 대해 상속세로 '처벌' 해야 한다고 주장한다. 상속은 기회균등의 권리를 침해하고 상속받는 자녀에게는 불로소득이기 때문에 고율의 세금으로 제한해야 한다고 역설한다. 어떤 이유로도 그 정당성을 설명하기 어렵다는 점을 들어 토지사유화도 억제해야 한다고 목소리를 높인다. 과시적 소비와 유흥에는 무거운 세금을 부과할 것도 제안했다. 빈민구제와 노동자의 권익, 유치산업 보호를 위해 정부가 적극 나서야 한다고 주장했다.

입법 이전에 자유와 권리는 없고 비로소 입법을 통해 그것들이 창출된다는 게 밀의 공리주의적 자유론이다. 법도 개인의 재산과 자유를 보호하는 데 그 역할이 있는 게 아니라 '공공이익' 이라는 목적을 달성하기 위한 수단이라는 게 그의 법사상이다.

밀은 여론과 전통의 압력을 정부의 압력과 똑같이 자유의 적으로 취급하는 사회

10. 하버드대학 정치경제학 교수로 재직 중인 벤자민 프리드먼(Benjamin Morton Friedman, 1944~)은 『경제성장의 미래(The moral consequences of economic growth)』에서 경제성장을 영위하는 자본주의가 오히려 인간다운 행위를 가능케 하여 인간을 도덕적으로 만드는 최선의 체제라고 하였다. 이 책은 미국의 경제사를 중심으로 경제성장이나 장기침체가 사회의 도덕적 성격에 어떤 영향을 미치는지 고찰했다. 도덕적인 사회를 판별하는 요소로 저자는 기회의 개방, 관용, 경제 및 사회적 지위의 유동성, 공정성, 민주주의 등을 사용했다. 그 중에서도 저자가 중점적으로 주목한 것은 경제학적 관점에서 경제성장과 민주주의 간의 상관관계였다. 경제성장과 민주주의 발전 간 느슨한 인과관계가 존재하는 것인지, 존재한다면 어느 것의 발전이 원인인지를 알아보고자 하였다. 벤자민 프리드먼(Benjamin M. Friedman)의 결론은 책 제목에서 알 수 있듯이 경제성장이 원인이라는 결론에 도달했다. 역사학자 데이비드 포터(David Dixon Porter, 1813~1891)의 말대로 "경제적 잉여가 민주주의의 약속어음을 지불할 수 있었던 셈이다."

주의적 오류를 범하고 있다는 지적을 받는다. 그런 압력은 '심리적'이어서 이를 피하느냐 마느냐는 전적으로 개인에게 달려 있다. 그런 강한 전통과 관습을 무릅쓰고 자기 길을 걸을 수 있게 하는 것이 사유재산제도와 자유경쟁이다.

자유를 침해한다는 이유로 다수결 민주정치를 불신하는 밀의 정치관도 흥미롭다. 그는 권력의 제한이 자유주의 핵심임에도 불구하고 그런 제한을 논의하는 대신에 가장 현명하고 도덕적인 인물이 정치를 담당해야 한다고 주장한다.

밀은 많은 비판의 여지를 남겼지만 공리주의를 개발, 사회주의의 길을 개척한 사회철학자로서 지성사에 우뚝 선 인물이다. 자신의 사상을 통해 자본주의와 인류의 미래에 대해 비관적이었던 당시의 사회분위기를 사회주의로 일신하려 했던 노력은 지금도 높이 평가받고 있다.

## 6.3 밀의 사상

밀의 사상은 지성사나 정치사에 큰 영향을 미쳤다. 그는 자유와 권리는 국가 이전 또는 입법 이전에 존재한다고 전제하는 자유이론과 자연권이론에 대비되는 공리주의 윤리를 확립했다. 이는 자유와 권리는 국가를 통해 비로소 창출된다고 믿는 사상으로, 국가의 시장경제 개입에 대한 문을 열어놓았다.

밀의 사상은, 인간 이성은 사회를 설계할 수 있는 무한한 지적 능력이 있다는 의미의 전통적인 합리주의를 사회철학에 체계적으로 적용한 산물이다. 그는 이성에 기초하지 않았다는 이유로 자생적으로 형성된 종교와 도덕을 이성으로 교체했다. 시장의 자생적 질서도 규제된 시장으로 교체했다. 영국 국회의 하원의원이 되어 여성의 선거권 보장을 관철하기도 했던 밀의 사상은 수많은 지식인을 사회주의자로 전향시키는 데 중요한 역할을 했다.

밀의 사상은 1883년에 창설된 영국의 페이비언 사회주의Fabian socialism의 이론적 뒷받침이 됐다.[11] 이 단체는 혁명 대신에 점진적으로 사회주의를 실현하고, 개혁은 노동자가 아니라 전문가의 과제라고 주장했다. 그 단체의 프로그램은 밀이 제시한 개혁 어젠다Agenda, 의제로 구성되었다.

밀의 이런 사상이 얼마나 큰 영향을 미쳤는가는 그의 1848년에 발간된 저서 『정치경제학 원론』이 입증한다. 32판이나 발간된 이 책은 서구사회에서 반세기 동안 경제학 교육 내용을 지배했다. 그는 이 책에서 생산에 어떤 영향을 주지 않고서도 분배구조를 바꿀 수 있다고 주장했다. 이는 분배과정에 대한 정부개입의 가능성을 부정하던 사람들을 놀라게 했을 뿐만 아니라 좌경화됐지만 분배할 파이가 줄어들 우려 때문에 분배에 개입하기를 두려워했던 좌파에게는 황금률이었다. 밀의 사상은 경제 자유를 무시했지만 사상 · 언론의 자유와 같은 시민적 자유와 정치적 권리의 중요성을 갈파해 정치적 자유주의의 발전에는 크게 기여했다.

밀은 소비가 생산을 좌우한다는 이론을 배척하고, 공급이 수요를 가능하게 한다는 '세이의 법칙'을 전적으로 옹호했다. 1986년 미국이 부분적이지만 단일세율제도에 접근하는 세제개혁을 했던 것이 '밀 사상의 수용'이었다는 건 잘 알려진 사실이다. 관심을 끄는 부분은 밀이 예찬했던 사회주의를 실현하다가 실패로 끝난 옛 소련 이후의 이 지역 정책들이다. 1990년대 초 해방된 에스토니아 등은 단일세율제도를 통해 자본주의로의 체제전환을 성공적으로 이끌었다.

11. 고전적 마르크스주의와 뚜렷이 구별되는 영국식 사회주의를 일컫는다. 페이비언협회(Fabian Society)가 1889년에 발행한 『페이비언주의』는 자신의 정체성에 관한 소속 회원들의 집단적 작업을 기획 · 편집하여 세상에 내놓은 유일한 책이다. 버나드 쇼(George Bernard Shaw) 등 7명의 필자들은 경제 · 역사 · 산업 · 도덕 측면에서의 사회주의적 토대, 그리고 사회주의에서의 소유권과 산업에 관한 구상, 사회민주주의로의 점진적 이행에 대해 자신의 입장을 밝히고 있다.

# 7. 고전파 경제학의 한계

## 7.1 19세기 시민사회의 전개

1815년 나폴레옹이 몰락하고 빈체제의 수립 이후 유럽에는 시민사회가 발전되었다. 우리는 유럽의 19세기를 통틀어 자유주의가 발전되었던 시기라고 말하지만, 유럽에서는 19세기가 매우 복잡한 시대였다. 나폴레옹의 몰락 후 유럽은 프랑스 혁명 이전의 체계로 복귀하려는 "복고정통"의 입장을 지향했다. 유럽 전체를 뒤흔드는 새로운 변화의 물줄기를 강력하게 억제함으로써 사회적인 안정을 얻으려는 보수주의적 경향이 주류를 이루게 된 것이다. 하지만 이미 만연해 있는 자유주의 사상은 부르주아를 통해서 여러 가지 사회개혁의 시도와 투쟁으로 나타나게 된다. 이런 의미에서 19세기는 부르주아가 중심이 된 시민사회가 형성된 시기라고 말할 수 있다. 이 시기는 보수주의와 자유주의 이외에도 다양한 사상적 경향들인 민족주의, 낭만주의, 사회주의의 경향들이 표출되면서 서로 교차하고 갈등하는 가운데 나름대로 발전되었다.

민족주의운동 역시 각 지역의 사정에 따라 자유주의, 보수주의, 사회주의 등과 같은 다양한 입장을 띠면서 나타났다. 낭만주의는 사회주의와 민족주의 등 과격한 움직임에 동력을 제공했는가 하면, 과거를 그리워하는 복고지향적 성격을 보이기도 했다. 무엇보다도 19세기는 보다 새롭고 과격한 변화를 추구했던 혁명적 움직임과 그것을 막으려 했던 반혁명적 움직임이 교차했던 복잡한 시대였다. 그러나 이 속에서 인간의 지성은 발전하여 문학과 예술, 그리고 사회과학과 자연과학 등에서 풍요로운 성과가 나타났다.

19세기 초 유럽 각국은 정도의 차는 있었지만, 산업화라는 동일한 변화를 겪는 동시에 고유의 전통과 교차하면서 다양한 노선을 걸었다. 이리하여 각 국가는 부르주아의 지배체제, 부르주아와 노동자의 갈등, 민족해방운동의 소용돌이 속에 빠져 들었다. 영국은 이미 1830년대부터 산업혁명으로 인해 발생한 노동문제와 정치문제들을 점진적으로 해결하면서 19세기 후반에 번영기를 맞이했다. 프랑스는 7월 혁명[12]과 2월 혁명[13] 등 정치적 소요를 겪으면서 왕정, 공화정, 제정을 거쳐 1870년대에는 공화정을 확립했다. 미국도 남북전쟁이라는 큰 시련을 겪고 정치적 · 경제적으로 강대국에로의 길을 걸었다. 19세기 전반기까지 정치적 분열 상태를 지속해 온 이탈리아와 독일도 19세기 후반기에 통일을 달성하며 새로운 강국으로서 발전의 길을 걸었다.

이러한 과정 속에서 유럽 각국은 19세기에 자본주의적인 성과를 이룩해 갔다. 하지만 19세기 말부터 자본주의는 자체 모순으로 말미암아 위기를 맞이하게 된다. 민족 간 및 계급 간의 갈등이 제대로 조율되지 못했기 때문이다. 이는 결국 20세기 초에 제1차 세계대전으로 폭발하고 만다. 결국 19세기는 많은 문제를 풀어갔지만 동시에 많은 문제들을 축적시켜 나갔던 시기라고 할 수 있다.

## 7.2 고전파의 한계

산업혁명에 의한 경제발전을 배경으로 하여 무엇보다도 생산의 확대를 주된 과제로 한 고전파 경제학이 한계에 부딪히게 된 것은 19세기에 들어가면서부터였다.

---

12. 1830년 7월 프랑스에서 일어난 혁명이다. 혁명의 결과로 루이 필리프(Louis Philippe)가 프랑스의 왕위에 올랐다. 이때 성립된 왕정을 7월 왕정이라 부른다. 7월 왕정은 보수적이고 억압적인 경향을 띠었으며, 이는 결국 18년 뒤의 2월 혁명의 기폭제가 되었다.
13. 프랑스 2월 혁명은 1848년 2월 22일에서 24일에 걸쳐 일어난 의회 내 반대파가 한 운동으로, 루이 필리프의 7월 왕정이 해산하고 공화정이 성립하였다. 2월 혁명은 7월 혁명보다 유럽 사회의 묵은 풍속, 관습, 조직, 방법을 완벽히 바꾸어 새롭게 하는 변화를 몰고 왔다. 오스트리아와 독일에서는 3월 혁명이 일어나 메테르니히(Klemens Wenzel Lothar von Metternich, 1773~1859)가 추방되고 빈체제가 붕괴되었다. 이탈리아와 독일에서는 통일운동이 일어나 독일연방이 결성되었고, 독일 자유주의자들은 프랑크푸르트에 모여 통일을 논의하였다.

영국 자본주의 경제는 1825년 최초의 불황을 위시하여 거의 10년 주기로 불황을 맞았다. 특히 1857년의 불황은 영국뿐만 아니라 미국, 노르웨이, 프랑스, 독일 등 자본주의국가들을 둘러싼 큰 불황으로 발전하였다. 나아가 1873년에는 19세기 최대의 과잉생산에 의한 불황이 발생하였다. 이것은 1870년대 대불황의 이유이기도 하다. 이 불황은 1870년대 전체에 걸쳐 지속되었는데, 생산의 저하뿐만 아니라 기업합병이 진행되었으며, 독점화 경향이 진전되었다. 또한 노동운동이 격화하고, 노사대립이 심각해졌다. 이리하여 희망이라고 생각되었던 자본주의 경제는 회색의 모순에 빠지게 되었다. 이 시기부터 경제학에서도 몇 개의 방향으로 분화된 고전파 경제학에 대한 비판이나 수정이 이루어졌다. 그 중의 하나가 역사학파의 대두이다.

## 공리주의 창시자 제러미 벤담

왕과 귀족의 지배로부터 유럽 시민을 구하기 위한 지적 운동이 다양하게 전개됐던 18세기 말, 공리주의 사상을 주창해 당시 개혁의 철학적 기초를 새롭게 확립한 인물이 영국의 사회철학자 제러미 벤담Jeremy Bentham(1748~1832)이다.

▲ 제러미 벤담

벤담이 공리주의 철학을 만들어낸 배경엔 법관의 판결을 통해 법을 설계하는 영국의 유서 깊은 '코먼로'보통법 전통이 구태의연하고 비합리적이라는 인식이 깔려 있었다. 그는 그런 법체계를 뿌리째 개혁하지 않으면 영국 국민은 영원히 행복을 누릴 수 없다고 믿었다. 그래서 원래 계획했던 변호사 개업도 포기하고 사회철학에 입문, 법철학 기초를 세우는 데 전력을 기울였다. 그가 평생 동안 갈고닦은 연구 결과가 바로 공리주의다.

공리주의는 인간이란 본래 쾌락을 추구하고 고통을 회피한다는 전제에서 출발한다. 행동에 대한 선과 악을 평가할 때 행동 그 자체가 아니라 행동의 결과로 산출되는 쾌락과 고통의 양을 기준으로 삼아야 한다는 게 벤담의 설명이다. 그는 이 논리를 사회에 적용, 사회 전체에 최대의 행복을 가져오는 정부 입법이나 정책은 도덕적으로 정당하다고 주장한다.

그는 인간이 자신의 쾌락을 추구하는 데 여념이 없기 때문에 개인의 행동이 사회 전체의 행복을 자동적으로 증진시킬 것으로 기대하기 힘들다고 강조한다. 사회 전체의 공익을 달성하려면 정부의 적극적인 계획과 규제가 필수적이라고 한다. 그러나 벤담은 시장경제의 '자생적 질서'에는 생각이 미치지 못했다. 정부가 개인의 자유와 재산을 확실하게 보호하기만 하면 저절로 질서가 유지돼 공익과 사익이 일치된다는 점을 간과한 듯하다. 합리적인 사회질서는 정부의 계획과 규제를 통해 가능하다는 간섭주의 사상이 그의 사고를 지배했다.

쾌락과 고통을 계산하는 공리주의에는 최대의 행복을 결정하는 정부가 정책이나 입법을 통해 생겨나는 모든 개별적인 효과에 대한 완벽한 지식을 가질 수 있다는 전제가 깔려 있다. 그러나 그 같은 전제는 '치명적 자만'이라는 하이에크의 통렬한 비판에 직면했다. 정부의 구조적 무지 때문에 시민들에게 자유를 허용하지 않으면 안 된다는 게 하이에크의 강력한 충고다. 인간들이 자유로우면 스스로 상호작용을 통해 필요한 제도와 가격이 자생적으로 형성되기 때문에 시장경제라는 탁월한 '자생적 질서'가 생겨난다는 지적이다. 국민 행복을 명분으로 정부가 시장에 개입하면 자생적 힘을 파괴해 발전과 번영을 가로막을 뿐이라는 하이에크의 통찰에 주목할 필요가 있다.

흥미로운 것은 영국의 코먼로에 대한 벤담의 이해다. 그는 판례에 기초한 법체제는 주민들의 합의나 입법자를 통해 합리적으로 만든 것이 아니기 때문에 불확실하고 불합리하다고 주장한다. 발견된 법은 법이 아니고 법 제정자의 특정한 목적을 위해 만든 입법이 법으로서 자격이 있다고 본다. 이에 대한 반론도 있다. 역사적으로 볼 때 성문법 대신 코먼로를 도입한 사회가 자유와 재산을 더 잘 보장받는다는 지적이다. 영미법인 코먼로를 채택하고 있는 국가는 미국, 뉴질랜드, 싱가포르 등이다.

벤담의 사상은 다수가 원하는 것이면 무엇이든 법으로 인정하는 등 다수에게 무제한의 권력을 부여하고 있다. 민주주의가 소수를 착취할 수 있고 그래서 제한 없는 민주주의는 1인 독재만큼이나 위험하다는 인식이 벤담에겐 없었다. 민주 정부를 제한할 장치를 마련하지 못하고 무제한 권력을 허용한 것은 그의 치명적인 실수였다.

벤담의 교리는 자유와 권리를 중시하는 고전적 자유주의와 정면으로 충돌한다. 그는 국가가 생겨나기 이전에는 권리라는 게 존재할 수 없다는 이유에서 로크 전통의 자연권을 부정한다. 개인의 자유도 무질서를 초래할 수 있다는 점에서 벤담에겐 중요한 가치가 아니다. 국가 이전엔 시장도 법도 없었다고 생각했다. 국가가 최고라는 의미다.

그럼에도 불구하고 벤담은 공리주의적 교리를 통해 귀족이나 왕 같은 특권 계층의 특수 이익을 반대하고 고상한 가치보다 '쾌락' 같은 보통 사람의 이익을 보호하려고 했다. 군주의 신권이나 토지귀족의 특전보다 대중의 물질적인 이해관계를 존중했다. 이것이 벤담이 사상사에 기여한 공로다.

**벤담 사상의 힘**

제러미 벤담은 초기에 자유주의자로 활동했다. 대출이자 최고한도를 5%로 제한하는 입법을 주장한 아담 스미스를 비판했던 인물이 그였다. 생산과 거래를 좌우하는 것은 자본축적이며, 정부 행동이나 지출은 자본 증가를 가져올 수 없다고 주장했다.

벤담의 간섭주의 사상은 19세기 중반 '철학적 급진주의'로 알려진 개혁단체의 이론적 기초가 됐다. 이 단체는 민주개혁, 교육개혁, 구빈법개혁 등 다양한 개혁정책을 제시하며 영국사회에 대한 근본적인 개혁을 요구하던 지적 운동단체였다. 벤담의 공리주의는 사회주의 실험을 수행하기 위한 입법기술을 좌파진영에게 가르쳤다. 점진적 방법으로 사회주의 실현을 목표로 하는 페이비언 사회주의의 사상적 토대도 공리주의다.

공리주의의 지적 운동과 공리주의를 기초로 한 사회주의 지적 운동으로 19세기 말에 접어들면서 자유주의에 대한 믿음은 현격하게 줄어들었다. 개인의 자유 대신에 공리의 원리가 절대적으로 받아들여졌다. 의회의 자율은 무제한의 권력 행사로 돌변했고 산업의 규제, 금융규제 등 국가 활동도 확대됐다. 19세기 말 빈곤층에 대한 복지지출이 대폭 증가한 것도 벤담의 공리주의 사상의 영향이었다.

**출처** : 한국경제신문 2013년 6월 8일자, 민경국 교수와 함께하는 경제사상사 여행(43)에서 발췌하여 정리한 것.

# 제3부
# 역사학파 경제학

**제4장** 역사학파의 경제학

제4장

# 역사학파의 경제학

## 1. 역사학파의 탄생

역사학파Historische Schule는 19세기 중엽에서 20세기 초에 걸쳐 프리드리히 리스트를 선구자로 하여 주로 독일을 중심으로 일어난 경제학의 한 학파이다. 역사학파는 영국 자본주의가 선진적 지위를 이용하여 후진자본주의인 독일에 침투해 오는 것을 막고 독일이 자국의 유치산업을 보호하기 위하여 탄생되었다. 역사학파는 고전파 경제학을 비판하며 출발하였다. 영국이 산업혁명 이래 세계의 공장으로서 공업화의 선두에 섰을 때, 독일은 농업국을 벗어나지 못하였다. 독일이 자본주의적인 경제사회로 진행할 수 있었던 것은 19세기 후반부터였다. 자본주의 경제의 후진국으로서 독일을 영국과 같은 강력한 산업국가로 만들기 위해서는 아담 스미스의 자유무역론을 적용할 수 없다는 것이 독일의 역사학파였다. 즉, 역사학파의 경제학은 선진국인 영국과 같이 자유무역을 시행하면 발전이 늦은 독일 경제는 위기에 빠진다는 현실적인 문제의식에서 출발하였다.

역사학파 학자들은 영국 고전학파의 연역적 방법에 의하여 얻어진 보편타당하고 추상적인 경제법칙의 존재를 부정하고, 경제현상은 시대나 나라의 특수성에 따라 달라지는 상대적 내지 개별적인 것이며, 역사적 연구나 통계적 조사를 주로 해야 한다고 주장하였다. 또 경제정책에 있어서도 고전학파의 자유무역주의를 배척하고 보호무역주의를 강조하였다.

이들 역사학파의 경제사상은 후에 영국, 미국, 일본 등으로 파급되어 전개되었는데, 이는 어디에서나 타당한 것으로 생각되는 경제이론이 실제 특정한 국민의 제도적 · 관습적인 개성과 부딪히면서 수정 · 개선되어야 한다는 역사학파의 문제 제기가 어느 나라에서든 상당히 타당하기 때문이다.

1920~1930년대 미국에서 베블런이나 미첼과 같은 제도학파 경제학자들도 역사학파와 같은 사고로 발상을 하며 자신들의 사고를 전개하였다. 제도학파 학자들은 가격메커니즘에 한정되는 표준적인 경제학에 대하여 의문을 품고, 문화적 복합체로서 인간사회의 사고관습을 경제학에 적용하고자 했던 것이다. 이와 같은 제도학파의 방법이 독일 역사학파인 슈몰러와 공통된 성격을 갖는다고 슘페터는 지적하고 있다. 또한 20세기 후반 1990년대에 이르러 신고전파의 수리적인 경제학이 한계를 느끼며 새로운 제도 · 진화의 경제학을 추구하면서 독일 역사학파 경제학을 재평가하는 상황을 보더라도 역사학파의 중요성을 인식할 수 있다.

역사학파는 프리드리히 리스트, 로셔Wilhelm G. F. Roscher(1817~1894), 크니스Karl Gustav Adolf Knies(1821~1898), 힐데브란트Bruno Hildebrand(1812~1878) 등의 구舊역사학파와, 구스타프 슈몰러Gustav von Schmoller(1838~1917), 루요 브렌타노Lujo Brentano(1844~1931), 아돌프 바그너Adolph Wagner(1835~1917), 막스 베버Max Weber(1864~1920), 좀바르트W. Sombart(1863~1941), 잘린E. Salin(1892~1974), 슈피트호프A. Spiethof(1873~1957) 등의 신新역사학파로 대별된다. 여기서는 프리드리히 리스트, 구스타프 슈몰러, 막스 베버의 사상을 살펴보기로 한다.

# 2. 프리드리히 리스트

## 2.1 리스트의 생애

▲ 프리드리히 리스트

역사학파의 대표적인 경제학자는 프리드리히 리스트 Georg Friedrich List(1789~1846)이다. 리스트는 1841년에 『정치경제학의 국민적 체계』를 저술하였다. 리스트는 이 책에서 유명한 경제발전단계설을 설명하며, 고전파 경제학이 이념으로서는 옳다고 하더라도 다른 나라의 국민성이나 그 나라 특유의 이해관계와 같은 것을 고려하고 있지 않다고 비판하였다. 또한 자유무역이 잘 작동하기 위해서는 후진국이 영국과 같은 수준에 도달할 필요가 있다고 주장하였다.

## 2.2 리스트의 보호무역론과 경제발전단계설

리스트는 독일의 경제사상가로 보호무역주의의 원조로 알려진 인물이지만, 사실 그는 최종적으로 가장 바람직한 무역의 형태는 완전한 자유무역이라고 생각했다. 다만 리스트는 공업을 일으키는 일이야말로 핵심이며, 후발 국가는 산업이 충분히 성숙할 때까지 보호무역 정책을 쓸 수밖에 없다고 설파했다. 그는 "공업의 진정한 발흥과 국가의 힘은 영국처럼 자유의 기초가 다져진 이후 시작된다"고 굳게 믿었다.

리스트는 사실상 당시 2류 공업국가인 독일의 상공업 자본가의 입장을 대변하는 이론가였다. 대표작인 『정치경제학의 국민적 체계Das nationale System der politischen Ökonomie』(1841)에서 그는 민족경제의 입장에 서서, 영국과 프랑스를 중심으로 한 고전경제학의 교환가치이론을 비판했다. 또한 그는 영국의 고전학파 경제학이 자유무역을 주장하는 것은 영국에 유리하게 다른 나라들을 이론적으로 기만하는 것이므로 이에 속지 말라고 강조했다. 리스트가 내세운 것은 역량Kraft이었다. 이 역량은 경제활동의 잠재적 능력을 말하는 것으로, 민족의 부는 노동이 아닌 이러한 생산 역량에 의해 증진된다고 보았다.

리스트의 주된 학설은 제조업 생산을 구심점으로 한 유기적인 민족경제의 발달에 대한 이론이라고 할 수 있다. 이 제조업은 정부의 보호정책에 의해 상당기간 육성되어야 민족경제 전체의 유기적 분업을 위한 구심점으로서 성장할 수 있다는 것이다.

리스트는 농업에 대하여 다음과 같이 혹평하면서 후진국들은 서둘러 제조업을 성장시켜야 한다고 주장했다. 즉, 리스트는 자신의 『정치경제학의 민족적 체계』에서 농업은 ① 생산과정에서 동일한 행위를 반복해서 배우는 것이 없기 때문에 사람을 태만하게 하고, ② 장래성이 없다고 지적했다. 이에 비하여 공업은 생산과정에서 배우는 것(오늘날 개념의 Learning effect)이 많으며, 인간 및 사회를 기술적 · 조직적으로 만들고, 나아가 인간을 문화적으로 진보시키는 것이라고 했다. 따라서 리스트는, 당시의 독일 제품이 영국에 뒤지더라도 장기적으로는 충분히 발전시킬 수 있기 때문에 그 산업들은 보호해야만 한다고 주장하였다. 이것이 유명한 유치산업보호론Protection of infant industry의 토대였다.

리스트는 경제사회의 역사적인 발전단계를 5단계로 나누고 있다. 제1단계는 미개 상태, 제2단계는 목축 상태, 제3단계는 농업 상태, 제4단계는 농공업 상태, 제5단계는 농공상 상태이다. 리스트에 의하면, 경제는 미개 상태로부터 점차 이들 각 단계를 거쳐 농공상 상태라 불리는 최고의 발전단계에 이른다.

리스트는 그의 발전단계설 중 다섯 번째인 농공상 상태에 도달해 있는 나라는 영국이며, 프랑스, 미국, 독일과 같은 나라는 아직 제4단계인 농공 상태에 머무르고 있다고 했다. 또한 그 이외 나라는 아직 농업 상태라 불리는 제3단계에 있다고 보았다. 이 제3단계인 농업을 중심으로 한 단계에 있는 나라에서는 선진국으로부터 물자 공급을 받으면서 자국의 경제발전을 도모하기 때문에 자유무역이 현명한 정책이 된다.

그러나 농업과 공업이 병존하여 발전하는 제4단계에 진입하면, 자유무역에 의해 선진국의 공업제품이 유입되어 자국의 공업은 경쟁에 내몰리게 된다. 그러므로 이 단계에서는 아담 스미스의 자유무역론이 아니라 보호무역론이 필요하다는 것이다.

사실 근대경제학에서 말하는 비교우위comparative advantage이론도 라틴아메리카나 아프리카의 경우에는 농업·광공업 등에 특화specialization하는 것을 받아들이게 되면 결국 농산물 중심의 경제구조로 가게 되므로 미래를 기약하기 힘든 상황이 된다.

발전의 최종 단계에 있는 농공상 상태에 도달하면 다른 나라와 경쟁을 하게 되어 보다 좋은 상품을 생산하게 되기 때문에 자유무역이 바람직하다는 것이다. 이러한 의미에서 경제발전단계설은 발전이 늦은 독일 산업을 영국의 경제적 침략으로부터 지키기 위한 이론이라고 할 수 있다. 리스트 이외에 역사학파의 대표적인 학자로는 슈몰러, 브렌타노, 뵘바베르크, 막스 베버 등이 있다.

산업의 발전 정도에 따라 자국의 산업을 외국과의 경쟁으로부터 지켜야 한다는 리스트의 보호무역론은 오늘날에도 일리가 있다. 한국이나 일본에서도 농산물 등은 외국으로부터의 수입을 제한하여 국내의 업자를 보호하는 정책을 채택하고 있다.

# 3. 구스타프 슈몰러

## 3.1 이론이 아닌 역사 경험으로 경제문제 해결 주장

18세기 후반 들어 영국, 프랑스, 독일 등 유럽 사회에는 자유주의와 자본주의가 인류의 가난 극복과 조화롭고 보편적 풍요를 보장하는 세계를 실현할 것이라는 믿음이 지배했다. 그러한 믿음은 아담 스미스, 데이비드 리카도 등 영국 경제학자들에 의해 비롯됐다. 이 자유주의 경제학에 기초해 독일도 영국처럼 19세기 초부터 자유무역, 재산권의 보편적 허용, 영업의 자유 등 친시장 개혁에 몰두했다. 그러나 그러한 개혁은 빈곤, 불평등, 실업, 사회갈등을 초래했기 때문에 독일 경제가 갈 길이 아니라고 주장하면서 정부가 경제에 적극적으로 개입하는 사회주의가 조화롭게 번영을 이끄는 길이라고 갈파한 인물이 있었다. 그가 '강단 사회주의자school socialism' (1873년 창립된 독일 사회정책학회에 참가했고, 사회개량을 주장한 사회정책학자들의 사상적 경향)로 알려진 독일 출신의 경제학자 구스타프 슈몰러Gustav von Schmoller(1838~1917)이다.

▲ 구스타프 슈몰러

경제부처 고위 공무원이었던 아버지의 영향으로 일찍부터 경제문제에 관심을 두고 경제학에 입문한 슈몰러가 평생의 과제로 여긴 것은 영국 경제학을 뛰어넘어 후진된 독일 경제를 이끌 수 있는 '독일 경제학'을 구축하는 일이었다. 그래서 그가 주목한 것은 영국 경제학의 인식방법을 극복하고 새로운 방법을 개발하는 일이었다. 복잡한 현실을 형식화·단순화해 보편적으로 적용할 수 있는 이론을 연역적으로 도출할 수 있다는 믿음이 영국 경제학의 방법인데, 그는 유감스럽게도 그런 추상적 이론은 현실과 동떨어져 있어 쓸모없다고 생각했다. 또한 그는 모든 나라는 제각기 다르고 고유한 특징을 지닌 사회를 갖고 있기 때문에 모든 사회에 적용될 보편적 이론이란 존재할 수 없다고 주장하였다.

슈몰러가 영국 경제학의 자유무역이론을 반대한 것도 그 같은 논리에서 비롯되었다. 자유무역이론은 성장과정이 영국과 같은 나라에만 타당할 뿐 뒤쳐져 있는 독일 경제에 적용했다가는 치명적인 피해를 가져온다는 것이다. 그러니까 이론이 아니라 역사를 통해 경제를 인식해야 한다는 게 슈몰러의 방법론적 시각이다. 역사가 중요하다는 얘기다. 그래서 경험적 데이터에 대한 전례 없는 탐구에 몰두했다.

## 3.2 독일 경제학 확립 노력

역사 연구를 통해 슈몰러가 발견한 건 무산자, 빈곤, 실업, 고통, 도시화, 열악한 주거환경 등의 사회적 문제였다. 이를 가져온 게 영국 경제학을 모방한 친시장 개혁이라는 주장도 덧붙였다. 자본주의는 그런 문제들까지 스스로 해결할 수 있다고 말하는 영국 경제학이 뻔뻔스럽다고 꼬집었다. 영국 경제학은 이기심을 강조한 나머지 서민층의 '가난의 공포' 도 인식하지 못하는 비현실적 이론이라고 공격했다.

그런 사회적 문제를 방관할 수 없기 때문에 경제학은 윤리학이 돼야 한다는 게 슈몰러의 견해다. 그는 노사관계를 정립할 윤리가 필요하다고 주장한다. 재산의 불평등에서 생겨나는 악을 줄이고 부의 편중을 감소시키는 게 학자의 과제라는 것이다. 슈몰러는 노동자 보호, 서민주택 등 다양한 사회정책을 쏟아냈다. 실업 · 질병 · 노후에 대비한 국가의 강제보험 도입으로 삶의 공포를 해소해야 한다고도 했다. 기술교육, 노동자의 파업권, 부의 편중을 막기 위한 상속세 누진제도도 사회문제 해결을 위한 슈몰러의 어젠다였다.

슈몰러는 평등사회를 요구하지는 않았다. 사회의 몰락을 초래한다는 이유에서였다. 그가 두려워한 것은 중산층의 몰락이었다. 두터운 중산층이 안정된 사회의 전제조건이라는 이유에서 사회정책의 목표도 중산층 확대에 맞춰야 한다고 주장했다. 그는 정부가 인간 교화를 위한 도덕적 기관이라는 낭만적인 생각을 갖고 있었다. 사회문제 해결에 적합한 정치체제는 권위주의적 군주제라는 슈몰러의 생각이 흥미롭다. 민주주의는 필연적으로 개별 그룹의 이해관계를 둘러싼 투쟁으로 끝난다고 그는 인식했다. 민주정치는 보편적 이익보다 사회계급의 이해를 대변한다는 얘기다. 유산자有産者 또는 무산자無産者의 당黨으로 정치가 양분돼 나타나는 격심한 계급다툼 현상이 민주정치의 핵심이라는 설명이다. 그러한 민주제로는 일관된 사회정책을 펼칠 수 없기 때문에 필요한 건 유능한 관료제도를 갖춘 강한 군주제라고 주장했다.

슈몰러가 서민층에 대해 각별한 관심을 갖는 것은 바람직하지만, 19세기의 친시장 개혁과 산업화가 빈곤, 실업문제 해결에 기여한 역할을 과소평가했다는 지적이 많다. 사회에 대한 인식에서 슈몰러의 역사주의는 틀렸다는 게 학계의 중론이다. 이론이 없으면 경험적 데이터를 의미있게 분석할 수 없다는 이유에서다. 슈몰러의 사상은 이런 비판의 여지를 남겼지만, 역사학파를 주도하면서 독창적인 역사이론과 사회정책을 개발해 영국 경제학에 견줄 만한 독일 경제학을 확립하려는 그의 공로는 널리 인정받고 있다.

## 3.3 슈몰러 사상의 힘

슈몰러 사상은 독일의 자유주의 경제학자들이 19세기 중반 이래 '국민경제학회'를 조직하여 다양한 방법으로 자유주의 사상과 친親시장개혁을 확산시키기 위해 노력하던 시기에 등장했다. 슈몰러는 자유주의는 외래품이기 때문에 독일 경제에 적합하지도 않고 빈곤, 불평등 등 사회문제를 스스로 해결할 수 없다고 비판했다. 슈몰러는 오스트리아학파 경제학을 창시한 칼 멩거와 세기적인 방법론 논쟁으로도 유명하다. 그 논쟁에서 이론을 중시한 멩거를 제치고 역사를 중시하는 슈몰러가 승리했다. 슈몰러의 승리로 독일 경제학자들은 이론적 구상에는 흥미를 잃었다. 특히 역사를 지나치게 존중한 나머지 이론을 경시하는 경향이 심해졌던 것이다. 그런데 그러한 역사학파의 잘못을 뚜렷하게 보여준 사건이 일어났다. 그것은 매일같이 급

상승하는 1918~1923년 기간의 하이퍼인플레이션 문제였다(〈그림 4-1〉 참조).[1] 이에 대하여 당시 독일 경제학자들은 속수무책이었고, 이론을 무시하는 역사주의는 크게 위축되기에 이르렀다. 경제학에서 윤리를 강조하는 슈몰러는 과학의 가치판단 문제와 관련하여 막스 베버와 일전을 벌였다. 슈몰러는 어떤 목적들이 윤리적으로 바람직한지에 대해 판단하고 방어해야 한다고 주장했지만, 베버는 그런 건 과학의 역할이 아니라고 주장했다. 이 같은 脫가치판단 논쟁은 20세기 중반까지 지속됐는데 베버의 승리로 끝을 맺는다.

**그림 4-1 바이마르 공화국 당시의 상품가격 추이**

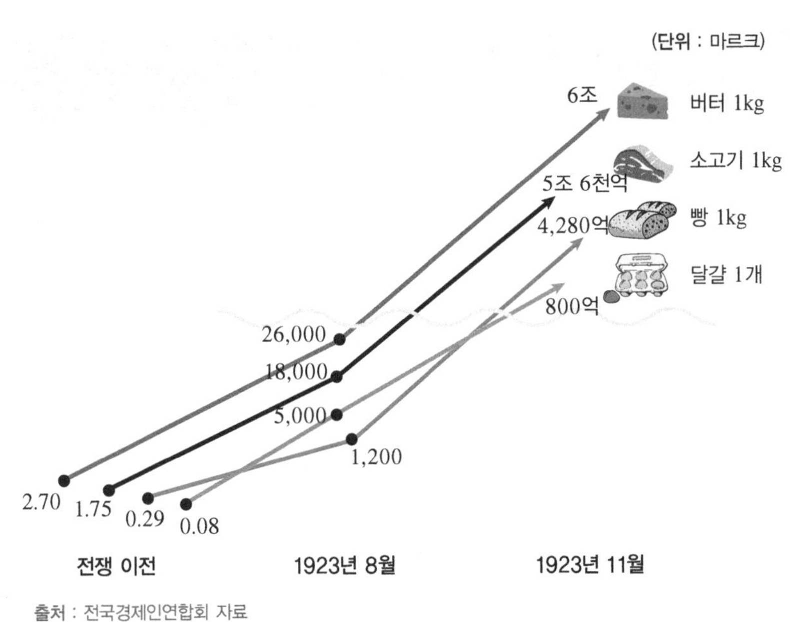


출처 : 전국경제인연합회 자료

슈몰러는 사회정책 운동을 체계적으로 전개하기 위해 사회주의자들과 함께 사회정책학회를 설립했다. 이를 계기로 그의 사회정책 사상은 정치적·학문적으로

1. 1918년에 빌헬름 국왕이 국내외적인 압력에 의해서 퇴위하고 1919년 제1차 세계대전이 끝난 후부터 1933년 히틀러가 정권을 잡기 전까지 독일의 시기를 바이마르 공화국(Weimar Republic)이라 한다. 이 기간에 〈그림 4-1〉에서 볼 수 있는 바와 같이 악성의 하이퍼인플레이션이 일어났다.

큰 영향력을 갖게 됐고, 자유주의를 지향하는 국민경제학회와 대결할 수 있었다. 슈몰러와 사회정책학회는 19세기 말경에 비스마르크Otto Eduard Leopold von Bismarck(1815~1898)의 유명한 복지정책[2]의 강력한 정책적 · 학문적 뒷받침이 됐다. 그의 사회정책 사상은 오늘날 독일 복지국가의 사상적 기초가 됐다는 점도 평가되어야 한다. 20세기 초 독과점 규제정책과 복지정책 등으로 미국 사회를 개혁할 것을 주장한 좌파운동의 '진보주의' 도 슈몰러를 비롯한 강단 사회주의자들로부터 배운 유학생들이 앞장서서 만들었다.

## 4. 막스 베버

### 4.1 막스 베버와 독일

역사학파 중에서도 특이한 존재라 할 수 있는 사람이 막스 베버Max Weber(1864~1920)이다. 막스 베버는 독일의 튀링겐주 에르푸트르에서 상인 출신의 국회의원 아들로 태어났다. 독일 각지의 4개 대학에서 철학, 역사학, 경제학을 공부하였고, 1892년 베를린대학을 시작으로 강의와 연구에 종사하게 된다. 베버는 19세기 말과 20세기 초 독일 근대 지식사회를 대표하는 학자이자 교수였다. 그는 사회학자로 유명하지만 법학, 경제학, 역사학, 문화과학 등 다방면에서 출중한 업적을 쌓았

2. 비스마르크는 1862년 9월 30일, 의회에서 국방예산 삭감에 대해 다음과 같은 통렬한 연설을 했다. "현재 프로이센의 당면 문제는 자유가 아니라 미래를 위한 군비 확충입니다. 이 시대의 중요한 문제들은 더 이상 언론이나 다수결에 의해 좌우되는 것이 아닙니다. 미래 독일이 직면하게 될 문제들은 오직 철과 피에 의해서만 해결될 수 있는 것입니다." 마침내 비스마르크는 군사적 압력과 노련한 외교로 1867년 독일 북부지역을 통합하고, 오스트리아와의 전쟁에서 승리하여 주변 강대국의 영향력을 제거한다. 또한 사회복지 정책을 통해 시민계급을 국가정책의 조력자로 끌어들였다.

▲ 막스 베버

다. 천재에다 노력파이기도 한 베버는 '학문에 대한 전 인격적 헌신'을 실천했다. 근대 이후 '학문하는 것'이 하나의 직업으로 자리잡아 가는 데 그 전범이 된 사람이 막스 베버다. 그는 수많은 저작을 남겼으며, 1905년 『프로테스탄티즘의 윤리와 자본주의 정신』을 저술하였다.

베버가 살았던 19세기 후반은 후진자본주의국인 독일이 패권을 추구하며 세계로 나아가던 시대였다. 1871년에는 보불전쟁에 승리하여 국가 통일을 성취한 독일은 비스마르크의 통치 하에 식민지 획득을 위해 해외로 진출하였다. 비스마르크 이후에는 황제 빌헬름 2세Wilhelm Ⅱ(1859~1941)가 중심이 되어 팽창주의적 정책을 추진하였다. 이는 동시에 영국과의 패권경쟁을 초래하게 되었다. 영국과의 각축은 결국 1914년에 시작된 제1차 세계대전 때까지 계속되었다. 베버가 활동한 시기는 이러한 시대였다.

선진국인 영국을 따라가는 독일에게는 가장 큰 관심의 대상이 영국이었다. 베버도 후진국 독일이 어떻게 하면 선진자본주의 국가인 영국을 따라잡을 수 있을 것인가에 관심을 집중하고 있었다. 다만 베버는 세계의 패권을 목표로 하는 군국주의적 지도 아래 추진되는 독일의 정책에 대하여는 비판적이었다. 당시의 주류파와는 달리 베버는 영국·아메리카와 같은 앵글로색슨 사회는 배울 만한 장점이 있으며, 그 장점을 받아들여야 강한 나라로 발돋움할 수 있다고 생각하며 영미 사회를 연구하였다. 베버의 연구는 경제학의 범위에 머무르지 않고 정치, 사회, 종교, 역사 등 폭넓은 범위에 걸쳐 있었다.

베버는 단지 경제적인 정책을 행하는 것만으로는 영국의 수준에 도달할 수 없다고 생각하였다. 영국과 독일 사이에는 경제적 조건을 초월하는 근본적인 차이가 있다고 생각했던 것이다. 베버는 경제구조가 같은 자본주의 체제를 취하고 있더라도 그것을 지탱하는 정신적인 측면의 차이에 의해 사회는 완전히 달라진다고 보았다. 이러한 관점으로부터 베버는 1905년에 『프로테스탄티즘의 윤리와 자본주의 정신』

을 저술하였다. 이 저서에서 베버는 근대자본주의를 받치는 정신은 어떤 형태로든 프로테스탄트의 정신생활과 관련된다고 역설하였다.

베버는 역사학파의 지적 자양분을 섭취하며 성장했지만, 학문 자체의 영역에서 비판할 것이 있으면 주저하지 않고 칼을 빼들었다. 빌헬름 로셔Wilhelm Georg Friedrich Roscher(1817~1894)를 비롯해 구스타프 폰 슈몰러Gustav von Schmoller(1838~1917), 루요 브렌타노Lujo Brentano(1844~1931)와 같은 독일 역사학파 경제학의 거물들과 투쟁했다. 역사학파는 경제행위의 주체를 국가로 규정했다. 개인과 사회집단을 주체로 본 베버와는 다른 시각이었기 때문이다. 특히 베버는 대학이나 학문의 자유정신은 정책·정치와 멀리 떨어져 있어야 온전하다고 여겼다. 베버는 평생 국가주의와 정치권력에 영합하지 않았다.

## 4.2 자본주의 정신

막스 베버는 마르크스와 달리 자본주의를 정신적인 관점, 즉 합리성에 기반을 둔 근대성의 관점에서 파악하고자 했다. 그리스도교적인 세계관으로 설명되던 우주와 세계가 아이작 뉴턴Isaac Newton(1643~1727)에 이르러 과학적 세계관으로 대체되고, 계몽주의가 나타난다. 뉴턴 이후 사람들은, 이제 세상은 신에 의해서가 아니라 과학적 법칙에 의해서 움직인다고 보게 되었다. 그러자 그동안 유일신에 기초한 세계관 아래서 숨죽이고 있던 수많은 가치관들이 부활했다.

마치 옛날 고대의 다신교와 같은 상황이 벌어졌는데, 그 주체는 신들이 아니고 가치들이었다. 베버는 이러한 현상을 유일신의 주술에서 풀려난 '탈주술사회', 그리고 '가치의 다신교'적인 상황이라고 표현했다. 이 다신교적인 상황에서 강력한 중심의 자리에 오르게 된 것이 합리성이었다. 이로부터 세계를 지배하는 것은 인간의 차가운 이성이 되었다. 베버는 이러한 현상 속에서 인간은 기계를 발명하고 산업혁명을 일으켰으며 관료적 근대 국가가 출현한 것으로 보았다.

베버는 "왜 자본주의는 서구에만 있는가"에 관심을 가졌다. 베버는 근대 유럽의 자본주의 기원을 문명 비교 분석방법으로 찾고자 하였다. 이윤추구 동기에 따라 작동하는 '모험가적 자본주의'는 지리적으로 중국, 인도, 바빌론이나 시대적으로 고대와 중세에도 있었지만, 서부 유럽의 경우에는 이와 구별되는 '합리적 자본주의'가 출현했다는 점이 독특하다는 게 베버의 생각이다. 그는 서구의 문화와 사상, 역사를 되짚는 것으로 생각을 발전시켜 나갔다. 이 같은 합리적 자본주의 정신의 뿌리는 칼뱅주의로 대표되는 금욕적 프로테스탄티즘 윤리라고 베버는 맥을 짚었다. 즉, 그는 『프로테스탄티즘의 윤리와 자본주의 정신』에서 근대적 기업에서 자본 소유와 기업가를 보고, 많은 경우 이들이 프로테스탄트라는 사실에 주목했던 것이다.

그렇다면 프로테스탄티즘의 윤리란 무엇인가? 16세기 루터Martin Luther(1483~1546)로 대표되는 가톨릭에 대한 대대적인 저항운동인 종교개혁이 있었고, 사제 없이도 하느님과 인간은 만날 수 있다는 교리를 중심으로 갖는 교회, 즉 'protestant church'로부터 프로테스탄티즘(지금의 개신교改新教)이 발생하게 된다.[3] 이러한 움직임 중 가장 파급력이 강했던 것의 하나가 제네바에서 종교개혁을 성공시킨 프랑스의 종교개혁가 장 칼뱅Jean Calvin(1509~1564)의 칼뱅교였다. 베버는 프로테스탄트 중에서도 칼뱅교의 등장을 주목하였다.

칼뱅의 핵심 사상은 '소명설'이다. 소명설이란 모든 사람들의 내세가 신의 뜻에 의해 이미 결정되어 있다는 것이다. 그런데 이 입장에 따르게 되면, 인간은 불안에 빠질 수밖에 없게 된다. 쉽게 말해 내가 구원받았는지 그렇지 않았는지 알 수 없기 때문이다.

따라서 인간은 구원에 대한 확실한 표식을 원했고, 신이 정해 준 소명을 잘 따르

---

3. '프로테스탄트'란 말은 1529년 2월에 열린 독일 슈파이어 국회에서 루터계 제후와 도시들이 황제 카를 5세(Karl V, 1500~1558)를 비롯한 로마가톨릭 세력의 억압에 항거한 데서 유래했다. 루터파 교도들이 이때 얻은 별명인 '프로테스탄트'는 세월이 흐르면서 신교도 전체를 아우르는 용어로 굳어졌다. 프로테스탄트는 독일, 영국, 네덜란드, 스칸디나비아 제국을 비롯해 전 유럽으로 퍼졌고, 이민자들을 통해 북아메리카까지 확산됐다.

그림 4-2 유럽의 가톨릭 지역과 개신교 지역의 1인당 소득

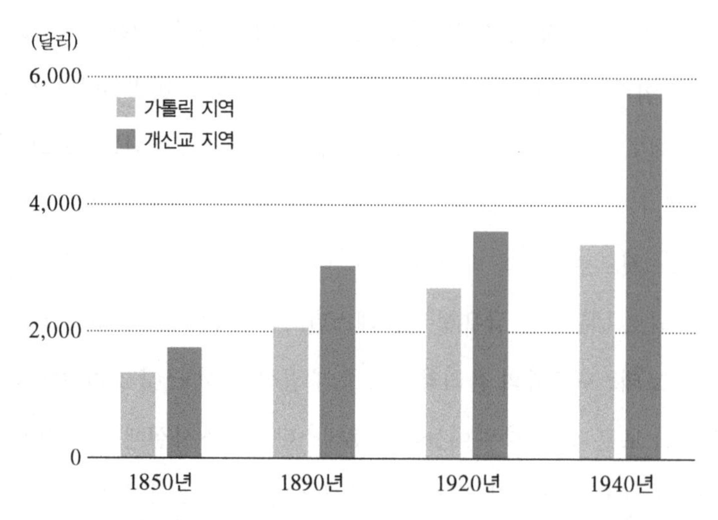


출처 : 한국경제신문, 2013년 6월 14일자.

는 것이 바로 불안을 제거하고 구원에 대한 확실한 답이 된다는 것이다. 칼뱅은 모든 직업이 하느님의 거룩한 부름에 의한 것이므로 성직자뿐만 아니라 일반사람들의 직업도 하느님이 허락한 거룩한 일이라고 말했다. 이것이 칼뱅의 직업 소명설이다.[4] 그렇다면 인간은 자신의 직업에 충실하고 성실하게 일하면 된다. 그래서 당시 프로테스탄트의 경제활동을 보면 볼수록, 가톨릭과 달리, 어떠한 상황에서도 "특유한 경제적 합리주의에 대한 애착" 이 강했던 것이다. 그래서 베버는 이로부터 자본주의 탄생의 원인을 신앙 내적인 특징에서 구하고자 했다. 이것이 자본주의 정신의 탐구로 연결되었다.

종교개혁이 일어난 후, 루터와 달리 칼뱅은 매우 엄격한 금욕적 경건주의와 '구

4. 직업 소명설은 모든 직업이 신의 거룩한 부름이라는 것이다. 그렇기 때문에 직업에 열중하는 것만으로 구원을 확증할 수 있게 된다. 다시 말하면, 구원이 예정된 사람은 직업에 열중 할 수밖에 없다고 본 것이다. 이러한 직업 소명설의 등장으로 돈에 대한 욕심 없이 부를 축적하는 것에 대한 비판이 사라졌으며, 향락을 추구하지 않고 금욕할 수 있는 방법으로 쉼 없이 지속되는 직업노동이 제시되었다. 이러한 정직하고 근면하게 직업노동에 열중하는 금욕주의적 모습을 가진 사람들의 자본주의 정신이 자본주의 발달의 토대가 되었다는 것이다.

원예정설' 을 내세웠다. 인간은 자신의 선행이나 노력이 아니라 신의 의지에 의해 구원을 받으며, 구원받을 사람은 이미 결정되어 있다는 것이다. 또한 인간은 하늘로부터 받은 달란트재능를 갖고 태어나는데 이걸 다 발휘하는 것이 하느님의 뜻이라는 것이다. 그러므로 열심히 일하고 자신의 재능을 꽃피워야 한다. 또한 칼뱅은 금욕적이면서도 열심히 일하여 거기서 생긴 돈을 낭비하지 않고 축적하도록 했다. 그런데 구원예정설 앞에서 칼뱅교도들은 어떻게 행동했는가?

불안감과 의문을 느낀 칼뱅교도들은 누가 구원받았는지 알고 싶었으나 증명할 방법이 없었다. 칼뱅교도들은 이러한 불안한 심리를 이기기 위해 열심히 일하고, 돈을 벌고, 재투자하여 다시 더 큰 부를 이루되, 검소하고 금욕적으로 살며 신의 영광을 찬미하는 것으로 달랬다. 이런 과정에서 그들은 점차 부의 축적을 신으로부터 구원받았다는 증표로 삼기 시작했다. 결국 칼뱅교도들은 경쟁적으로 일하며 부를 축적했고, 이렇게 축적된 자본이 재투자되어 자본주의의 꽃인 기업이 출현했으며, 이를 통하여 자본주의가 발전되었다는 사실을 증명하고자 했다.

자본주의 경제의 발전이 프로테스탄트의 종교와 어떤 관련이 있는가? 여기서 주의해야 하는 것은, 베버가 문제로 삼고 있지만, 서유럽 및 아메리카에서 보이는 근대 자본주의에로의 발전이다. 베버에 의하면 이익추구라는 의미에서의 "자본주의" 는 중국, 인도, 바빌론, 나아가 고대나 중세에서도 존재했지만, 거기에서는 근대 자본주의로 발전하지 못했다.[5] 그러나 이미 중세시대에 자본주의가 꽃을 피우기 시

5. 칼뱅의 사상은 주로 상공업자들에게 크게 영향을 미쳤다. 칼뱅을 따르는 사람들은 성실하고 근면하게 부를 축적하는 것이 거룩한 부름에 의한 것이므로 이들은 구원을 받을 수 있다고 믿게 된다. 그런데 기존의 대부분 종교에서 부의 축적은 터부시되어 왔다. '부자가 천국에 가는 것은 낙타가 바늘구멍을 통과하는 것만큼 어렵다' 고 한 것처럼 그리스도교 초기와 가톨릭이 지배한 유럽의 중세까지만 하더라도 부의 축적은 부정적으로 받아들여졌다.
마찬가지로 불교, 유교 모두 부의 축적에 대해 부정적이거나 혹은 장려하지 않았다. 힌두교의 경우 부의 축적에 대해 어느 정도 인정하지만, 인간의 궁극적인 목표는 해탈이다. 부단하고 지속적이며 체계적인 세속적 직업노동을 최고의 금욕적 수단이자 동시에 신앙의 진실성에 대한 가장 확실하고 분명한 증거로 보는 종교적 입장이 '자본주의 정신' 이라 불리는 생활태도를 형성시켰다. 소비 억제와 근로활동은 필연

작했고 복식부기와 다양한 금융기법이 생겨난 지역이 이탈리아의 가톨릭 도시국가였다는 사례를 들어 베버의 논리적 취약성을 지적하기도 한다.

근대자본주의는 개인적인 강한 욕구에 의한 이익추구로 될 수 있는 것이 아니다. 거기에는 시스템으로서의 근대적 경영이 필요하며, 노동생산성의 향상이 요구된다. 또한 경제활동에 의해 얻은 이익은 개인의 향락을 위해 사용하지 않고, 이후의 활동을 위해 축적할 필요가 있다. 베버가 본 당시 자본주의는 전부 근대적인 것이었다. 근대 경제기구는 조직으로서 운행되는 것이기 때문에, 개인의 이익을 초월한 활동이 필요하게 된다. 거기에는 일견 역설적으로 보이지만, 개인의 욕구를 억제하고 조직을 위해 봉사하는 활동이 요구된다.

이러한 인식은 같은 시대의 경제학자이고, 제도학파를 대표하는 베블런의 주저 『유한계급 이론』(1899년)에서도 볼 수 있다. 베블런Thorstein Bunde Veblen(1857~1929)은 근대산업을 "진보한 산업공동체"로 표현하고 있지만, 그것은 "복잡하고, 포괄적이며, 본질적으로 우호적이고, 그렇지만 분명하게 조직적인 기구"이기 때문에 그때까지의 부의 축적을 나타낸 약탈형의 인간에게서는 유용하지 않다고 주장하면서, 그것의 발전에 필요한 것을 다음과 같이 서술하고 있다.

"현대 공동체의 집단적 이해는 산업효율에 집중한다. 개인은 통속적으로 생산적 직업 가운데에서, 그의 능력에 거의 비례하여, 그의 공동체의 목적에 유용한 것이 된다. 이러한 집단적 이해는 성실, 근면, 우호, 선의, 이기심 결여 및 인과계열을 인식하고 이해하는 습관에 의해 더욱 촉진된다."

베버도 근대자본주의는 합리적 경영에 의한 자본증식과 합리적인 자본주의적 노동조직이 경제행위의 방향성을 결정한다고 생각했다. 거기서는 훈련이 없는 자유의지의 실행자는 노동자로서 쓸모없고, …… 수치를 모르는 태도로 일관하는 실업

---

적으로 금욕주의적 절약행위를 통한 자본형성을 초래한다. 재산의 소비 억제는 자본의 생산적 투자를 가능하게 하여 궁극적으로 소비를 증가시키게 된다. 이러한 영향이 얼마나 강했던 것인가를 통계적으로 정확히 규명하는 것은 물론 쉽지 않다.

가도 쓸모없다고 하고, 노동능력의 향상에는 극기심과 절제가 필요하며, 그것을 위해서는 노동을 자기목적, 즉 천직으로 생각할 필요가 있다고 보았던 것이다. 그리고 종교개혁에 의한 프로테스탄트의 금욕생활의 실천만이 새로운 스타일에 근거한 기업가의 생활태도에 윤리적 하부구조와 중추를 이루는 것이라고 서술하고 있다. 이것은 나아가 자본주의 요구에 합치하는 것이다.

종교개혁을 통하여 프로테스탄트 신자들은 신앙에 관하여 교회에서가 아니라 신으로부터 구제를 구한다. 이 경우에 신은 미리 구제할 인간을 결정하고 있지만, 사람들은 그 사람이 누구인지를 알 수단이 없다. 다만 구제된다고 믿을 뿐이다. 이러한 확신을 얻는 길은 자기의 생활에서 직업을 통하여 실천할 수밖에 없다. 그 구체적인 방법이 바로 직업을 통한 금욕적 생활이다.

"내세를 지향하는 세속의 내부에서 이루어진 생활태도의 합리화, 이것만이 금욕적 프로테스탄티즘의 천직 관념을 형성하는 것이다."(大塚久雄譯, 『經濟學』, p.287).

그렇지만 임시로 고용된 일에서는 시간을 나태하게 쓰는 게 많아, 신을 위해 결정된 직업이 필요하다는 것이다. 더욱이 이 직업의 특화는 분업을 가져온다. 베버는 그것도 결과적으로 아담 스미스가 말한 분업에 의한 노동의 숙련을 가져오며, 노동생산성의 향상으로 연결된다고 서술하고 있다.

프로테스탄트는 신의 영광을 위하여 금욕적 절제에 의한 자본형성에 힘쓰고, 이득인 것은 낭비하지 않고 투하자본으로 사용한다. 이러한 프로테스탄트들의 행동이 경제적 번영을 가져오는 것이다. 베버는 그 실례로 17세기 네덜란드의 번영을 들고 있다.

그러나 금욕에 근거한 자본주의의 발전도, 이전 수도원에서 금욕에서 획득한 재산의 증대와 함께 이미 규율을 붕괴시켰던 것처럼, 프로테스탄트의 세계에서도 부가 증대함과 더불어 그 정신을 잃어버리는 사태가 일어났다. 그 결과는 "종교의 형태는 남더라도 정신은 점차 소멸해 간다"는 것이었다. 이것을 베버는 다음과 같이 서술하고 있다.

"금욕이 세속을 개조하고, 세속의 내부에서 성과를 높이려고 시도하는 가운데, 세속에서 파생된 일들이 이전 역사에서 볼 수 없었던 강력한 힘이 되었고, 마침내 벗어날 수 없는 힘이 되어 인간을 에워싸게 되었다." (大塚久雄譯, 『經濟學』, p.365).

부는 이를 축적한 사람들을 향락적인 생활로 유도한다. 이러한 자본주의 행방에 관하여 베버는 "이 거대한 발전이 끝났을 때에, … 이전의 사상이나 이상의 강력한 부활이 일어나는 것일지, 그렇더라도 …… 일종의 이상한 존대로서 분식된 기계적 화석화로 변질될지, 아직 누구도 알 수 없다" (大塚久雄譯,『經濟學』, p.366)고 결론 내리고 있다.

베버의 프로테스탄티즘과 자본주의 정신에 대한 비판도 있다. 그는 아담 스미스 이래 자본주의가 이윤동기에 근거하여 움직여 왔으며, 그것을 조정하는 것이 시장메커니즘이라고 생각하였다. 또 이윤추구는 인류의 역사와 더불어 옛날부터 있었지만, 자본주의가 이윤추구를 세속의 일로 만든 종교개혁이나 돈벌이를 천시했던 가톨릭의 윤리적 속박으로부터 사람들을 해방시켜 일업무, 직업을 통한 이익추구가 사람들의 경제생활을 지배하게 했다고 주장했다.

그렇다고 베버가 정당하지 못한 부의 축적까지 찬양한 것은 아니다. 베버는 그러한 부의 축적을 천민자본주의라고 불렀다. 이는 금욕적 생활방식과 노동과 직업에 대한 소명의식 없이 욕심으로 가득찬 부의 집착은 천할 뿐이라는 것이다.[6]

지나치게 단순화했다는 비판을 받고 있긴 하지만, 베버가 자본주의 발전과 종교

---

6. 종교개혁 이전 가톨릭이 대세였던 유럽에서는 노동을 그리 신성하게 여기지 않았다. 19세기 중반까지만 해도 '성월요일(St. Monday)'이라는 전통이 있었다. 토요일부터 술과 유흥에 빠져 지낸 노동자들이 월요일에도 일에 복귀하지 못한 채 쉬는 게 문화처럼 굳어져 있었다. 산업혁명 이전까지만 해도 노동에 대한 가치관은 지금과는 현격하게 달랐다. 더 많은 수입을 위해 지나치게 일하기보다는 적당히 일하고 나머지 시간을 자기 쾌락을 위해 쓰는 게 자연스러웠다. 경쟁도 치열하지 않았다. 프로테스탄티즘의 금욕주의 윤리가 '시민계급의 직업정신'도 낳았다고 베버는 말한다. 베버가 주장하는 자본주의 정신은 '자신의 직업에 소명의식을 갖고 정직하고 근면하게 노동에 열중하라', '항상 근검절약하는 자세를 갖고 살라'라고 요약할 수 있다.

적 윤리 사이에 무슨 관계가 있다는 것을 역사적 진실 가운데에서 찾아낸 것은 사실이다.[7] 또한 시스템으로서의 자본주의의 운행을 위해서는 규율 있는 경제행동이 필요하며, 그것을 실행한 것이 윤리관으로 뒷받침된 사람들의 경제활동이었다는 견해는 중요하다 하겠다. 더욱이 경제활동에 있어서 윤리적 요소의 중시는 지나간 이윤추구가 혼란을 일으키는 현대 자본주의 경제의 행로에도 일말의 광명으로 비춰질 수 있는 가능성이 있다고 해야 할 것이다.

그리고 종교적 금욕이 사라진 후에도 자본주의 경제는 크게 발전하고 있다. 금욕적 절제 대신에 현대자본주의를 이끌고 기업의 효율적인 운영을 실현하는 것은 기업경영의 조직적인 관리이다. 특히 대량생산, 대량소비를 실현하는 대기업 체제에서는 경영 전체에 걸친 효율적인 운영이 요구된다. 그것을 실현하는 것이 매니지먼트라고 지적한 것은 드러커Peter Ferdinand Drucker(1909～2005)였다. 드러커는 1973년에 쓴 『매니지먼트』에서 그것을 강조하였다.

## 4.3 베버 사상의 힘

막스 베버의 사상은 19세기와 20세기 초 서구사회를 풍미하던 탐욕이론, 반종교 사상, 방법론적 집단주의 등 세 가지 사상을 무력화하기 위한 중요한 무기였다. 탐욕과 이윤추구라는 자본주의 정신의 기존 주장에 대해 베버는 강력하게 도전했다. 이런 충동은 어떤 사회에서도 존재했으며 유독 자본주의에서만 목격할 수 있는 것이 아니라고 목소리를 높였다. 종교윤리를 토대로 하는 자본주의야말로 탐욕을 억제한다는 논리를 폈다. 독일의 질서자유주의를 창시한 발터 오이켄Walter Eucken

7. 베버의 견해에 수정을 가한 리차드 토니(Richard Tawney, 1880～1962)는, 『종교와 자본주의의 발흥』에서, 칼뱅파의 가르침은 스콜라 사상보다 시장경제에 대하여 억압적이었지만, 그 가르침이 가톨릭교회에 의해 비하되었던 직공이나 상인들 간에 널리 보급됨으로써 결과적으로 시장경제를 발전시키는 데 도움이 되었다고 서술하고 있다.

(1891~1950)이 교회를 질서의 수호자라고 여겼던 것도 베버의 영향에 따른 것이라는 평가다.

베버의 사상은 서구사회를 풍미하던 반종교적 분위기를 무력화시키는 데 중요한 역할을 했다. 신앙을 도덕적 장애인의 지팡이쯤으로 여겼던 니체, 종교를 환각이자 불합리한 정신적 혼란이라고 비아냥거렸던 프로이트Sigmund Freud(1856~1939)를 겨냥해 베버는 종교야말로 자본주의를 지탱하면서 번영을 불러온 서구문명의 핵심이라고 쏘아붙였다. 그는 자본주의를 등장시킨 게 종교라는 인식을 가지고 경제적 토대가 종교를 규정한다고 주장하는 마르크스주의자들과 대립했다.

베버 논증의 지적인 힘은 유한계급의 과시소비로 자본주의를 풍자하던 미국의 인류학자 겸 경제학자 베블런Thorstein Bunde Veblen(1857~1929)과의 세기적인 논쟁에서도 드러난다. 저 멀리 아메리카 대륙의 중심부에서 베블런이 자본주의를 야만적 진화와 착취의 대표적 사례라고 목소리를 높일 때, 유럽 대륙의 한복판에서 베버는 자본주의 정신이야말로 인간의 약탈적 행동을 중단시킨 결정적인 요인이라는 논리를 폈다. 베블런이 자본가를 약탈자이자 출세주의자라고 말하자, 베버는 게으름과 낭비를 막고 건전한 소비생활을 촉진하는 개인의 종교적 양심과 그리스도교적 훈계를 모르고 하는 소리라고 응수했다. 결국 베블런은 베버의 탁월한 논리를 이길 수 없었다.

베버는 사회주의 운동과도 맞섰다. 노동자들의 이익은 물론이요 독일 경제의 발전을 지체시키는 게 사회주의라고 역설했다. 또한 동아시아의 발전과 관련된 연구에 미친 베버의 영향도 결코 적지 않다. 베버 사상의 영향으로 유교윤리를 의미하는 '동아시아의 자본주의 정신' 이라는 개념이 등장했다. 그러나 중요한 점은, 경제발전이 종교 그 자체에 달려 있는 게 아니라 종교가 개인의 자유와 재산권을 보호하는 데 얼마나 크게 기여했는가에 따라 좌우된다는 것이다.

베버의 사상은 많은 비판의 여지를 남겼지만, 베버가 20세기의 전환기를 이끈 위대한 사상가였다는 평가에 이의를 달 사람은 없다. 특히 베버는 자본주의를 종교적 시각에서 해석해 종교경제학이라는 새로운 학문적 영역을 개척했다는 평가를 받는다.

## 신의信義와 소통疏通의 商道－개성상인

조선왕조 500년 동안 개성인들은 정치적 진출에 있어서는 일정한 한계를 지니고 있었지만, 경제적으로는 가장 성공한 사람들이었다. 신용과 근검, 절약과 소통의 정신을 바탕으로 하는 개성상인의 상인정신은 어느 지역에서도 볼 수 없는 독특한 商文化를 이룩하였으며, 일제강점기에는 일본 상인들이 발을 붙이지 못할 정도의 민족정신을 나타내기도 하였다.

개성인들은 근면, 저축, 검소, 신의, 협조를 자신들의 신조로 삼고 있었다. 이러한 정신은 개성상인의 상업활동에도 그대로 반영되었으며, 이를 바탕으로 개성상인들은 어느 상인들도 할 수 없었던 창의적이고 독창적인 상업상의 발달을 일구어내었다. 개성부기, 차인差人제도,[8] 송방松房, 인삼의 재배와 가공, 시변제時邊制[9] 등 개성의 상업은 전문성과 정보화 구축, 지역적 단합과 소통 등으로 특징지워지며, 개성상인들은 광복 이후 오늘날까지 굳건한 기업정신을 이어 오고 있으며, 환란이라는 유사 이래 최대의 국가적 위기에서도 별로 흔들림이 없었다.

개성상인의 활동에는 몇 가지 상인정신이라 할 상도商道, 경영이념 등이 基底를 이루고 있었다. 그들은 고려시대부터 돈을 벌어도 깨끗하게 벌어야 한다는 도덕성을 지니고 있었다. 1123년고려 인종 원년 송나라의 사신으로 왔던 徐兢이 남긴 글에 따르면, 개경의 시전상가에는 永通, 廣德, 興善, 通商, 存信, 資養, 孝義, 行遜 등의 榜이 걸려 있었다 한다(『고려도경』권 3, 城邑, 坊市조). 영통永通은 상품을 지속적으로 유통시켜 상인으로서의 사명을 다하자는 뜻이다. 광덕廣德과 흥선興善은 덕을 넓히고 선행을 일으키자는 도덕성을 강조한 것이다. 통상通商은 외국무역을 활발하게 전개하려는 진취적 기상을 강조한 것이다. 존신存信은 상거래에 있어서 반드시 신용을 지켜야 한다는 의미이며, 효의孝義는 효도와 의리를 실천하는 상인이 되자는 것이다. 자양資養은 가족을 양육하기에 족할 정도의 수입이 있으면 된다는 의미이며, 행손行遜은 고객에게 공손해야 한다는 뜻이다. 신의와 소통은 개성상인이라면 누구나 지녀야 했던 상도의 기본 덕목이었던 것이다.

8. 차인제도란 주인이 돈을 대고 실제 사업은 요즘의 전문경영인격인 차인이 맡아 하는 제도를 일컫는다. 수익금은 주인과 차인이 일정 비율로 나누었다고 한다.
9. 시변제란 일종의 신용대출제도로, 환도중(還都中)이라 불리는 금융중개인을 통해 돈을 차입자에게 단기로 대출해 주는 제도이다.

실제로 선조대의 한순계韓舜繼의 경우 무반 계통의 양반이었음에도 집안이 가난하여 모친을 봉양하기 위해 유기 제조와 판매에 종사하였다. 그가 스스로 유기를 만들어 상업활동에 나서게 된 이유는 노모가 굶주린다는 것이었는데, 이는 양반이라는 신분에 얽매어 있던 다른 사대부의 사고방식과는 근본적으로 다른 것이었다. 또한 그는 이익을 다투지 않고, 재산을 친족에게 나누어주는 선행을 하였다. 한순계의 정신은 개인의 사리사욕으로 치우칠 수 있는 상업활동을 덕德을 실천하는 행위로 승화시킨 것으로 상도商道의 기준을 제시한 것이다. 개성상인들은 수신제가평천하사상修身齊家平天下思想이 있었으며, 가정을 가지런히 하는 근면과 검약, 공경, 용서 등과 관례와 혼례, 상례, 제례를 철저하게 지키는 의식이 타지방의 상인정신과 달랐다.

개성상인들은 조선 초기부터 자체의 조직력과 자본력을 바탕으로 상업활동을 전개해 나가고 있었다. 또한 환이나 어음과 같은 신용화폐를 적극적으로 사용하여 상인으로서의 신용을 최우선시하였으며, 4개 부분으로 나누어 자본순환을 정확하게 반영한 과학적인 복식부기법을 고안해 내었다. 또한 인삼 재배에 성공하고, 인삼의 부가가치를 높일 수 있는 홍삼 제조에 힘을 기울여 독점적 상품을 안정적으로 공급하여 대외무역에서 막대한 이윤을 누리고 있었다. 이러한 점들은 바로 개성상인들이 경제적 합리성과 상인으로서의 개척정신, 창의성과 독창성, 신용제일주의에 바탕된 상업경영을 전개하던 모습을 보여주는 것들이라 하겠다.

개성의 차인差人들은 1월에 나가서 12월 말에 돌아오는 경우가 많았다. 이 때문에 개성에는 어린 아이들의 출생월이 같은 경우가 많았다. 이러한 개성상인의 행상 활동은 개성상인의 개척정신을 잘 보여준다. 거의 1년 동안 타지를 전전한다는 것은 당시 향촌사회의 풍속으로는 쉽지 않은 일이었다. 또한 개성상인들 간에는 물주物主인 부상富商과 그 하수인인 차인 등으로 이루어진 상업조직이 있었다. 개성상인들의 이러한 조직 정신은 이들의 상업활동을 뒷받침하는 튼튼한 역할을 하였다. 이러한 협동과 소통의 정신 또한 개성상인의 상인정신을 나타내주는 또 하나의 중요한 징표라고 할 수 있다.

오늘날 개성상인 출신으로 사업에 성공한 이들은 대단히 많다. 이들은 해방 이후 맨손으로 내려와 오랜 기간 내려오는 개성상인의 정신을 이어받아 개척적인 기업경영을 한 사람들이 대부분이다. 송상松商의 후예로서 외형보다는 내실을 중시하고, 전문성과 창의성을 키워나가며, 도덕 경영을 지향하는 기업인들이 적지 않다. 태평양화학, 동양화학, 녹십자, 한국제지, 신도리코, 한일시멘트, 대한유화 등을 대표적인 기업으로 꼽을 수 있지만, 이보다 규모는 작아도 송상의 정신을 끈기 있게 이어가는 중소기업 개성인 또한 헤아릴 수 없을 정도이다.

개성상인의 후손들은 어려운 국가적 경영위기에서도 개척적인 상인정신으로 경영을 혁신하면서, 신용을 중시하고, 근검절약하며, 창의에 기반한 협동과 소통의 정신으로 기업을 일으켜, 국가경제의 발전에 큰 역할을 담당하고 있다. 진정한 상도를 실천하는 것은 도를 닦는 것과 같은 어려움이 따른다. 어떻게든 돈만 벌면 된다는 천민적 자본주의보다는 진정한 도를 실천해 나가는 것이 보다 생명력 있고 존경받는 상도의 길이 아닐까 한다. 이 시대의 올바른 가치관의 형성을 위해서도 개성상인의 상도는 재삼재사 음미되어야 할 것으로 믿는다.

**출처** : 오성(2011)에서 일부 내용을 발췌하여 정리한 것.

## 제4부

# 마르크스의 경제학

산업혁명은 자본주의 경제를 탄생시켰으며 기술혁신에 의한 생산의 증대를 통하여 국가의 부를 증대시켰다. 그러나 시장경제는 호황 · 불황을 반복하게 되고, 그 과정에서 부유한 자본가 계급과 가난한 노동자 계급을 만들어냈다. 자본주의 경제가 내포하는 모순이 현재화함에 따라, 자본주의 경제의 본질적인 문제를 해명하고, 그것이 나아갈 방향을 제시하는 경제학이 탄생한다. 그것이 마르크스 경제학이다.

**제5장** 자본주의에 대한 근본적 비판 : 칼 마르크스의 비판

제5장

# 자본주의에 대한 근본적 비판 : 칼 마르크스의 비판[1]

영국 런던으로 망명한 마르크스는 프롤레타리아 계급인 노동자를 위한 걸작 『자본론(원제 Das Kapital, Kritik der politischen Ökonomie)』 1권을 1867년에 출간한다. 15년 동안 뼈를 깎는 각고의 산물이었다. 그 기간 동안 여섯 자녀 가운데 셋이 죽었고, 부인과 큰딸은 병에 걸려 신음했으나 마르크스는 『자본론』의 저작을 멈추지 않았다. 가족들이 이루 형언할 수 없이 비참하게 생활하고 있었지만 돈 벌 생각은 않고 오로지 연구에만 몰두했다.

▲ 프리드리히 엥겔스

마르크스는 대영박물관 도서관에 매일 출근하다시피 하면서 역사의 물줄기를 바꾼 책의 원고를 써나갔다. 하지만 1권인 『자본의 생산과정』 출간 뒤 생을 마감했다. 생전에 펴내지 못한 2권 『자본의 유통과정』과, 3권 『자본주의

1. 이 장은 小畑二郎(2014), pp.126～152의 내용을 많이 참고하였다.

적 생산의 총과정』은 절친한 친구이자 경제적 원조자였던 프리드리히 엥겔스 Friedrich Engels(1820~1895)가 마르크스의 원고를 모으고 편집하여 출판했다.

## 1. 마르크스의 사상

칼 마르크스의 주저 『자본론-경제학 비판』(1867)은 경제학 비판서였다. 그리고 그 경제학 비판의 주된 상대는 리카도를 중심으로 하는 당시 영국의 고전파 경제학이었다. 그러므로 마르크스 경제학은 확실히 반反고전파 경제학에서 시작했다고 할 수 있다. 그러나 마르크스 경제학은 리카도 경제학에 독자적인 개작을 가했다. 따라서 이는 고전파 경제학의 시대를 마무리하는 제1부 마지막에서 취급하고자 한다.

### 1.1 초기 마르크스의 사상

마르크스는 유대인 변호사의 아들로 1818년 독일에서 태어났다. 본대학에서 법률학을 공부하고, 신문기자로 사회에 첫 출발하였다. 그리고 경제문제에 부딪히며, 다시 영국의 정치경제학을 비판적으로 배우고, 독자적인 경제학을 창출하였다. 다만, 그 생애의 대부분을 경제학자로서보다는 오히려 사회주의 혁명의 정치적 지도자로서 보냈다.

초기 마르크스는 프랑스 혁명이 촉발되자 당시 독일의 정치체제를 철저하게 비판하여 국외로 추방되었다. 그 이후 마르크스는 벨기에, 프랑스, 영국으로 차례로 망명하였다. 그리고 런던의 대영도서관에서 고전파 경제학의 책 대부분을 독파하고, 이어 1867년에 주저 『자본론-경제학 비판』을 출판하였다.

정치지도자 이전인 젊은 시절의 마르크스는 자유를 사랑하고, 학대받는 사람들에 대한 동정으로 사회개혁에 대한 정열을 가졌다. 이러한 개혁에 대한 지향이 후대 사람들에 미친 마르크스의 영향의 원천이었다. 단순히 근대 부르주아 사회에서 착취와 소외를 고발했을 뿐만 아니라, 그러한 폐해를 없애기 위한 구체적인 방책을 검토하는 적극적인 자세를 초기 저작에서 나타냈다. 『독일 이데올로기』에서 "포이엘바하에 관한 테제", 『경제학 · 철학 초고』 그리고 『공산당선언』에서는 "근대사회에서 개혁의 가능성"이 검토되었다. 마르크스를 비판한 칼 포퍼Karl Popper(1902~1994)도 『열린사회와 그 적들』에서 마르크스의 자유와 개혁에 대한 의욕을 높게 평가하고, 사회변혁에 대한 마르크스의 비판적 정신으로부터 오늘날 우리들은 많이 배워야 한다고 지적하고 있다.

## 1.2 헤겔 철학과 역사결정론

후에 마르크스주의자들이 마르크스로부터 주로 인계받은 것은 자유와 개혁의 정신보다는, 오히려 헤겔 철학으로부터 물려받은 역사법칙주의였다. 헤겔Georg Wilhelm Friedrich Hegel(1770~1831)은 19세기 초 독일의 가장 위대한 철학자 중 한 사람이었지만, 정치적으로는 당시 독일 전제체제에 대하여 추종적인 견해를 나타냈으며, 개혁의 필요성을 별로 인정하지 않았다. 그러므로 마르크스의 비판적 정신이나 사회개혁에 대한 지향은 헤겔 철학에 의해 촉발된 것은 아니었다. 그럼에도 불구하고 마르크스는 한편으로는 헤겔 철학을 예리하게 비판하면서도, 다른 한편으로는 헤겔 철학에 매료되어, 결국에는 헤겔 철학에서 자기의 사상적 기초를 구했다.

헤겔 철학은 소크라테스나 플라톤에서 비롯된 변증법 철학을 참고하였다. 플라톤의 『대화편』이나 『국가』 등을 일별했더라도, 그 철학의 형식이 보통 철학과는 상당히 달랐던 것에 주목해야 할 것이다. 헤겔의 모든 저술이 소크라테스와 제자들 간의 대화에 의해 진행되고 있다. 변증법dialectic의 어원은 대화dialogue로부터 왔다. 오늘날 잘 운영되고 있는 대학의 세미나에서는 먼저 제자가 발표(보고)한다. 그것에 대하여 소크라테스 선생이 반론을 가하고, 거기 참가자 전원에 의한 토론이 계속된다. 마지막으로 이들 토론에 입각하여 토론을 종합하는 소크라테스의 견해가 표명되고 세미나는 종료된다.

이 마지막 소크라테스의 견해는 보고자와 제자들의 토론을 부정하는 쪽으로 끝맺음 하지 않는다. 최초 보고의 내용을 "정正-명제these", 그리고 이에 대한 선생의 비판을 "반反-명제anti-these"라 하며, 참가자 전원 간의 자유로운 토론을 기반으로 하여 선생이 마지막으로 표명하는 견해는 "종합명제synthese"라 한다. 그리고 이 최후의 종합명제는 앞의 두 명제 중 진실한 부분을 포함하더라도, 그것보다는 고도의 진리를 나타내는 것이어야 한다. 이러한 대화의 형식으로 진행되는 철학의 방법을 철학분야에서는 변증법이라 한다. 이와 유사한 방법은 과학의 자유로운 발전을 촉진하는 비판적 토론에도 응용할 수 있을 것이다. 종합명제는 결코 권위에 의거하여 압박하는 최종적인 해답이 아니라 자유로운 비판이나 반론에 의해 열린 하나의 시론試論으로서 제안된다.

이러한 변증법은 우수한 철학의 방법이었지만, 헤겔은 이것을 논리학이나 역사철학 등의 모든 분야에 걸쳐 일률적으로 적용하였다. 그는 인류 역사를 자유로운 정신이 보다 낮은 단계로부터 보다 높은 단계로 변증법적으로 발전하는 과정으로 묘사했으며, 그 과정은 현실의 역사과정도 지배한다고 했다. 마르크스는, 이 정신과 현실과의 관계를 뒤집어서 경제의 생산력과 생산관계에 의한 현실적 관계(토대)의 변증법적인 발전에 따라 법률이나 사상 등의 정신적인 상부구조가 변화하는 역사법칙을 내세웠다.

이제까지의 인류 역사는, 마르크스에 의하면 계급투쟁의 역사였다. 고대 그리스 · 로마의 노예제에서는 노예와 주인, 중세 봉건제에서는 농노와 영주 또는 교황과 대립하였다. 근대 부르주아 사회에서는 자본가와 노동자의 투쟁으로 계급대립이 단순화되고, 거기서 최종적으로는 노동자 계급이 승리한다는 것이다. 여기에 사회주의로의 이행이 시작된다. 이러한 역사의 동향은 모든 생산력과 생산관계 간의 대응관계에 의해 경제적으로 결정된다. 즉, 생산력이 발전함에 따라 거기에 어울리는 법률이나 정치 등의 상부구조가 필연적으로 형성된다. 그러나 자본주의 경제에서 생산력의 발전은 사람들의 가치관이나 목적의식과는 관계없이 그 스스로 사회주의 사회로의 이행을 촉진한다. 마르크스는 『경제학 비판』(1859) 서문에서 이러한 유물사관에 관하여 개략적으로 언급하고 있다. 사회주의로의 이행의 필연성을 설파한 마르크스의 역사법칙은 1989년 이후 동구사회주의의 붕괴에 의해 반증反證 되었다.

헤겔의 역사관과 마르크스의 역사관은 사람들의 자유로운 선택이나 비판적인 활동을 가진 의미를 경시한 결정론적인 역사관이었다고 할 수 있다. 이미 과거에 이루어진 역사에 관하여는 마치 그 결과가 이미 결정되어 있는 것같이 착각할 수는 있겠지만, 실제로 인류의 역사가 미리 완전하게 결정되어 있다고는 할 수 없다. 어떤 현명한 위인들이라도 장래의 역사를 완전하게 예측할 수는 없다. 왜냐하면, 실제 역사에서는 인간의 지식이나 기술, 가치관이나 목적의식 등이 적지 않게 영향을 미치지만, 그들 요인이 장래 어떻게 변화할 것인가에 관하여는 누구도 미리 예측할 수 없기 때문이다. 이러한 불확실한 역사의 진로에 관하여 우리들은 예측할 수 없으며, 최악의 사태에 대비하며 시행착오에 의해 대처할 수밖에 없는 것이다. 그러한 시행착오에 의한 대처법이 유효할 수 있도록 사람들은 자유로운 선택을 하고 과학적이고 비판적인 활동을 한다.

헤겔-마르크스의 역사결정론은 이러한 인간의 자유로운 활동뿐만 아니라, 이미 서술한 마르크스 자신의 개혁정신과도 첨예하게 대립한다. 왜냐하면, 역사결정론은 개혁의 방침에 관하여는 소수 선각자의 지도에 맡기고, 개인들의 부분적 개량을 위한 자유로운 선택이나 시행착오의 의미는 전혀 인정하지 않기 때문이다. 마르크스주의의 정치가 개인의 자유로운 활동의 여지를 인정하지 않는 전체주의의 독재정치가 되고, 민주주의나 자유를 부정하며, 폭력혁명이라는 이름의 파괴활동을 허용한 것에는, 이러한 역사결정론이 영향을 미쳤다고 할 수 있다.

이상과 같이 마르크스의 사상 가운데는 사회개혁에 대한 건설적인 아이디어와 격퇴해야 할 역사결정론 또는 권력주의라는 두 대립적인 요소가 있다. 이하에서는 이들 대립적인 사상의 영향을 주의깊게 식별하면서 마르크스 경제학에 관하여 검토하기로 하자.

## 2. 『자본론-경제학 비판』(1867, 1885, 1894)

독일에서 태어난 마르크스는 1841년에 베를린대학을 졸업한 후, "라인신문" 에서 기자로 활약했지만, 1843년에 그 "라인신문" 이 국가를 비판했다는 이유로 발행을 금지당했기 때문에 사직하였다. 1849년에 런던으로 망명했지만 그 전 해인 1848년에 엥겔스와 공동으로 『공산당선언』을 썼다.

『공산당선언』의 제1장은 "이제까지의 사회의 역사는 계급투쟁의 역사였다" 는 유명한 말로 시작해서, "부르주아의 몰락과 프롤레타리아의 승리는 함께 불가피하다" 라는 문장으로 끝맺고 있다. 그리고 『공산당선언』은 "만국의 프롤레타리아여 단결하라" 라는 말로 맺음하고 있다. 여기에서 지적한 자본주의 붕괴를 과학적으로 보증하는 형태로 전개한 것이 『자본론』이다.

『자본론』 중 마르크스 생전에 출판한 것은 제1권 『자본의 생산과정』뿐이다. 제2권 『자본의 유통과정』과 제3권 『자본주의적 생산의 총과정』은 마르크스의 친구였으며 경제적 원조자였던 프리드리히 엥겔스Friedrich Engels(1820~1895)에 의해 편집 출판된 것이다. 엥겔스 자신은 『영국의 노동자 계급의 상태』(1844)로 유명한 사람이지만, 마르크스 사후에 남은 원고나 메모에 의거하여 『자본론』 제2권과 제3권을 편집하여 출간하였다.

『자본론』은 1867년에 3권이 완성되었다. 이 『자본론』의 특징은 자본주의 경제를 비판적으로 분석하고 전망한 것이다. 마르크스는 『자본론』의 모두冒頭에서 자본주의의 이해를 위해 가장 단순한 단위인 상품의 속성을 분석해야 한다고 전제하면서 자신의 이론을 전개한다. 그는 단순히 상품을 판매할 때 차익이 발생한다는 통속적 견해를 비판하고 경제 전체적으로는 생산과정에서 잉여가 발생하므로 자본주의적 생산의 특징을 알기 위해서는 생산과정에 주목해야 한다고 주장한다. 즉, 노동력이라는 상품은 그 가치대로 교환되어 투입되지만, 실제로 생산과정에서 지불된 것 이상으로 기여하게 되므로 잉여가 발생한다고 본다. 사실상 마르크스의 모든 경제학적 논의는 잉여가 노동착취에 기인한다는 전제 하에서 출발하고 있다.

나아가 마르크스는 자본주의 하에서는 자본가가 잉여를 증대시키고 경쟁에서 이기기 위해서 끊임없이 기계화를 도모하는데, 이렇게 되면 결국 잉여의 원천인 노동 사용이 상대적으로 줄어들게 되므로 이윤이 저하되는 내부적 모순이 나타나게 된다. 즉, 자본주의는 노동착취를 통해서 어느 정도 성장하지만 결국 이윤이 저하되어 공황이 빈번히 발생하는 모순에 빠지게 되어 사회주의 체제로 대체될 수밖에 없다고 설명한다.

마르크스는 자본주의 경제의 기본적인 특징을 자본의 증식이라고 본다. 자본주의 경제에서 지배적인 경제력은 무엇인가? 그것은 말할 필요도 없이 "자본"이다. 이 자본은 처음에는 화폐($G$)의 형태를 취하며, 다음에는 유통과정에 투입된 상품($W$)이라는 형태로 되고, 다시 처음에 투입된 것보다 많은 화폐($G$)를 수반하며 반복하는 운동형태를 취한다. 즉, 거기에는 $G \rightarrow W \rightarrow G'$이라는 관계가 성립한다.

자본의 생명은 이러한 가치의 증식이다. 자본은 반드시 자본가에 의해 축적되고, 새로운 자본으로 전환되며, 나아가 더 큰 가치를 만들어내는 데에 사용되어진다. 자본주의 발전에는 이렇게 끝없이 자본축적의 진전이 있다는 것이 마르크스의 견해다.

## 2.1 잉여가치

마르크스는 최초로 투입된 금액을 상회하는 화폐의 증가분을 잉여가치라고 하고, 잉여가치를 만들어내는 체제만이 자본주의 체제라 하였다. 그렇지만 이 잉여가치는 노동자를 착취함으로써 만들어진다고 본다.

자본의 목적은 당연히 잉여가치의 획득이다. 따라서 자본주의 경제에서 생산과정은 잉여가치를 생산하고, 나아가 재생산하는 과정이다. 이 과정은 자본가들의 격렬한 경쟁을 통하여 실현된다. 거기서 자본가는 경쟁에서 승리하여 보다 많은 잉여가치를 획득하기 때문에 자본축적을 이루고, 우수한 기계나 기술을 도입함으로써 생산력을 높이게 된다.

## 2.2 산업예비군이론

이러한 자본축적이 경제에 미치는 효과 중 하나는 노동력에 대한 수요의 증대이다. 그 결과로 임금은 상승하게 된다. 마르크스는 단기적 노동수요의 증대에 의한 임금 상승은 인정했지만, 장기적으로 임금은 노동자의 생존수준까지 인하되는 경향이 있다고 논하였다. 그것을 설명한 것이 "산업예비군이론" 이다.

마르크스에 의하면, 자본축적의 결과 노동력에 대한 수요가 높아지고, 임금이 상승하면 그것이 자본가의 이윤을 압박하게 된다. 거기서 자본가는 기계화하는 형태로 노동절약적인 생산수단을 채용하게 된다. 나아가 기계나 원료 등에 지불되는 금액으로서의 "불변자본" 은 경쟁에 의한 자본의 집중과정에서 한층 증대한다.

마르크스는 노동에 지불된 임금액을 "가변자본" 이라고 부르고, 가변자본에 비하여 불변자본의 비율이 상대적으로 증대하는 것을 "자본의 유기적 구성의 고도화" 라 하였다. 자본의 유기적 구성이 고도화하고 노동절약적인 기계가 채용되면, 자본축적량에 비하여 필요노동량이 작아지기 때문에 노동자는 상대적으로 과잉하게 되고, 실업이 발생하게 된다. 마르크스는 이러한 실업을 "산업예비군"이라 불렀다.

이 산업예비군이 노동자 계급의 생활을 악화시킨다. 왜냐하면, 산업예비군의 존재는 노동자들의 경쟁을 격화시켜 임금수준을 인하시킴과 동시에 노동조건을 악화시키기 때문이다.

노동자 계급 빈곤의 직접적인 원인을 노동력의 상대적인 공급과잉에서 구하는 점에서는 마르크스와 리카도가 같지만, 다음의 점에서 큰 차이가 있다. 리카도는 맬더스의 인구론을 채용하고, 임금의 상승에 의해 노동자의 생활이 향상되면 노동인구는 증가하기 때문에 노동공급이 증가하고 임금이 저하한다고 본다. 그러나 마르크스는 노동의 과잉공급을 자본의 유기적 구성의 고도화에 의한 상대적 과잉인구의 창출이라는 자본주의 경제의 독특한 메커니즘에서 구한다.

## 2.3 이윤율 저하의 법칙

마르크스에 의하면, 자본축적이 경제에 미치는 중대한 문제는 이윤율이 장기적으로 저하한다는 것이다. 이윤율은 다음 식으로 표시된다.

$$이윤율 = \frac{m}{c+v}$$

여기서 $c$는 불변자본(기계 · 원료대), $v$는 가변자본(임금지불액), $m$은 잉여가치(이윤액)이다. 이 식에서 나타내는 바와 같이 이윤율은 총자본(불변자본 $c$ + 가변자본 $v$)에 대한 잉여가치 $m$의 비율로 표시된다. 그리고 자본의 유기적 구성은 불변자본과 가변자본의 비율 $\frac{c}{v}$로 표시된다. 잉여가치율(착취율)은 잉여가치와 가변자본의 비율 $\frac{m}{v}$으로 표시된다.

이윤율 식은 분자와 분모를 가변자본 $v$로 나눔으로써 다음과 같이 변형할 수 있다.

$$이윤율 = \frac{m/v}{1 + c/v}$$

이 식을 근거로 하여 이윤율의 저하 경향이라는 결론을 도출할 수 있다. 이미 서술한 바와 같이 자본축적의 진전에 의한 노동수요를 높이면 임금이 상승하여 노동절약적인 기계가 도입된다. 그것에 의한 불변자본의 증대가 자본의 유기적 구성 $\frac{c}{v}$를 고도화시킨다. 반면에 잉여가치율 $\frac{m}{v}$은 그만큼 변화시키지 않는다. 그 결과 이윤율은 점차 저하한다는 것이다. 이것이 이윤율 저하의 법칙이다.

자본가는 이러한 이윤율 저하를 방지하기 위하여 생산력의 개선을 강구하고 자본 구성을 고도화시킨다. 그로 인해 생산은 증대하지만 임금은 낮아지게 된다. 거기에서 생산과 소비가 불균형하게 되고, 그 모순이 공황이라는 형태로 나타난다는 것이다.

## 2.4 마르크스의 예언

마르크스는, 근대경제학의 논리와 달리, 공황을 균형으로부터의 일시적인 괴리라고 보지 않고 자본주의 경제의 고유한 경향으로 보았다. 결국 자본이 축적되고 기계화가 진전되면 불변자본이 증가하여 이윤율은 저하한다. 한편, 자본이 축적되면 가변자본의 비율은 저하한다. 그 결과 임금이 낮아지고 실업이 증대하게 된다. 그 결과 노동자는 궁핍화로 귀결된다. 이러한 모순은 노동자 계급의 혁명에 의한 자본주의 붕괴라는 형태로 해결될 수밖에 없다. 이것이 마르크스의 자본주의가 붕괴한다는 예언이다. 그러한 의미에서 『자본론』은 공황과 혁명의 경제학이라 할 수 있다. 물론 마르크스의 예언은 실현되지 않았다.

## 3. 노동가치설

마르크스는 자본주의 경제의 유통 형식에 관하여 상품 → 화폐 → 자본이라는 순서로 검토하였다. 상품의 유통은 먼저 화폐에 의해 매개되어(상품 $W$-화폐 $G$-상품 $W'$), 화폐의 유통은 자본의 유통(화폐 $G$-상품 $W$-보다 많은 화폐 $G'$)을 산출한다. 그리고 이들 세 종류의 유통 형식은 상호 촉진적으로 확대된다. 아담 스미스는 분업이 시장의 크기에 의해 한계지워진다고 하였다. 그 시장경제는 나아가 자본이 유통하는 범위에 의해 한계지워진다는 것이다. 마르크스가 "자본주의Capitalism" 라는 용어를 만든 것은, 단순한 시장경제가 아니라 자본의 유통에 의해 증식하는 시장경제를 문제로 삼았기 때문이다.

자본주의 경제는 상품의 생산과정을 그 중심 구조에 둠으로써 처음으로 독립될 수 있었다. 그 이전의 자본주의는 단순히 상품을 헐값에 매입하여 비싸게 판매하는 상인자본주의에 불과했으며, 생산과정에 대하여는 외부와의 관계에 머물렀다. 이러한 상인의 이득활동은 시장에서 우연적인 가격변동에 의존하기 때문에 오래 지속될 수는 없다. 자본가가 노동력을 상품으로 구입하여 생산과정을 경영하면, 상품의 생산 및 교환은 그 상품을 만드는 데 필요한 노동을 기축으로 하여 편성된다.

### 3.1 리카도 투하노동가치설의 계승

마르크스는 자본의 생산과정을 문제시하고, 리카도의 투하노동가치설을 인계했다. 즉, 개별 상품의 교환은 각각의 상품을 생산하는 데 필요한 노동량을 기준으로 한다는 리카도의 사고를 채용했던 것이다. 다만 마르크스는 노동에 관하여 보다 상세하게 검토하였다.

상품의 가치가 그 사용가치와 교환가치로 나누어지는 것과 같이, 상품을 만드는 노동에 관하여도 사용가치를 만드는 구체적인 유용한 노동과 교환가치를 만드는 추상적인 인간 노동을 구별하였다. 그리고 구체적인 유용한 노동에 의한 개별 상품의 사용가치마다 그 질의 차이를 비교할 수 없지만, 추상적인 인간 노동은 동일한 노동시간에 의해 그 양이 측정되기 때문에 비교 가능하다. 그러므로 상품의 교환가치는 추상적인 인간 노동량, 즉 노동시간에 의해 측정된다.

또한 동일한 상품의 생산을 위해 소모하는 노동시간은 개별 생산자마다 다를지도 모르므로, 사회적으로 평균적인 노동시간만이 가치의 기준이 된다. 이를 위해서는 상품을 만드는 노동이 전부 동질의 노동으로 환원되지 않으면 안 된다. 이러한 동질 노동에 대한 환원은, 기계를 이용하는 숙련노동보다는 단순노동을 많이 고용하는 자본주의의 어느 한 시대에 어울리는 가정이었다. 노동은 숙련과 기교 등과 같은 질적인 차이보다는 시간의 길이에 의해 측정된다는 것이다.

## 3.2 마르크스 노동가치설의 문제점

마르크스 노동가치설의 가장 큰 문제점은, 노동만이 유일한 본원적 생산요소이며, 또한 모든 상품을 생산하는 노동이 동질의 노동으로 환원될 수 있다고 가정한 것이다. 노동 이외의 생산요소에 대한 분배문제는 이론적으로는 뒤로 미루었다. 자본주의 경제에서는 노동에 의해 생산이 이루어질 뿐만 아니라, 자본이나 토지 등의 생산요소도 크든 작든 생산에 기여한다. 그러므로 노동만으로 정당한 분배를 인정하는 마르크스의 사고는 어쨌든 독단적이고 또한 불관용적이다. 이 점에서는 리카도 쪽이 자본의 이득과 토지에 대한 지대로 분배되는 노동가치설을 수정했기 때문에 자본주의 경제의 현실에 보다 가까운 이론을 제공했다고 하겠다.

마르크스가 이러한 일원적인 노동가치설을 고집한 이유는 아마 노동가치설에 의해 노동자가 얼마나 착취되는가를 명백히 하려 한 때문이 아닐까. 그러나 현실경제와의 관련이 약한 노동가치설을 전제로 했기 때문에 마르크스의 잉여가치론은 오히려 설득력이 취약했다. 잉여가치 또는 착취의 문제는 노동가치설을 전제로 하더라도 문제가 적지 않다.

마르크스의 노동가치설은 근래 일본학자들에 의해 수학적 표현이 이루어졌다. 마르크스의 노동가치설은 수학적 표현에 의해 그 특징이 보다 선명하게 되었다.

## 4. 잉여가치론 또는 착취설

### 4.1 잉여가치론의 설정

노동가치설만을 전제로 하여 잉여가치론이 전개되었다면, 마르크스의 잉여가치론으로부터 어떤 건설적인 힌트를 얻을 수 있지 않을까? 이 전제에 의하면, 유일한 본원적 생산요소인 동질의 노동과 생산물이 전부 평등하게 분배되는 것만이 정당한 분배였다. 그러나 그 이외 방법으로 행해지는 분배가 전부 부당한 착취로 단정될 수는 없다. 자본주의 경제뿐만 아니라 사회주의 경제에서도 모든 생산물이 노동자에게로 분배되지는 않는다. 적어도 장래 생산을 위해 얼마의 준비가 있어야 한다. 일원적인 노동가치설은 이러한 노동 이외에 대한 분배 또는 유보되는 것마저 전부 착취된다고 단정한다. 마르크스는 이상과 같이 현실과 다른 가정을 두고 잉여가치론을 전개하였다.

마르크스의 착취설은 자본주의 경제의 현실적 발전을 잘 포착하였다. 즉, 자본주의 경제에서는 노동·생산과정이 자본의 생산과정으로서 전개되고 있다. 거기서는 노동만이 "자본"으로서 생산과정에 투입된다. 생산을 위해 사용되는 원료 등으로 투입되는 비용과 기계나 도구 등의 감모비(감가상각비)의 합계는 "가변자본不變資本 $C$"로 정의된다. 이 부분은 과거의 노동에 의한 생산물가치를 인계했을 뿐 새로운 가치를 만들어내지는 않았다. 이에 대하여 현재 생산에 사용되는 노동(임금)에 투하되는 자본은 "가변자본 $V$"가 된다. 이 가변자본은 불변자본과 달리 생산을 통하여 그 가치를 증식(변화)시킨다.

노동자 1인당 임금은 리카도와 같이 현재 고용노동자와 그 가족의 생존을 유지할 수 있는 수준에서 결정된다(생존임금설). 그러나 그 노동에 의해 만들어진 생산물의 가치는 노동자 1인당 임금과 고용노동자 수의 곱으로 나타내는 가변자본의 가치로부터 독립적으로 커지게 된다. 왜냐하면 생산과정을 지휘하는 자본가는 가변자본의 가치를 재생산하기 위해 필요한 시간을 초과하여 노동시간을 연장할 수 있기 때문이다. 현재의 노동에 의해 만들 수 있는 가치의 초과분을 마르크스는 "잉여가치剩餘價値 $S$"라 하였다.

아담 스미스가 분류한 고정자본 중에서 그 상각비에 해당하는 부분과 유동자본 중에서 원료 등 생산비용으로 투입되는 부분이 합쳐져 가변자본 $C$가 된다. 이에 대하여 유동자본 중에서 노동의 임금으로 투입된 비용만이 가변자본 $V$가 된다. 이 두 종류의 자본의 합은 노동비용 $wL$과 고정자본의 유지비 $\Delta S$를 합계한 리카도의 비용가격(자연가격)으로, 개별 생산에 사용되는 원료 등의 생산비용을 보탠 것이다. 그리고 개별 상품 $i(i = 1, 2, 3, \cdots, n)$의 가치 $Y_i$는 이들 제비용에 잉여가치 $S$를 합한 것이다.

$$Y_i = C_i + V_i + S_i$$

이것은 현재 동질의 노동에 의한 일원적인 가치의 정의가 아니라 자본의 제비용을 고려하고 있다는 점에서 보다 현실적인 가치의 정의가 되었다. 또한 불변자본의 가치를 만든 과거의 노동과 가변자본이 되는 현재의 노동을 구별하는 것에도 주의할 필요가 있다. 이러한 현재의 노동과 과거의 노동을 구별하는 것은 마르크스의 잉여가치로부터 건설적인 문제를 이끌어내는 중요한 점이다.

잉여가치 $S$는 제상품의 가치가 불변자본과 가변자본의 합을 상회하는 가치금액과 같아진다. 그러나 불변자본의 가치를 만든 과거의 노동은 어떤 새로운 가치를 만들어내는 것이 아니고, 그 가치를 새로운 생산물에 이전시킬 뿐이다. 그러므로 잉여가치는 전적으로 가변자본에 투입되는 현재의 노동에 의해 만들어지는 부가가치의 추가분이라고 해석된다. 이리하여 잉여가치의 가변자본에 대한 비율, 즉 잉여가치율 $\frac{S}{V}$는, 가변자본이 얼마만큼의 잉여가치를 만들어냈는가를 나타내는 지표가 된다. 이것은 현재는 순국민소득의 이윤과 임금에 대한 분배비율이다. 문제는 잉여가치율을 무조건 착취라고 할 것이 아니라, 어떤 부당한 방법으로 그 비율이 높아졌을 때 노동의 착취라고 해야 할 것인가이다.

## 4.2 잉여가치의 생산방법과 착취

잉여가치율은 다음 세 가지 방법으로 크게 나눌 수 있다. ① 절대적 잉여가치의 생산, ② 상대적 잉여가치의 생산, ③ 특별잉여가치의 생산이 그것이다. 이들을 보다 상세하게 검토함으로써 자본주의 경제에서 착취의 문제를 생각하는 힌트를 얻을 수 있다.

절대적 잉여가치의 생산은 노동자 1인당 임금과 고용자 수를 변화시키지 않고, 노동의 시간을 연장함으로써 잉여가치율 $\frac{S}{V}$를 증가시킨다. 이 잉여가치의 생산방법은 초기 자본주의 경제에서 주로 채용되었던 방법이다. 마르크스는 당시의 공장감독관의 자료를 사용하여, 16시간을 초과하는 장시간 노동, 야근 노동, 아동이나 여성 노동의 혹사에 관하여 고발하고 있다. 이러한 방법은 노동자의 상태를 현저하게 악화시켜 노예 상태로 머물게 하기 때문에 착취 ①로서 비난했다.

상대적 잉여가치의 생산은 노동시간과 부가가치 총액을 일정하게 한 경우에도 노동자 1인당 임금이나 고용노동자 어느 쪽 혹은 양쪽이 작아짐으로써 잉여가치율 $\frac{S}{V}$를 커지게 한다. 특히 소비재산업에서 생산력이 증대한 결과 노동자가 소비하는 생활수단의 가치는 작아져, 가변자본의 가치가 작아짐으로써, 잉여가치율은 증대한다. 가변자본가치의 상대적인 감소는 고용주가 임금의 절하나 해고를 쉽게 할 수 있게 만든다. 이러한 임금의 절하에 의해 노동자의 생활 상태는 나빠져 가족을 부양하기 어려워진다. 그 결과 젊은 노동자의 수는 감소한다. 그렇지 않고 고용노동자의 수를 줄인 채 총노동시간을 확보하고자 하는 경우 개별 노동자의 부담이 커지게 된다. 이 같은 임금의 저하와 고용노동자의 감소는 분명히 착취 ②이다.

특별잉여가치의 생산을 보기로 하자. 총생산물의 가치(총노동시간)는 변하지 않고, 또한 가변자본총액(임금률 × 고용자 수)이 변하지 않더라도 개별 생산과정에서 노동비용을 작게 하는 기술혁신이 이루어지면, 개별 생산과정에서 잉여가치율 $\frac{S}{V}$는 커지게 된다. 만약 기술혁신이 주로 노동의 숙련이나 기교의 향상에 의해 실현되어 개별 노동자에 대한 임금 지불에 그러한 기술혁신의 성과를 반영하지 않는다면, 착취는 아니라 할지라도 적어도 불공정한 임금 지불이라고 하지 않겠는가. 기술혁신이 기계 등의 물적 생산력만이 아니라 피고용자 노동의 질 향상을 수반하게 된다면, 기술혁신의 성과가 공정하게 분배될 수 있도록 임금 지불에 검토되어야 할 것이다.

이상과 같은 잉여가치의 생산은 총생산물의 가치 $Y$가 불변자본 $C$와 가변자본 $V$로 투입된 비용의 합계를 상회하는 한 가능하다. 그러므로 잉여가치는 제상품의 가치가 노동만에 의하든 그렇지 않든 관계없이 성립한다. 또한 모든 노동은 동질적인 것이 아니므로, 불변자본가치를 만든 과거의 노동인지 가변자본가치에 투입된 현재의 노동인지를 먼저 구별해야 한다. 나아가 특별잉여가치의 생산에서는 개별 생산과정에 노동의 질(기술수준)이 구분된다. 잉여가치는 또한 수확불변이 아니라 수확체감을 가정하더라도 성립한다.

여기서 노동의 착취란, 리카도-마르크스에 따라, 노동자와 그 가족의 생존수준을 유지할 수 없는 임금(그 외의 노동조건)의 수준을 유지한 채 생산이 지속되는 것을 의미한다. 또 불공정한 분배란 노동자의 생산에 대한 공헌도(한계생산력)에 합당한 노동 보수가 보증되지 않는 상태를 말한다.

이와 같은 잉여가치 또는 착취의 해석은 물론 마르크스가 한 것은 아니다. 여기서는 착취의 문제를 자본주의 경제의 특정한 운영방식으로 연결지어 논의하였다. 이에 따라 착취의 개념을 노동자를 부당하게 취급하는 것을 방지하기 위한 사회개혁을 위해 유용하게 사용할 수 있다. 사실 자본의 생산과정은 어디까지나 정(正)의 이윤을 목적으로 하는 것이며, 노동조건의 개선이나 공정한 분배 등을 목적으로 하는 것은 아니다. 따라서 자본주의 경제는 개인의 노동을 착취할 위험이 있다. 그러한 위험은 단순히 노동시장에서의 독점의 폐해가 아니므로, 자본주의나 노동시장에서 자유경쟁에 의해 자동적으로 도태되는 것도 아니다. 그러므로 노동시간의 연장이나 부당한 노동의 취급을 방지하는 공정규제로 노동자를 착취로부터 보호해야 할 것이다.

## 5. 생산가격과 전형문제

### 5.1 생산가격

이제까지 제상품의 가치는, 이론적으로는 노동시간에 의해 결정되는 것이지만, 실제 거래에서 모든 상품은 그것의 생산가격으로 판매된다. $i$번째 상품의 생산가격 $P_i$는 그것의 생산에 투입된 자본의 합계에 이윤을 합한 다음 식으로 표시된다.

$$P_i = (1 + \pi)(C_i + V_i)$$

여기서 $\pi$는 모든 자본에 대하여 일률적으로 허용되는 평균이윤율이다. 또한 자본은 $i$번째 상품의 생산과정에 투입된 불변자본 $C_i$와 가변자본 $V_i$의 합계이다. 이것은 리카도의 비용가격(자연가격)과 거의 같은 사고이다. 리카도는 노동비용과 고정

비용의 상각비를 합한 것이 자연가격이며, 이윤은 제로가 되는 것이라 생각했다. 마르크스는 자본 경쟁의 결과 이윤율이 균등화하여 모든 자본에 평균이윤율이 허용된다고 하였다. 즉, 자본에 관하여도 노동과 같이 동질성이 가정되었던 것이다.

## 5.2 전형문제

그런데 여기서 하나의 문제가 제기된다. 노동의 동질성을 가정하면, 모든 부문에서 가변자본에 대한 잉여가치의 비율 $\frac{S_i}{V_i}$는 같아진다. 반면에 자본의 동질성을 가정하면, 불변자본을 포함한 자본에 대한 잉여가치의 비율, 즉 이윤율 $\pi = \frac{S_i}{C_i + V_i}$는 모든 부문에서 동일하게 된다. 동일한 잉여가치율을 가정하여 계산된 가치의 크기와 동일한 이윤율을 가정하여 계산된 생산가격의 크기가 과연 같아질 것인가라는 문제가 일어난다. 이것이 소위 생산가격에 대한 전형문제transformation problem, 轉形問題이다.

이 같은 전형문제는 『자본론』 3권이 발행된 이후 100년 이상 논쟁의 대상이 되어 온 주제이다. 마르크스는 『자본론』 3권에서 잉여가치의 이윤으로의 전형과 가치의 생산가격으로의 전형을 주장한다. 즉, 자본주의 사회에서 상품들은 자본들의 경쟁 때문에 순수하게 노동의 양에 의해 교환되지 않고, 대신에 비용가격에 평균이윤을 더한 생산가격에 따라 교환되게 된다. 이 경우 개별 상품들의 가격은 노동에 의해 직접적으로 규제되지 않고, 대신 사회 전체적인 총량만이 노동에 의해 규제되게 된다. 따라서 마르크스는 총가치가 총생산가격과 같고, 총잉여가치는 총이윤과 같다는 두 개의 '총계일치 명제'를 제시했다. 그러나 마르크스에 대한 비판자들은 전형과정에서 두 개의 총계일치 명제 중 하나만이 성립하며, 두 명제가 동시에 유효할 수는 없다고 주장해 왔다.

이러한 전형문제는 또한 마르크스 경제학자와 근대경제학자 사이에 치열한 논쟁이 되기도 했다. 뵘바베르크는 이 문제를 해결하지 못하면 마르크스 경제학은 파탄할 것이라고 단정하였다. 그러나 근년에 일본 학자에 의해 노동가치와 생산가치가 일치하는 2개의 중요한 경우가 있다는 것이 지적되었다〔小烱二郎(2014), p.145〕. 하나는 이윤율과 잉여가치율이 함께 제로인 경우($S_i = \pi = 0$)지만, 이것은 자본주의 경제에서는 중요하지 않은 경우이다. 또 하나는 불변자본과 가변자본의 비율이 모든 생산부문에서 같게 되는 경우($\frac{C}{V_1} = \frac{C}{V_2} = \cdots = \frac{C_n}{V_n}$)이다. 후자에 관하여는 잉여가치율 $\frac{S_i}{V_i}$와 이윤율 $\pi$가 모든 부문에서 동일하게 되는 것은 자본의 구성 $\frac{C_i}{V_i}$가 모든 부문에서 동일하게 될 때뿐인 것이 증명되었다.

그러나 이 문제는 마르크스 경제학에서 그리 중요하지 않다. 노동의 동질성에 관한 가정은 잉여가치론에서 버리더라도 상관없는 가정이었다. 또한 모든 부문에서 자본의 구성이 동일하게 된다는 상정想定은 기술혁신을 수반하는 자본축적의 과정에서 불변자본과 가변자본과의 구성이 변화하는 중요한 경우가 있으므로 마르크스 경제학에서 중요한 상정은 아니다. 모든 자본에 동일한 평균이윤율이 성립하는 것이 아니므로, 개별 자본의 이윤율이 다양하게 달라진다는 현실적 가정을 하고 논의해야 생산가격론이나 자본축적론으로부터 의미있는 해답을 도출할 수 있다. 모든 자본의 동질성을 조건부로 가정할 수 있는 것은 동일한 이자율로 자본으로 환원되는 금융자본에 관하여 분석할 수 있을 때에 한정된다.

## 6. 자본축적론

### 6.1 마르크스의 자본축적론

마르크스 경제학의 또 하나의 공헌은 자본축적론이다. 이것은 존 로빈슨John Robinson(1903~1983)에 의해 재평가되었다. 다만 이 문제에 관한 마르크스의 서술 중에는 자본주의 경제가 자동적으로 붕괴할 것이라는 예언과 자본축적이 자본과 노동에 대한 분배에 영향을 준다는 논의 양쪽이 포함된다. 여기서는 우선 후자의 논의로부터 검토한다.

그 전에는 마르크스의 자본 개념에 관하여 힉스가 높이 평가하였다. 『자본론』에는 물적 생산수단의 집합으로서 자본을 파악하는 물질주의적인 사고도 있지만, 다른 한편 그것의 운동과정에서 생산수단이나 노동, 그리고 화폐 등의 형태로 변하는 유동적인 가치의 운동체로서의 자본에 대한 사고도 있다. 후자의 생각은 수입을 가져오는 원천fund으로서 자본을 폭넓게 정의한 아담 스미스 이래의 자본기본설의 전통을 계승한 것이다. 리카도나 밀은 노동자들을 위한 초기 자금으로 설정한 기금에 한정하여 자본으로 파악하는 경향이 있었다. 그러한 점에서는 마르크스 쪽이 아담 스미스의 자본이론을 충실하게 계승했다고 할 수 있다. 그리고 자본은 불변자본과 가변자본으로 분류되는 플로-의 개념으로 파악하였다. 스톡의 자본 개념이 문제되는 것은 확대 재생산의 결과를 분석할 경우로 한정된다.

그리고 마르크스의 분석은 기술혁신을 수반하는 자본의 축적에 의해 자본의 이윤과 노동의 임금, 그리고 고용의 상태와의 관계가 어떻게 변화하는가에 집중하였다. 이러한 자본축적의 동태분석은 리카도, 밀의 분석을 진전시켜 해로드Sir Henry Roy Forbes Harrod(1900~1978)와 도마Evsey David Domar(1914~1997), 존 로빈슨Joan Violet Robinson(1903~1983), 힉스Sir John Hicks(1904~1989), 칼도어Nicholas Kaldor(1908~1986)의 자본이론으로 발전되었다.

## 6.2 2부문 2재의 성장모델

마르크스는 자본축적에 관하여 논할 때 투자재산업과 소비재산업이라는 2재의 경제모형을 설정하였다. 이들 중에서 투자재의 생산액은 불변자본의 총액 $C$와 같게 되고, 소비재의 생산액은 단순 재생산의 경우에는 임금과 이윤의 총액, 즉 가변자본

$V$와 잉여가치 $S$의 총액과 같아진다. 마르크스는 생산수단(투자재)을 생산하는 부문을 제1부문, 그리고 소비수단의 생산부문을 제2부문으로 하여, 이들 2개 부문의 생산물의 가치를 다음과 같이 나타냈다.

**제1부문** : 투자재(생산수단)의 가치 $Y_1 = C_1 + V_1 + S_1$

**제2부문** : 소비재의 가치 $Y_2 = C_2 + V_2 + S_2$

여기서 $C$는 각 부문의 불변자본의 가치, $V$는 가변자본의 가치, $S$는 잉여가치, $Y$는 총생산물의 가치를 나타낸다. 투자재의 부가가치 $V_1 + S_1$은 그 상태에서는 소비될 수 없는 형태로 생산되며, 소비재의 불변자본 $C_2$는 투자재로서는 생산될 수 없기 때문에, 이 경제가 동일한 규모의 생산(단순재 생산)을 반복하기 위해서는 제1부문의 부가가치부문과 제2부문의 불변자본 부문이 교환되지 않으면 안 된다. 따라서 이 경제가 정상상태定常狀態를 지속하기 위한 필요조건은 $V_1 + S_1 = C_2$이다. 그 결과 이 경제의 총생산물은 두 부문의 노동자의 임금과 이윤에 의해 소비되는 순생산물과 기계 등의 상각에 해당하는 부문과의 합계가 된다. 이것은 오늘날 국민총생산 또는 국내총생산에 해당한다.

여기서 이 경제가 정상상태를 벗어나 성장을 시작한다고 하자. 그러한 성장은 자본가가 잉여가치 $S$부분을 모두 소비하지 않고, 그 일부를 $C$ 또는 $V$ 부분으로 투자함으로써 가능하게 된다. 여기서 제1부문과 제2부문이 어떤 관계를 가지고 성장하는가라는 문제는 너무 복잡하므로 양 부문이 한 부문이라고 생각하기로 한다.

자본가가 잉여가치 $S$를 어느 자본으로 전환하는 것을 자본축적이라 한다. 자본축적은 크게 두 가지로 나눌 수 있다. 하나는 불변자본 $C$와 가변자본 $V$의 비율 $\frac{C}{V}$(자본의 유기적 구성)를 일정하게 하고 전체 자본($C + V$)을 크게 하는 방법이고, 다른 하나는 $\frac{C}{V}$를 크게 하면서 자본을 증대시키는 방법이다. 전자는 노동의 생산력을 불변으로 한 채 투자의 규모를 증가시키는 경제성장의 시기에 대응하는 것이고, 후자는 노동의 생산력을 높이면서 투자가 확대되는 시기에 대응하는 것이다. 그리고 노동자와 자본가 간에 미치는 영향도 이들 두 경우에 서로 다르다.

## 6.3 자본 구성을 일정하게 하는 축적

먼저 자본의 유기적 구성 $\frac{C}{V}$를 일정하게 한 채 자본이 커지는 경우에 관하여 생각해 보자. 이 경우에는 기계 등의 불변자본에 대한 투자와 노동자를 고용하는 가변자본에 대한 투자가 동일한 비율로 커지게 된다. 국민의 총생산액이 커지는 것에 비례하여 노동자에 대한 분배도 커진다. 만약 노동의 임금이 생존수준에 고정된다고 하면, 잉여가치도 증대하고, 이윤총액도 커지게 된다. 다른 한편, 노동수요가 증대하는 것에 대하여 얼마 동안은 舊농촌사회로부터 노동 공급이나 이민이 증대하므로 노동 공급도 증가하고, 불변의 생존임금에 근거한 노동자 수도 증대한다. 이러한 경제성장은 로빈슨이 말한 자본주의 경제의 황금시대를 경험하게 하였다.

그러나 그러한 자본축적은 드디어 한계에 도달한다. 노동 공급의 증대가 정체하기 시작하면 임금이 상승하고 잉여가치와 이윤은 침체 상태에 빠지게 된다. 경제의 급격한 성장은 여기서 한계점에 도달한다. 리카도나 밀은 노동력 부족이 나타나기 이전에 토지의 희소성이 나타나 지대가 급등한다고 예측하였다. 이에 대하여 마르크스는 자본주의 황금시대는 먼저 노동력 부족의 벽에 직면한다고 예측하였다. 이와 같이 마르크스는 반드시 노동자의 궁핍화만을 예측하지는 않았다.

## 6.4 자본 구성을 고도화하는 축적

자본축적을 하는 또 다른 하나의 방법은 자본의 구성비율 $\frac{C}{V}$를 높이면서 자본을 크게 하는 방법이다. 이 경우에는 기계의 도입 등에 의해 불변자본은 급속히 커지지만, 그것에 비례하여 노동을 고용하는 가변자본은 그만큼 커지지 않는다. 이와 같이 가변자본의 상대적인 비율을 낮게 하는 방법은 앞에서 검토한 상대적 잉여가치나 특별잉여가치의 생산에 사용된 방법이었다. 자본가는 노동자의 임금을 인하시키든지 아니면 노동의 고용을 상대적으로 감소시키든지 또는 노동의 생산력을 높이는 방법 중의 어느 방법으로 이러한 축적을 실현한다. 그 결과 노동자의 상태는 노동생산력의 증가 또는 자본가의 상태의 개선에 비하여 나빠지든지 적어도 좋아지지는 않는다. 지금 자본축적의 효과를 검토하기 위해 총생산물가치를 구성하는 각 항목을 가변자본가치 $V$로 나누면 다음이 된다.

$$\frac{Y}{V} = \frac{C}{V} + \frac{V}{V} + \frac{S}{V}$$

여기서 $\frac{Y}{V}$는 노동비용과 총생산물의 비율, 즉 노동생산성을 나타내고, $\frac{C}{V}$와 $\frac{S}{V}$는 자본 구성과 잉여가치율을 나타낸다. 여기서 말할 수 있는 것은 먼저 노동생산성 $\frac{Y}{V}$는 적어도 자본의 유기적 구성 $\frac{C}{V}$를 상회하는 속도로 상승한다는 것이다. 또 이러한 축적은 자본의 구성과 잉여가치율을 함께 높일 수 있지만, 가변자본이 점하는 비율을 높일 수는 없다.

이상의 결과 노동생산성이나 불변자본의 증대에 비하여 가변자본의 증가는 정체한다. 그리고 가변자본은 노동자 1인당 임금률과 고용노동자 수의 곱이므로 $(V = wN)$, 이러한 축적에 의해 임금의 상승률 또는 고용노동자의 증가율의 어느 한 쪽이나 양 쪽 다 노동생산력의 증대에 비하여 감소한다. 개별 생산과정에서는 임금의 절하나 해고에 의해 "상대적 과잉인구", 즉 자본축적에 비하여 과잉 노동인구가 형성되어 노동자 계급의 실업과 빈곤이 일어날지도 모른다.

이러한 자본축적의 효과에 관하여는 이미 리카도가 기계 도입의 효과(리카도 효과)로 노동자의 상태가 악화될 수 있음을 지적하였다. 마르크스는 이 리카도 효과를 노동자 계급의 궁핍화의 원인으로까지 확장하였다. 이 같은 마르크스의 사고는 북아메리카에서 노동력 부족과 임금 상승 문제를 이민이나 노예노동, 나아가 기계의 도입으로 대응했던 자본가들에 어느 정도의 영향을 미쳤을지 모른다. 마르크스는, 자본축적이 자본 구성을 고도화하는 이상으로 빨리 이루어지면 노동자 계급의 상태는 반드시 악화된다고 검토하였다. 그러나 노동생산성의 증대가 노동자 계급의 상태에 미치는 효과에 관하여 검토한 것은 정학적인 고전파 경제학 시대에는 획기적이었다. 이 점에 관하여는 슘페터가 마르크스를 높이 평가하고 있다.

## 6.5 자본주의 자동붕괴설

이상과 같은 마르크스의 자본축적론은 정학적인 고전파 경제학에 대하여 경제동학을 개척한 귀중한 시도였다. 그러나 다른 한편 마르크스는 이러한 분석을 연장하여 상당히 의심스런 역사 예언을 행하였다. 그것은 자본주의 체제가 자동적으로 붕괴한다는 것이다.

자본주의 붕괴설은 두 가지의 다른 코스로 논의되었다. 그 하나는 자본 구성의 고도화를 수반하면서 자본축적이 진행되면 실업과 빈곤의 문제가 심각해지고, 그 결과 노동자의 불만이 폭발하여 자본주의 사회가 붕괴한다는 것이다. 그러나 자본주의 경제가 성장을 지속하는 한, 노동자의 상태가 일시적으로는 어려워질지 모르지만 장기적으로는 나빠지지 않는다. 따라서 자본축적이 미치는 노동자에 대한 영향의 하나로 자본주의 사회가 자동적으로 붕괴한다는 논리는 무리라고 하겠다.

자본주의 붕괴론의 다른 하나의 경로는 자본가들 간의 경쟁의 결과 많은 자본가들이 몰락하고 남은 소수의 자본가는 이윤율이 저락하는 가운데 독점을 유지하는 이외에는 경영을 계속할 수 없다는 것이었다. 이러한 논의에 대하여 이윤율 저하 경향에 관한 분석과 관련하여 이윤율 $\pi$를 나타내는 마르크스의 공식에 따라 검토해 보자.

$$\pi = \frac{S}{C+V} \tag{5-1}$$

$$\pi = \frac{\frac{S+V}{C}}{V+1} \qquad (5-2)$$

여기서 이윤율은 잉여가치를 불변자본과 가변자본의 합계액으로 나눈 결과로서 정의되고 있다. 또한 식 (5-2)는 식 (5-1)의 분자와 분모에 $\frac{1}{V}$을 곱한 결과이다. 식 (5-2)에서 자본의 유기적 구성 $\frac{C}{V}$가 커지게 되면, 이윤율 $\pi$는 작아지므로 노동생산력의 증대를 수반하는 자본축적의 결과 이윤율은 낮아지는 경향이 있는 것처럼 보인다. 그러나 잉여가치의 생산을 전제하면, 노동생산력의 증대에 따라 잉여가치율 $\frac{S}{V}$도 동시에 상승한다. 그것을 고려한다면, 확실히 이윤율은 잉여가치율이 상승하는 만큼은 커지지 않는다 하더라도, 자본가가 경영을 계속할수록 이윤율이 저하한다고 말할 수 없다. 따라서 이윤율의 저하와 관련된 자본주의의 자동붕괴론을 논하는 것은 상당히 의심스럽다. 이와 같이 마르크스의 자본축적론에는 한편으로는 참고될 수 있는 과학적 분석과 의문시되는 역사 예언이라는 두 측면이 공존하고 있다.

## 7. 마르크스 경제학과 사회주의 곤란

마르크스 이후의 마르크스 경제학은 주로 마르크스의 역사 예언을 계승하고, 과학적 발전은 태만히 하였으나 몇 가지 특기할 만한 시도가 있었다.

### 7.1 사회주의의 곤란

블라디미르 레닌Vladimir Lenin(1870~1924)과 루돌프 힐퍼딩Rudolf Hilferding(1877~1941)에 의한 금융자본과 제국주의 전쟁에 관한 분석이 그것의 하나라고 하겠다. 20

▲ 블라디미르 레닌

▲ 루돌프 힐퍼딩

세기 초 독일을 중심으로 진행된 중공업에서 독점적 대기업과 대은행의 결합은 외국으로 자본수출 등을 통하여 영국, 프랑스 등 구舊제국주의국과 대립했다. 이 같은 대립은 결국 제1차 세계대전을 일으켰다. 레닌 등은 이렇게 전개되었던 제국주의의 경제적 요인을 해명하고자 시도하였다.

그러나 이들의 논의는 주로 역사결정론에 의지함으로써 비판적 토론이 쇠퇴되었다. 또한 사회주의의 이론적 기초였던 『자본론』에서 사회주의에 관한 추상적 · 유토피아적인 기대가 서술되어 있을 뿐이다. 특히 자본주의 개혁에 못 미치는 사회주의에 관한 건설적인 제안은 마르크스 경제학으로부터 별로 제시되지 못하였다. 이것이 소련을 위시한 사회주의 곤란의 중요한 원인이 되었다고 생각된다. 마르크스는 자본주의의 구조적 문제점을 지적하고 그 문제점이 해결되지 않는 한 자본주의는 공산주의로 대체될 수밖에 없다고 주장하였다. 그러나 마르크스가 주장한 프롤레타리아 독재와 계획경제에 의존하는 사회주의 정책은 국민의 자유와 번영의 기대를 제대로 충족시켜주지 못했다.

## 7.2 마르크스 사상의 힘

마르크스는 역사학, 철학, 경제학 등을 융합해 우주와 역사를 한 줄로 꿰는 진리를 제시하겠다고 했지만, 그의 담론은 노동가치설에 너무 집착한 나머지 시대착오적이라는 지적을 받고 있다. 마르크스는 대영박물관에서 칩거하다시피 하며 『자본론』을 쓰던 중 가난 때문에 병든 세 어린 자녀를 잃는 비운도 겪었다. 반면 마르크스를 옆에서 도와준 사회주의자 엥겔스는 낮에는 돈 잘 버는 자본가였고, 밤에는 고급

포도주를 마시며 노동자를 위해 건배를 즐겼다고 한다.

그러나 20세기 마르크스 사상이 지성계에 미친 영향은 적지 않다. 1960년대 유럽의 '문화혁명'을 주도한 프랑크푸르트학파, 반미운동에 앞장선 남미의 '해방신학'은 마르크스에 뿌리를 두고 있었다. 케인즈는 마르크스를 아무리 읽어도 무슨 소리인지 알 수 없고, 더구나 경제학에 기여한 바는 아무것도 없다고 비판했다. 마르크스 추종자들은 케인즈 이론이 노동계급을 임금노예로 만드는 사악한 경제학이라고 응수한다.

레닌과 스탈린의 러시아 혁명과 체제의 전환, 그 과정에서 희생된 1,000만여 명의 죽음은 마르크스 없이는 생각할 수 없다. 1950년대 이후 중국의 대규모 기아사태와 빈곤도 중국인들이 신처럼 숭배한 마르크스 탓이라고 할 수 있다.

옛 소련의 몰락으로 대부분의 나라가 자유시장을 받아들였지만, 자유시장에 대한 불신과 마르크스에 대한 향수는 아직도 곳곳에 남아 있다. 권력과 착취를 막고 약자를 보호하겠다는 마르크스의 목적은 좋았지만 그는 인간 이성과 정치를 너무 낭만적으로 바라봤다고 할 수 있다. 주목할 부분은 마르크스가 염원했던 빈곤과 착취 없는 사회는 자본주의를 통해서만 가능하다는 것이다.

▲ 로자 룩셈부르크

마르크스 이후 마르크스 경제학을 발전시킨 대표적인 사람으로 『금융자본론』(1909년)을 쓴 루돌프 힐퍼딩Rudolf Hilferding(1877~1941)과 『자본축적론』(1912년)을 쓴 로자 룩셈부르크Rosa Luxemburg(1871~1919)[2], 『제국주의론』을 쓴 레닌, 『독점자본』(1966)을 쓴 폴 바란Paul Baran(1910~

2. 로자 룩셈부르크는 파리 코뮌이 성립한 해에 태어나서 제1차 세계대전이 끝난 다음 해에 죽었다. 로자가 죽고 나서 그녀의 정치사상적 라이벌이었던 레닌은 자기가 생각하고 있는 바 로자의 문제점을 거론하면서 "독수리는 때때로 닭보다 낮게 날 수는 있지만, 닭은 결코 독수리처럼 높이 비상할 수는 없다. 이 모든 실수에도 불구하고 그녀는 독수리였으며 독수리로 남을 것이다"라고 높이 평가했다고 한다.

1964), 『자본주의 발전 이론The Theory of Capitalist Development』(1942년)을 저술한 폴 스위지Paul Marlor Sweezy (1910~2004) 등을 들 수 있다.

제5부

# 근대경제학

제6장 근대경제학의 탄생 — 한계혁명

제7장 마샬의 경제학

제8장 케인즈의 사상과 경제학

제9장 제도학파

제10장 공공선택학파

제11장 신오스트리아학파

제12장 슘페터의 경제학

제13장 힉스의 경제학과 현대

제6장

# 근대경제학의 탄생—한계혁명

## 1. 근대경제학의 출발

### 1.1 역사적 배경

1870년대 서유럽에서는 경제학 및 경제사상에 관한 큰 전환이 있었다. 그것은 오늘날 "한계혁명"이라고 부르는 경제학 및 경제사상의 혁신이었다. 이 혁신으로 그때까지 고전파 경제학에서는 중시되지 않았던 소비자의 효용(사용가치)에 관하여 상세한 검토가 시작되고, 드디어 경제학을 근본적으로 쇄신하게 되었다.

이러한 한계혁명이 왜 일어났는가에 관하여는 몇 가지 이유를 생각할 수 있다. 가장 큰 첫째 이유로는 영국을 위시한 서유럽제국에서 19세기 말경까지 중산계급이 육성되어 소비자의 지위가 크게 향상된 것을 들 수 있다. 19세기 초 서유럽에서는 맬더스의 『인구론』에서 지적된 바와 같이 경제학이 다룬 가장 큰 문제는 빈곤의 해소였다. 그러니까 전 인구의 생존을 위한 식료품 공급의 확보가 주요 관심사였으므로 소비자가 다양한 상품 가운데서 자기들의 기호에 맞는 것을 자유롭게 선택한다는 것에 관하여는 경제학에서는 거의 문제시하지 않았다. 빈곤 문제는 오늘날까지 많은 개발도상국에서 미해결인 채 남아 있다.

그런데 그 후 산업혁명을 거치며 시장이 눈부시게 확대됨에 따라 점차 부를 축적한 중산계급이 형성되고, 특히 영국에서는 국내뿐만 아니라 외국이나 식민지에서 다양한 상품이 공급되면서, 소비자의 구입의 폭이 크게 확대되었다. 이러한 가운데 소비자가 자기의 소득을 어떠한 상품을 구입하는 데 사용할 것인가 하는 것이 경제학의 중요한 문제로 대두되었다. 즉, 소비자선택의 문제가 경제학의 중심을 차지하게 되었다. 이것이 한계혁명이 확대되게 된 이유가 되었다.

둘째, 산업혁명에 의해 과학기술이 산업에 응용되기 시작하면서 경제학에서도 과학적인 지식, 특히 물리학의 진보를 가져온 미적분학을 위시한 수학적 지식이 이용되게 되었다. 고전파 경제학에서 소비자의 효용(사용가치)이 음미되지 않았던 것은, 사용가치는 교환가치와 달리 개별 상품마다 그 품질이 다르기 때문에 공통의 척도로써 비교할 수 없다고 생각했기 때문이다. 그러나 소비자는 매일 어떤 상품을 구입하기 위하여 자기의 소득을 어떻게 사용하는 것이 좋은가를 생각한다. 그들에게 부족한 것은 그러한 효용을 측정하기 위한 척도였다. 물리학의 진보를 가져온 미적분학을 이용해 소비자의 효용을 측정할 수 있게 되었다. 즉, 미적분학을 응용함으로써 한계효용을 측정할 수 있게 되었다. 다만 당시는 이러한 수학적 방법이 모든 근대경제학에서 적극적으로 이용되지는 않았다.

셋째, 고전파 경제학, 특히 리카도의 경제학에서는 대부분의 경제문제를 공급 측면에서 분석하였다. 이제까지와 달리 시장경제에서는 공급뿐만 아니라 수요도 중요하다. 리카도는 시장의 수요 측면의 사정을 재생산되지 않는 희소한 재화의 가격을 결정할 때에는 무시할 수 없지만, 재생산될 수 있는 보통 상품의 가격을 분석할 때에는 무시해도 괜찮다고 생각했다. 그러나 보통 상품의 경우에도 시장가격은 수요의 변화에 의해 크게 변동한다. 이러한 수요 측면의 사정에 주의를 기울여야 한다는 것이 경제학의 혁신을 촉진한 요인이 되었다.

끝으로 한계혁명, 곧 근대경제학 탄생의 역사적 배경으로서 일반적으로 지적할 수 있는 것은 19세기 말 서유럽 사회의 문화적 성숙이다. 이 당시의 서유럽 문화는 단지 과학기술뿐만 아니라 문학과 예술 등에서도 많은 다른 나라들의 모범이 될 정도로 성숙되어 있었다. 그러한 문화적 성숙 중에도 서유럽 각국은 공공적인 복지를 높이기 위해 경제운영을 어떻게 개선하는 것이 좋은가 등을 다양한 측면에서 검토했다. 이러한 서유럽 문화의 성숙과 다양한 발전이 근대경제학의 성립에 간접적인 영향을 미쳤다〔小畑二郎(2014), pp.160～162〕.

## 1.2 한계혁명에 의한 패러다임의 전환

한계혁명은 시장에서 수요 측면의 연구를 촉진했을 뿐만 아니라 경제학이 이제까지 암묵적으로 공유했던 사회관의 전환을 가져왔다. 그 중에서 중요한 점 몇 가지를 들어보자.

첫째, 그때까지의 생산과 분배의 경제학은 시장과 소비자의 효용의 재발견에 의해 큰 전환을 맞았다. 그러나 그 반면에 생산과 분배의 문제가 경시되는 경향을 야기하였다. 다만 그러한 경향도 마샬에 의한 고전파 경제학의 재구축에 의해 수복되기는 하였다.

둘째, 시장과 소비자 효용의 재발견에 의해 교환과 개개인의 주체적인 선택이론이 강조되게 되었다. 아담 스미스 경제학에서도 분업의 발전과 함께 시장의 확대가 담당하는 적극적인 역할이 강조되었지만, 리카도 이후 공급 측면에 대한 분석이 편중되어 소비자의 주체적인 선택의 문제는 소홀해졌었다. 이러한 경제학의 결함은 한계혁명 이후 근대경제학에 의해 수복되었다.

셋째, 경제를 담당하는 주체가 계급으로부터 개인으로 이행하였다. 그에 따라 경제학은 자연법칙과 같이 경제를 분석하는 것이 아니라, 개개인의 선택과 그 상호 관련을 분석하게 되었다. 이러한 점은 한계혁명에 의해서라기보다는 개인주의와 자유주의라는 한계혁명의 사상적 원천에 기반한다.

## 2. 근대경제학의 사상적 원천[1]

근대경제학의 탄생에 기여한 사상적 원천에 관하여 검토해 보기로 하자. 한마디로 근대경제학이라고 하지만, 근대경제학의 기반을 이루며 한계혁명을 이끈 윌리엄 스탠리 제본스의 『경제학이론』, 레온 왈라스의 『순수경제학요론』, 칼 멩거의 『국민경제학원리』 세 저서에 나타난 사상 사이에는 공통점과 차이점이 있다.

### 2.1 개인주의 · 자유주의의 발전

근대경제학의 체계는 이제까지 발전되어 온 개인주의와 자유주의라는 공통적인 사상적 기반 위에 구축되었다고 할 수 있다. 경제학의 탄생지 영국에서는 일찍부터 개인주의 · 자유주의의 사상이 발전하였다. 이것은 홉스나 로크, 흄, 아담 스미스 등의 여러 저작을 읽으면 잘 알 수 있다. 그러나 그 반면에 영국은 역사가 오랜 전통사회이기도 했다. 우리들은 오늘날 영국 왕가의 결혼식 등의 다양한 의식들을 보며 이들 전통에 관하여 다시 생각한다. 영국에서는 귀족의 칭호를 처음으로 시행하는 등 중세 이래 신분제의 전통이 오래 유지되었다.

아담 스미스는 『도덕감정론』에서 스코틀랜드 계몽운동에 의해 형성되었던 근

1. 小炯二郎(2014), pp.163～175를 많이 참고하였다.

대적 개인주의나 자유주의의 사상을 통하여 전통사회의 도덕의 역할을 구축하고자 노력하였다. 그러한 노력에도 불구하고 아담 스미스 이후의 고전파 경제학에는 영국 계급사회의 전통이 여전히 강하게 남아 있었다. 사람들의 경제활동은 자본, 노동, 토지를 소유하는 3대 계급으로 구별되는 것으로 인식되었다. 그리고 이들 계급은 사실상 대대로 세습되는 신분과 같은 역할을 담당하게 되었다. 그러나 중산계급이 나타나면서 사정은 서서히 변화되었다.

고전파 경제학의 집대성자 밀은 이러한 오랜 사회로부터 내려온 계급이나 신분의 속박으로부터 사람들의 사고를 개인주의나 자유주의의 사상에 의해 해방시키려고 노력했다. 밀의 『자유론』은 오늘날까지도 가장 탁월한 개인주의 · 자유주의의 고전으로 읽혀지고 있다. 밀에게 있어 자유란 사람들이 정부에 의해 강제될 수 있는 것으로부터 해방되는 것이었다. 이를 위해서는 개개인이 특정 계급으로부터 독립적으로 모든 법 아래에서 평등하지 않으면 안 된다. 모든 사람들이 똑같이 보편적인 법에 따르는 것이 정부에 의한 자의적인 강제로부터 자유롭게 되는 가장 좋은 방법이다.

밀이 주장한 정치적 자유는, 모든 사람은 그것이 소수의견일지라도 자기들의 의견을 표명하여 출판하는 자유를 보장받고, 단결하여 부당한 착취에 대하여 저항하는 자유를 확보하는 등 오늘날 기본적 인권으로서 전부 인정되어야 하는 것이었다. 밀은 이러한 정치적 자유를 실현하기 위해서 자기가 선두에 서서 보통선거의 획득 등을 위해 최선을 다하였다.

이러한 정치적 자유와 법적 평등의 사상은 결국 경제적 자유의 분야로까지 침투되었다. 그러나 고전파 경제학 시대에는 경제적 자유의 주장도 일정한 제약을 받았다. 그렇지만 개인의 경제적 자유가 가장 잘 발휘된 분야는 생산이나 분배의 분야가 아니라 오히려 고전파 경제학이 별로 다루지 않았던 소비 분야였다. 우리들은 소비자로서 상품을 시장에서 매매할 때 가장 강하게 자유를 의식한다. 이에 비하여 기업이나 그 외 사업장에서 일할 때에는 그만큼 자유롭지 않다. 종업원의 출 · 퇴근 시간이 자유로운 기업은 오늘날 선진국에도 많지 않다. 이에 비하여 소비자로서 슈퍼마

켓이나 백화점에서 물건을 구입할 때 우리들은 자유 · 평등을 만끽한다. 근대경제학이 소비자의 행동을 먼저 검토한 것은 경제적 자유가 소비자의 선택에서 가장 강하게 표현되기 때문이다. 이리하여 개인주의 · 자유주의의 주장은 근대경제학의 공통의 사상적 기반이 되었다.

## 2.2 노동의 존중으로부터 소비자의 행복으로 : 다양한 경제적 가치의 발전

소비자주권의 사상은 모든 근대경제학에 사상적 기반이 되었지만, 제본스, 왈라스, 멩거의 저작으로 대표되는 경제학마다 다르게 나타났다. 이러한 현상은 그때까지 일원적인 경제적 가치관으로부터 다양한 가치관으로 사회관이 크게 전환된 것을 반영하는 것이었다.

막스 베버Max Weber(1864～1920)에 의하면, 근대 자본주의 경제의 발흥에 프로테스탄티즘의 윤리, 특히 칼비니즘의 사상이 큰 영향을 미쳤다. 이는 이 종파의 교의가 사람들의 노동을 존중하고, 근면과 절약의 미덕을 칭찬했기 때문이다. 고전파 경제학에서 노동이 부의 원천이라고 하는 "노동경제사상" 이 공통의 사상적 기반이 된 것도, 특히 영국의 경제사회가 프로테스탄트의 종교사상의 영향을 강하게 받았던 것과 무관하지 않았다. 젊은 시절 아담 스미스를 글라스고대학에서 가르쳤던 허치슨 교수는 열렬한 장로파의 칼뱅주의자였다. 또한『국부론』저자 자신도 칼비니즘의 노동사상과 아리스토텔레스의 공정가격론을 조화시키려고 노력했다.

그 후 영국의 도덕사상에서 쾌락의 최대화와 고통의 최소화를 도덕의 규범으로 하는 벤담류의 공리주의가 유행하였다. 한계혁명의 영국의 창시자였던 제본스는 이 벤담의 사상에 기반하여 소비자의 효용을 미적분법에 의해 계산하였다. 그러나 제본스는 비교적 젊은 나이인 46세에 사망했기 때문에 그의 후계자였던 마샬이 영국의 근대경제학의 기초를 구축했던 것이다. 마샬은 젊은 시절에 열렬한 복음주의의 신자였다. 그 복음주의는 칼비니즘의 부흥을 지향하는 것이었다. 그러한 영향을 받은 마샬은 노동 등의 생산 제비용을 존중하는 고전파 경제학의 전통을 부활시켰다. 그 결과 영국의 근대경제학은 고전적인 비용가치설과 벤담류의 효용계산을 조화시키는 체계로 발전되었다.

프랑스에서 배우고 스위스 로잔느대학의 교수였던 왈라스는 생시몬파의 산업조합사상(산디칼리즘)의 영향을 강하게 받았다. 생시몬주의는 산업에 대한 과학기술의 응용에 중점을 둔 경제사상이었다. 왈라스의 경제학 연구는 이러한 영향을 받아 경제학에 수학을 이용하고 시장균형의 과학적 연구에 집중했다.

한계혁명을 가장 열심히 추진한 사람은 오스트리아의 멩거였다. 멩거는 오스트리아의 빈대학 교수였다. 19세기 말의 빈대학에서는 가톨릭사상, 특히 토마스 아퀴나스의 사상과 아리스토텔레스 철학을 가르쳤다. 프로테스탄트의 사상과 달리 아리스토텔레스 철학에서는 노동을 찬미하기보다는 오히려 온건한 쾌락이나 행복의 추구를 경제생활의 중심으로 보았다. 오늘날에도 근면의 미덕을 강조하는 영국의 전통에 비하여, 프랑스나 이탈리아 등의 유럽 가톨릭국가에서는 맛있는 와인이나 식사를 즐기는 생활습관이 지속되고 있다.

멩거 경제학의 궁극적 목적은 인간의 전 생애에 걸쳐 행복을 추구하는 것이었다. 이러한 사정을 감안해 멩거와 그의 후계자들에 의한 오스트리아 경제학에서는 소비자의 주관적인 가치평가를 연구하는 "한계효용 혁명" 에 열심히 매진하였다.

이러한 멩거의 경제사상에 대하여 부카린N. Bukharin(1888~1938) 등 사회주의자들은 효용가치를 강조하는 것은 유복한 부르주아들의 향락을 변호하는 이데올로기라고 비난하였다. 이러한 지적은 오늘날 사회학자 만하임에 의해서도 지적되고 있다. 그러나 유복한 부르주아뿐만 아니라 보통의 노동자도 소비자로서 자기들의 효용을 만족시키는 것에 관심을 쏟았다.

여기서 근대경제학에서의 개인주의는 무엇보다 이기주의egoism와 같은 선상에 있음을 주의해야 한다. 자기들의 욕망을 만족시키는 것 이외에 관심을 갖지 않는다는 의미에서 이기주의는 근대경제학에서도 공공의 복지를 침해하는 "가짜 개인주의" 로서 비난받고 있다.

이와 같이 근대경제학 간에도 다양하게 그 강조점이 달랐으며, 노동의 존중뿐만 아니라 소비자의 행복 추구도 존중하는 등 경제학의 가치관이 다양화되었다. 이는 이들의 배후에 개개인의 가치관의 다양성을 상호 인정하는 관용의 정신이 있었기 때문이다.

## 2.3 기업가와 소비자의 효용

경제학의 중심 문제가 다양화되는 또 다른 이유로 기업가entrepreneur의 역할이 존중되게 되었다는 것을 들 수 있다. 특히 기업가들 간의 자유경쟁이 모든 사회악을 치료하는 가장 좋은 특효약으로서 강조되게 되었다. 고전파 경제학 시대에는 기업가의 역할이 그만큼 중시되지 않았다. 경제사회는 자본가, 노동자, 토지소유자의 3대 계급에 의해 구성되어 있다고 생각했다. 이 3대 계급 어디에도 속하지 않는 기업가의 역할이 검토된 것은 한계혁명 이후 근대경제학에서였다. 현대경영학에서 기업가는 기업의 가치를 최대화하는 것을 임무로 한다고 생각하고 있다. 그리고 기업의

**그림 6-1 3개의 가치**

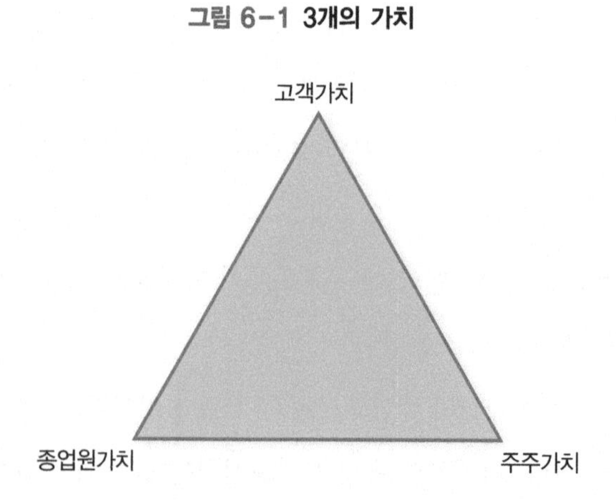

가치는 〈그림 6-1〉의 3개의 가치로 구성되어 있다.

기업가는 먼저 종업원가치를 높이는 데에 노력해야 한다. 이 종업원가치에는 기업에 종사하는 피고용자들의 급료나 상여금뿐만 아니라 다양한 복리후생서비스도 포함된다. 노동가치설은 기업가치의 이러한 측면을 특히 주목한 이론이었다고 할 수 있다.

또한 기업가는 고객가치를 될 수 있는 한 크게 하는 데에 노력하지 않으면 안 된다. 고객가치란 기업이 제공하는 상품이나 기타 서비스의 가치를 총칭한다. 즉, 기업가는 그가 제공하는 상품이나 기타 서비스의 비용을 계산할 뿐만 아니라, 그러한 서비스로부터 소비자가 얻을 수 있는 효용에 관하여도 고려하지 않으면 안 된다. 이러한 기업가의 목적을 고려하면 효용의 계산은 기업가들 자신의 효용이 아니라 오히려 고객의 효용에 주의를 기울여야 한다는 것을 알 수 있다. 다만 고객의 효용에 관하여는 자기들 자신의 효용에 비추어서 예측할 수 있을지도 모른다. 또한 기업가는 고객의 효용을 예측하는 데에 주의를 기울인다. 이리하여 기업가의 역할에 주목하는 근대경제학은 "타인(고객)의 효용"에 관하여 예측하기 위해서도 효용의 분석을 중심 과제로 하게 되었다. 현대경영학의 마케팅론은 기업가에 의한 소비자의 효용분석과 같은 목적을 갖는 것이라 할 수 있다.

현대경영학에서 제3의 기업가치는 주주가치이다. 다만 이 기업가치의 제3의 요소에 관하여 주의를 기울이게 된 것은 케인즈 혁명 이후의 경제학에서였다.

이와 같이 근대경제학에서 소비자의 효용이 중요한 연구과제가 된 것은, 기업가의 역할에 주목하고, 기업가치의 또 하나의 중요한 측면으로 주의를 기울인 결과였다. 기업가의 역할과 효용의 연구는 이와 같이 밀접하게 연결되는 것이다.

## 2.4 합리주의와 시장균형의 주제

근대경제학의 사상적 기반으로서 또 하나 지적하고 싶은 것은 그것이 합리주의적인 사고와 밀접하게 연결되어 발전하고 있다는 것이다. 근대 유럽의 합리주의는 다양한 측면이 있지만, 그들의 공통적인 특징 중 하나는 학문적인 논의가 엄밀한 논리학에 근거하여 전개되었다는 것이다. 또한 근대경제학은 가장 빨리 발전을 이룩한 물리학을 합리적인 과학의 모범으로 하였다. 뉴턴 이래의 물리학에서는 균형 개념을 중심으로 이론이 형성되었다. 근대경제학은 물리학의 균형 개념을 시장의 분석에 응용하였다. 이러한 시장균형의 연구를 가장 철저하게 추진한 것이 왈라스의 일반균형론이다. 또한 그 외의 근대경제학에서도 시장균형의 분석을 주요한 과제로 하였다.

근대경제학의 공통의 주제였던 시장균형이란 각각의 시장에서 수요와 공급이 같아지는 것이다. 이 상태는 물리학에서 물체의 운동이 균형을 이루어 정지한 상태와 가깝다. 결국 시장과 관련되는 모든 사람들의 효용이 이것 이상 커지지 않는다면 사람들의 경제활동은 마치 정지되어 있는 상태가 된다. 그 결과 시장에서 수요와 공급의 크기는 같아진다.

이러한 균형 상태의 연구에서 근대경제학은 물리학과 같은 과학적인 엄밀함을 추구하게 되었다. 그 반면에 경제학이 인간 행동에 관한 연구를 지향하는 것을 망각하는 경향도 나타났다. 물리학과 같은 방법을 경제학에 응용하면 물체 운동의 연구와 같이 인간을 기계나 물체와 같이 취급하게 될지도 모른다.

또한 시장균형의 상태는 모든 경제활동이 정지된 상태를 상정할 때 엄밀하게 연구할 수 있다. 따라서 경제활동이 사람들의 의욕이나 기대에 의해 다양하게 변화하는 프로세스에 관하여는 이와 같은 방법으로 분석하기는 어렵다. 자본주의 경제에서는 사람들의 경제활동이 필연적으로 변화한다. 경제가 시간을 통하여 변화하는 측면에 관하여 경제학이 관심을 가질 수밖에 없다. 그래서 오늘날 이것에 관한 연구가 계속되고 있다.

## 3. 가치론에서 고전과 근대

고전파 경제학과 근대경제학 간의 사고의 차이는 무엇보다 그것의 출발점인 가치론에서 잘 나타난다. 여기서는 고전파 경제학과 근대경제학의 가치론의 차이에 관하여 그 특징을 살펴보기로 하자.

### 3.1 고전파 경제학의 가치론 : 노동가치론 또는 비용가격론

고전파 경제학에서 제상품의 가치는 모든 상품의 속성으로서 객관적으로 인정된 공통의 실체인 노동의 크기에 의해 먼저 측정된다. 그리고 같은 노동시간이 소모된 상품이 같게 교환되는 것이 올바른 교환이었다. 즉, 등가교환이야말로 고전파 경제학에서는 교환의 정의적인 것이었다. 이것은 스콜라의 경제사상의 중심이었던 공정가격론을 계승한 사고였다.

여기서는 가치의 객관성과 동질성이 존중되었다. 반면 상품의 사용가치는 개별적 · 이질적인 것으로서 가치의 척도로 활용할 수 없었다. 따라서 효용의 연구는 고전파 경제학 시대에는 거의 진전되지 않았다.

### 3.2 근대경제학의 가치론 : 한계효용의 크기가 가치를 결정한다

근대경제학의 가치론은 개개인의 주관적 가치의 차이를 존중한다. 소비자의 효용은 개개인의 기호나 환경에 의해 다양하므로 상품의 가치는 개개인마다 다르다. 어떤 사람에게는 효용이 작아 필요도가 적은 상품이지만 다른 사람에게는 효용이 커서 필요도가 높다는 것이다. 개개인의 주관적 가치는 그 사람이 그 상품의 마지막

한 단위를 소비할 때의 한계효용에 의해 결정된다. 그 한계효용은 개개인마다 다르다. 동일한 상품에 대하여 개개인의 주관적 가치, 즉 한계효용이 다르다는 것이 사람들 간의 교환을 일으킨다. 그리고 그러한 교환에 의해 교환하는 모든 당사자가 이익을 얻을 수 있다. 근대경제학에서는 모든 교환은 등가교환이 아니고 "부등가교환", 즉 개개인 간의 주관적 가치의 차이를 전제로 하는 교환이다.

이상과 같이 근대경제학은, 사람들의 효용이 개개인마다 다른, 즉 사람들의 다양한 욕망에 관한 연구로부터 시작된 것이다.

## 4. 한계혁명을 이끈 학자

### 4.1 제본스

한계혁명은 다음의 3대 저작에 의해 거의 동시에 시작되었다. 제본스William Stanley Jevons(1835~1882)의 『경제학이론』(1871), 왈라스Léon Walras(1834~1910)의 『순수경제학요론』(1874), 그리고 멩거Carl Menger(1840~1921)의 『국민경제학원리』(1871)가 그것이다. 여기서는 이들 세 대가들의 사상을 차례로 살펴본다.

#### (1) 제본스의 배경

스위스의 왈라스, 독일의 멩거, 영국의 제본스는 1870년대에 한계 개념을 사용하여 경제학을 체계화하고, 수리적인 시점에서 고전파 경제학에 혁신을 가져왔다. 그 때문에 그들이 행한 참신한 경제분석을 "한계혁명"이라 부른다. 그 중에서도 제본스는 "제1의 수학자", "논리학의 제1인자", "위대한 통계학자", 그리고 "현대경제학의 개척자" 라고 일컬어진다.

제본스는 1835년 9월 1일 영국의 리버플에서 태어났다. 제본스의 부모는 11명의 자녀들을 키웠는데, 제본스는 9번째 아들이었다. 아버지 토마스 제본스는 철강상인, 어머니는 리버플의 명사 윌리엄 로스코(은행가이며, 역사학자였던 문화인)의 딸이었다. 제본스가 10세 때 어머니는 사망했다. 제본스는 아버지 토마스에 관하여 "인정이 많고, 온화하며, 표리하지 않은 사람이었다. 사업가로서 재능을 가졌을 뿐만 아니라 발명가로서도 알려져 있다. 세계 최초의 제철선은 토마스에 의해 설계되고 조선되었다" 고 일기에 쓰고 있다.

제본스는 15세 때에 런던의 유니버시티 · 칼리지 · 주니어스쿨에 입학했고, 그 후 유니버시티 · 칼리지에 진학하여 화학과 수학을 배웠다. 1852년 화학으로 은메달, 1853년에는 금메달을 획득하였다. 17세 때 오스트레일리아 시드니의 왕립조선국 금속분석관이 되었다. 이는 아버지가 재정난에 빠졌던 것이 그 이유였다.

오스트레일리아에서의 생활을 통하여 제본스는 천체나 기상관측에 관한 연구를 깊이있게 했으며, 지질학에도 관심을 가졌다. 그러한 경험은 후에 『석탄문제』의 집필이나 『태양흑점설』의 연구로 나아갔다고 생각된다. 또한 오스트레일리아의 철도정책에 관심을 가졌으며, 그것이 계기가 되어 경제학을 연구하기 시작했다. 특히 1856년에 아담 스미스의 『국부론』을 읽고 경제학에 대하여 본격적으로 연구하기 시작했다. 1857년에는 J. S. 밀의 『경제학원리』를 읽었다. 이러한 의미에서, 오스트레일리아에서의 생활은 금전 이외에도 제본스에게 경제학적 사고의 축적을 가져왔다고 말할 수 있다.

1859년 10월에 유니버시티 · 칼리지에 돌아와 수학, 논리학, 철학, 정치경제학 등을 이수하고, 1860년에 학사학위를 취득하였다. 정신심리학은 수석, 정치경제학은 3등이었다. 그러나 정치경제학의 평가에는 납득할 수 없었다. 1862년에는 석사학위를 취득하고 금메달도 받았다.

제본스는 1865년에 『석탄문제』를 발표하였다. 이 저작은 제본스의 명성을 단숨에 높이는 데 크게 공헌하였다. 『석탄문제』에 의해 에온즈 칼리지의 교수로 부임할 수 있었다고 해도 과언이 아니다. 대학교수의 자리를 확보했기 때문에 제본스의 생활은 안정되었다. 1872년에는 왕립협회의 회원으로도 선출되었다. 제본스는 그때까지의 경제적 · 정신적 스트레스로 인해 건강이 크게 나빠져 교직의 부담이 적은 유니버시티 · 칼리지로 이적했지만, 건강이 회복되지는 않았다. 1882년 8월 헤이스팅 해에서 해수욕 중에 익사하였다. 그날의 해수는 얼음과 같이 차가웠다고 한다. 46세의 아까운 나이였다. 제본스의 인물 및 연구내용에 관하여는 케인즈의 『인물평전』 제13장 "윌리엄 스탠리 제본스"에 상세히 서술되어 있다.

### (2) 제본스의 경제학

제본스의 주저는 1871년에 쓴 『경제학원리』이다. 이 책은 크게 두 부분으로 이루어져 있다. 그 하나는 수학적 방법에 관한 것이고, 다른 하나는 효용이론에 관한 것이다. 제본스는 수리경제학 건설자의 한 사람이라고 말할 수 있는데, 이에 대해 제본스는 『경제학원리』의 제1판 서문에 다음과 같이 서술하였다.

"나는 경제학을 쾌락 및 고통의 미적분학으로 취급하고자 시도하고, 종래의 의견을 거의 무시하고, 경제학이 궁극적으로 채택되어야 하는 형태라고 약술했다. 나는 오래 전부터 경제학은 시종 수량을 취급하고 있으므로, 예컨대 말로는 그렇지 않다 하더라도, 실질적으로 하나의 수학적 과학이 되지 않을 수 없다고 생각했다."

오늘날 제본스의 이러한 수학적 수법에 의한 경제분석과 효용이론의 전개는 매우 독창적이었을 뿐만 아니라 선구자였다고 할 수 있다.

#### ① 효용이론

경제학 발전의 역사에서 혁명적이라고 말할 수 있는 대전환이 일어나기 위해서는 종래까지 주류였던 경제학을 부정하거나, 그것으로부터 탈피할 필요가 있다. 한계혁명을 탄생시킨 제본스의 『경제학원리』도 아담 스미스, 리카도, 밀에 이르는 고전파 경제학으로부터 탈피한 것이었다. 이 책의 제1판 서문은

"본서의 내용은, 경제과학이 가진 거의 완벽한 형태를 획득한 것이라고 생각하는 사람들 간에는 당장 승인되기 어려운 것이 있다"

라고 시작하고 있다. 그리고 1879년 제2판 마지막 절에서는 보다 강하게

"궁극적으로 경제학 체계가 수립될 때에 유능했지만, 사상이 달랐던 데이비드 리카도가 경제과학의 차량을 잘못된 궤도로 이끌었다는 것이 판명되었다고 해야 할 것이다. 그렇지만 이 궤도는 유능했지만 사상의 차이가 있던 그의 찬미자 존 스튜어트 밀이 오른쪽으로 차량을 혼란스럽게 추진시켜 갔다고 해야 할 것이다"

라고 서술하고 있다. 제본스는 경제학의 진정한 진보를 위해서는 권위의 무게가 의견이나 이론의 자유로운 검토를 방해하지 않아야 한다면서, 권위로부터의 탈출이 진보의 전제라고 주장하였다. 그 하나가 고전파와 다른 수학적 수법의 중요성을 강조한 것이다. 그리고 또 다른 하나는 고전파 경제학의 체계를 이루는 노동가치설에 대하여 효용가치설을 제창한 것이다.

제본스는 리카도, 밀에 이르는 고전파 경제학의 노동가치설에 대하여 생산물이 투하된 노동량에 비례하는 가치로 교환되는 것은 거의 없다고 하면서 노동가치설을 부정하였다. 그것 대신 주창한 것이 효용가치설이다. 제본스는 주저 『경제학이론』 제3장 "효용이론"에서 효용을 다음과 같이 설명하고 있다.

먼저, 사람들은 소비에 의해 느낄 수 있는 효용에 따라 재화의 가치를 판단한다. 그 경우에 중요한 것은, 효용이란 재화에 내재된 고유한 성질이 아니라 인간의 욕구에 대하여 재화가 어떠한 상황에 있는가와 관계된다. 예를 들어 물은 인간의 생명에 필요하다는 의미에서 모든 물질 중에서도 가장 유효하다. 그러므로 하루 한 잔의 물밖에 없다면 그것은 높은 효용을 가진다. 그러나 그 양이 증대함에 따라 효용은 낮아지고, 드디어 제로가 되며, 부[負]가 될 수도 있다. 이로부터 말할 수 있는 것은 효용은 재화의 수량과 관계 있다는 것이다. 여기서 제본스는 재화의 소비로부터 얻은 만

족의 크기로서의 전부효용과, 그 추가적인 소비로부터 얻는 만족의 크기인 한계효용을 구별하고 있다. 다만, 한계효용이라는 용어는 후에 뷔저에 의해 명명되었으며, 제본스 자신은 이를 최종효용도라고 불렀다. 이것이 오늘날 근대경제학이 소비자의 합리적 행동을 분석하는 경우에 불가결한 분석도구가 되었다.

제본스는 효용을 재화와 인간의 욕구와의 관계로부터 일어나는 것이라고 생각함으로써, 아담 스미스가 설명하는 것과 달랐던 물과 다이아몬드의 역설, 즉 사용가치와 교환가치의 모순을 해명할 수 있었다. 물은 확실히 사용가치가 높다. 다만 교환가치는 제로와 같다. 한편, 다이아몬드는 사용가치는 낮지만 교환가치는 높다. 그 모순을 설명하는 핵심이 한계효용의 개념이었다. 요는 재화가 인간의 욕구에 대하여 풍부하게 존재하는가 아니면 희소한가라는 것이다. 이 욕구와 재화의 수량의 상대적 관계 가운데에 가치를 나타내는 것이 효용가치설이라 말할 수 있다.

이러한 경제이론의 배후에는 경제발전에 따라 자원이 고갈될 수 있다는 문제에 대하여 상대적으로 희소한 자원을 효율적으로 이용한다는 문제의식이 있었다고 생각된다. 그것을 이론적으로 설명한 것이 한계효용균등의 법칙이다. 또한 효용이론에서 나타난 마이너스의 효용 및 마이너스 상품의 개념은 현대 환경경제학의 분석과 관련된 것이다. 제본스가 말한 부負의 상품은 당시 사회문제였던 오수汚水, 광산이나 염색공장에서 나오는 오폐수였다. 제본스 시대에 최악의 상태였던 도시공해를 야기시켰던 요인을 부의 상품으로서 경제이론에 들여온 시각은 오늘날 환경문제 분석에도 나타나고 있다.

### ② 석탄문제

제본스는 1865년에 「석탄문제—국민의 진보와 우리나라 탄광의 개연적 고갈에 관한 연구」를 발표하였다. 이것은 제본스에게 경제학자로서의 지위와 명성을 가져왔으며, 당시 정부의 재정정책에 하나의 지침을 준 것으로 주목되었다.

산업혁명 이래 영국의 산업은 다른 나라에 비하여 압도적인 우위를 점하고 있었지만, 그 대부분은 자국에서 산출되는 저렴하고 풍부한 석탄에 기인했다. 증기기관이라는 새로운 산업기계를 움직이는 에너지가 석탄이었다. 그러한 의미에서 영국 산업의 비약적인 발전은 석탄의 대량소비에 의해 가능했다고 말할 수 있다. 제본스는 산업혁명 이후의 영국에서 석탄 소비량을 추정하고, 이 10년간의 소비량이 그 이전 72년간 소비의 50%에 달한다고 결론 내리고 있다. 그 결과 문제되는 것이 석탄의 고갈이었다. 영국의 석탄 매장량이 아무리 풍부하더라도 대량소비가 계속된다면 결국에는 고갈될 것이기 때문이다. 그 결과는 어떻게 될 것인가?

제본스는 고갈의 문제는 물리적인 문제이기도 하지만, 석탄가격의 상승이 뒤따르며, 이대로 채굴이 계속된다면 점차 석탄가격은 등귀할 것이라고 말했다. 다른 나라에 비하여 저렴한 석탄가격이 다른 나라 수준에 달하면, 영국의 우위는 사라지게 된다. 그것을 「석탄문제」 서문에서 다음과 같이 서술하고 있다.

"현재, 적극적으로 활동하고 있는 것이 장래 자기들에게 불리한 영향을 미치게 될 것이다. …… 그 경우에 영국은 세계무역의 큰 비중을 유지할 수 있을 것인가, 현재 이루어지고 있는 것과 같은 확장을 계속하는 것은 불가능하다. 우리들의 활동은 저하될 수밖에 없다. 그러므로 나의 주의는 직접 이것의 변화를 바란다."

제본스의 주장은 맬더스의 『인구론』의 논법과 유사한 것이었다. 맬더스는 사회의 발전이 인구를 기하급수적으로 증가시킴으로써 식료품의 부족을 초래하고, 그것이 인구를 억제시키게 된다고 주장하였다. 제본스는 19세기 초 이래 인구는 4배나 되었지만, 석탄의 생산량은 16배에 달하였기 때문에 인구 1인당 석탄소비량이 4배나 되었다고 지적하고 있다. 그러므로 석탄생산량이 인구 증가의 4배 속도로 증가하지 않으면 영국 사회의 성장은 억제되게 된다는 것이다.

이러한 자원고갈 문제는 지질학이이나 광물자원에 관한 지식을 필요로 했는데, 제본스가 오스트레일리아의 자원분석관으로서 기상과 지질에 관한 일을 맡았던 것이 크게 도움이 되었다고 생각된다. 그렇지만 자원문제를 물리적인 문제로서가 아니라, 경제적 관점에서 분석한 점은 중요한 시각이었다고 생각된다. 자원의 고갈과 대체에너지의 개발은 물리적인 문제 이상의 경제적 문제이며, 그것이 오늘날에서도 같다고 할 수 있다.

다만, 제본스의 「석탄문제」에 관한 분석은 그 결론에 이르는 과정에서 논리적 비약이 있다고 지적된다. 그것은 케인즈가 『인물평전』에서 제본스가 경제학자로서의 자질은 마샬과 같이 높이 평가되지만 「석탄문제」에 대하여는 지나치게 과장이 있다고 생각된다고 지적한 것에서도 알 수 있다.

### ③ 태양흑점설

제본스의 또 하나의 업적은 경기이론의 제시였다. 제본스 이전에도 경제활동의 주기적 변동을 설명하는 여러 가지 설이 있었지만, 제본스의 설은 당시로서도 이채로운 것이었다. 그것은 태양흑점의 주기가 경기변동의 주기에 관계된다는 것이다.

1862년에 대영학술협회에 보고된 「주기적 경기변동의 연구에 관하여」라는 논문에서 시발된 제본스의 경기변동에 관한 연구는 결국 "태양흑점설" 이라는 형태로 결실을 맺었다. 자연과학의 세계에서는 태양의 상태가 주기적으로 변화한다는 것이 증명되어 있다. 태양의 흑점 면적의 변화가 그것이다. 이 변화는 지구의 강우량을 위시한 기상현상의 변화를 가져와 작물의 수확에 큰 영향을 미친다. 그래서 매년 작물의 풍 · 흉작이 기후에 좌우된다는 것이며, 기후가 태양흑점의 주기적 변동과 관계되면서, 곡물의 수확량 및 가격의 변동에 기인하는 경기변동이 태양흑점의 변화와 같은 주기를 가지고 변동한다는 것이다. 이것이 제본스에 의한 경기순환의 태양흑점설이다.

제본스는 1875년의 논문 「태양주기와 곡물가격」에서 13세기 및 14세기의 소맥, 대맥, 콩 등의 곡물 통계를 기초로 곡물가격이 약 11년의 주기를 가지고 변동하고 있다는 것을 나타냈다. 그리고 이것이 당시 인정되었던 11.11년의 태양주기와 합치했기 때문에 양자 간에는 상관이 존재한다는 것을 추정한 것이다. 제본스는 그 후 1878년 8월에 『상업공황의 주기성과 그 물리적 설명』, 나아가 동년 11월에 『상업공황과 태양흑점』을 발표하며, 태양흑점과 경기변동 간에 밀접한 관계가 있다고 주장하였다.

그러나 실제로는 유럽의 곡물가격 결정요인이 복잡했기 때문에 곡물가격의 주기적 변동은 검증되지 않았다. 그래서 제본스는 인도에서 곡물의 변동이 10여 년의 주기를 가지고 변동한 것에 주목하였다. 유럽은 인도와의 교역이 성행했으며, 인도에서의 기근은 무역량을 감소시키기 때문에 유럽의 경제에 큰 영향을 미친다. 또한 풍작인 해에는 유럽에서의 상품 수입이 증대하기 때문에 경기 상승을 가져온다. 말하자면 태양흑점의 변화가 인도의 농업에 미치는 영향을 통하여 유럽의 경기변동을 일으킨다고 생각하였다.

그러나 제본스의 태양흑점설은 경기순환이론으로서는 불충분한 것이며, 태양흑점의 주기로부터 추론한 곡물가격의 변화를 무리하게 짜맞춘 측면이 있다. 게다가 제본스 시대 이후 태양흑점이 천문학자에 의해 11.125년의 주기를 가졌음이 밝혀졌다. 경기순환은 7～8년의 간격으로 일어났다. 이러한 상황에 관하여 케인즈는 『인물평전』에서

"현재는 일반적으로 수확의 주기가 태양흑점이 되고, 혹은 더욱 복잡한 기상현상과 관련되어 있다는 것이 판명되었다 하더라도, 그것은 경기순환의 완전한 설명을 할 수 없다고 의견이 일치하고 있다."

고 서술하고 있다. 다만 케인즈는 그것에 이어 "그럼에도 불구하고, 기상현상이 수확의 변동에 어느 정도의 역할을 하고, 또 수확변동이 경기순환에서 어느 정도의 역할을 담당한다는 제본스의 사고는 가볍게 넘겨버릴 수 없는 것이다" 고 하여 그의 업적을 평가하고 있다.

그 후 제본스의 아들 허버트 제본스Herbert Stanley Jevons(1875～1955)는 아버지의 유지를 계승하여, 세계 곡물의 수확이 3년 반의 주기를 가졌기 때문에, 태양흑점의 10년 주기가 3년 반의 주기에 3번 중첩되어 일어나는 것이 아닌가라는 가설을 세웠다. 이것에 관하여는 오늘날 엘리뇨현상과 관련지어 생각해 볼 수 있다.

제본스의 업적을 살펴보면, 먼저 경제분석에 혁명적인 변화를 가져온 한계 개념의 도입을 들 수 있으며, 석탄문제나 태양흑점설에서 보이는 통계분석에 의한 경제이론의 전개도 그 이후의 근대경제학의 발전에 큰 영향을 미친 중요한 업적이라고 말할 수 있다. 46년이라는 짧은 생애에서 많은 업적을 남겼지만, 그의 주요한 이론이 30세 전후에 완성되었다는 사실은 그가 빛나는 천재였다고 말하지 않을 수 없다.

## 4.2 레온 왈라스

아담 스미스 이래의 고전적 경제학은 시장의 가격기능에 의해 자원이 가장 효율적으로 배분되며 이를 통해 동시에 경제 전체에 균형(초과수요나 초과공급이 없는 상태)이 달성될 수 있다고 믿었다. 그리고 이후 다수 경제학자들은 특정 시장을 예로 들어 가격기능에 의해 해당 시장의 균형 상태에서 자원이 효율적으로 배분된다는 점을 보이며 이러한 견해가 옳다고 믿었다. 그러나 엄밀한 의미에서 특정 시장 한두 개가 가격기능에 의해 균형 상태에서 자원이 효율적으로 배분된다고 해서 한 경제 내에 존재하는 다른 모든 시장의 자원이 균형 상태에서 효율적으로 배분된다고 확신할 수는 없었다.

레온 왈라스는 이에 대해 경제 내의 모든 시장은 서로 연관되어 있고, 이들 시장 전체를 동시에 균형 상태에 도달하게 만드는 가격체계가 존재하며, 이를 수학적으로 증명할 수 있음을 보였다. 그리고 왈라스는 이를 종전의 특별한 시장 한두 개가 이루는 균형과는 차원이 다른 균형이라는 의미에서 일반균형이라고 칭하였다. 왈라스의 이러한 분석은 고전적 경제학의 핵심 사상을 이론적으로 뒷받침할 수 있는 중요한 이론이었다.

한편 왈라스가 최초로 제시한 일반균형이론은 그의 생전에는 동료 경제학자들로부터 그 중요성을 인정받지 못하는 비운을 겪었다. 그러나 왈라스 사후에 힉스, 새뮤얼슨, 애로우 등의 경제학자에 의해 일반균형이론의 중요성이 부각되면서 왈라스는 일반균형이론의 아버지로 추앙받게 되었다.

경제현상이 상호 의존관계에 있다는 것을 이론적으로 체계화한 왈라스의 업적은 높이 평가되고 있을 뿐만 아니라 수리경제학을 확립하는 데 초석이 되었다. 어떤 하나의 경제현상이 많은 다른 경제현상에 의해 변동한다는 것을 해명한 왈라스의 일반균형이론이 경제학분야에 미친 영향은 지대하다. 여기서 먼저 왈라스의 생애를 보기로 하자.

### (1) 왈라스의 경력

왈라스는 1834년 12월 16일 프랑스의 에벨에서 태어났다. 왈라스의 정식 이름은 마리 에스프리 왈라스Marie Esprit Léon Walras(1834~1910)이다. 왈라스가 26세 때, 1860년 7월에 스위스의 본주州에서 국제조세회의가 열렸는데, 거기에서 왈라스가 발표한 토지국유화론과 임금증세설에 청중은 매료되어 왈라스에 대한 박수가 쏟아졌다. 왈라스는 본주州의 교육국장인 루쇼의 주선으로 1870년 12월 16일 36번째 생일날 로잔느아카데미의 교단에 서게 되었다. 다음해 10월 20일에 정교수로 취임하고, 1892년에 로잔느대학(1891년에 로잔느아카데미는 로잔느대학이 되었다) 경제학 교수의 자리를 파레토에게 물려줄 때까지, 왈라스의 열정적인 노력과 경제균형 체계 수립에 대한 도전은 계속되었다. 왈라스의 이름을 불후하게 한 『순수경제학요론』 제1분책이 1874년 7월 27일에 간행되었다. 이어 1877년 9월 6일에 제2분책이 간행되었다.

1909년 6월 10일(왈라스의 나이 75세)에 왈라스의 연구생활 50년을 축복하기 위하여 로잔느대학에서 성대한 잔치를 개최하고, 청동 기념비를 로잔느아카데미의 엔터런스홀에 세웠다. 그 기념비는 "1830년 에벨에서 태어나, 로잔느 아카데미 및 대학의 교수로서, 처음으로 경제균형의 일반적 조건을 수립했으며, 로잔느학파를 창설한 레온 왈라스께, 무욕한 연구 50년에 경의를 바치며" 라는 내용으로 되어 있다.

## 왈라스 균형과 마샬 균형

경제학에서 '균형' 또는 '안정성'의 개념은 매우 중요하다. 시장균형market equilibrium과 자원배분 영역은 기본적인 경제학 개념이자, 조금 더 복잡한 미시경제학의 일반균형으로 나아가기 위해 필수적인 개념이라 할 수 있다. 시장의 균형 또는 안정성이란 시장에 교란이 발생했을 때 경제가 균형 상태로 회귀하고자 하는 내생적인 속성을 의미한다.

경제학원론 교과서에서 소개하는 안정성 개념은 크게 두 가지로, 하나는 정적 안정성이고, 다른 하나는 동적 안정성 개념이다. 정적인 안정성 개념에는 '왈라스의 안정성'과 '마샬의 안정성'이 있고, 동적인 안정성 개념에는 레온티에프 등이 정립한 '거미집 이론cobweb theorem'이 있다.

먼저 정적 안정성에 해당하는 두 가지 개념부터 알아보자. 시장에 초과수요가 발생할 경우 시장가격은 올라가고, 반대로 초과공급이 있을 경우에는 시장가격이 하락한다. 이렇게 시장에 초과수요·공급이 발생할 경우, 가격변동을 통해 시장이 다시 균형으로 수렴한다고 주장한 사람이 왈라스Léon Walras이고, 수량변동이 시장균형의 조건이라고 주장한 사람이 바로 마샬Alfred Marshall이다.

왈라스 안정성 조건은 가격($P$)이 상승하면 △초과수요($\Delta E_D$)가 감소한다. 왈라스에 의하면, 시장에 초과수요가 발생한 경우 시장가격은 올라간다. 사고자 하는 사람들이 많아지면, 그 물건의 희소성은 높아지고, 자연스레 가치가 올라가는 이치다.

### 1. 왈라스의 안정성

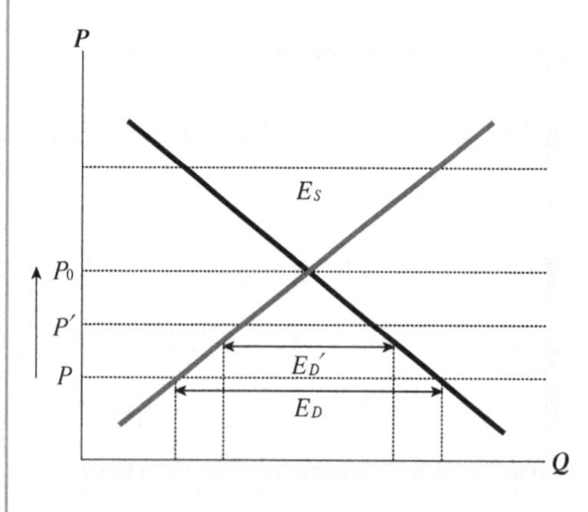


왼쪽 그래프에서처럼 시장가격이 $P$일 때는 초과수요가 $E_D$만큼 발생하고, 적정 수준을 초과한 수요에 의해 시장가격이 $P$에서 $P'$으로 올라갈 경우 초과수요는 $E_D$에서 $E_D'$만큼 줄어든다. 결과적으로, 가격이 $P'$에서 $P_0$만큼 올라갈 경우 완전히 시장균형에 도달하게 되고 초과수요는 해소된다. 결론은, 왈라스가 바라보는 시장균형은 결국 가격메커니즘에 의해 달성이 된다는 것이다.

2. 마샬의 안정성

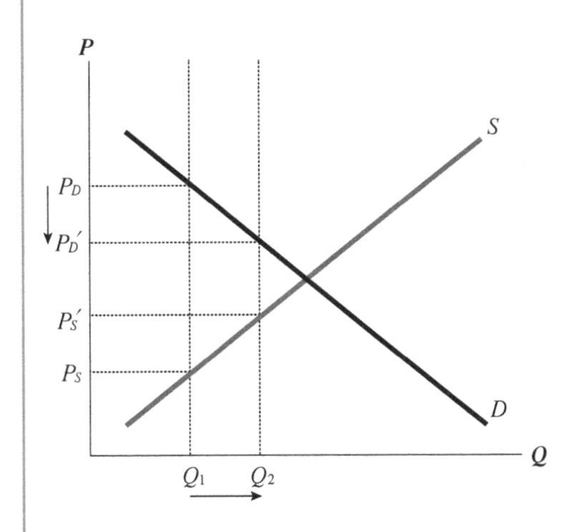


마샬의 안정성 조건은 생산량($Q$)이 증가하면 시장가격이 하락한다는 것이다. 왈라스와 달리 마샬은 시장의 균형이 생산량에 의해 결정된다고 보고 있다. 즉, 왼쪽 그래프에서처럼 생산량이 $Q_1$일 때 가격은 $P_D$지만, $Q_2$로 생산량이 늘어나면 시장가격은 $P_D'$으로 하락함을 알 수 있다.

왈라스의 균형은 공급량과 수요량의 변동이 즉각적으로 이루어진다고 가정하고 있지만, 마샬에 따르면 시장공급은 단기적으로 조정이 불가한 경우가 상당수 존재한다.

## (2) 왈라스의 교환이론

우리들이 오늘날 경제학을 처음 배울 때 반드시 학습하는 수요 · 공급곡선은 왈라스의 『경제학요론』에서 경제학설 사상 처음으로 전개된 것이다.

### ① 물물교환

어떤 시장에서 상품 A를 소유하고 그 일부를 상품 B와 교환하고자 하는 사람들과, 상품 B를 소유하고 그 일부를 상품 A와 교환하고자 하는 사람들이 물물교환을 한다고 하자. 이때 A의 $m$단위와 B의 $n$단위가 교환된다면,

$$mv_1 = nv_2$$

가 성립한다. 여기서 윗 식의 $v_1$은 A 1단위의 교환가치, $v_2$는 B 1단위의 교환가치를 나타낸다. 이들 교환가치의 비는 가격이다.

A로 표시된 B의 가격은 $p_2$, B로 표시된 A의 가격은 $p_1$으로 표시되며, 다음 식이 성립한다.

$$p_2 = \frac{v_2}{v_1} = \frac{m}{n}$$
$$p_1 = \frac{v_1}{v_2} = \frac{n}{m}$$

위 식에서 가격($p_1$, $p_2$), 즉 교환가치의 비($\frac{v_2}{v_1}$, $\frac{v_1}{v_2}$)는 교환되는 상품량에 반비례한다는 것을 알 수 있다.

따라서

$$p_2 = \frac{1}{p_1} \text{과 } p_1 = \frac{1}{p_2}$$

이 얻어지므로 각 상품의 가격은 상호 역수가 된다.

### ② 두 상품의 수요와 공급

"상품 A의 $D_1$ 량이 가격 $p_1$으로 수요되는 것은 $D_1 p_1$과 같은 상품 B의 $O_2$가 공급되는 것" 이다. 여기서는 왈라스를 따라 수요는 $D$, 공급은 $O$로 표시한다.

B의 공급량은

$$O_2 = D_1 p_1$$

에 의해 결정된다.

B의 수요량에 관하여도 똑같이 생각할 수 있으므로

$$D_2 = O_1 p_1$$

이 성립한다.

요컨대 "어떤 상품의 다른 상품에 대한 유효수요나 유효공급은 제2상품의 유효공급이나 유효수요와, 제1상품으로 표시된 제2상품의 가격과의 곱과 같다."

### ③ 교환의 균형

상품 $X$에 대한 수요는 가격이 제로일 때는 일정량이지만, 가격이 높아짐에 따라 수요량은 감소하고, 어떤 가격수준에 도달하면 수요량은 제로가 된다. 한편, 상품 $Y$의 공급은 가격이 제로일 때는 제로지만, 가격이 상승함에 따라 공급량은 증가한다. 가격이 어떤 일정 수준이 되면 공급량은 최대치가 된다. 나아가 가격이 상승하면 공급량은 감소한다.

**그림 6-2 2재화 교환의 균형**

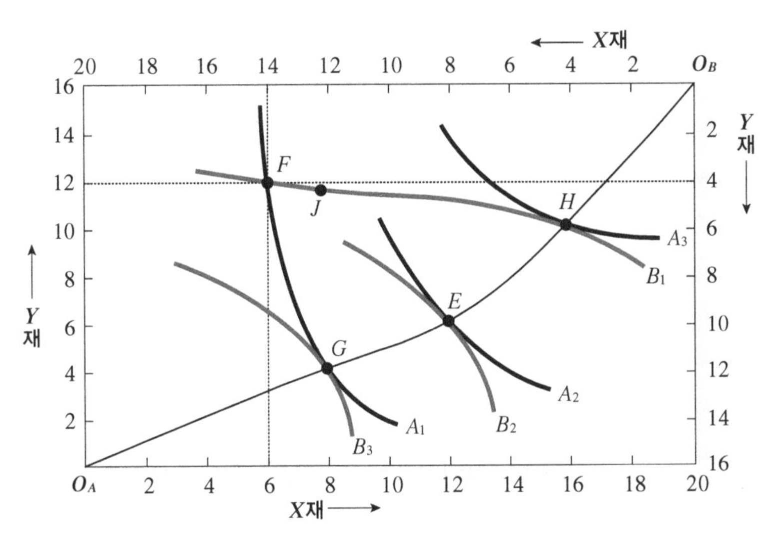


도표 $A_1$, $A_2$, $A_3$곡선이 수요곡선, $B_1$, $B_2$, $B_3$곡선이 공급곡선이고, 양 곡선은 $G$점, $E$점, $H$점에서 만나며, 가격은 양 곡선이 만나는 $G$, $E$, $H$에서 결정된다. 이 가격

수준을 균형가격이라 한다. 만약 가격수준이 균형점보다 높은 수준이면 유효공급과 유효수요가 같아질 때까지 가격이 내려가야 한다. 즉, 소비자 A, B가 서로 교환을 통하여 소비점을 $G$, $E$, $H$ 중 하나로 옮겨가면 교환의 일반균형에 도달하게 된다는 것이다.

오늘날 경제학에서는 종축이 가격, 횡축이 거래량을 표시하는 게 관례이다. 이 방식은 알프레드 마샬이 『경제학원리』에서 사용한 것이다. 그러나 왈라스의 표시법은 〈그림 6-2〉와 같이 종축이 거래량, 횡축이 가격이다. 마샬의 수요 · 공급곡선 균형은 마샬의 균형이라 하고, 왈라스의 수요 · 공급곡선 균형은 왈라스의 균형이라 한다(box의 "왈라스 균형과 마샬 균형" 참조).

그러면 왈라스는 균형가격을 어떻게 풀이했던 것인가? 소비자가 각각 $X$재와 $Y$재를 가졌다고 한 경우를 들어 살펴보기로 하자.

"대수적으로는, 문제는 두 개의 방정식

$$f_x(p_x) = f_y(p_y)p_y, \quad p_x p_y = 1$$

의 두 개의 근 $p_x$, $p_y$를 구하든가, 혹은 두 개의 방정식

$$f_x(p_x)p_x = f_y(p_y), \quad p_x p_y = 1$$

의 두 개의 근 $p_x$, $p_y$를 구하는 것이다.

나아가 $D_x = O_x$를 나타내는 방정식

$$f_x(p_x) = f_y(\frac{1}{p_x})(\frac{1}{p_x})$$

및 $O_y = D_y$를 나타내는 방정식

$$f_x\left(\frac{1}{p_y}\right)\left(\frac{1}{p_y}\right) = f_y(p_y)$$

의 두 개의 근 $p_x$, $p_y$를 구하는 것이다."

요컨대, 수요함수와 공급함수로부터 $X$와 $Y$의 균형가격을 각각 구할 수 있다. 이를 일반화하면 모든 소비자들이 각각 자신에게 주어진 소득 내에서 효용을 극대화하도록 재화를 소비하는 경우 초과수요의 시장가치는 항상 0이 된다. 즉, 개별 시장에서 수요와 공급이 항상 일치한다는 보장은 없어도 경제 전체적으로 볼 때 총수요의 가치와 총공급의 가치는 항상 일치한다. 따라서 $n$개 시장이 존재할 때 $(n-1)$개 시장이 균형 상태에 있다면 나머지 하나의 시장도 자동적으로 균형 상태에 도달하게 된다. 이를 왈라스의 법칙Walras' s law이라 한다.

### ④ 희소성의 이론

수요와 공급이 균형을 이루는 것이 시장균형의 조건이다. 여기서는 교환의 균형이 성립하기 위한 조건은 무엇인가? 왈라스에 의하면, 교환자의 효용 극대화가 달성되는 것이 주체적 균형의 조건이며, 그 조건이 만족되는 것이 교환의 균형이 성립하기 위한 조건이다.

왈라스는 주체적 균형의 조건을 명확히 하기 위하여 희소성의 이론을 전개했다. 교환자가 어떤 상품의 소비에 의해 만족된 욕구의 합계가 유효효용(총효용)이며, 그 상품의 마지막 1단위에 의해 충족되는 욕구의 강도가 희소성(한계효용)이라고 왈라스는 정의하였다.

어떤 상품의 유효효용은 그 상품의 소유량이 증가함에 따라 커지지만, 그 상품의 희소성은 소유량이 증대함에 따라 감소한다. 여기서 상품 A와 B가 있을 때에는, 상품 B의 소유자는 상품 B를 전부 소비하기보다는 일부는 상품 A와 교환하여 유효효용을 증가시킬 수 있다. 이때 효용극대화 조건은 상품 A의 희소성 $r_a$와 상품 B의 희소성 $r_b$의 비가 상품 B로 표시된 상품 A의 가격 $p_a$와 같아지는 것이다. 결국

$$\frac{r_a}{r_b} = p_a$$

가 성립하는 것이다.

위 식은 두 재화의 한계효용(희소성)의 비가 두 재화의 가격의 비와 같아질 때 효용이 극대가 된다는 것을 나타낸다. 이것이 소위 "한계효용균등의 법칙" 이다.

### (3) 왈라스의 일반균형이론

현실 경제에는 무수히 많은 재화와 서비스가 존재하며, 각각의 재화 · 서비스의 수요 · 공급량은 그 재화의 가격뿐만 아니라 다른 재화의 가격에도 영향을 미친다. 이러한 경제의 상호 의존관계를 방정식 체계로 파악한 것을 일반균형이론이라 한다. 이것은 많은 재화의 가격결정뿐만 아니라 많은 재화의 가격결정의 상호 의존관계 분석에도 유효하다. 왈라스의 최대 학문적 업적은 일반균형이론을 수립한 것이다.

경제활동의 순환은, 가계로부터 공급되는 생산요소를 기업이 투입물로서 사용하고, 기업에 의해 생산되는 생산물은 가계에 의해 소비된다는 재화 · 서비스의 순환과, 가계가 생산물 구입에 지불하는 화폐를 기업이 다시 가계에게 생산요소의 대가로 지불하여 분배하는 화폐의 순환으로 되어 있다.

#### ① 왈라스의 법칙

시장은 재화나 서비스의 시장뿐만이 아니다. 화폐시장, 증권시장, 부동산시장, 환율시장 등 많은 시장이 있다.

생활에 필요한 재화를 수중에 넣고자 한다면, 소비자는 지갑에서 돈을 꺼내 지급해야 한다. 재화의 수요가 증대하는 만큼 화폐의 공급이 증가하는 것이다. 이것을 전체 시장에서 생각해 보면, 세상에 있는 모든 시장의 수요와 공급은 같아진다고 보는 것이 좋다. 결국 재화 · 서비스의 시장에서 수요가 공급을 상회(초과수요)하면, 화폐시장에서는 반대로 공급이 수요를 상회(초과공급)하게 된다. 그렇다면—많은 시장이 있다고 한다면—이들 시장의 수요와 공급의 총합은 반드시 그 합계액이 제로가 된다. 시장의 세계에서는 제로섬이 성립하는 것이다. 이것을 "왈라스의 법칙 Walras' s law"이라 한다.

왈라스는 제로섬을 상정하고, 제로섬 상태를 균형이 달성되어 전체 시장의 총합이 균형된 상태라고 하면서 이를 일반균형이라고 정의하였다. 왈라스는 일반균형에 어떻게 도달하는가를 다음과 같이 보았다.

**② 경매인**

*m*종류의 재화와 *n*명의 사람이 있다. 어떤 사람은 *m*종류의 재화를 각각 보유하고 있다. 다른 사람도 *m*종류의 재화를 보유하고 있다.

어떤 때 두 사람은 *m*종류의 재화를 교환한다고 하자. 두 사람이 교환거래를 하지만, 머리 속에서 생각하는 거래는 할 수 없다. 왜냐하면, 두 사람 모두 자기 수중에서 보내는 재화는 특정할 수 있지만, 반드시 그 재화가 상대가 필요로 하는지는 판단할 수 없기 때문이다. 그래서 양자 욕구의 이중의 일치를 가져올 프로 경매인이 거래 중개인으로서 등장한다. 그러면 경매인은 어떻게 하여 거래를 성립시키는가?

경매인은 먼저 두 재화의 공통의 잣대를 선택한다. 왈라스는 이 잣대를 가치척도재라고 했다. 그 다음 가치척도재를 사용하여 각 재화의 가치(가격)를 측정한다. 이렇게 측정된 재화 각각의 가격을 그 재화 거래자에게 전한다. 재화 거래자들은 경매인으로부터 전달받은 가격을 판단하고, 각각의 재화 수요량과 공급량을 결정한다.

그런데 재화가격을 판단하고 수요 · 공급량을 결정하더라도 거기에는 일정한 판단재료가 있다. 그것은 각 개인이 결정하는 수요 · 공급량은 각 개인의 총효용을 극대로 하는 거래량이어야 한다는 것이다.

### ③ 일반균형론

재화가격이 주어져 있다고 하고, 각 개인의 재화에 대한 수요 총액과 공급 총액을 같아지게 했을 때 각 개인이 그들 재화로부터 얻는 총효용이 극대로 되는 상태를 주체적 균형이라 한다. 주체적 균형이 성립했을 때에는 임의의 두 재화의 한계효용의 비는 두 재화의 가격비율과 같아지게 된다. 왈라스의 후계자 파레토Vilfredo Federico Damaso Pareto(1848~1923)는 『경제학전요』에서 왈라스가 의도하는 주체적 균형을 그림을 이용하여 설명할 수 있었다.

파레토에 의하면, 가격의 비는 예산선의 기울기이다. 한편, 한계효용의 비는 무차별곡선의 기울기이다. 예산선은 소비자의 소득제약을 나타내고, 무차별곡선은 효용의 수준을 나타낸다. 그래서 소득제약 하에서 효용을 극대화하는 두 재화의 거래량은 예산선과 무차별곡선이 접하는 거래량이 된다. 예산선과 무차별곡선이 접한다는 것은 양 곡선의 접점에서 양 곡선의 기울기가 일치한다는 것이다. 무차별곡선의 기울기는 한계효용의 비이며, 예산선의 기울기는 두 재화의 가격비이다. 이것에 의해 왈라스의 주체적 균형이 증명될 수 있다.

왈라스는 효용이론과 균형 개념을 구사하여, 각 시장의 거래량과 각 시장에서 거래되는 재화의 가격이 상호 영향을 미치는 상호 의존관계를 기초로 일반균형이론의 체계를 구축하였다. 일반균형이론이란 어떤 시장의 어떤 재화의 가격이 변화할 때에 다른 시장의 거래량과 가격에 어떠한 영향이 미치는가를 포착하기 위해서는 각 시장의 균형에 대한 수속과정收束過程(왈라스는 이것을 모색이라 했음)과 그 결과를 명확히 하는 것이다. 일반균형이론을 전제로 하면, 몇 개의 시장이 있거나 몇 개의 재화가 있더라도 방정식 체계를 만들어 모든 재화의 균형가격을 결정할 수 있다.

이러한 왈라스의 일반균형분석은 경제의 동시균형을 분석하는 것으로 정학적 분석을 기초로 하고 있다. 또한 힉스의 『가치와 자본』을 계기로 하여 안정조건이 일반화되었으며, 나아가 새뮤얼슨의 동학화에 의해 일반균형이론은 보다 더 정치화되었다. 특히 레온티에프의 투입 · 산출분석은 일반균형이론이 실제적으로도 유효성을 가졌다는 것을 명확히 하였다.

### (4) 왈라스의 화폐이론과 자본이론

왈라스의 일반균형이론은 인류의 세 종류의 신기神器의 하나라고 평가된다. 나아가 왈라스의 이름을 드높인 경제학설사상의 공헌은 화폐이론과 자본이론이다. 화폐이론은 케인즈의 "유동성선호설" 로 넘어가는 다리 역할을 했으며, 자본이론은 크누트 빅셀의 자본이론의 기초가 되었다.

왈라스의 자본이론은 금융이론만큼은 주목받지 못했지만, 나름의 기여를 했다고 평가된다. 왈라스의 화폐이론은 화폐수량설을 핵심으로 하고 있다는 것이 잘 알려져 있지만, 왈라스는 이미 1871년 7월에 『스위스 은행권에 관하여』로 화폐수량설을 전개하고 있다. 또한 다음해 로잔느대학 강의 노트 「경제현상의 체계화」(1872)에서 왈라스류의 화폐수량설을 수량방정식으로 하여 전개하고 있다.

『순수경제학요론』(1874)에서는 소위 피셔류의 교환방정식이 명시되었다. 그러나 그 교환방정식은 화폐부문과 실물부문을 연결하는 완만한 연결고리였으며, 화폐를 도입한 일반균형 체계 구축의 틀에 불과했다고 판단된다. 왈라스의 화폐이론은 교환방정식에 머무른 것이 아니라, 『화폐이론』(1886)에서는 소위 현금잔고방정식으로 발전한다. 1886년에 출판된 『화폐이론』이 『경제학연구』(1898)에 채록되었을 때에는 더욱 발전되었다. 그것이 바로 왈라스의 소망현금 개념의 탄생이다. 화폐수요의 불확실성을 이용하여 소망현금(유동성선호)이라는 개념을 명확히 한 것이 주목된다.

### ① 왈라스의 화폐이론

왈라스는 화폐를 자신의 모형에 도입하기 위하여 특정한 상품을 선택하고 거기에 화폐의 기능을 부여하였다. 예를 들어 특정 상품이 금이라면, 금은 주조화폐가 되는 동시에 지금地金으로서의 금상품이 된다.

일반적으로 화폐는 교환수단으로서 기능한다. 이 점을 역설한 멩거도 화폐가 다른 재화와 구별되는 것은 교환에서 사용되는 일반적 수단의 기능 때문이라고 하였다.

왈라스에 의하면, 교환수단으로서의 화폐는, 소비자가 소유하는 현금과 기업가가 소유하는 현금이 저축화폐가 된다. 여기서 소비자가 소유하는 현금이 갖는 현금서비스와 기업가가 소유하는 현금이 갖는 화폐서비스는 함께 이용가능성availability이 있다. 나아가 저축화폐가 갖는 화폐서비스는 자본을 취득하기 위하여 사용된다. 환언하면 저축화폐가 갖는 화폐서비스는 투자로 이루어질 수 있다는 것이다.

개인이 화폐 형태로 보유할 수 있는 유동자본서비스에 대한 효용방정식에 따라서 화폐로 보유하는 수량이 결정된다.

따라서 당해 기간에 기업가나 자본가에 의해 이용되는 화폐량은 개인의 기수화폐보유량과 개인의 소망현금의 차액과 같다. 또 이 차액분이 개인이 차기에 소유하는 화폐스톡인 현금잔고가 된다. 한편, 기업가는 생산물을 판매하고 그 대가를 지급받는 사이에 생산요소서비스를 구입하여 유동자본을 보충해야 하기 때문에 자금으로서 일정 금액의 화폐를 보유할 필요가 있다. 이때 화폐 형태의 수요의 합을 화폐용역의 가격으로 할인한 값이 화폐수요량이 된다. 특히 화폐의 공급과 수요가 같아질 때 화폐용역시장의 수급균형이 성립하면서 이자율이 결정된다.

### ② 왈라스의 자본이론

왈라스는 저축과 투자에 의해 이자율이 결정된다는 이론구조를 성공시켰다고 말할 수 있다.

지금 개인의 경우로 생각하면, 자본재의 구입은 효용극대화 조건에 따라 그 개인의 소득을 소비와 투자로 배분한다. 배분된 투자는 제약된 극대화 조건에 따라 각종 자본재로 배분된다. 이때 저축자는 소득을 발생시키는 자본계열의 선택에 관하여는 무차별이므로, 각종 자본재로부터 얻어지는 자본순수입률이 각 자본재에 관하여 균등하게 될 때 자본재시장의 균형이 성립한다.

먼저, 왈라스에 의하면, 자본의 가격은 자본용역(수입)에 의존하여 결정되지만, 예컨대 수입이 같아지더라도, 자본감모(감가상각비)의 속도나 우발적 사건에 의한 감모의 정도(보험료)에 의해 자본재의 가격결정이 달라진다. 그래서 자본의 가격을 $P$, 감가상각비와 보험료를 합한 용역의 가격(이를 조수입(租收入)이라 함)을 $p$, 조수입(租收入)에서 점하는 감가상각비 부분을 $\mu P$, 조수입에서 보험료 부분을 $\nu P$라 하면, 순수입($\pi$)은

$$\pi = p - (\mu + \nu) P$$

가 된다. 양변을 $P$로 나누면 위 식은

$$\frac{\pi}{P} = \frac{p - (\mu + \nu) P}{P}$$

가 된다. 여기서 $\frac{\pi}{P}$는 순수입률이므로, 이것을 $i$로 두면

$$P = \frac{p}{i + u + v}$$

가 얻어진다. 만약 $(u + v)$가 일정하다면 자본재가격($P$)은 순수입률($i$)과 자본용역가격($p$)에 의존한다.

위 식은

$$i = \frac{p-(\mu+\nu)}{P}$$

가 되고, 위 식 우변의 분자를 1, 분모를 $P$로 두면

$$i = \frac{1}{P}$$

이 된다.

이것으로부터 다음과 같이 말할 수 있다. 자본의 순수입률과 자본가격의 곱은 1이며, 자본재의 가격이 상승하면 자본의 순수입률은 낮아진다. 이와 같이 양자는 역의 관계에 있다.

## 4.3 칼 멩거와 오스트리아학파

### (1) 멩거 경제학의 출발점

한계혁명은 영국의 제본스, 스위스의 왈라스, 그리고 오스트리아의 멩거에 의해 시작되었으며, 그들을 "한계트리오"라고 부른다. 그들이 1870년대 전반에 각각 독립적으로 상호 간에 사상의 교류 없이 다른 언어로 객관적 가치론에 대항하는 이론인 주관적 가치론에 근거한 경제이론을 발표한 것은 놀라운 일이다. 그들에게 공통적인 점은 먼저, 한계효용체감의 법칙이 성립하는 것을 전제로 하여 이론 구성을 했다는 것이다. 한계효용체감의 법칙은 소비자가 재화의 소비 증가에 따라 얻게 되는 만족의 증가분인 한계효용이 체감한다는 것이다. 나아가 한계효용균등의 법칙도 성립한다고 전제하고 있다. 한계효용균등의 법칙이란 지출 1단위당 한계효용이 균등하게 되도록 소비자가 각 재화에 지출을 배분하면, 소비자의 만족은 최대가 된다는 것이다. 이들 2개 법칙의 이론적 구성을 1매의 차트를 이용하여 밝힌 경제학자가

바로 칼 멩거이다.

멩거Carl Menger(1840～1921)는 1840년 2월 23일 폴란드 가리시아에서 변호사의 아들로 태어났다. 1859년부터 1860년에 걸쳐서 빈대학, 1860년부터 1863년까지는 플라그대학에서 배우고, 크라카우대학에서 법학박사학위를 받았다. 1871년 『국민경제학원리』를 저술하였다. 여기서 멩거는 소비자의 극대화 행동의 이론으로서, 주관적 가치론의 입장에서 일원적인 분석을 행하였다. 즉, 소비자의 효용극대화, 생산자의 이윤극대화, 나아가 최적자원배분의 일반균형이론을 전개했다. 1879년에는 빈대학 경제학 교수가 되어 자신의 학문을 보다 공고히 하였다.

멩거는 생전에 장서를 처분하여 생활비를 충당하도록 유언하였다. 멩거의 유언에 따라 유족은 장서를 처분하였다. 멩거 장서의 구입선은 동경상과대학(현재 一橋大學)이었으며, 현재 "멩거문고"로 이름지어져 많은 멩거 연구자들이 이용하고 있다.

### (2) 생산구조론

멩거는 『국민경제학원리』에서 생산구조론의 원형을 명확히 하였다. 빵과 같은 최종재를 제1차재, 빵을 만드는 데 필요한 밀은 제2차재, 밀가루로 가공되는 밀은 제3차재, 밀을 재배하기 위한 노동은 제4차재 등으로 불렀다. 이때 빵이나 밀가루와 같은 차수次數가 낮은 재화는 저차재低次財, 밀이나 노동과 같이 차수가 높은 재화는 고차재高次財와 같은 용어를 사용하였다. 빵을 생산하는 사례에서 보면, 가장 차수가 높은 노동은 밀보다도 고차재이며, 밀가루보다는 밀이 고차재이다.

멩거에 의하면, 고차재의 가치는 저차재에 의해 규정된다. 결국 노동이 빵의 가치를 결정하는 것이 아니고 빵이 노동의 가격을 결정한다고 해석할 수 있다(고전파의 생산비설과 역이다). 또한 재화의 가치를 결정하는 것은 소비자의 주관이므로, 가치의 정도나 가치의 크기도 경제주체에 따라 달라진다. 어떤 소비자에겐 유용성이 높다 하더라도, 다른 사람에게는 그 재화의 유용성이 같은 정도로 높지 않다는 것이다. 소위 빵에 대한 욕망의 정도가 빵의 가치를 결정하는 바, 고차재의 노동가격이 빵의 가치를 결정하지 않는다는 것이다.

### (3) 멩거의 가치론

칼 멩거의 가치론과 효용이론은 특히 주목받았는데, 여기서는 사용가치, 한계효용체감의 법칙과 한계효용균등의 법칙을 설명하기 위하여 사용된 멩거의 표를 보기로 하자.

재화에는 사용가치와 교환가치가 있다. 각 재화의 사용가치와 교환가치는 균등하지 않다. 예를 들어 재화를 소유하고 있는 사람의 입장에서 사용가치가 특히 큰 재화가 있다. 생일 선물로 받은 손목시계를 가진 사람은 그 사람에게는 큰 사용가치가 있지만, 교환가치는 없다. 이에 대하여 재화의 소유자에게 교환가치밖에 없는 것도 있다. 예를 들면 판매용 창고에 보관된 프린터용의 잉크카트리지 등이 그것이다. 물론 잉크카트리지는 사용가치가 있다. 여기서 멩거는 사용가치가 어떻게 하여 결정되는가를 검토하기 위하여 2개의 기준을 설정하였다.

먼저, 사람들은 각자 갖고 있는 많은 재화에 대하여 욕망을 갖고 있지만, 그들 재화의 중요성은 같지 않다. 또한 재화의 사용에 대한 욕망의 강도는 그 재화의 사용이 증가함에 따라 체감한다. 이들 기준에 근거하여 "멩거표"가 작성되었다. 그런데 멩거표의 횡단면에 나타난 바와 같이 각종 욕망을 만족시키는 재화도 있다. 에밀 잠은 이 사례로서 물을 예로 들고 있다.

#### ① 사용가치와 교환가치

멩거표는 소비자심리의 메커니즘이 사용가치를 결정한다는 것을 명백히 한 것이다. 소비자는 각자 기호에 따라 멩거표를 작성한다. 그러면 멩거가 사용가치의 심리적인 메커니즘을 도식화하여 이를 설명하고, 교환가치에 관하여 음미하고 있는 이유는 무엇인가? 그것은 사용가치와 교환가치의 평가메커니즘의 중심이 주관적 평가라는 것이다. 사용가치는 내부교환이 전제되어 있다. 결국 소비자는 다수의 재화로부터 선택하여 만족을 최대화하는 것이다.

한편으로 교환가치는 외부교환에 의해 결정된다. 궁극적으로 다수의 개인 간에 이루어지는 재화의 교환은 주관적 평가에 의해 행해진다. 따라서 사용가치든 교환가치든 평가의 심리적 메커니즘은 같은 전제에 의거한 것이며, 사용가치의 결정구조로부터 교환가치의 결정메커니즘을 추론할 수 있다.

사용가치와 교환가치의 관계에 관하여 멩거는 다음과 같이 설명하고 있다.

"인간의 모든 경제행위의 지도 이념은 그 욕망을 가능한 한 완전하게 만족시킨다는 것이다. 또한 한 재화의 직접적인 사용에 의한 것이 간접적 사용에 의한 것보다 더욱 중요한 욕망 만족을 경제주체에 보증한다면, 즉 경제주체가 그 욕망 만족을 위해 한 재화를 간접적으로 사용하는 한 그것을 직접적으로 사용하는 경우보다도 더욱 중요한 욕망을 불만족인 채 남겨두어야 한다면, 그 재화의 사용가치가 당해 경제주체의 경제의식과 경제행위를 결정하는 데 결정적이라는 것, 그러나 이것과 반대의 경우에는 교환가치가 결정적이라는 것이다."

### ② 멩거표

멩거표에 의해 평가의 심리적 메커니즘을 설명할 수 있다.

먼저, 멩거표를 작성하기 위해서는 주요한 욕망 하나하나에 변화를 부여할 필요가 있다. 예를 들어 식료의 욕망은 I, 의료의 욕망은 II, 주거의 욕망은 III, 의료의 욕망은 IV로 한다. 여기서는 I부터 X까지 10종류의 욕망이 설정되어 있지만, 의식주의 욕망의 강도로부터 만족의 최대치를 구하는 경우는 I부터 III까지를 생각하는 게 좋다.

다음으로 각 욕망의 아래에 수직으로 나란하게 숫자로 욕망의 강도를 표시한다. I를 식료의 욕망이라 하면, 10에서 0까지 한 단계씩 욕망의 강도가 작아진다.

이는 식료의 소비를 1단위씩 증가시키면 욕망의 강도가 한 단계씩 낮아진다는 것을 나타낸다. 매 1단위마다 욕망의 변화가 한계효용이다. 결국 소비가 증가하면 한계효용이 체감하는 것이다.

**표 6-1** **멩거표**

| I | II | III | IV | V | VI | VII | VIII | IX | X |
|---|---|---|---|---|---|---|---|---|---|
| 10 | 9 | 8 | 7 | 6 | 5 | 4 | 3 | 2 | 1 |
| 9 | 8 | 7 | 6 | 5 | 4 | 3 | 2 | 1 | 0 |
| 8 | 7 | 6 | 5 | 4 | 3 | 2 | 1 | 0 | |
| 7 | 6 | 5 | 4 | 3 | 2 | 1 | 0 | | |
| 6 | 5 | 4 | 3 | 2 | 1 | 0 | | | |
| 5 | 4 | 3 | 2 | 1 | 0 | | | | |
| 4 | 3 | 2 | 1 | 0 | | | | | |
| 3 | 2 | 1 | 0 | | | | | | |
| 2 | 1 | 0 | | | | | | | |
| 1 | 0 | | | | | | | | |

출처 : 石橋春南 外(2012), p.94.

[표 6-1]에 나타나 있는 멩거표에 의거하여 합리적으로 행동하는 개인은 각각의 욕망의 강도가 같아질 때까지 자기의 소득을 각 재화에 지출하게 된다. 의식주 욕망의 경우 식료 3단위, 의료 2단위, 그리고 주거 1단위를 각각 선택한다면, 각 욕망으로부터의 만족은 8이고, 만족의 합계는 24가 된다.

멩거표의 세로열의 각 수치는 한계효용이고, 세로열을 하나씩 아래로 이동하면, 수치가 체감하는 것을 알 수 있다. 이것이 한계효용체감이다. 멩거표에서 한 단위씩 오른쪽 위로 이동하면 같은 한계효용의 값을 나타내는 한계효용균등을 나타내고 있다. 한계효용이 균등할 때 총효용은 최대가 된다.

이리하여 멩거표는 자원제약 하에 효용을 최대화하는 문제를 해결했다는 점에서 한계혁명에서 탁월한 공적이라 하겠다.

### (4) 멩거표와 가치의 역설

경제학의 가치론에는 가치의 역설이라는 난제가 있다. 가치의 역설 사례로는 물과 다이아몬드를 들 수 있다. 물은 사용가치는 높지만 교환가치는 낮다. 그런데 다이아몬드는 사용가치는 낮지만 교환가치는 높다. 재화의 가치를 결정하는 것은 사용가치인가? 아니면 교환가치인가? 이 사례에서 보면 해답은 없다. 이를 가치의 역설이라 한다.

멩거표는 가치의 역설을 해명하는 핵심적인 역할을 한다. 멩거표의 최상단에 로마숫자가 기재되어 있다. 용도 I에서는 그 사용량이 증대하면 한계효용이 감소한다. 용도 II에서는 용도 I보다 한계효용이 낮은 위치로부터 그것의 사용량이 증가함에 따라 한계효용이 체감한다.

그러나 용도 I과 용도 II의 상태가 불변한 것은 아니다. 가령 용도 I에 자원의 배분을 증대시키면 어떻게 되는가? 용도 I로 자원이 증가하고, 용도 I을 만족시키는 자원의 희소성은 낮아진다. 희소성이 낮아지면(자원배분이 증가하면) 그 재화에 대한 경제주체의 주관적 평가는 낮아질 것이다. 이로부터 재화의 가치를 결정하는 것은 그 재화의 희소성임을 알 수 있다.

### (5) 오스트리아학파의 발전과 사회주의 비판

칼 멩거Carl Menger(1840 ~ 1921)는 19세기의 유럽 자유주의자 중에서 가장 늦게 등장했지만 오늘날 가장 신뢰할 만한 자유주의 지식을 공급하는 오스트리아학파를 창시했다. 폴란드의 크라카우대학에서 법학박사학위를 받은 뒤 잠시 경제담당 신문기자로 활동하다 공무원이 된 멩거는 오스트리아 수상실에서 공보관으로 일하며 경제변동 및 가격변동 조사업무를 담당했다. 그는 자신의 직책 수행 과정에서 현실의 가격변동과 전통적인 가격이론 사이에 큰 차이가 있다는 것을 발견하고, 가격 형성의 최종 원천은 소비자의 '주관적' 가치평가라는 결론을 내린다.

멩거는 가격, 시장, 화폐, 법 등 경제현상을 진정으로 이해하려면 개인의 행동에서 출발해야 한다고 했다. 그런 현상은 개인들의 행동의 결과이기 때문이다. 그런데 각 개인의 행동을 결정하는 것은 경제환경에 대한 그들 각자의 인식 결과인 지식이다. 흥미롭게도 그 지식은 각 개인들에게 고유하다는 의미에서 주관적이다. 따라서 가격수준의 변동은 개인의 주관적 행동의 결과라는 것이 멩거의 설명이다. 그리고 시장은 소비자들의 주관적 행동에 의해 조종된다고 보았다.

자유시장이 소중한 이유도 소비자주권을 보장하기 때문이다. 기업가 정신은 소비자의 선호를 예측하고 이를 가장 저렴한 방식으로 충족시킬 방법에 관한 지식의 창조적 발견인 것이다. 이러한 경쟁적 발견 과정의 결과가 경제적 번영이다. 소비자 선호에 충실한 번영, 이것이야말로 시장경제의 존재 이유라는 것이 멩거의 주장이다.

멩거의 혁명적 인식에서 빼놓을 수 없는 것이 '자생적 질서'의 발견이다. 시장가격과 시장현상은 통치자가 계획해서 만든 것이 아니라 자신의 목적을 추구하는 사람들의 주관적인 행동으로부터 의도치 않게, 즉 자생적으로 생겨나는 결과라는 얘기다. 자생적 질서 개념은 사람들이 원하는 대로 사회와 제도를 바꿀 수 없다는, 그래서 정부의 개입을 억제해야 한다는 자유사상의 의미를 내포하고 있다고 하겠다. 그래서 멩거는 '자유주의 경제학의 혁명가'라는 평가를 받고 있다.

칼 멩거의 사상이 등장하던 1860년대 중반까지 오스트리아에서는 자유무역이 번창했고 시민들은 언론 · 사상 · 학문의 자유를 누리고 있었다. 빈의 카페는 온통 정치적 · 학문적 토론의 장이었다. 수많은 학자, 지식인이 빈으로 몰려들었다. 이러한 지적 풍토에서 새로운 사유방식의 개발을 위한 노력이 왕성했다.

이 같은 배경에서 멩거는 경제학의 '진정한 혁명'을 일으켰다. 멩거는 이론을 무시하고 역사만을 중시하는 역사학파와 치열한 논쟁을 벌였다. 그는 이론이 없으면 역사의 의미도 읽을 수 없다는 이유로 역사주의를 반박하며 세기적 '방법론 논쟁'에서 승리했다.

19세기 말의 독일과 오스트리아는 노동문제로 사회주의 운동이 강력해지고, 비스마르크의 집권으로 보호무역과 경제에 대한 간섭, 복지정책으로 경제적 자유는 점차 줄어들었다. 이에 맞서 멩거는 정부권력의 제한을 주장했다. 가축전염병 예방처럼 부정적인 외부효과를 제거하거나 철도, 운하 등 공공재 생산 이외에는 정부의 간섭을 줄여야 한다고 했다. 그러나 당시 멩거의 사상은 주목받지 못했다.

20세기에 접어들어 미제스Ludwig von Mises(1881~1973)와 하이에크가 오스트리아학파를 이끌면서 멩거의 사상체계를 확대·발전시켰다. 이들은 사회주의계획경제에 대한 오스트리아학파의 주장을 관철시켰다. 1930년대에 로잔느학파의 사상을 따르는 오스카 랑게Oskar Lange(1904~1965)와 아바 라너Abba Lerner(1903~1982)는 왈라스의 일반균형이론의 수법을 이용하여 사회주의계획경제의 가능성을 연구하였다. 그 결과 완전한 계획경제는 완전한 시장에서 자유경쟁에 의해서도 완전히 같은 결과를 실현할 수 있다는 것을 증명하였다. 이 이론에 의하면, 사회주의계획경제는 완전하게 실현 가능하다는 것이다.

### 오스트리아학파Austrian School

오스트리아에서 발전한 근대경제학파로, 1870년대에 칼 멩거, 스위스의 레온 왈라스, 영국의 제본스가 저마다 한계효용限界效用이라는 개념으로 상품의 가격을 설명하는 학설을 내놓고, 경제현상에 대해 주관적·개인적인 입장에서 접근한 특징이 있다. 멩거는 그러한 한계효용가치설을 체계적으로 전개하였고, 뷔저, 오이켄 폰 뵘바베르크 등이 이를 계승하여 하나의 학파를 이루었다. 멩거 이하의 사람들은 모두 오스트리아의 빈대학 교수였기 때문에 이 학파를 오스트리아학파라 부른다.

이 학파는 그 당시 독일에서 지배적 위치에 있던 슈몰러 주도의 역사학파와 맞서 방법론을 둘러싸고 격렬한 논쟁을 벌임으로써 확고한 기반을 구축하였고, 유능한 후계자들이 멩거 이론의 전개와 보급에 주력, 1884~1889년에 이 학파가 세계적으로 알려지게 되었다. 그들은 또 상품의 가치를 그 상품의 소비로 생기는 주관적인 한계효용으로 설명하고, 나아가서 직접 소비되지 않는 상품의 가치도 소비재의 가치에 귀속되는 것이라 보고 주관가치설을 체계화하였다. 그래서 이 오스트리아학파를 한계효용학파라 부르는 경우가 많다. 또 뵘바베르크는 장차 생길 재화보다 현재의 재화 쪽이 더 큰 효용과 가치를 갖는다는 점과, 우회생산으로 다량의 재화가 생산된다고 하는 우회생산의 이익에서 자본이자가 생기는 근거를 밝혀 독자적인 자본이론을 제창, 근대경제학의 자본이론에 큰 영향을 끼쳤다.

이 학파의 성립에 뵘바베르크와 뷔저가 기여한 공로는 매우 크다. 그래서 멩거 및 이들 두 사람을 가리켜 이 학파의 창시자라 부르기도 한다. 그 후 빈의 미제스, 하이에크 같은 학자는 이 자본이론을 계승하는 한편, 스웨덴의 경제학자 빅셀의 영향으로 화폐가 갖는 적극적 역할을 이론적으로 도입하여 화폐의 작용 면에서 경기변동을 설명하는 화폐적 경기론을 전개하였다.

미제스와 하이에크를 비롯하여 마이어 등을 신新오스트리아학파 또는 빈학파라 부르기도 하는데, 그들 중 대부분이 제2차 세계대전 전에 미국 등지로 이주했기 때문에 이 명칭의 지리적 의미는 없어졌다. 이 학파는 개인주의적 · 자유주의적 사상을 신봉하고, 사회주의적인 계획경제보다 자유경쟁의 우위성을 주장하였다.

이에 대하여 미제스는, 사회주의계획경제는 시장에서 가격정보를 이용할 수 없으므로(사회주의 계산의 불가능성) 불가능하다고 주장하였다. 오스트리아학파에 의하면, 인간의 경제활동은 장래의 욕망을 선행해서 배려하여 고차재高次財로부터 저차재低次財까지의 생산배열을 기획한다.[2] 그러나 그러한 기획을 하거나 궤도수정을 하기 위해서는 시장에서 가격정보를 이용하는 것이 불가결하다. 시장과정market process은 그러한 정보나 지식을 개개인이 자발적으로 교환하고, 새로운 방법을 발견하거나 오류를 찾아 개선하는 시행착오를 할 수 있는 과정이다. 이러한 시장과정에 의존하지 않는 사회주의 경제에는 정보나 지식을 자발적으로 교환하는 과정이 없다. 거기에 있는 것은 개개인이나 하부조직으로부터 소외된 중앙계획당국의 독선적

2. 소비재를 만드는 생산과정은 여러 단계로 구성된다. 최종 소비재에서 상대적으로 먼 단계에서 사용되는 자본재를 고차재, 가까운 단계에서 사용되는 자본재를 저차재라 한다. 예를 들어 원유 채굴을 위한 자본재는 상대적으로 고차재며, 휘발유 제조를 위한 자본재는 저차재라 할 수 있다.

인 지식만이 있다. 이러한 중앙관리에 의해서는 계획이 잘못되더라도 궤도를 수정할 수 없고, 계획은 하부조직이나 개개인과 연휴를 할 수 없어 실패할 위험에 빠지게 된다. 만약 무리하게 잘못된 계획을 실시한다면, 정부에 의한 강제에 의해 개개인의 자유로운 경제활동을 금지하는 데 지나지 않는다.

나아가 하이에크는 『노예의 길』에서 사회주의계획경제뿐만 아니라 중앙정부에 의한 시장개입에 의존하는 모든 경제시스템은 개인의 자유를 억압하는 결과를 가져온다고 주장하였다. 이러한 노예의 길로 들어가는 것을 방지하기 위해서는 모든 사람이 보편적인 법 앞에 평등하게 따름으로써 개인의 자유를 보증하는 사회체제를 구축할 필요가 있다고 하였다. 이 같은 자유주의적 사상은 1990년대 이후 동유럽 사회주의 경제의 붕괴와 영국의 대처정권 등에 의한 경제의 자유화 정책을 가져온 신자유주의사상으로 부활하였다. 특히 1980년대 레이거노믹스와 대처리즘의 이론적 · 철학적 기반은 이들 오스트리아학파의 사상이었다. 오늘날에도 다양한 형태의 간섭주의에 대항할 자유주의 지식을 제공하는 역할을 담당하는 것은 자유주의의 오랜 전통을 가진 영국이나 미국이 아니라 자유주의 정치 역사가 길지 않은 오스트리아학파라는 점이 흥미롭다.

## 최소국가론의 선구자 이마누엘 칸트

▲ 이마누엘 칸트

18세기 유럽 대부분의 나라에서는 자유가 유린당했다. 정부의 압제 아래 온갖 차별과 특혜가 난무했다. 독일의 도덕철학자 이마누엘 칸트Immanuel Kant(1724~1804)는 이러한 미성숙하고 참담한 현실에서 성숙한 계몽의 길로 가기 위해서는 인간 존엄을 신봉하고 개인의 능력과 기회를 최대로 이용할 수 있는 자유를 보장해야 한다고 주장했다.

아버지가 말안장 수리공인 가정에서 자란 칸트의 도덕철학적 출발점은 세상이 돌아가는 법칙은 선험적인 정신의 산물이라는 합리주의 인식론이다. 그는 인식론을 도덕철학에도 적용하고 어느 한 행동이 도덕적으로 옳은가 그른가를 판단하는 도덕적 기준이 이미 우리 정신 속에 들어 있다고 주장했다. 그 기준이 정언명령定言命令이다. 어느 한 행동이 도덕적이려면 그것이 보편화할 수 있어야 하고, 인간을 수단이 아니라 목적으로 삼는 행동이어야 한다는 뜻이다. 여기에 거부된 행동은 해서는 안 될 의무가 생겨난다고 설명한다.

누군가가 자신의 이익 증진을 위해 거짓말을 하려고 한다. 그런데 이것이 보편화돼 누구나 거짓말을 하면 믿을 만한 소통이 불가능해져 자신의 이익도 챙길 수 없다. 거짓말은 본인의 이익을 위해서 남을 수단으로 삼아 그의 자유를 침해한다. 이로써 예외 없이 모두가 거짓말은 해서는 안 된다는 행동규칙이 형성된다고 인식한다. 이 행동규칙은 보편성, 행동목적을 내포하지 않는 탈목적성, 강제 계약불이행 등 특정 행동을 금지하는 성격을 특징으로 한다고 해석한다.

이런 정언명령이 지배하는 이상사회가 시장경제라고 설명한다. 자유로운 분업과 교환은 상호 간 인격존중을 의미하는 정언명령의 구현이라는 것이다. 교환을 통해서 기업들은 고객의 목적에 봉사하고, 후자는 전자의 목적에 봉사한다.

칸트는, 자유경쟁이 도덕을 파괴하며 시장경제를 폄훼하는 것은 잘못이라고 주장한다. 경쟁은 성실성, 엄격성, 정직성 등 도덕성을 촉진한다는 게 칸트의 탁견이다.

정부의 강력한 규제가 없으면 '만인에 대한 만인의 투쟁'을 해결할 수 없다는 국가주의 주장에 대해 칸트는 '자연의 감춰진 계획', 즉 자생적 질서라고 주장한다. 인간들이 제각기 목적을 추구한다고 해도 혼란이 아니라 스스로 질서가 생기고 유지된다고 본다. 자유가 허용될 경우 시민공동체는 자동기계처럼 스스로 유지된다는 것이다. 경제활동도 오류가 있듯이 도덕 선택에도 잘못된 경우가 많다. 어느 경우든 자유가 많을수록 오류가 적고 덜 파괴적이며 쉽게 수정할 수 있다고 설명한다. 칸트는 보호무역은 전쟁을 야기할 뿐이라고 개탄하면서 영구평화는 자유무역을 통해서만 가능하다고 호소한다. 전쟁을 극복하고 모든 나라의 보편적 이득을 증진해 세계평화를 창출하는 게 자유무역이라는 그의 인식에 주목할 필요가 있다.

흥미로운 것은 칸트의 법치주의다. 도덕철학적 개념인 정언명령을 법학적으로 해석한 게 법치주의다. 이는 법이 법다우려면 특정 그룹에 대한 특혜나 차별, 특정한 정치적 목적을 내포해서는 안 된다는 것이다. 그 원칙을 충족하는 법은 개인의 자유와 재산을 보호하는 역할을 한다. 이런 '자유의 법'을 집행하기 위해서만 공권력을 행사하는 국가가 도덕적으로 정당화된 법치국가라는 것이다.

입법자가 정한 것이면 무엇이든 법이라고 규정하고, 이를 집행하기 위해 공권력이 개인의 자유, 신체, 재산을 유린하던 시기에 칸트는 법치국가라는 자유주의의 정치적 이상을 갖고 싸웠다. 칸트가 적극적으로 반대한 것은 특정 그룹을 차별하거나 국가의 정치적 목적을 위한 입법이다. 인간을 국가의 목적을 위한 수단으로 여기고 자유와 존엄을 파괴하는 입법을 법이라고 부를 수 없다고 설명한다.

칸트는 국가가 특정한 산업이나 그룹을 온정적으로 보호하는 정책도 강력하게 반대한다. 온정주의는 스스로 생각하고 판단하는 합리적 존재로서 개인의 독립성을 해친다는 이유에서다. 개인들의 깨우침과 도덕의 계발을 위해서도 자유를 존중해야 한다는 게 칸트의 주장이다. 정부가 자유를 침해하면 그 어떤 그룹이라도 부도덕하게 행동하지 않을 수 없다고 강조한다. 자유와 존엄을 최고 가치로 여기는 칸트의 위대한 사상은 최소국가이론이다. 이런 국가에서만이 과학, 문화, 도덕, 경제도 번영한다고 했다.

**칸트 사상의 힘 : 오스트리아학파 시장이론에 영향**

이마누엘 칸트는 경제에 관심이 없는 은둔의 철학자로 알려졌지만 그렇지 않다는 게 새로 밝혀졌다. 칸트는 거의 매일 오후가 되면 친구들과 만났는데 대부분 사업가, 상인, 은행가였다는 게 역사가들의 증언이다. 대화 주제는 주로 경제 · 정치 분야였는데 이를 통해 칸트의 경제적 마인드가 형성됐고, 시장이 돌아가는 상황도 알게 됐다는 것이다. 그는 친구들의 회사에 투자해 많은 돈을 벌었고, 상당한 유산을 남겼다. 칸트는 아담 스미스, 흄 등 스코틀랜드 계몽철학자들의 문헌을 두루 섭렵해 기업과 시장에 박식했다.

칸트는 일평생 자기가 태어난 쾨니히스베르크에 있는 대학에서 50마일 이상 벗어난 적이 없지만, 그가 미친 사상적 영향은 범세계적이다. 그의 인식론이 주관주의적 행동이론과 시장이론을 개발한 오스트리아학파 미제스에게 영향을 미쳤다는 것은 잘 알려진 사실이다. 하이에크도 세상에 대한 인지는 인간 정신을 구성하는 인지틀에 좌우된다는 칸트의 영향을 받았다.

세상에 대한 지식은 주어져 있는데 정신이 액면 그대로 그것을 수용한다는 고전적 경험주의를 전제하는 신고전파 경제학의 오류를 밝혀낸 칸트 인식론의 역할도 무시할 수 없다. 흥미로운 점은 통계나 관찰에 의해 검증되지 않은 지식은 믿지도 말라는 실증주의의 한계를 지적한 것도 칸트 전통이라는 것이다.

도덕을 경제의 종속변수로 보는 미시경제학은 비용-효용이라는 의미의 경제적 합리성 테스트를 거쳐 도덕적 행위를 판단한다. 칸트는 이런 경제학을 반대하고 도덕을 경제에서 독립시켜 경제와 도덕을 이원화하는 경제학의 수립에 결정적인 역할을 했다고 할 수 있다. 오늘날 대부분의 국가가 헌법가치로서 법치국가, 존엄성 개념을 중시하는데 이는 전적으로 칸트 사상의 영향이라는 게 일반적 평가다.

**출처** : 민경국(2014)에서 많이 발췌하여 정리한 것.

# 5. 한계혁명

아담 스미스 이래 경제학의 역사에서 경제이론의 혁명이라고 할 수 있는 획기적인 계기가 두 번 있었다. 한계혁명과 케인즈 혁명이 그것이다. 1870년대에는 재화의 가치의 견해에 대한 혁명적인 변화가 일어났다. 동시에 오늘날 미시경제학에서 분석도구로 사용되고 있는 한계분석의 개념이 등장하였다. 이것이 한계혁명이다. 이 시기가 그때까지의 고전파 경제학에 대한 근대적인 경제학으로서의 근대경제학의 성립기라고 생각된다. 케인즈 혁명에 관하여는 후술하겠지만, 1930년대의 대불황 가운데서 케인즈에 의해 1936년에 쓰여진 『고용 · 이자 및 화폐의 일반이론』이 경제학에 미친 혁명적인 영향을 일컫는다.

## 5.1 한계혁명의 성립

아담 스미스 이래의 고전파 경제학은 생산 내지는 분배의 문제를 주제로 하면서 전개되었지만, 거기에는 일반적 과잉생산이라는 문제는 없었다. 또한 그 체계는 노동가치설에 근거하여 구성되었으며, 생산물의 가치는 생산에 투하된 노동의 크기에 의해 좌우된다고 생각했다. 결국 투하된 노동량이 많으면 많은 만큼 그 생산물의 가치는 크고, 적으면 그 가치도 작게 된다고 생각했던 것이다.

그러므로 산업혁명 이래 발전을 지속해 온 유럽 경제도 19세기에 들면서 거의 8년에서 10년의 간격을 두고 불황을 경험하게 되었다. 불황이 일어났던 연대를 추적해 보면, 1817년, 1825년, 1936년, 1939년, 1847년, 1857년, 1866년, 1873년, 1878년, 1890년, 1900년이다. 특히 1873년의 불황은 19세기 최대였으며, 1870년대에 일관하여 오래 지속된 불황이었다. 이러한 불황이 빈발하는데도 고전파 경제학에서는 그 해결책을 제시하지 못했으며, 이로 인해 과잉생산이라는 문제가 등장했다.

고전파 경제학의 세계에서는 상품의 판로를 결정하는 것이 무엇인가라는 문제는 다룰 필요가 없었다. 왜냐하면 수요와 공급이 항상 일치하고, 재화의 판매잔고가 없다는 세이의 법칙에 의거했기 때문이다. 그런데 현실에서는 과잉생산이 일어나고, 재화가 판매되지 않고 남게 되는 사태가 발생하게 되었다. 이것은 경제학이 다루어야 할 과제가 고전파 경제학과는 다르다는 것을 의미한다. 결국 경제문제의 초점이 아담 스미스가 문제로 삼았던 생산이나 맬더스, 리카도가 다루었던 분배가 아니라 상품의 시장, 나아가 시장에서의 소비로 이행했다.

여기에서 경제학이 새롭게 해결해야 할 문제는 노동가치설의 의미에서 가치가 있는 상품이 왜 판매되지 않고 남는가 하는 것이었다. 투하된 노동량의 크기라는 면에서 큰 가치를 가진 상품이 실현되지 않고 왜 판매되지 않고 남는 것인가? 판로의 부족은 왜 일어나는가? 이것이 경제학이 다루어야 할 중요한 문제로 되었던 것이다. 또한 다른 하나의 문제로서, 수요와 공급이 일치하여 조화적으로 발전한다고 생각되었던 자본주의 경제에 왜 과잉생산이 일어나는 것인가? 공급에 대하여 수요가 왜 자동적으로 수반하지 않는 것인가? 이 문제를 해결하는 것이 급박해졌다. 후자의 문제에 관하여 수요와 공급이 자동적으로 일치한다는 세이의 법칙의 논리가 완전히 논박되고, 수요와 공급이 항상 일치하지 않는다는 것이 케인즈 혁명에 논증되었던 것이다.

## 5.2 효용가치설

19세기에 이르면 자본주의 경제는 각종 불황으로 어지럽게 된다. 이러한 상황을 배경으로 하여 상품은 단지 만들어지는 것이지 가치를 가져오지 않으며, 누군가에 의해 구입된 그것만이 가치로 확정되어 실현될 수 있다고 생각하게 되었다.

상품이 판매되는가의 여부는 투하노동량의 의미에서 가치를 갖느냐와 관계없이 매수자가 매입하는 것이다. 상품의 판로는 자동적으로 주어지는 것이 아니라 매수자의 필요성에 따라 결정된다는 견해가 등장하였다. 이것이 효용가치설이다.

효용가치설에 의하면, 상품의 교환가치는 생산 측면이 아니라, 매수자 측의 필요성으로부터 설명되어질 수 있다. 여기서 말하는 필요성이란 소비자가 재화를 소비하는 경우에 느끼는 주관적인 가치로, 효용이라는 말로 나타낼 수 있다. 상품의 가치는 그것의 효용이 결정한다. 예를 들어 생산의 단계에서 높은 비용이 투입된 상품이라 하더라도 그것에 주관적인 만족인 효용을 나타내는 매수자가 없다면 생산자는 그 가치를 실현할 수 없다.

1870년대 들어 영국, 오스트리아, 스위스에서 거의 동시대에 이러한 효용가치설이 제창되었다. 영국에서는 제본스가 1871년에 『경제학의 이론』을 썼고, 같은 해인 1871년에 오스트리아에서는 칼 멩거가 『국민경제학원리』를 썼다. 스위스에서는 레온 왈라스가 1874년에 『순수경제학요론』을 저술하였다. 그리고 이들 세 사람은 각각 독립적으로 가치문제를 주로 수요 측면에서 설명하는 효용가치이론을 전개하였다. 이 1870년대 전반에 획기적인 가치설이 출현했으며, 그것에 근거한 경제분석의 변화를 "한계혁명"이라 한다.

## 5.3 한계혁명의 의의

한계혁명 이후 효용가치설과 한계분석을 특징으로 하는 새로운 경제학을 근대경제학이라 부른다. 그러면 근대경제학이 갖는 의미를 이해하기 위해 한계혁명의 의의를 확인하기로 하자.

### (1) 소비자주권

한계혁명이 경제학에 가져온 것의 하나는, 경제학의 관점이 생산에서 소비의 장으로 이행했으며, 그것에 따라 가치의 견해가 객관적인 것으로부터 주관적 · 개인적인 것으로 이행했다는 것이다. 이것은 소비자 내지는 소비행동이 경제생활에서 주도적인 입장에 서 있다는 것이 처음으로 확인된 것이다. 이는 소비자주권의 사고가 나타난 것이며, 그것은 경제학의 성립기에서 중요한 이념이라 할 수 있다.

### (2) 희소성 개념

한계혁명에 근거한 근대경제학 성립을 이룩한 또 다른 하나의 중요한 논점은 희소성이라는 개념을 확립한 것이다.

희소성은 개인이 느끼는 효용의 크기와 관계되고, 사회에서는 자원의 효율적 배분의 문제로 연결되는 중요한 개념이다. 효용은 특정한 개인이 특정한 재화 · 서비스에 느끼는 만족도지만, 이 만족도를 결정하는 것은 그 재화의 희소성이다. 개인이 특정한 재화를 소비하는 경우, 소비량이 증가함에 따라 그 재화 1단위로부터 느끼는 만족도(이를 한계효용이라 한다)는 낮아진다. 왜냐하면 재화의 소비량이 증가함에 따라 욕구가 충족되어지기 때문이다. 이것을 "한계효용체감의 법칙" 이라 한다. 역으로 말하면, 소비하는 재화가 희소한 만큼 한계효용은 커지게 된다. 소위 희소성은 개인의 만족도를 좌우하는 중요한 요인이 된다.

한계효용체감의 법칙을 전제로 하여, 개인이 한정된 소득을 가지고 만족이 최대가 되도록 합리적으로 소비행동하기 위해서는 "한계효용균등의 법칙" 이 성립하도록 행동해야 한다. 개인이 일정한 소득을 사용하여 소비를 하는 경우, 최대의 만족을 얻기 위해서는 각 재화 화폐 1단위당 한계효용이 같아지도록 지출하면 좋다는 것이다. 예를 들어 일정한 소득으로 A재, B재, C재를 소비하는 경우, 그들로부터 얻는 만족이 최대가 되도록 소득을 사용하기 위해서는 각 재화의 한계효용을 그 재화의 가격으로 나누어 재화 1단위당 한계효용을 구하고, 그것이 균등하게 되도록 지출한다면 좋다는 것이다. 또한 A재의 한계효용이 B재나 C재에 비하여 높을 경우, B

재, C재 구입을 줄이고 A재 구입을 증가시키면 전체로서 효용을 높일 수 있다. A재 구입이 증가하면 한계효용체감의 법칙에 따라 A재의 한계효용이 점점 낮아져 결국에는 B재, C재의 한계효용과 같아진다. 어떤 재화의 한계효용이 높으면 소비자는 그 재화를 더 많이 사용하게 되고, 결국에는 모든 재화의 한계효용이 같아진다. 이때 일정한 소득으로 얻는 효용은 최대가 된다. 이것이 한계효용균등의 법칙이다. 효용이 최대가 되도록 소비가 이루어질 때 재화는 사람들 사이에 가장 바람직하게 배분된 것이다.

이러한 한계원리를 생산 측면에 적용한 것이 한계생산력이론이다. 한계생산력이론은 최저 비용으로 생산하는 조건, 곧 이윤최대화를 가져오는 생산을 설명하는 것으로, 노동이나 토지와 같은 희소한 생산요소를 어떻게 배분하는 것이 가장 합리적인가를 설명할 수 있는 이론이다.

요컨대, 한계원리는 경제 전체로서 희소한 자원의 합리적 배분의 가능성에 관한 조건을 제시함과 더불어, 소비자에게는 효용최대화, 생산자에게는 이윤최대화의 조건을 나타내는 것이다. 이것이 한계원리의 기본적인 주장이다.

### (3) 자원 유한성의 인식

한계원리의 성립 배후에는 지구상의 자원이 한정되어 있어 무한한 인간의 욕망으로 인해 자원이 고갈될지도 모른다는 두려움이 있다. 산업혁명이 진전되고 경제활동이 확대됨에 따라 석탄을 위시한 자원의 사용이 증대하였다. 영국에서는 19세기 사이에 인구가 2배로 증가했지만, 석탄의 소비량은 8배로 증가하였다. 그렇다면 자원을 가장 합리적으로 배분하여 바람직하게 사용할 필요가 있다. 자원의 효율적인 사용을 생각한 것이 한계원리의 진정한 기여였다.

## 독창적 자본론 개척자 오이겐 폰 뵘바베르크

19세기 후반 들어 유럽 경제는 산업화 영향으로 전대미문의 번영을 이뤄가고 있었다. 그러나 칼 마르크스와 그의 사상은 이윤과 이자 존재를 부정하고 '자본주의는 소외와 착취로 점철된 부정한 사회'라는 논리를 펼치면서 대중 속으로 파고들었다. 이 같은 마르크스 사상의 선전 · 선동에 전통경제학은 속수무책이었다. 마르크스에 맞서 자본주의 발전과 성장 · 분배를 설명할 적절한 이론적 틀을 갖추지 못했다. 이런 시기에 마르크스 사상은 치명적 오류로 가득 차 있다고 주장하면서 자본주의를 이해하는 새로운 길을 보여준 인물이 오스트리아 출신 정치경제학자 오이겐 폰 뵘바베르크Eugen von Böhm Bawerk(1851~1914)다.

▲ 오이겐 폰 뵘바베르크

오스트리아 재무부장관을 세 차례나 지내면서 끊임없이 경제학 공부에 매진했던 뵘바베르크가 주목한 건 자본이라는 현상이다. 뵘바베르크는 자본만 제대로 이해할 수 있는 이론을 개발한다면 마르크스이론의 오류는 물론이고 자본주의를 이해하는 새로운 길을 보여줄 것으로 확신했다. 그는 저축, 투자, 기술, 자본재, 생산성, 지식 등 모든 형태의 자본은 개인들의 행위와 그들의 상호작용을 통해 생겨나는 결과이기 때문에 인간 행동 연구가 중요하다고 생각했다.

뵘바베르크는 이자를 시간선호 때문에 생겨나는 현상이라고 생각했다. 시간선호란 인간들이 '현재 재화'를 '미래 재화'보다 높이 평가한다는 뜻이다. 그러기에 미래를 위해 현재를 포기하려면 그 평가차이에 해당되는 프리미엄이 부여되지 않으면 안 되는데, 그게 이자라는 것이다. 이자가 플러스(+) 값을 갖는 이유는 현재 재화를 미래 재화보다 더 높게 평가하기 때문이다.

따라서 뵘바베르크는, 이자는 돈의 가격이 아니라 시간의 가격이라고 주장하면서 이자가 금융투자에 대한 수익, 자본재 사용에서 생기는 소득이라는 전통적인 시각은 틀렸다고 했다. 이런 것들은 이자지급을 위한 기금일 뿐이라는 것이다. 또한 그는 이자의 존재 이유가 시간선호 때문이라면 이자를 착취라고 말하는 것은 옳지 않다고 주장했다.

뵘바베르크는 자본주의의 핵심은 자본이라고 인식한다. 슘페터가 뵘바베르크를 '부르주아 마르크스'라고 불렀던 것도 그가 마르크스처럼 자본을 분석 전면에 내세웠기 때문이다. 그러나 그는 자본을 노동의 적으로 여긴 마르크스와는 달리, 자본은 노동의 친구이며 모든 계층의 생활수준을 개선하는 보편적 번영의 열쇠라고 주장했다.

뵘바베르크는 소비를 생산을 위한 불가분의 조건이라고 주장하면서 저축은 일반적인 구매력 감소일 뿐이고 그래서 생산의 위축을 가져온다는 주장을 일축했다. 저축은 나중에 자녀교육

노후 등에 지출한다는 것을 의미하는 연기된 소비지출이라고 했다. 이런 자본론적 시각에서 뵘바베르크가 우려한 건 오스트리아의 높은 만성적 공공부채였다. 재정건전성을 해치는 공공부채는 금융자본 시장을 위축시켜 번영의 싹을 자른다는 이유에서다.

이처럼 뵘바베르크는 자본과 이자를 새로운 시각에서 조명하고 현실에 적합한 경제성장이론을 독창적으로 개발한 인물로 평가받고 있다.

**뵘바베르크 사상의 힘**

오이겐 폰 뵘바베르크는 마르크스 사상을 마르크스의 『자본론』을 근거로 하여 최초로 정면 비판했다. 그의 비판은 착취이론에 초점이 맞춰져 있다. 착취이론은 노동투입량이 생산물 가격을 결정하기 때문에 노동에 대한 보수는 생산물의 가격과 일치해야 한다고 전제하고 있다. 착취이론에 의하면, 기업주는 노동자에게 생산물의 가격만큼 다 주지 않고 겨우 먹고살 정도의 임금만을 주면서 이자와 이윤으로 제 몫을 챙긴다.

그러나 뵘바베르크는 가치를 결정하는 건 전적으로 소비자의 판단이기 때문에 노동만이 아니라 기업가도 가치를 창출한다고 주장했으며, 이윤을 기업가들의 위험부담에 대한 대가라고 봤다. 그에 따르면 기업가는 토지, 노동, 자본을 조합해 시장에서 경쟁할 완성된 재화를 창출하고 이에 대한 손익, 파산 등을 책임진다. 반면 정규적으로 월급을 받는 노동자는 이런 책임이 없고, 기업이 망해도 그들이 잃는 건 월급뿐이라는 게 그의 해석이다. 따라서 생산한 걸 전부 노동자가 가질 수 없으며, 기업가의 이윤은 착취가 아니라 지극히 도덕적이라는 결론이다.

뵘바베르크는 자본가가 챙기는 이자도 윤리적으로 당연하다고 설명한다. 노동자는 생산하고 이후 이를 판매해 수익이 생길 때까지 기다릴 필요 없이 노임을 받는데 이를 가능하게 하는 게 자본가가 현재소비를 억제하고 저축한 자본이라는 걸 명심해야 한다고 주장했다. 1929년 발생한 세계 대공황을 설명한 자유주의 정치경제학의 거성 미제스와 하이에크가 경기변동이론 분야에서 탁월한 업적을 남길 수 있었던 것도 뵘바베르크 자본론의 힘이 컸다고 하겠다.

출처 : 민경국(2014)에서 발췌하여 정리한 것.

## 5.4 근대경제학의 성립

한계혁명에 의한 근대경제학 성립의 기본적 논점을 확인하기로 하자. 첫째, 한계혁명을 출발점으로 하는 근대경제학은 고전파 경제학의 자동조화의 경제관과는 달리 과잉생산이나 불황, 노사대립, 독점의 진전과 같은 경제적 불안정에 대한 인식을 출발점으로 하고 있다. 둘째, 경제문제로서 우선해야 하는 것은 생산이 아니라 소비라는 생각, 즉 가치관의 전환이 이루어졌다. 이로부터 개인의 효용을 최대로 하는 것이 사회적 후생을 높일 수 있다는 인식이 나타나 경제분석의 중심에 소비자주권의 주장이 나타나게 되었다. 셋째, 가격의 움직임에 의한 자원의 합리적 배분문제가 설명될 수 있게 되었다. 한계원리에 근거하여 시장을 통한 자원의 효율적 배분이 가능하게 되었던 것이다.

오늘날 우리들이 근대경제학이라고 부르는 것은 이 1870년대에 등장한 한계원리에 기반을 둔 경제원리의 연장선상에 있다. 그리고 경제학의 교과서에서 시장메커니즘을 설명할 때 사용되는 수요곡선이나 공급곡선도 한계원리에 기반하여 가계와 기업의 합리적인 행동을 설명하는 것이다.

### (1) 한계혁명 이후의 경제학자

한계혁명을 주도한 제본스Stanley Jevons, 멩거Carl Menger, 왈라스Marie Esprit Léon Walras와 같은 학자들 사후에 한계원리를 이용하여 소비이론이나 생산이론을 발전시킨 학자로는 파레토Vilfredo Pareto, 마샬Alfred Marshall, 에지워스Francis Edgeworth, 피구Arthur Cecil Pigou를 들 수 있다. 또한 제1차 세계대전 후에 뛰어난 업적을 남긴 학자로는 힉스Sir John Richard Hicks를 들 수 있다. 그는 『가치와 자본』을 썼다. 1939년에 쓰여진 이 책은 왈라스 이후의 일반균형론을 수학적으로 증명하였으며, 오늘날 우리들이 미시경제학을 공부하는 데 불가결한 책이다.

### (2) 신고전파 경제학

한계혁명 이후 경제학에 주어진 명칭의 하나는 "신고전파 경제학" 이다. 신고전파라는 명칭은 원래 마샬, 피구 등 영국 케임브리지대학을 중심으로 하여 전개된 "케임브리지학파" 의 경제학에 대한 별명으로 사용되었다. 그것이 점차 케임브리지학파에 머무르지 않고, 한계원리에 입각하여 미시적 가격분석을 중심으로 이론전개를 행한 경제학 전체를 지칭하게 되었다. 현재는 주로 이러한 의미로 사용되고 있다. 또 제2차 세계대전 후에는 "신신고전파" 나 "신고전파 종합" 이라는 말도 사용되고 있는 등 신고전파도 여러 가지 의미로 사용되고 있다.

제7장

# 마샬의 경제학

## 1. 신고전학파 경제학의 창시자 알프레드 마샬[1]

19세기에는 두 개의 서로 대립적인 사상이 인식의 세계를 지배했다. 한편에는 인류의 빈곤은 숙명적이고 극복할 수 없다는 맬더스와 리카도의 '우울한' 사상이 있었고, 다른 한편에선 마르크스와 그 추종자들이 사유재산 없는 사회주의가 인류를 가난에서 구원한다는 달콤한 말로 사람들을 유혹했다.

이 시기에 양측의 인식을 비판하며 자본주의를 제대로 이해하고 관리한다면 가난한 사람과 부자 모두가 함께 번영을 이룰 수 있다고 설파한 인물이 등장했다. 영국의 경제학자 알프레드 마샬이다. 그는 빈곤의 숙명론은 인류 문명에 대한 모독이며, 사회주의는 인류가 직면한 최대의 적이라고 주장했다.

1. 민경국(2014)의 내용을 많이 참고했음을 밝힌다.

▲ 알프레드 마샬

대학에서 수학과 물리학을 전공한 마샬이 경제학에 입문하게 된 계기는 그가 가입한 엘리트 모임 때문이었다. 이 모임의 중심 주제는 빈곤 해소를 통한 인류의 보편적 번영의 문제였다. 그런 문제의식에 매료된 그가 절실히 느낀 것은 물질적 풍요를 위한 경제학을 확립하는 것이었다.

마샬은 이런 인식을 토대로 독창적인 개념을 개발하여 신고전파 경제학의 이론적 토대를 확립했다. 가장 큰 공로로 인정받고 있는 것으로는 수요 · 공급원리, 가격결정, 생산비용, 균형이론 등을 들 수 있다. 또한 이러한 개념들에 쉽게 접근하기 위해 기하학, 수리 및 계량적 방법을 개발한 것도 독특하다.

특히 주목되는 것은 수요 · 공급의 원리다. 경제를 움직이는 것은 수요와 공급이고, 이들을 통해서 가격과 산출량이 정해진다는 게 그의 생각이었다. 시장을 균형으로 파악하는 그의 경제관도 흥미롭다. 균형이란 수많은 사람들의 행동이 서로 조정의 과정을 거쳐 조화가 이뤄진 상황이다. 이는 수요 · 공급의 일치로 표현된다.

시장을 주택, 자동차 등 산업별로 나눠 따로 분석하는 부분분석도 각 산업이 고립적으로 작동한다는 전제를 하고 있는 마샬의 기발한 착상으로 인정받고 있다.

그러나 마샬의 균형이론은 인간이 자극에 따라 기계적으로 반응한다는 비현실적 인간관에서 도출됐다는 이유로 상당한 비판에 직면했다. 인간 행동은 기계적이 아니라 인지적이라는 얘기다. 인지란 새로운 지식을 적극적으로 창출하고 발견하는 인간만이 갖는 요소다. 오스트리아학파를 이끌고 있는 미국 경제학자 커즈너Israel M. Kirzner(1930~ )는 인지적 인간으로 구성된 시장은 '과정'이지 결코 '균형'이 아니라고 지적한다.[2] 모든 산업을 개별적으로 분석하는 방법에 대해서도 이견이 많다.

---

2. 기업가 정신 이론을 개발해 자유주의 경제학을 가장 훌륭하게 발전시킨 인물로 평가받는 이스라엘 커즈너(Israel M. Kirzner, 1930~ )는 미제스(Ludwig von Mises, 1881~1973)의 경제이론 강의를 수강

산업들은 서로 불가피하게 연관돼 있고 그래서 시장들은 서로 분리할 수 없는 하나의 시장으로 작동하기 때문에 부분분석을 통해서는 시장의 기능원리를 제대로 파악할 수 없다는 지적도 나온다.

마샬의 독창성은 가격 변화에 구매자가 어떻게 반응하는가를 계량화한 탄력성 개념을 발견한 것에서도 드러난다. 이러한 개념은 경제주체의 행동을 이해하는 데 큰 기여를 했지만, 중앙은행이 이자율을 낮추면 투자와 소비가 증대하는 등 재량적 통화정책처럼 정부의 가격규제를 정당화하는 데도 중요한 역할을 했다.

'여타의 것이 일정불변하다ceteris paribus' 고 전제하고 분석하는 방법도 마샬의 탁월한 지혜라고 할 수 있다. 단순계의 분석을 통해 복잡계인 시장의 기능원리를 제대로 이해하기 곤란하다는 비판이 있긴 하지만, 이 전제는 복잡계를 단순계로 만드는 방법임에는 틀림없다.

마샬 사상의 백미는 성장철학이다. 번영의 원천은 정부가 아니라 시장, 즉 자본가와 기업가라고 목소리를 높인다. 정부는 셰익스피어의 작품을 모양새 좋게 발간할 수는 있지만, 그와 같은 것을 저술할 수는 없다고 정부의 치명적 한계를 지적한다. 자본가와 자본이 없다면 사회는 야만의 세계로 되돌아가 인간 존립 그 자체가 위태롭게 된다고 그는 설명한다.

19세기 산업혁명으로 수세대 동안 자본가와 농업 · 산업노동자 등 모두의 생활수준이 향상됐다는 마샬의 역사 해석도 흥미롭다. 증기기관은 인류를 저급하고 소모적인 노동에서 해방시켰으며, 또한 다양한 산업의 등장으로 임금 수준도 높아졌고 교육 기회도 넓어졌다는 설명이다. 자유기업은 모든 계층에 보편적인 번영을 가

---

했다. 당시 미제스는 하이에크와 함께 오스트리아학파를 이끄는 핵심 인물이었다. 미제스의 강의에서 "시장은 과정이다"라는 말이 무슨 뜻인지 알 수 없었다. 커즈너는 그 말을 들은 후, 평생 은사가 될 미제스와 자주 만나면서 그의 심오한 경제사상에 빠져들었다. 커즈너의 머리 속에 각인된 것은 '기업가정신' 이라는 키워드였다. 그는 기업가 정신론을 제대로만 개발하면 '왜 시장은 과정인가?' 라는 물음도 풀 수 있고, 현상에 대한 새로운 이해도 가능할 것이라는 확신을 가졌다. 그래서 그는 평생 동안 기업가 정신론을 개발하고 자유시장의 매력적인 비전을 제시했다.

져다줬다는 것이다. 자본주의가 보편적 번영을 보장한다는 마샬의 주장은 캐나다의 유명한 싱크탱크인 프레이저연구소Fraser Institute[3] 보고서에서도 입증된다. 경제적 자유가 많을수록 경제성장률이 높고, 경제성장률이 높은 나라일수록 최하위 소득계층의 소득수준도 높다는 것이다. 결론적으로 빈곤 문제의 해법은 자유기업을 통한 성장이라는 얘기다.

빈곤은 인구 증가가 아니라 미숙련 노동자의 증가 때문이라는 마샬의 진단도 눈길을 끈다. 그래서 가난한 사람들에 대한 교육이 빈곤 문제의 해법이라고 주장한다. 빈곤 문제 해결에 대한 열정이 누구보다도 컸던 마샬은 자본세, 누진소득세를 통한 재분배, 복지정책, 최소임금법을 요구하면서 기업가는 이윤만 추구하지 말고, 기사도 정신을 발휘하여 빈곤 해소에 적극적으로 나서야 한다고 주장했다. 부자는 약간 덜 부자가 되고, 가난한 자는 덜 가난하게 되는 것이 보다 좋은 사회라고 목소리를 높였다. 마샬은 독점기업에 대한 우려에서 기업규제의 필요성도 강조했다.

결론적으로 마샬은 빈곤 해소를 위한 성장철학을 부활시키면서 신고전파 경제학의 이론적 · 공공정책적 기초를 확립하는 데 큰 기여를 했다는 평가를 받고 있다.

## 2. 알프레드 마샬의 사상

케인즈 경제학의 모체가 된 케임브리지학파의 창설자인 알프레드 마샬은 1842년 런던에서 태어났다. 엄격한 아버지로부터 교육을 받은 마샬은 어학보다 수학에

3. 영국 사업가 엔터니 피셔(Antony Fisher, 1915~1988)가 설립한 자유주의 싱크탱크인 아틀라스연구재단(Atlas Economic Research Foundation)을 통해서 자유주의 싱크탱크들이 다른 나라에 설립되는 것을 도왔다. 이 재단의 도움을 받아 세워진 싱크탱크들이 150개에 이른다. 프레이저연구소(Fraser Institute)와 맨해튼연구소(Manhattan Institute)가 대표적이다.

재능이 있었다. 마샬의 아버지는 마샬을 목사로 키우려고 했지만, 마샬은 케임브리지대학 수학과 지망으로 입학하였다.

1890년 위대한 저서 『경제학원리』를 출판하였지만, 마샬의 연구활동은 이 책의 개정 · 증보에 집중되었다. 이러한 상황은 1920년 8판이 출판될 때까지 30년간에 걸쳐 계속되었다. 케인즈가 『마샬전』에서 서술한 바와 같이 『경제학원리』에는 탐색할 만한 보물이 매장되어 있는 책이다.

또한 마샬은 케임브리지대학의 명연설로 알려져 있는 "경제학의 현상"에서 다음과 같은 명언을 남겼다.

"정신이 건강한 사람들의 위대한 어머니인 케임브리지가 세상에 졸업생을 내보냄에 있어, 냉철한 두뇌와 따뜻한 심장으로써, 그들을 둘러싸고 있는 사회적 고뇌와 부딪히며 자신이 가진 최선의 능력을 적어도 일부라도 진전시키려는 뜻을 두고, 상품上品으로 고상한 생활을 하기 위한 물질적 수단을 모든 사람들에게 개방하는 것이 가능한가를 명백히 하기 위하여 최선을 다해 노력한다는 사람들의 수를 한층 많게 한다면, 결핍된 재능과 한정된 능력을 가진 우리들은 그만큼만 할 수 있지 않겠는가. 나아가 우리들의 가슴 속에 고유하게 품고 있는 염원이 있어 최고의 노력을 기울이지 않겠는가."

경제학은 냉철한 두뇌와 따뜻한 심장을 가지고, 자기 주위의 사회적 고뇌와 투쟁하는 사람들, 교양 있는 고상한 생활을 영위하기 위한 물질적 수단을 합당하게 사용하는 사람들이 다루는 것이다. 마샬은 이 냉철한 두뇌와 따뜻한 가슴을 스스로 배양하는 것이 경제학 연구의 기본적인 태도라고 가르쳤다.

## 2.1 경제분석 툴의 개발자

빈곤을 어떻게 해소할 것인가라는 문제의식을 가졌던 마샬은 현실 경제분석으로 눈을 돌렸다. 이를 위해 수요 · 공급곡선의 분석, 수요의 가격탄력성, 소비자 잉여, 외부효과 등을 그래프나 표를 이용하여 알기 쉽게 해설하였다. 그것들은 확실히 현대경제 분석의 기초가 되는 이론이 되었다.

경제분석에서 중요한 수요의 가격탄력성이라는 개념은 가격의 변화에 대한 수요량의 감응도를 나타내는 것이며, 가격(독립변수)의 변화와 수요량(종속변수)의 변화를 수치로 나타낼 수 있다. 이에 따라 두 변수 간에 함수관계로서 탄력성의 개념이 새롭게 탄생된 것이다.

마샬은 또한 외부효과에 관한 이론과 정책을 명석하게 분석하였다. 사람들은 공업제품이나 농산물만을 생산하는 데 그치지 않는다. 이들 외에 신선한 공기나 물이 필요하다. 오염된 물이나 공기는 아이들의 발육을 저해하고, 나아가 영국 사람들의 노동능력을 저하시킨다. 외부효과의 분석으로부터 런던과 같은 대도시에서 발생하는 외부불경제는 오히려 경제성을 상회할 가능성이 있다는 것을 시사한다며 문제를 제기하였다.

## 2.2 부분균형분석

현실경제의 분석을 중시하는 마샬 경제학의 특징은 왈라스의 일반균형분석을 수용하면서도 부분균형분석을 중시한다는 것이다.

마샬은, 왈라스의 일반균형분석이 나타내는 바와 같이, 경제제량은 상호 관련되어 있는 것으로 이해하였다. 그러나 방정식 체계를 이용하여 그 균형을 설명하는 수학적 수법에는 의문을 가졌다.

이론을 현실에 적용하는 것을 중시한 마샬은 정학적인 일반균형에 의해 시간의 경과와 더불어 변화하는 현실경제를 설명하는 방법을 택하였다. 이를 위해 마샬은 특정한 시장에 있는 특정한 재화의 수급균형분석을 행하였다. 이것이 마샬의 학문적 업적으로서 가장 유명한 부분균형분석이다. 다른 사정이 동일하다면ceteris paribus, 어떤 상품에 대한 수요량은 그 상품의 가격이 하락함에 따라 증가하고, 가격의 상승에 따라 감소한다. 이것이 소위 마샬의 수요법칙이다.

## 2.3 마샬의 가격이론

마샬의 부분균형분석은 총합성이라는 말로 표현할 수 있는 특징을 갖고 있다. 마샬은 가격이론을 전개하면서, 수요곡선을 설명하는 것은 효용이며, 공급곡선을 설명하는 것은 생산자라고 생각하였다. 효용은 한계혁명에 의해 탄생된 가치론이고, 생산물의 가치가 생산자에 의해 결정된다는 것은 고전파의 가치론이다. 이 수요곡선과 공급곡선의 교차점에서 가격이 결정되며, 그 결과로서 가치가 결정된다고 한다면, 가치는 효용으로 결정되는가 아니면 생산비로 결정되는가? 이 점에 관하여 학자로서의 마샬은 새로운 이론으로 탄생시키기 전에 자기의 머리에서 그것을 한번 더 재구성하는 신중함을 지녔다고 생각된다.

## 2.4 단기와 장기

마샬은 고전학파와 같이 가격, 그리고 가치의 결정을 시장의 수요 · 공급 상호작용에서 구했으며, 그것에 의해 고전파의 가치론과 한계혁명 이후의 신고전파 가치론을 총합적으로 논의하였다. 여기서 중요한 논점은, 마샬이 그것의 답을 "시간의 요소"에서 구한 것이다. 마샬은 가격 형성의 법칙을 현실 시장의 움직임에서 구체적으로 정식화하기 위하여 고찰하는 기간을 단기와 장기로 분류하였다. 마샬이 말하는 단기란 생산설비를 변경할 필요가 없는 기간을 일컫는다. 생산설비가 불변하면 공급량이 변하지 않으므로, 가격은 바로 수요의 크기에 의해 결정되게 된다. 마샬은 이 상태를 "일시적 균형"이라 불렀다. 일시적 균형에서는 효용이 가격을 결정하고, 생산비는 가격의 결정과 아무 관련이 없다. 결국 생산설비가 불변이라고 가정하는 단기에서는 가격이 효용에 의해 결정된다.

한편, 마샬이 말하는 장기란 생산설비의 변경이 필요하게 되는 기간을 말한다. 새로운 생산요소의 사용이 가능한 장기에서는 비용 변화의 영향을 받게 된다. 따라서 장기의 경우에는 생산비의 변화에 의해 공급이 변화하고, 공급의 변화에 의해 가격이 결정된다. 소위 장기에서는 생산비가 가치를 결정하게 된다.

여기서 마샬은 생산비를 비례적 비용과 보족적 비용으로 분류하는 것을 덧붙이고 있다. 비례적 비용이란 생산량의 변화에 대응하여 변화하는 비용으로, 원재료비나 임금 등이 이에 해당된다. 보족적 비용은 고정비용으로 생산설비 등을 위해 지출되는 비용이고, 생산설비를 증가시키면 고정비는 증가한다. 다만 비례적 비용은 조업을 하고 있을 때에만 발생하지만 보족적 비용은 조업의 유무와 관계없이 발생한다.

생산자가 생산수준을 높이는 경우는 언제 발생하는가? 마샬은 예상판매가격이 보족적 비용을 상회하는 수준일 때에 생산자에게 생산수준 인상이라는 유인이 나타난다는 것을 명확히 하였다.

## 3. 알프레드 마샬의 『경제원론』

알프레드 마샬은 앞서 살펴본 인물들처럼 아주 혁신적인 이론을 창안하지는 않았다. 마샬은 그의 저서인 『경제원론Principles of Economics』과 한계효용에 대한 이론으로 유명하지만, 그의 책에 나와 있는 이론의 대부분은 제본스, 쿠르노Antoine Augustin Cournot(1801~1877), 뒤퓌Guillaume Dupuytren(1777~1835), 왈라스와 같은 앞선 학자들에 의해 소개가 된 내용이다. 그럼에도 불구하고 마샬을 경제학의 거장이라 존경하는 이유는 이들 이론들을 종합하여 고전학파의 완성을 이끌어냈기 때문이다.

## 3.1 경제학의 독립과 경제원론

아담 스미스의 『국부론An Inquiry into the Nature and Causes of the Wealth of Nations』과 리카도의 『정치경제와 조세의 원리Principles of Political Economy and Taxation』는 매우 긴 이름이다. 그 이유는 이들 저작들이 경제학을 정치학이나 철학에서 분리하지 못하고 있었기 때문이다. 반면에 마샬은 『경제원론Principles of Economics』이라는 책 제목에서 알 수 있듯이 경제학을 이들 학문으로부터 떼어내 온전한 하나의 학문으로 독립시켰다고 할 수 있다.

마샬은 책의 앞부분에 상품, 부, 가치, 소득, 자본 같은 개념들을 현재에 쓰이고 있는 표현으로 해석하고 있다. 예를 들어 아담 스미스는 부를 상품으로 한정했지만, 마샬은 단순히 상품만으로 제한하지 않고, 자연환경, 도로, 상수도 같은 사회공동시설 등도 부로 보았다. 즉, 어떤 사람이나 집단이 누릴 수 있는 생활환경의 요소들도 그 사람들이 누리는 '부' 로 본 것이다.

## 3.2 욕구와 욕망, 그리고 효용

마샬 앞 세대의 경제학자들은 노동가치설을 기준으로 그들의 이론을 전개했다. 그런데 마샬을 비롯한 한계혁명을 일으킨 학자들은 상품의 가치가 그것이 주는 효용utility에서 비롯된다고 보았다.

마샬은 욕구와 욕망이 소비를 일으킨다고 보고, 효용이 이 욕구나 욕망과 크게 다르지 않은 것으로 보았다. 상품 한 단위가 늘어날수록 늘어나는 만족감은 점점 줄어든다는 것이다. 이는 인간의 기본적인 성향으로 욕망포화의 법칙 혹은 효용체감의 법칙으로 표현할 수 있다. 재화 한 단위를 추가로 소비하면서 얻는 효용을 '한계효용' 이라 한다. 한계효용체감의 법칙이란 재화를 소비하는 소비자가 재화 1단위당 추가적으로 얻는 효용의 증가분(한계효용)이 점점 감소하는(체감하는) 현상을 말한다. 그렇다면 소비자는 이 효용을 얻기 위해 가치(돈)를 지불할 것인지를 고민하게 된다. 한계효용이 가치보다 높다면 더 소비할 것이지만, 그 반대라면 구매를 중단할 것이다. 세상의 모든 상품과 재화에는 이러한 법칙이 통용된다는 것이다.

## 3.3 효용으로 풀어보는 수요법칙과 탄력성

이제 효용의 개념을 알게 되면 수요의 법칙은 이해하기 쉬워진다. 어떤 재화의 판매 물량이 많을 경우, 가격을 낮추어 소비자들이 이 상품으로부터 얻는 효용을 가격보다 높게 하면 더 많은 수요가 발생하므로 보다 많은 수량을 판매할 수 있다. 반대로 판매할 물량이 많지 않다면, 가격을 높게 잡아도 가격보다 높은 효용을 얻을 수 있는 수요자들이 있기 때문에 높은 가격으로 판매해야만 더 많은 이윤을 얻을 수 있다.

상품에 따라서는 더 많은 수요자를 찾기 위해 가격을 많이 낮춰야 하는 경우도 있지만, 가격을 약간 떨어뜨려도 더 많은 새로운 수요자가 나타나는 상품도 있다. 즉, 한 변수가 다른 변수에 의해 변동되는 정도를 탄력성elasticity이란 개념으로 나타낼 수 있다. 예를 들어 가격탄력성價格彈力性은 가격의 변화에 따른 수요나 공급의 변화량을 뜻한다. 수요의 가격탄력성Price Elasticity of Demand은 보통 음의 값을, 공급의 가격탄력성Price Elasticity of Supply은 보통 양의 값을 갖지만, 부호와 상관없이 절대값이 의미를 갖는다.

## 3.4 한계수익과 생산요소

소비자들의 소비에서 한계효용marginal utility이 발생하는 것처럼 생산자들의 생산요소에도 한계수익marginal return이 있다. 이것은 생산요소 한 단위를 추가로 투입했을 때 그로 인해 증가되는 생산물의 양을 나타낸다. 이 한계수익도 역시 수확체감의 법칙의 적용을 받는다. 처음에 아무런 생산요소가 투입되지 않았을 때 생산요소한 단위를 투입하면, 그 사람이 생산할 수 있는 최대 생산량을 생산할 것이지만, 생산요소의 투입 단위를 점점 늘려가면 갈수록 생산잠재력에 비해 과도한 인원이 투입되면서 생산의 비효율이 발생하게 된다. 따라서 그만큼 노동자가 생산하는 생산물은 감소하게 된다.

마샬은 위대한 경제학자지만 엄밀히 말해 독창적인 경제이론의 연구는 별로 없다. 마샬은 그보다 앞선 한계혁명을 주도한 학자들의 이론을 집대성하고 정리하는 한편 비교적 많은 사람들에게 쉽게 경제학을 가르치고자 했다. 그 결과물이 『경제원론』이다. 마샬의 『경제원론』은 이후 모든 경제원론 및 교과서들의 뿌리가 되고 골격이 되었다.

## 4. 마샬 사상의 힘

건강을 위한 의학, 정의구현을 위한 법학, 영적 구원을 위한 신학과 나란히 물질적 번영을 위한 경제학을 확립하겠다는 생각으로 경제학에 입문한 알프래드 마샬이 지성사나 정치사에 미친 영향은 상당하다. 수요 · 공급원리, 탄력성, 장 · 단기의 구분, 균형, 부분분석 등 오늘날 경제학 교육을 지배하는 개념들은 마샬로부터 비롯됐다.

마샬적 전통의 경제학은 1859년 『종의 기원』의 저자 찰스 다윈Charles Robert Darwin, FRS(1809~1882)이 극복하고자 했던 뉴턴의 기계적 자연관을 전적으로 수용하고 있다는 점을 직시할 필요가 있다. 마샬은 다윈의 책을 읽고 '변화'를 특징으로 하는 진화를 중시했지만 그건 말뿐이었다.

마샬의 영향력은 고전물리학적 시각에서 시장사회를 본 1890년의 저서 『경제학원론』 판매량에서도 드러난다. 이 책은 8판이나 발간됐다. 거의 반세기 동안 서구사회의 경제학 교육 내용을 지배했다고 해도 과언이 아니다. 이 책에 뒤이어 나온 게 새뮤얼슨의 『경제학』과 최근에 등장한 맨큐Nicholas Gregory Mankiw(1958~ )의 『경제학』이다. 새뮤얼슨과 맨큐의 『경제학』도 마샬의 영향을 받아 고전물리학적 사고의 틀을 고스란히 반영했다고 할 수 있다.

'정치경제학'에서 '정치'라는 말이 빠지고 오늘날 '경제학'으로 불리게 된 것도 마샬의 영향이 결정적이었다. 그의 책 제목은 『경제학원론』이다. 그가 정치라는 말을 뺀 이유는, 수요 · 공급의 저편에 있지만 복잡한 시장현상을 구성하는 도덕, 정치, 법, 문화, 역사, 심리 등을 사상하고, 오로지 역학적인 수요 · 공급만을 수학과 통계학으로 설명하려 했기 때문이다.

법학, 정치학, 수학에서 벗어나 독자적인 경제학의 설립에 큰 영향을 미친 마샬은 교육을 통해서도 사람들에게 많은 영향을 끼쳤다. 그는 자본주의는 유효수요의 부족으로 실업과 경제적 침체가 만성적으로 발생할 수 있기 때문에 빚을 내서라도 정부가 지출을 늘려야 한다고 주장하는 케인즈를 키웠다.

마샬은 마르크스와의 싸움으로도 유명하다. 마르크스가 마샬의 경제학에 대해 전망이 없는 부르주아 계급의 학문이라고 비판하자, 마샬은 사회주의의 집단소유 체제는 경제를 황폐화시키고 개인적인 삶이나 가정 등 가장 아름다운 것까지도 파괴한다고 쏘아붙였다. 그는 마르크스주의 확산을 막아내는 데도 중요한 역할을 했다.

### 통화주의 창시자 어빙 피셔

미국 경제는 19세기 말에 접어들면서 자유기업의 왕성한 활동의 영향으로 고도성장을 이뤘다. 1870년 4,500달러이던 미국의 1인당 국민소득은 1915년 9,000달러로 두 배로 증가했다. 같은 기간 4,000만 명의 인구가 1억 명으로 늘어났다. 이 같은 번영에도 불구하고 빈곤, 불평등, 독점 등의 문제를 제기하며 정부가 조세, 정부지출, 규제 등을 통해 경제에 개입하지 않으면 미국 자본주의는 위태롭게 될 것이라고 주장하는 진보주의 목소리가 커지고 있었다.

이러한 시기에 자본주의의 심각한 위협은 독점 등의 문제가 아니라 통화의 불안정이라고 주장하는 경제학자가 등장했다. 미국 경제학자 어빙 피셔Irving Fisher(1867~1947)이다. 그는 강

▲ 어빙 피셔

제력을 동원해서라도 물가를 안정화하는 게 정부의 제1 과제라고 주장했다.

대학에서 수학적 재능을 인정받았지만 순수 수학에는 관심이 없었던 피셔는 자유주의 학자였던 윌리엄 섬너William Graham Sumner(1840~1910)의 조언에 따라 수학자로서 경제학에 입문했다. 당시 경제학은 흐름, 인플레이션, 힘, 확장, 수축, 균형, 유통속도 등 물리학적 언어를 즐겨 사용했다. 피셔는 그런 언어를 체계적으로 이용하여 역학적 모델을 만들면 자본주의의 신비를 명쾌하게 풀어낼 수 있을 것으로 믿었다. 당시는 경제현상을 수리계량적 원리로 파악하는 수리계량경제학이 첨단과학이라는 인식이 자리잡던 시기였다.

피셔가 주목한 건 자본과 통화이론이었다. 경제안정과 직결된 분야라는 이유에서다. 그는 이자를, 동일한 액수라고 해도 현재의 소득을 미래의 소득보다 높이 평가한다는 시간선호, 그리고 투자된 소득은 장차 더 큰 소득을 가져다준다는 투자기회가 상호 작용해 생기는 결과로 이해했다.

자본이란 매달 혹은 매년 소득을 가져다주는 자산인데, 그런 자본의 가치는 시간선호 및 투자기회의 상호작용을 통해 창출되는 소득흐름의 현재가치라는 것이다. 자본과 소득에 대한 이 같은 인식에서 그가 주목한 건 소득세의 정당성에 대한 문제였다.

현재의 소득에서 저축하고 이 저축을 자본재에 투자하면 나중에 소득이 창출된다. 그런데 소득세의 경우 자본재를 구입하는 데 사용된 소득에, 그리고 나중에는 그 자본이 창출한 소득에 과세하므로, 저축은 이중으로 조세부담을 진다는 게 피셔의 인식이다. 피셔는 이처럼 자본론의 시각에서 최초로 저축과 자본축적에 적대적인 소득세 대신 지출세(즉, 소비세)를 제안한 인물이다.

관심을 끄는 건 자본의 성격에 대한 피셔의 인식이다. 그는 자본이 동질적이고 매우 유동적이라고 보았다. 자본이 이질적이고 그래서 한 용도에서 사용하던 자본을 다른 용도로 쉽게 사용하기가 어렵다면 적응 과정은 길어지고 회복하는 시간도 수년이 걸릴 수 있을 것이다. 그러나 자본의 이질성과 유동성은 불경기의 원인이 될 수 없다는 것이다. 피셔는 대신 화폐와 신용 문제에 주목했다. 이들이 물가불안의 주범이라는 이유에서다. 여기엔 통화량이 두 배 늘어나면 가격도 두 배 인상된다는 이론적 인식이 깔려 있다. 인플레이션의 원인은 노동조합의 강성도 아니고 사업가의 탐욕이나 낮은 생산성, 독점자본주의도 아니라는 뜻이다. 그런 것들은 보조 변수에 지나지 않고, 오직 화폐의 증가만이 인플레이션의 주범이라는 얘기다.

피셔는 물가가 안정적이면 위기나 불황의 징조가 없고 경제가 마찰 없이 순환하고 있다는 증거라고 믿었다. 그래서 피셔는 물가가 오르면 통화량을 줄이고, 물가가 낮아지면 통화량을 늘리는 등 일반물가 안정을 통화정책의 중요한 목표로 삼아야 한다고 주장했다.

피셔가 정책적으로 관심을 가졌던 건 통화량이 아니라 거시경제적 물가수준이었다. 그래서 그는 물가수준을 말해 주는 물가지수를 작성하는 데도 주력했다. 이자율 및 환율 개입, 공개시장조작을 통한 통화량 조절 등을 통해 중앙은행은 물가를 안정시키고 장래의 불황이나 금융위기를 막을 의무가 있다고 믿었다. 1920년대의 물가는 안정적이었고 증시도 호시절을 맞고 있었다. 비행기, 자동차, 빵, 기계, 냉장고, 전기 등 경제는 지속적인 번영을 누리고 있었다. '광란의 1920년대' 라고 부를 만큼 역동적 성장의 시기였다.

피셔는, 주가는 영원히 하락하지 않는 고원의 경지에 도달했고 미국의 번영도 영원하리라고 공언했다. 수리경제학과 통화이론으로 명성을 날리던 그의 사상도 꽃을 피우고 있었다. 그는 카드색인기계의 발명가로서 또한 주식투자자로서도 성공했다. 그는 백만장자가 되었다. 돈이 없어 식당에서 일하면서 대학을 다니던 피셔는 학문적 성공과 경제적 성공을 함께 거머쥔 입지전적 인물이다.

**피셔 사상의 힘**

물가관리만 제대로 하면 경제에 대한 걱정은 할 필요가 없다는 게 어빙 피셔 사상의 핵심이다. 그러나 대공황으로 이어진 1929년에 주식시장이 붕괴했다.

유감스럽게도 피셔의 이론으로는 경제적 붕괴를 설명하거나 예측하기 곤란하다는 게 경제학계의 중론이다. 그의 이론은 통화팽창이 모든 부분에 일률적으로 물가인상을 부른다는 내용이다. 1920년대 통화팽창의 결과가 보여주듯이 늘어난 통화량이 모든 부문에 균일하게 흘러들어간 게 아니라, 분야별로 서로 다르게 영향을 미쳤다. 당시 소비자물가는 오르지 않았고, 제조업에는 생산붐이 조성됐다. 거품이 생겨난 곳은 부동산과 주식시장이었는데, 피셔는 이를 인식하지 못했다.

통화정책을 결정하는 데 사용되는 피셔의 물가지수도 오류가 있다는 지적이다. 물가수준은 개별 상품의 가격을 가격지수로 측정한 평균치의 거시적 변수다. 그런데 이는 개별 기업이나 산업의 상대가격 변동을 말해 주는 지표가 될 수 없다는 지적이다.

피셔의 통화이론에서 큰 영향을 받은 사람이 자유주의 경제학의 거성 밀턴 프리드먼이다. 그는 피셔처럼 1920년대를 안정적 번영의 시기라고 말하면서 대공황의 원인은 통화를 충분히 늘리지 못했기 때문이라고 주장해 피셔의 입장을 지원했다.

출처 : 민경국(2014)에서 발췌하여 정리한 것.

제8장

# 케인즈의 사상과 경제학[1]

오늘날 근대경제학은 경쟁시장에서 가계나 기업의 행동이론만이 아니라 불완전경쟁 하에서 독점 내지 과점시장의 이론을 포함하여 전개하고 있다. 또한 국민소득분석이나 경제성장, 재정 · 금융정책, 나아가 환율의 결정과 같은 거시경제학과 국제경제론에 이르는 광범한 영역도 다루고 있다. 그 중에서 현대거시경제이론의 기초를 구축하고, 경제학의 역사에서 "케인즈 혁명"이라 불리는 거대한 변혁을 가져온 것이 케인즈 경제학이다.

아담 스미스로부터 리카도를 거쳐 마샬로 완성된 고전학파 이론은 간단하면서도 아주 정교한 이론체계를 갖추고 있다. 그런데 문제가 생겼다. 1800년대 중반 이후로 10~20년 주기로 끊임없이 불황이 찾아왔던 것이다. 고전학파의 이론대로라면 불황은 생길 수 없다. 모든 것이 균형으로 맞아떨어지는데 그러한 불황이 생길 리가 있겠는가. 그래서 이러한 불황을 경제학자들은 단기적인 불균형으로밖에 설명할 수 없었다. 마르크스가 이러한 불황의 원리를 나름대로 설명했지만, 대다수의 주

1. 이 장은 石橋春男 · 谷喜三郎(2012), pp.103~133의 내용을 많이 참고하였다.

류경제학자들에겐 그저 헛소리에 불과했을 뿐이었다. 그러나 당시 주류경제학자였던 거장 알프레드 마샬의 제자 중에 존 메이나드 케인즈John Maynard Keynes(1883~1946)가 등장하며 경제학은 새로운 흐름을 맞게 된다.

## 1. 제1차 세계대전과 유럽 시민사회의 위기

자본주의의 성숙기에 접어든 유럽제국에서는 외부지역으로 경제적 투자를 본격화하면서 군사적 경쟁과 파국으로 치달은 제국주의[2]가 전개되었다. 이 제국주의는 급기야 제1차 세계대전을 가져왔다. 제1차 세계대전의 결과 전례 없는 재앙이 초래되었다.

19세기 말엽 과학기술의 발달에 힘입어 고도로 발전한 자본주의는 잉여자본의 형성 및 독점의 강화로 나타났다. 곧 생산 및 자본의 집중이 강화되면서 기업결합과 은행의 지배가 진행되었고, 자유경쟁은 쇠퇴하고 독점자본주의 및 금융자본주의로 치달았다. 잉여자본은 외부로의 출구를 요구한 반면, 독점의 강화는 노동계급의 저항 및 사회적 갈등을 심화시켰다. 이에 사회 내부의 문제를 외부로의 팽창을 통해 해결하려는 제국주의 정책이 촉진되었다. 특히 자본수출을 위해 강력한 정치적 개입 또는 병합이 요구되자, 선진국들은 군비를 강화하면서 국제적인 긴장을 고조시켰다.

영국은 일찍이 인도 등의 해외식민지를 확보하며 경제대국의 지위를 누리면서 산업화를 꾸준히 지속시켰다. 또한 19세기 말에 독점금융자본을 발전시킨 프랑스,

---

2. 제국주의는 넓은 의미와 좁은 의미로 구분된다. 넓은 의미의 제국주의는 한 국가가 정치, 경제, 군사적인 지배를 다른 지역에 확장시키는 것을 뜻하고, 좁은 의미의 제국주의는 "원료확보나 상품수출, 잉여자본의 해외투자를 위한 후진지역으로의 진출과 이권획득이 가능한 해외식민지 종속지역을 획득하여 범세계적인 통합을 도모한다"는 의미를 갖는다.

독일, 이탈리아, 러시아, 미국, 일본 등이 새롭게 해외식민지 확보에 참여하면서 제국주의 경쟁은 더욱 치열해졌다. 한편 식민지 내지 반식민지로 전락한 아프리카와 아시아의 후진지역에서는 강한 반발이 나타났다.

제1차 세계대전은 제국주의 열강 사이의 긴장이 외부로 표출된 결과였다. 오스트리아 황태자 암살사건이 삼국협상[3]과 삼국동맹[4]의 망에 의해 확대된 유례없는 대규모 장기전으로서, 참호전, 화학전, 잠수함을 비롯한 현대적 무기의 출현 등으로 새로운 양상이 전개되며 4년 이상이나 지속되었다. 제1차 세계대전은 기존의 국가질서를 크게 변화시켰다. 동유럽에서는 로마노프, 합스부르크 등 절대주의왕조가 붕괴되고 새로운 민족국가들이 독립했으며, 서유럽 역시 전쟁의 피해가 심각했다. 반면에 미국은 전후 세계경제 및 금융의 중심지로 부상했으며, 축적된 자본을 라틴아메리카를 비롯한 해외에 투자하는 달러외교로써 세계 최고의 제국주의국가가 되었다. 제1차 세계대전은 서유럽세계의 번영에 대한 꿈을 무너뜨렸으며, 경제학을 위시한 많은 분야에서 이제까지의 생각을 반성하는 기회를 제공했다.

한편, 1917년 10월에 러시아에서 혁명이 일어나 사회주의 경제가 실현되었다. 또한 1929년 10월 뉴욕증권거래소에서 주식가격의 대폭락이 일어나며 발발한 세계대공황이 1933년까지 지속되었다. 이러한 일련의 사건에 의해 완전고용균형 등의 근대경제학의 이론적인 상정과 정치경제의 현실이 크게 모순된다는 것이 명백해졌으며, 경제학은 새로운 전환을 맞게 되었다.

이리하여 제1차 세계대전 후의 경제적 혼란, 사회주의 혁명의 발흥, 1929~1933년의 세계대공황이라는 3대 사건이 근대경제학에 대한 역사적인 반증反證을 제공했다고 하겠다.

---

3. 1907년 체결된 프랑스 제3공화국, 러시아제국, 대영제국 사이의 동맹을 일컫는다.
4. 1882년 5월 20일에 체결된 5년 기한 방어 비밀동맹으로서 여섯 차례 갱신되었으며, 독일제국, 오스트리아-헝가리제국, 이탈리아왕국의 동맹이다.

## 2. 케인즈의 위대성

▲ 존 메이나드 케인즈

케인즈 혁명을 탄생시킨 존 메이나드 케인즈John Maynard Keynes(1883~1946)는 1883년 영국의 케임브리지에서 태어났다. 이 1883년은 경제학의 역사상 의미있는 해이다. 1883년에 케인즈에 필적하는 위대한 경제학자 슘페터가 태어났고, 마르크스가 사망하였다. 케인즈가 사망한 것은 제2차 세계대전 종료 직후인 1946년으로 향년 63세였다.

케인즈는 케임브리지대학의 논리학과 경제학 교수였던 존 네빌 케인즈John Neville Keynes(1852~1949)와 후에 케임브리지 시장을 지낸 플로렌스 에이다Florence Ada 부부의 장남으로 태어났다. 케인즈는 유년시대부터 대학까지 영국 중산계급의 지적분위기 속에서 자랐다.

신고전파 경제학의 중심 인물인 알프레드 마샬은 아버지 네빌 케인즈의 동료였다. 케인즈는 유년시절부터 마샬의 집을 드나들었고, 그들 부부로부터 아들처럼 사랑받았다. 런던의 명문 킹스칼리지에 입학한 그는 대학시절에 철학과 예술을 논하는 "블룸즈버리 그룹Bloomsbury Group"이라는 지적 엘리트집단의 핵심 멤버가 되어 지성주의를 몸소 체득하였다. 블룸즈버리 그룹은 화가 지망생인 바네사 벨Vanessa Bell(1879~1961)과 작가 지망생인 버지니아 울프Adeline Virginia Stephen Woolf(1882~1941) 자매를 비롯한 케임브리지 재학생들로 이루어진 영국의 문화예술인 모임이다. 1906년부터 1930년 무렵까지 이어진 이 모임은 예술적 주장은 물론 평화주의와 복잡한 남녀관계로도 널리 알려져 있다.[5]

5. 1906년부터 1930년경까지 런던과 케임브리지를 중심으로 활동한 영국의 지식인 · 예술가들의 모임으로서 이 그룹의 중심 인물들이 런던 중심가 대영박물관 근처의 블룸즈버리에 살고 있었던 데서 이 명칭

케인즈는 지성에 신뢰를 두고 남녀, 인종에 관계없이 지성적인 사람들을 존중했으며, 반면에 지적으로 태만하고 게으른 사람들에 대하여는 엄격하게 비판하였다. 그것은 친한 사람들에게도 마찬가지였다. 케인즈를 잘 알고 있었던 연상의 버트런드 러셀Bertrand Russell(1872~1970)은 다음과 같이 말했다.

"케인즈의 지성은 우리들이 알고 있는 한 가장 예리하고 명석하였다. 그와 논의할 때, 나는 수명이 단축되는 것같이 생각되었으나 무엇인가 우둔한 자로 보이지 않도록 했었다."

케인즈는 지성을 가지고 다양한 문제에 관심을 가졌다. 그 중에는 경제학자의 영역을 넘어 영국 및 세계의 장래에 대한 중대한 문제들도 있었다. 이는 다음의 두 가지 큰 주제로 살펴볼 수 있다. 다만 그것은 받아들여지지는 않았다.

## 2.1 베르사이유 강화조약

제1차 세계대전이 독일의 패배로 끝난 후 전후 배상문제를 포함한 논의를 위해 파리에서 강화회의가 열렸다. 영국에서는 케인즈가 대장성 수석대표였다.

연합국은 영국과 미국이었지만, 영국은 미국에 다액의 부채를 지게 되었다. 어느 나라든 거액의 전비戰費 존재는 재정을 불안정하게 한다. 유럽 각국은 국제수지의 적자, 통화 불안, 생산의 정체에 직면하였다. 그리고 그 해결을 패전국 독일에 배상을 물리는 것으로 찾고자 하였다. 이것은 독일에 대한 가혹한 배상요구로 나타났다.

---

이 유래되었다. 중심 인물은 미술평론가 로저 프라이(Roger Fry), C. 벨(C. Bell), 화가 덩컨 그랜트(Duncan Grant), 바네사 벨(Vanessa Bell), 소설가 에드워드 포스터(Edward Forster), 버지니아 울프(Virginia Woolf), D. 가너트, 전기작가 G. 스트레이치(G. Strachey), 경제학자 케인즈(John Keynes), 정신과 의사 A. 스티븐 등이다. 이들은 케임브리지대학에서의 교우관계가 바탕이 되어 자연스럽게 그룹을 형성하게 되었고, 지성에 대한 신뢰와 세련된 미적 감각을 지니고 있었으며, 각기 자신의 영역에서 20세기 문화의 개척자가 되었다.

그러나 어느 나라든 외국에 대한 채무를 몇 십 년에 걸쳐 지불해야 한다면 국민은 인내하기 힘들 것이다. 그런 와중에 유럽에서는 사회주의 혁명의 흐름이 거세지며 노동운동이 격렬해졌다. 이러한 유럽의 위기에 대하여, 케인즈는 독일이 무거운 배상으로부터 벗어난다면, 유럽 경제는 새롭게 일어나지 않을까라고 생각했다. 그래서 케인즈는 회의 중에 가혹한 배상금에 반대하고, 배상금액을 인하하려고 노력하였다.

그렇지만 케인즈의 노력에도 불구하고, 독일에 가혹한 배상이 부과되는 평화조약이 체결되었다. 이 조약에 대하여 반대를 계속한 케인즈는 그 조약안이 독일대표에게 넘겨진 즈음에 사표를 제출하고 케임브리지로 귀환하였다. 이 회의의 기만성을 사람들에게 호소하기 위하여 쓴 책이 『평화의 경제적 귀결』(1919)이다.

케인즈가 걱정한 대로 베르사이유 조약은[6] 결과적으로 독일의 급속한 인플레를 유발하고, 국민경제를 파탄에 몰아넣었다. 또한 이것이 1929년부터 시작된 세계공황을 가속화했고, 급기야 나치 독일을 탄생시켰으며, 다시 독일을 중심으로 하는 전쟁의 위기를 고조시켰던 것이다.

## 2.2 전후 통화체제의 구축

케인즈가 정치의 세계에서 활약한 또 하나의 장면은 제2차 세계대전 후의 국제통화 체제를 확립하는 것이었다. 1944년 7월 미국 뉴햄프셔주 브레튼우즈에서 44개국 대표들이 모였다. 미국 재무차관보 화이트와 영국 대표였던 케인즈가 회의를 주도하였다. 여기서 케인즈와 화이트의 논쟁이 있었다. 이 논쟁은 세계 금융조율기

---

6. 베르사이유 조약(Treaty of Versailles)은 1919년 6월, 독일제국과 연합국 사이에 맺어진 제1차 세계대전의 평화협정이다. 파리 강화회의 중에 완료되었고 협정은 1919년 6월 28일에 베르사이유궁전 거울의 방에서 서명되고 1920년 1월 10일 공포되었다. 조약은 국제연맹의 탄생과 독일에 대한 제재를 규정하는 내용을 포함하고 있다.

구를 청산동맹Clearing Union으로 할 것인가 아니면 안정화기금Fund으로 할 것인가에 집중되었다.

전후 국제통화 체제는 미국의 달러를 기축통화로 하는 고정환율제로 출발하였다. 소위 IMF 체제라는 것이다. 이것은 미국의 재무차관 해리 덱스터 화이트Harry Dexter White(1892~1948)에 의해 성안된 『연합국국제안정기금안』(화이트안)을 기반으로 한 것이었다. 화이트안은 미국만이 국제통화의 발권력을 가져야 한다는 것이었다. 다만 기축통화의 안정을 위해 달러화의 발행을 금보유와 연계시킨 것이 제약의 전부였다.[7] 그리고 각국의 출자액에 따라 특별인출권SDR이라는 특별한 통화를 창설하였다.

이에 대하여 케인즈는 영국의 대표로서 "국제청산동맹안"(케인즈안)을 제시하였다. 케인즈안은 일종의 세계은행의 설립이었다. 한 나라의 중앙은행과 같이 세계의 중앙은행(청산동맹)을 만들고, 케인즈가 "방코르Bankor"라 부른 국제지불통화를 사용하여 국제수지의 거래를 결제하자고 주장하였다. 즉, IMF가 발권력을 가져야 한다는 것이었다. 각국이 이 세계은행에 방코르를 예금하는 형태로 국제통화를 창설하고, 적자국은 흑자국에 방코르를 이관하며, 적자가 일정 금액 이상이 되면 그 나라의 환율을 절하하고, 일정액의 금준비를 하게 하며, 해외투자규제 등을 받게 하자는 것이었다.

결국 제2차 세계대전 직후 미국의 압도적인 우위를 기반으로 케인즈안은 패퇴하고, 화이트안이 채택되었다. 미국 등 연합국들이 새로 수립하고자 했던 것으로서, 달러와 금을 연동시키고 다시 다른 나라 통화를 달러에 연동시키는 방식의 전후 국제금융질서(즉, IMF 체제)에 대한 합의였다. 그 후 IMF 체제는 미국의 무역적자의

7. 사실 당시 여러 전쟁에서 피해를 입어 막대한 채무국이었던 영국과 오늘날보다 훨씬 힘이 집중되었던 채권국 미국의 싸움이었지만, 해리 화이트가 거의 일방적으로 주도한 조약이었으므로 미국의 주장이 관철되었다. 이 안정화기금이 오늘날의 IMF이다. 여기서 금 1온스 = 미화 35달러로 하는 고정환율제가 도입되었다. 화이트안의 채택에 의해 국제통화를 관장하는 IMF와 IBRD를 미국 내에 두고 달러를 중심으로 하는 세계 금융체제를 확립하였다. 이것을 흔히 브레튼우즈 체제라 한다.

확대와 미국의 통화 달러를 국제통화로 하는 모순에 직면하게 되었다. 이 고정환율 제도는 1971년 닉슨 쇼크[8]를 계기로 하여 붕괴되었다.

## 2.3 전후 경제에 끼친 영향

제2차 세계대전 후 자본주의국가는 20세기 후반을 통하여 장기간에 걸쳐 큰 불황이나 실업을 경험하지 않았다. 한편, 물가가 지속적으로 상승하였다. 또한 전후에는, 불황의 책임이 정부에 있으며, 정부는 불황대책과 실업대책 등을 취할 수밖에 없다는 것이 상식이 되었다.

그러나 전쟁 이전에는 정부가 나서야 한다는 사고는 팽배하지 않았다. 전전戰前의 경제는 여러 가지 심각한 불황에 빠졌으며, 실업이 증대하고 물가는 하락하였다. 전전과 전후의 이러한 차이를 가져온 것은 무엇인가? 거기에는 케인즈 경제학의 영향이 있다는 것을 잊어서는 안 된다.

케인즈는 20세기 전반에 활약한 경제학자였지만, 그 영향은 경제이론뿐만 아니라, 경제정책, 경제사상에 이르기까지 폭넓은 것이었다. 또한 그 영향은 경제학의 영역뿐만 아니라, 일반인들의 경제관이나 경제활동의 전망에도 깊은 영향을 끼쳤다. 이러한 의미에서 케인즈는 20세기 위대한 경제학자라 할 수 있다.

8. 브레튼우즈 체제는 미 달러화를 기축통화로 설정하고, 각국 통화는 달러화에 기준환율로 고정시켜 환율을 안정시킴으로써 국제무역을 활성화하기 위해 도입된 제도로, 타국의 중앙은행이 보유한 달러화에 대해서는 미 연방준비은행(FRB)에 예치된 금으로 언제든 바꿔주겠다는 지급보증(금 태환)을 하는 방식이었다. 그러나 1960년대 베트남전쟁으로 미국의 재정지출이 확대되고 국제수지가 계속 악화되면서 전체 달러화 발행량에 비해 FRB에 예치된 금이 턱없이 부족한 상태가 이어졌고 결국 1971년의 닉슨의 금본위제 완전폐지 선언으로 이어지게 되었다.

## 3. 케인즈 혁명의 탄생 배경

케인즈는 1936년에 『고용 · 이자 및 화폐의 일반이론』을 저술하였다.[9] 이 저술은 경제학의 역사에 혁명적인 영향을 미쳤지만, 이 케인즈 경제학의 탄생의 배경에는 1920년대의 번영과 그 후의 미국을 중심으로 발생한 대공황이 있다.

### 3.1 영원한 번영

1920년대 미국은 캘빈 쿨리지Calvin Coolidge 대통령 시대의 영원한 번영이라 불린 유례없는 소비붐이 일어났다. 고정자본투자, 주택투자 등의 투자붐이 계속되고, 컨베이어벨트시스템에 의해 자동차, 라디오, 가정용기기 등의 내구소비재가 대량으로 생산되었고, 대량생산에 의한 대량소비가 민중의 생활을 변화시켰다. 1920년대의 미국에서는 자동차나 전기제품으로 대표되는 내구소비재에 관한 기술혁신투자의 흐름과 건축투자의 흐름이 중첩된 큰 붐이 일어났다. 미국의 국민총생산은 증대하고, 발생한 과잉자금은 주식이나 부동산투자로 향했으며, 주식이나 토지와 같은 자산가격을 상승시켰다.

그러나 제1차 세계대전 중에 가격이 상승하여 생산이 확대된 농산물이 1920년대 후반에는 생산과잉이 되었으며, 농산물 불황으로 오히려 곤란에 빠졌다. 건축붐

9. 케인즈가 책 제목에 '일반이론'이란 말을 붙인 까닭은 거시 경제시장의 원리가 일반적인 이론이고, 고전경제학파가 말하는 자율적인 시장에 의한 조화는 매우 특수한 이론이라는 것을 한층 강조하기 위해서였다. 케인즈는 이론적으로 완전하고 고결한 경제학보다 현실 세상을 좀 더 잘 예측하고 활용할 수 있는 경제학을 이 책을 통해서 설명하려고 했다. 그는 오만하게 보일 정도로 자신감이 넘쳤다. 케인즈는 이 책이 발간되기 1년 전 친구 버나드 쇼에게 보낸 편지에서 "지금 나는 사람들이 경제적 문제를 생각하는 방식을, 당장은 아니지만 추측건대 앞으로 10년 안에, 거의 완전히 바꿔놓을 경제이론에 관한 책을 쓰고 있다고 믿네."라고 썼다. 이 예측은 바로 적중했다고 할 수 있다.

도 1928년까지였으며, 1929년에 들어오면서 과잉붐은 사라졌다. 영원한 번영이라 불리던 1920년대의 호경기도 1920년대 말에는 경기후퇴로 확실히 바뀌었다.

## 3.2 대공황

이러한 가운데 1928년 6월에 쿨리지정권의 상무장관이었던 후버가 대통령후보에 지명되고 당선되었다. 후버Herbert Hoover(1874~1964)는 쿨리지John Calvin Coolidge, Jr.(1872~1933)와 같이 번영이 지속될 것이라 믿었다. 그러나 미국의 현실경제는 생산과잉에 의해 붕괴되기 시작하였다. 1929년 가을에는 후퇴하던 주택경기가 한층 심한 침체에 빠졌고, 공업제품도 생산과잉이 되었다. 1929년 9월에 들어 높은 가치를 계속하던 주가도 일진일퇴를 거듭하고, 드디어 1929년 10월 24일, 자금핍박에 의한 매도가 쏟아지자, 주가는 일거에 폭락하였으며, 큰 불황으로 돌입하게 되었다.

이러한 사태 속에서도 후버대통령은 의연하게 전통적인 자유주의 경제의 사고에 입각한 균형재정을 유지하고, 자유로운 경쟁에 의해 경기의 자동적인 회복을 기대하는 태도를 취하고 있었다. 요컨대 불황으로 물가가 하락하더라도, 실업이 증대하여 임금이 낮아지면, 결국에는 기업의 이윤이 회복하고, 투자가 일어나 고용도 증대하게 되며, 소비수요가 증가한다는 것이다. 그러한 경기는 자동적으로 회복한다는 낙관적인 견해를 가졌다. 그 때문에 후버는 적극적인 공황대책을 처방하지 않았고 불황은 더욱 격화되었다. 대공황으로 이어진 것이다. 그 결과 1932년의 대통령 선거에서 후버 대신으로 민주당의 프랭클린 루스벨트Franklin Delano Roosevelt (1882~1945)가 대통령에 당선되었다.

1929년 10월의 주가대폭락에 이어 발생한 대공황에 의해 미국 경제가 입은 영향은 엄청났다. 국민총생산은 1929년부터 1932년에 사이에 811억 달러에서 400억 달러로 낮아졌으며, 실업자 수도 1929년의 150만 명에서 1932년의 1,500만 명으로 증대되었다. 실업자는 약 10배나 증가했으며 실업률은 25%에 달하였다.

고전파나 신고전파 이론은 완전고용을 전제로 했다. 그러나 대공황 기간(1929~1933)에 고전파이론으로서는 도저히 설명할 수 없는 높은 실업이 오랫동안 지속되었다. 대공황은 고전파이론의 주요 약점을 결정적으로 노출시킨 사건이다.

## 3.3 뉴딜정책

1932년에 대통령에 선출된 루스벨트는 고전적인 자유방임주의 대신에, 정부가 경제에 개입하여, 생산과 고용의 유지를 도모하는 방식을 채용하였다. 루스벨트의 지도 아래 수행된 일련의 공황대책을 한마디로 뉴딜이라 부른다. 루스벨트가 뉴딜에서 행한 것은 3개의 R, 즉 구제Relief, 부흥Recovery, 개혁Reform이었다. 이것을 실현하기 위하여 농사조정법에 의한 작부作付를 제한하여 과잉생산을 해소하고, 농산물 가격의 인상을 도모하였다. 또한 전국산업부흥법에 의해 장기 건설계획을 위한 공공사업국을 창설하였다. 그 가운데서도 유명한 것은 테네시강 유역개발공사TVA의 창설이었다. 공공사업의 추진은 수요의 증대를 가져와 경제를 회복시키게 되었다.

이러한 정책에 의해 미국 경제는 1937년까지 뚜렷한 회복을 보였지만, 루스벨트는 지속적인 적자재정이나 공채 증가를 두려워하여, 경기의 회복과 더불어 재정의 균형을 도모하기 위해 정부지출의 삭감을 행하였다. 그 결과 생산의 감퇴와 실업의 증가를 초래하게 되었다. 그리하여 다시 구제와 공공사업을 위한 긴급지출이 이루어져 경기후퇴를 막을 수 있었다.

이와 같이 루스벨트는 기본적으로는 전통적인 균형재정을 중시하는 입장을 취했지만, 유연한 사고력을 가졌기 때문에, 대공황과 같은 심각한 사태를 인식하고, 실천적인 정책을 채용하여, 자유방임으로부터 정부의 경제에 대한 개입이라는 전환을 대담하게 했던 것이다. 실제로 20세기 전반에는 자유방임의 시대가 가고, 정부가 고용과 경제성장에 책임을 져야 하는 시대가 되었던 것이다.

케인즈가 1936년에 『일반이론』을 저술한 것은 이러한 시대적 배경이 있었다.

1930년대 전반에는 대량실업과 같이 자본주의 경제가 붕괴의 위기에 빠져 있었다. 이러한 상황에서 쓴 『일반이론』에서 케인즈는 자본주의 경제에서 왜 실업이 발생하는가를 해명하고자 했다. 케인즈가 『일반이론』에서 설명하려 한 것은 실업의 발생을 이론적으로 설명하는 것이었지만, 거기에서 전개된 이론에는, 소위 "케인즈 혁명"이라 불리는 경제학의 혁신적인 사고가 있었다.

## 4. 케인즈 경제학의 특징

### 4.1 유효수요의 원리

대공황의 와중에 영국의 중견 경제학자 존 메이나드 케인즈는 '유효수요이론'을 비방秘方으로 내놓았다. 케인즈는 '실업이 왜 발생하는가, 당시 주류 고전경제학자들의 지론인 자유방임주의로는 완전고용의 실현이 불가능하기 때문에 정부의 개입이나 재정정책으로 유효수요를 창출해야 한다고 주장하였다. 그것은 유효수요가 부족하기 때문이다' 라는 "유효수요의 원리"를 전개하였다. 이것이 케인즈 경제학의 첫째 특징이다. 케인즈의 묘방은 정부의 과감한 개입으로 유효수요를 인위적으로 늘리자는 것이다. 국내 민간경제에 있어 총수요 $D$는 소비수요 $C$와 투자수요 $I$로 구성된다($D = C + I$).

이 총수요가 기업에 의해 공급되는 생산물의 합계인 총공급과 완전히 일치($Y = D$)하면, 세이의 법칙이 가르치는 바와 같이, 기업은 생산된 것을 전부 판매할 수 있다. 그리고 기업이 생산을 확대고자 할 때, 결과적으로 일할 의사가 있는 사람을 언제나 고용할 수 있을 때까지 생산을 증대시킬 수 있다. 그러한 의미에서 세이의 법칙의 세계에서는 항상 완전고용이 실현된다.

이에 대하여 케인즈는 먼저 기업의 생산활동으로부터 일어난 소득을 받은 가계는, 일반적으로 수취한 소득의 전부를 소비하지 않고, 일부를 저축한다($Y = C + S$). 거기서 저축된 부분만큼은 수요가 줄어들기 때문에 총수요와 총공급은 반드시 일치하지 않는다고($Y > D$) 지적하였다. 다만, 만약 저축된 부분이 기업에 의해 투자로 사용되면($S = I$), 투자수요의 증가에 의해 총수요와 총공급이 일치하고, 완전고용을 실현할 수 있다($Y = D$, 즉 $S = I$).

그러나 저축과 투자가 완전고용 수준으로 일치할 보증은 없다. 왜냐하면, 저축은 일반의 가계가 하지만 투자는 기업가의 판단에 따라 이루어지는 것이며, 양자는 전혀 관계없는 사람들에 의해 이루어지기 때문이다. 그래서 저축 $S$가 투자 $I$보다 크다면, 총공급 $Y$가 총수요 $D$를 상회하기 때문에, 유효수요의 부족에 의해 생산물이 다 팔리지 않고 남게 된다. 그 경우 기업은 생산을 감소시키지 않을 수 없다. 그것이 고용의 감소로 이어지고, 실업을 발생시킨다.

반면에 저축 $S$보다 투자 $I$가 크다면, 유효수요가 증대하고, 총수요가 총공급을 상회하기 때문에, 기업은 생산을 확대하고, 고용을 증대시키게 된다.

유효수요가 커지면 생산량이나 고용량은 증대하지만, 유효수요가 작아지면 생산량과 고용량이 감소한다. 결국 국민경제에서는, 총공급과 총수요, 즉 저축과 투자가 일치하는 수준에서 생산이 결정된다. 문제는 그것이 완전고용 수준에서만 균형되지 않는다는 것이다. 그 수준을 좌우하는 것은 총수요의 크기이다. 만약 총수요가 크다면 생산수준도 높아지고, 고용량도 커진다. 그러나 총수요가 작아지면 생산수준도 낮아지고, 고용량도 작아지기 때문에 실업이 발생하게 된다. 이것이 바로 불완전고용균형이다.

케인즈는 유효수요의 원리에 근거하여, 자본주의 경제에서 실업이 왜 발생하는지를 설명하고, 저축과 투자의 크기 여하에 의해, 총수요와 총공급은 반드시 항상 일치한다고 보증되지 않는다는 것을 논증하고, 고전파 경제학에서 경제분석의 기초였던 세이의 법칙을 논파했던 것이다. 케인즈 경제학에서도 완전고용 수준에서 총수요와 총공급, 즉 저축과 투자가 일치할 가능성은 있지만, 통상 완전고용 수준에서 총수요와 총공급이 일치할 가능성은 적다. 그러므로 세이의 법칙의 세계가 완전고용 상태에만 타당하다는 특수한 이론인 것에 대하여, 케인즈의 이론은 완전고용과 불완전고용을 함께 설명할 수 있다는 일반이론이라는 것이다. 케인즈가 자기의 저서를 『일반이론』이라고 명명한 '일반'이라는 말의 의미가 여기에 있다고 말할 수 있다.

## 4.2 불확실성과 유동성선호

유효수요의 부족은 투자가 저축에 미치지 못하기($S > I$) 때문에 일어난다. 왜 저축에 상응하는 투자가 이루어지지 않는가? 케인즈에 의하면, 장래가 불확실하여 투자를 하는 기업이 이익이 날 전망이 없으면 자본설비를 증가하지 않으며, 투자에는 자금이 필요하지만, 이자율이 높으면 자금을 차입할 수 없기 때문이다.

장래가 확실하다면 기업은 투자하지만, 현실 경제에서는 투자에 대한 채산이 보증되지는 않는다. 그리고 수익이 전망된다고 하더라도, 차입자금의 이자율이 높다면 투자는 이루어지지 않는다. 왜냐하면, 이자율이 예상수익률을 상회하면, 채산성이 없기 때문이다. 그래서 케인즈는 당시 영국에서 왜 이자율이 높게 유지되는가를 문제시 하였다.

이자율이 높은 원인으로서 『일반이론』에서 케인즈가 주목한 것은, 당시 영국의 자산보유자에 의한 채권투자였다. 자산을 보유하는 사람은 그것을 화폐의 형태로 가질 것인가 아니면 채권의 형태로 가질 것인가? 채권의 가격이 내려갈 것으로 예상하는 사람은 손실을 회피하기 위하여 채권을 팔고 화폐로 보유한다. 화폐는 명목가치가 변하지 않아 장래가 불확실한 상황에서는 가장 안전한 자산선택이 된다. 그러나 채권을 팔고 화폐를 보유하면, 채권가격이 하락하는 한편으로 이자율이 높아지게 된다. 이 이자율이 높아지면 기업의 투자를 억제하게 된다. 그 결과 총수요의 부족으로 생산수준이 낮아지고, 실업이 발생한다. 여기서 케인즈가 중시한 것은, 사람들은 장래 불확실성에 대처하기 위하여 화폐를 보유한다는 것이다. 케인즈는 사람들의 화폐보유를 "유동성선호"라 하였다. 이 유동성선호가 이자율을 높이면, 그것을 통하여 투자에 영향을 미쳐 실업을 발생시킨다. 이것이 케인즈의 제2의 특징이다.

세이의 법칙이 성립하는 고전파 경제학에서는 화폐는 교환의 매개수단으로서밖에 기능하지 않았다. 따라서 저축된 화폐는 전부 지출되어 항상 총수요와 총공급이 일치하게 된다. 그러나 장래의 불확실성을 고려하면, 사람들은 안전한 자산보유의 수단으로서 화폐를 보유한다. 그러므로 저축이 전부 지출되지는 않는다. 그렇다면 세이의 법칙이 성립하지 않게 된다.[10] 그러한 의미에서 케인즈 경제학과 고전파이론의 큰 차이가 이 유동성선호설에 있다. 케인즈는『일반이론』의 서문에서

"화폐는 본질적으로 독특한 수단으로서 경제기구 가운데에 들어가 있으며 …… 화폐경제는 본질적으로 장래에 대한 예상의 변화가 고용의 방향만이 아니라, 고용량도 좌우할 수 있는 경제이다."

라고 서술하고 있다. 장래는 불확실하며, 그 가운데에서 사람들은 예상에 근거하여 경제활동을 하지 않으면 안 된다. 이러한 전제 위에서, 경제에서 화폐의 중요성을 분석의 중심에 둔 것이, 케인즈 경제학을 그 이전의 고전파 경제학과 구분하는 특징이라 할 수 있다.

---

10. 고전학파는 "공급은 스스로 수요를 창출한다"는 '세이의 법칙'에 따라 일시적인 마찰적 실업은 있을 수 있지만 대체로 완전고용을 실현한다고 주장했다. 그러나 케인즈는 노동시장이 화폐임금의 하방경직성(下方硬直性)이나 노동자의 화폐환상 때문에 완전고용에 실패할 수 있으며, 기업의 사업 전망이 비관적이어서 기대이윤이 지나치게 낮을 때는 자본시장이 실패할 수도 있다고 판단했다. 또한 케인즈는 인간의 심리적 요인이야말로 경제를 움직이는 원동력이라면서 이를 '야성적 충동(Animal Spirits)'이라고 했다. 케인즈는 대부분의 경제활동이 합리적인 경제적 동기에 따라 이뤄지지만, 한편으로는 '야성적 충동'의 영향을 많이 받는다고 파악했다.

## 4.3 재정에 대한 사고의 전환

케인즈 경제학의 제3의 특징은 재정에 대한 사고의 전환이다. 시장에서 가격의 자동조절기구를 신뢰하는 고전파 경제학에서는 자유방임주의에 근거하여 정부의 활동은 될 수 있는 한 시장경제에 영향을 주지 않는 값싼 정부가 바람직하다는 "최소의 통치가 가장 좋은 통치"라고 생각하였다. 독일 사회주의 경제학자 라살F. Lassalle에 의해 "야경국가"라고 표현한 사고에 의거하여, 정부의 재정규모는 될 수 있는 한 작게 하고, 그러고도 각 연도에 균형적인 균형재정이 바람직하다고 보았다.

그러나 케인즈는 추가적인 재정지출($\Delta G$)은 소비나 투자와 같이 유효수요를 증대시키는 것이며, 불황 때에는 정부가 재정을 적자로 하여, 정책적으로 유효수요를 창출함으로써 경기회복을 도모할 수 있다고 주장하였다. 그리고 경기가 회복되어 호황이 되면 경기의 과열을 억제하도록 재정을 흑자로 하여 인플레를 방지하는 것이 바람직하다고 하였다. 결국 재정지출을 경기변동을 가져오도록 하는 전략적 수단으로서 중시하였다. 케인즈는 임금 감소는 단순한 기업의 고용증대에만 의존할 수 없고 다른 전략이 필요하다고 하였다. 케인즈는 이의 처방으로서 확장적 재정정책—소위 '유수정책pump priming policy'—을 제시하였다. 정부가 새로운 길과 다리를 건설하는 사업을 추진하며 정부지출을 증대하기 시작하면, 바로 일자리가 창출되고 실업이 감소하게 된다는 것이다. 또한 정부가 세금을 감축하면 사람들은 소비를 늘리고 백화점 등으로 쇼핑하러 갈 것이다. 이것은 재화의 가격을 상승시켜 기업으로 하여금 실업자의 고용을 유인하게 되는 것이다. 그 때문에 재정은 반드시 당해 연도에 균형될 필요는 없다고 주장하였다.

이 재량적 재정정책의 사고를 이론적으로 정리한 것이 승수이론The Multiplier Theory이다. 이것은 〈그림 8-1〉에서 볼 수 있는 바와 같이 정부가 정책적으로 지출을 확대하면($\Delta G$), 국민경제에는 그 액수만큼의 유효수요만 증대시키는 것이 아니라, 그 몇 배($\frac{\Delta Y}{\Delta G}$)의 수요를 창출한다는 것을 설명한 것이다($\Delta Y$). 예를 들면, 공공사

**그림 8-1 정부지출(구매)승수**

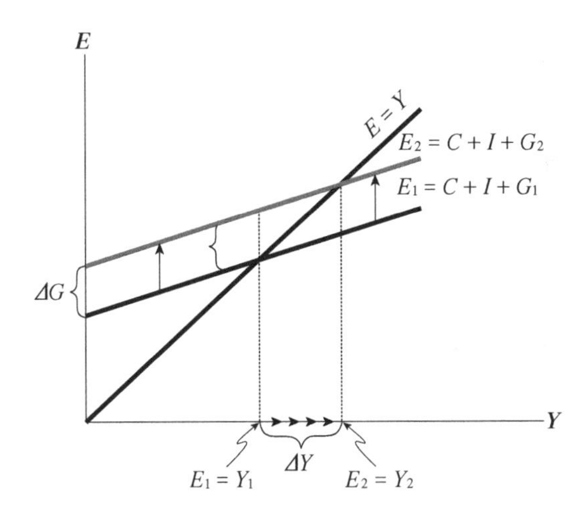


업을 위해 정부지출이 이루어지면, 그 돈을 받은 기업이 종업원(근로자)들에게 급료를 지불한다. 그 급료를 받은 종업원들은 소비를 하고, 그 돈을 받은 사람들은 그것을 또다시 소비하게 된다. 이들 종업원들은 새로운 일자리를 창출하게 된다. 그리고 이러한 과정은 지속적으로 이어져 더 많은 일자리를 창출하게 된다. 이들 체인의 과정을 승수乘數라 한다.

이리하여 이 돈은 점차 지출된 결과 정부에 의해 최초로 지출된 금액의 몇 배에 이르는 액수의 수요를 창출하게 된다. 이것을 승수효과multiplier effect, 乘數效果라 한다. 이것을 이론적으로 설명한 것이 승수이론이며, 케인즈 경제학의 중요한 이론적 지주의 하나가 되었다.

고전파 경제학과 달리 시장의 보이지 않는 손에 의한 조정으로부터 정부의 보이는 손에 의한 조정으로의 전환이 케인즈 혁명의 한 측면이다. 케인즈 경제학의 등장에 의해, 특히 제2차 세계대전 후의 자본주의 경제는, 자유경쟁에서 시장경제에 정부가 개입하는 혼합경제 체제로 이행하게 되었다.

## 4.4 미시에서 거시로 전환한 개척자

제4의 특징은 경제이론의 시점을 미시에서 거시로 전환시켰다는 것이다. 이로 인해 케인즈는 개척자로 간주된다. 케인즈 이전의 경제학은 주로 가계와 기업의 행동을 분석하여 시장메커니즘의 유효성을 해명하는 미시경제학이 중심이었다. 그러므로 불황기에 실업문제를 다루는 경우에도 개별 기업의 시점에서 분석이 이루어졌다. 즉, 불황이 되어 실업이 증대하더라도, 그것이 임금의 저하로 연결되면, 임금의 저하가 기업이윤의 증가에 기여하게 되어, 결과적으로 고용 증가를 가져온다고 생각하였다. 그 때문에 1930년대의 대불황에서도 실업이 발생하는 것은 임금이 높기 때문이며, 임금을 인하할 수 있다면 실업자는 감소할 것이라는 것이 고전파의 주장이었다.

이에 대하여 확실히 개별 기업의 입장에서 보면 임금은 비용이므로 임금 인하는 기업의 비용 저하가 된다. 그러나 사회 전체로 보면, 노동자의 임금은 소비자수요의 원천이기 때문에 임금 인하는 소비수요를 감소시키며, 나아가 불황을 악화시킨다고 케인즈는 주장하였다. 이것을 임금의 역설이라 한다. 결국 개별 기업에 타당한 것이 전체로는 타당하지 않다는 것이다. 합성의 오류이다. 그래서 사회 전체의 경제문제를 고려할 때, 경제 전체를 다루는 이론이 전개되지 않으면 안 된다. 여기에 거시경제분석의 시점이 필요하다는 것이다.

케인즈는 『일반이론』에서 고용량은 총수요의 크기에 의존하는 것이며, 총수요의 수준에 대응하여 한 나라 국민소득의 크기가 결정된다는 유효수요원리의 사고를 전개하였다. 이러한 거시경제분석은 국민소득결정이론으로서 케인즈 이후의 거시경제학의 기본적인 사고를 형성하게 되었다. 제2차 세계대전이 끝난 뒤부터 1970년대 후반까지 케인즈 이론은 30여 년간 자본주의 세계의 지배적인 경제사상으로 군림했다. 이 『일반이론』으로 '케인즈 혁명'이라는 말이 탄생했으며, '수정자본주의'라는 용어도 만들어졌다. 이 때문에 이 책은 아담 스미스의 『국부론』, 칼 마르크스의 『자본론』과 더불어 3대 경제학 바이블로 꼽힌다. 케인즈가 자본주의를 구했다고 말할 정도다.

## 4.5 경제통념의 변화

제5의 특징은 경제통념을 변화시켰다는 것이다. 케인즈의 『일반이론』을 읽을 때에 흥미 있는 것 중 하나는, 케인즈가 그 이전의 경제학과 자신의 이론의 차이를 강조하기 위하여 몇 개의 역설을 실례로 들고 있다는 것이다.

그 하나는 "풍요로운 사회의 역설" 이다. 케인즈 이론의 특징은, 유효수요원리가 보이는 바와 같이, 사람들은 소득의 전부를 소비하는 것이 아니라, 일부를 저축한다는 것이다. 그렇지만 케인즈의 분석에서는 소득이 풍부하게 증가함에 따라 저축하는 부분이 증가되고, 소비하는 부분이 감소하게 된다. 소득과 소비의 갭을 투자지출로 메꿀 수 있다면 유효수요의 부족은 일어나지 않지만, 그것이 보증되지는 않는다. 왜냐하면, 저축하는 가계와 투자하는 기업은 각각 다른 경제주체이며, 기업은 수익이 발생하리라는 전망이 없는 한 투자를 하지 않기 때문이다. 일반적으로, 부유하게 되고, 자본설비의 축적이 진행되면, 기업의 이윤기회는 감소하게 되어, 투자의 확대를 기대하기 어려워진다. 그래서 총공급과 총수요의 갭이 확대되기 때문에 수요 부족이 발생하고, 생산이 감소함과 더불어 생산설비의 유휴화遊休化나 실업의 증가가 야기된다. 케인즈는 이것을 "풍요 속의 빈곤" 이라고 하였다.

둘째는 "미시에서 거시로의 전환" 에서 설명한 임금의 역설이다. 요컨대 임금을 절하하여 기업의 이윤을 증대시키고, 고용을 확대하더라도, 경제 전체로서 유효수요가 감소되기 때문에, 국민소득이 감소하고, 기업의 이윤이 감소하게 되어 고용을 확대할 수 없다는 것이다.

그리고 셋째는 "절약의 역설" 이다. 이것은 가계가 예로 든 대로 소득에서 저축을 이제까지의 두 배나 증가시킨다고 하더라도, 경제 전체로서는 증가할 수 없다는 것이다. 왜냐하면, 저축을 증가시킨 부분만큼의 소비가 줄어들기 때문에, 유효수요의 감소를 초래하고, 그에 따라 소득수준이 낮아져 저축도 감소하기 때문이다.

이 절약의 역설이 나타내는 것은, 불황기에는 케인즈 이전의 고전파 경제학이 주장했던 절약에 의해 자본축적과 생산의 확대가 이루어지는 게 아니라 오히려 불황을 악화시킨다는 것이다. 결국 케인즈는 유효수요의 원리를 무기로 하여, 저축은 개인적으로는 미덕일지 모르지만, 사회적으로는 수요를 감퇴시킨다는 의미에서 악이라는 것을 논증했으며, "저축은 미덕" 이라는 통념을 "소비는 미덕" 이라는 사고로 변화시켰던 것이다.

다만, 여기서 주의해야 하는 것은, 케인즈가 언제나 저축을 악이라고 하지는 않았다는 점이다. 유효수요의 부족으로 인해 실업이 존재하는 사회에서는 저축이 악이 된다는 것이다. 반대로 수요가 공급을 상회하여 물가가 상승하는 경제에서 저축은 사회적으로 선善이 된다. 또한 장기적으로는 경제성장을 달성하는 데 저축은 중요한 투자자금의 원천이 된다.

## 5. 케인즈의 자본주의관

이상이 케인즈 경제학의 특징이며 "혁명" 이라 하는 요체이다. 다음으로 케인즈의 자본주의관에 대하여 살펴보기로 하자. 마르크스는 자본주의 경제는 거기에 내재하는 모순 때문에 결국에는 멸망한다고 보았다. 반면에 한계원리에 기반한 마샬과 같은 신고전파 학자들은 자본주의는 지속적으로 발전해간다고 보았다. 이에 대하여 케인즈는 자본주의 경제는 방임하면 막다른 경제로 이르지만, 잘 관리하면 살아남아서, 효율적으로 경제활동을 영위할 수 있는 체제라고 보았다. 케인즈는 자유로운 시장경제를 중시하면서, 시장은 결코 만능이 아니기 때문에, 시장의 '보이지 않는 손' 대신에 정부의 '보이는 손'에 의한 조정이 필요하다고 생각했다. 이것이 케인즈의 자본주의 경제에 대한 견해였다고 할 수 있다.

이와 같이 케인즈는 시장경제를 중시하면서도, 그것을 무조건 지지하지는 않았다. 이는 케인즈 자신의 기술에서도 잘 나타나 있다. 『일반이론』 제24장 "일반이론을 도출하는 사회철학에 관한 결론적 각서"의 모두에서

"우리들이 생활하고 있는 경제사회의 현저한 결함은, 완전고용을 제공할 수 없다는 것과, 부 및 소득이 자의적이고 불공평하게 분배되고 있다는 것이다."

라고 서술하고 있다. 즉, 시장경제가 큰 결함을 가진 시스템이라는 것을 지적하고 있다. 이 결함이 발생하는 메커니즘을 해명하고자 한 것이 케인즈의 『일반이론』이다. 그래서 시장의 결함을 보완하며 완전고용을 실현하기 위하여 정부에 의한 경제정책의 필요성을 강조했던 것이다.

1930년대에 전 세계를 휩쓴 대불황에 의한 대량실업의 발생을 마주하고, 당시 주류파 경제학은 시장메커니즘을 통한 완전고용균형의 자동적인 성립을 설파할 뿐, 무언가 유효한 처방전을 제시하지 못하였다. 이 때문에 주류파 경제학에 대한 사람들의 신뢰를 잃게 되었다. 존 로빈슨이 말한 경제학의 제1의 위기였다. 이에 대하여 케인즈 경제학이 유효수요의 원리에 의한 정확한 진단과 처방전을 제시하자, 다시 자본주의의 위기를 구하고, 혁명이라는 이름으로 평가되었던 것이다.

케인즈는 불완전하다는 것을 인식하면서도 자본주의의 경제적 효율성에 대하여는 높게 평가했으며, 정책에 의한 관리를 중시했다. 다만, 자본주의 경제에서 사람들의 행동에 관하여는 그리 높게 평가하지는 않았다. 경제주체들의 이익추구가 일으키는 시장경제의 현실에서는 도박성 행위가 적지 않게 보인다는 것이다. 이에 대하여 케인즈는 도박성 행위를 가져오는 자본주의의 본질적 특징으로서, "개인의 돈을 벌겠다는 본능 및 화폐를 좋아하는 본능"을 들고 있다.

케인즈는 젊은 시절 뛰어난 학생들이 모여 논쟁을 펼치는 비밀결사 클럽인 "사도들Apostles Society"에서의 교우관계를 통해 지적이고 예술적 정신의 함양을 높였

다. 사실 케인즈는 경제학자로서가 아니라 철학자로서 출발하였다. 케인즈 자신의 『젊은 날의 신조』에 의하면, 학생시대에 철학자 조지 무어George Moore(1873~1958)로부터 받은 영향은 그의 인생에서 아주 중요한 의미를 지녔다. 무어는 『윤리학원리』(1903)에서 선good의 정의가 불가능한 것을 전제로 하고, 그때까지의 지배적인 윤리학이었던 영국의 공리주의나 독일의 관념론 등을 철저하게 비판하였다. 무어에 의하면, "최고의 선이란 무엇인가" 라는 윤리학의 근본문제에 답하는 것은 불가능하다는 것이었다(선의 정의 불가능성). 왜냐하면, 아리스토텔레스 이래 "최고로 선한 것"이 탐구되었지만, 그것은 개개인의 마음의 상태이고, 그것 이외의 자연적인 속성이나 기타 사물이나 말에 의해 정의할 수 없기 때문이다. 무어 자신에게 "최고로 선한 것" 이란 "인격적인 애정과 예술이나 자연에 대한 미의 감상" 이었다. 케인즈는 여기에 "진리와 지식의 탐구" 를 더하여 자신의 "생애의 신조" 로 삼았다. 또한 버트런드 러셀Bertrand Russell(1872~1970)이나 루드비히 비트겐슈타인Ludwig Wittgenstein(1889~1951) 등과 같은 철학자들과 교류를 지속하였다〔小畑二郎(2014), p.255〕.

나아가 케임브리지대학에서 당대 최고 엘리트들과 "블룸즈버리 그룹"[11]에서의 활동을 통하여 사랑과 아름다움, 그리고 예술을 창조하는 가치를 추구했었다. 그들 가운데에는 화이트 헤드, 리톤 스트레이치, 이엠 포스터, 레너드 울프, 무어 등이 있었다고 한다. 이들과 교류했던 케인즈의 눈에는 "돈을 벌겠다는 본능과 화폐를 좇는 본능" 에 의존하는 자본주의는 결코 좋게 비치지 않았던 게 아닌가 생각된다. 여기에 경제학과는 다른 관점의 케인즈의 자본주의관을 볼 수 있다.

돈을 벌어들이는 본능으로 이끌려가는 자본주의를 좋지 않게 보는 케인즈의 사고는 『프로테스탄티즘의 윤리와 자본주의 정신』에서 자본주의 발전이 사람들을 탐

11. 1900년대 초 · 중반 런던의 예술계에 상당한 영향력을 갖고 있었던 '블룸즈버리 그룹'은 어떤 공통의 의제나 행동강령을 갖고 있었던 공적인 집단이라기보다는 케임브리지의 사교 클럽에서 시작하여 꾸준히 우정을 유지한 취향 맞는 친구들의 모임이었다고 한다. 중상류층 출신의 엘리트들이 스스로를 보호하기 위해 만들어낸 문학 · 예술 집단이었다는 비난도 있지만, 어느 쪽이 되었건 구성원들이 자신들을 다른 그룹과 구별되는 집단으로 인식했으며 대부분이 평생 지속되는 우정을 유지했다고 한다.

욕적인 돈벌이로 몰아세우는 현실을 우려한 막스 베버의 심정과 겹친다고 하겠다. 베버는 천직이념을 토대로 한 합리적 생활 가운데에서 근대자본주의 정신을 찾고, 금욕에 의한 근면한 노동과 자본축적이 시장경제의 발전에 큰 힘을 발휘한다는 것에 주목했다. 그러나 자본주의 경제의 발전은, 결국은 사람들의 부에 대한 욕구를 북돋우고, 그것을 추진력으로 하여 발전하기 시작했으므로, 베버는 금욕이라는 지주를 필요로 하지 않게 되는 측면을 주목하였다. 거기에는 종교적 다짐을 잃어버리고 영리를 추구하는 세속의 생활이 보인다. 나아가 베버는 "종교적 근간이 서서히 생명을 잃고 공리적 현세주의로 대체될 때" 거기에 남아 있는 종교적 금욕의 힘은, 유능하고 양심적인 저임금 노동만이 신의 섭리라고 생각하는, 자본주의에 정말로 어울리는 상황이 전개될 것이라 지적하고 있다. 결국 "노동의욕의 착취를 합법화 한다" 는 것이다. 특히 베버는 이러한 공리적 경향이 강한 나라로서 미국을 들고 있다.

베버는 그 형성기에 종교에 근거한 근면한 노동을 필요로 한 자본주의가 기계화에 의한 생산능력의 확대와 함께 철학이 없는 영리주의라는 새로운 발전단계로 진입했다고 보았다. 그렇지만 그것이 잃어버린 이상理想을 부활시킬 것인가, 아니면 일종의 이상한 좋은 말로 그럴싸하게 꾸민 기계적 화석화로 갈 것인가에 대하여는 누구도 알 수 없다는 것이다. 오늘날 자본주의의 혼란상을 보면, "정신이 없는 전문인, 심장이 없는 향락인" 에 의한 끈질긴 이익의 추구가 오늘날 그대로 나타나고 있다고 생각된다.

케인즈도 영리를 추구하는 돈벌이의 본능이 그리 좋은 것이라 생각하지는 않았다. 다만 케인즈는 시스템으로서의 자본주의의 존재를 부정하는 발상은 하지 않았다. 그렇기에 케인즈는 자본주의 경제의 결함을 처방하기 위한 처방전을 제시했던 것이다. 그리고 케인즈에게 있어 경제학의 궁극적 목적은 인간성의 풍부함을 실현하는 것이라고 생각했던 것이다.

## 6. 『일반이론』 그 후

케인즈의 『일반이론』이 출판된 이래 80년 이상 경과하였다. 케인즈의 이론은 다양한 측면에서 현대경제학의 흐름에 영향을 미쳤다. 현대경제학의 큰 조류는 케인즈의 경제학을 계승한 케인지안과 반케인지안이라고 말할 수 있는 통화주의 Monetarism 두 가지지만,[12] 어쨌든 케인즈 경제학으로부터 큰 영향을 받고 있다고 말

---

12. 현대경제학의 큰 흐름을 간략히 정리하면 다음과 같다.
- **케인즈학파** : 1930~1960대 말
  - 1930년 공황과 침체 지속
  - 경제의 자동조절 능력을 신봉한 고전학파의 이론 무력
  - 침체기 실업발생 → 임금 하락 → 기업의 노동수요 증가 → 실업 해소
  - 시장의 불완전성 보완, 가격의 비신축적 상황
  - 수요 부족(공황 원인 : 민간투자가 거의 포화 상태에서 주식시장의 침체로 민간부문의 총수요 부족), 상품재고 증가 → 불황 촉발 → 정부가 공공지출 확대 → 수요 진작
- **새케인즈학파**(neo-Keynesian economics)
  - 새뮤얼슨, 토빈, 솔로우, 모딜리아니 등
  - 1960년대 미국 경제정책에 관여(케네디 및 존슨 대통령)
- **후기케인즈학파**(post-Keynesian)
  - 초기의 케인즈학파보다 더 케인즈적
  - 정부의 규제를 통한 시장경제 체제의 옹호
  - 와인트로브, 민스키
- **통화주의학파**(Monetarist)
  - 1970년대 초 석유파동 → 스태그플레이션 : 케인즈 이론으로 해결이 어려움
  - 프리드먼 : 인플레이션과 실업의 동시존재는 경제주체들이 물가에 대한 기대(또는 예상)를 그들의 경제적 의사결정에 접목시킴으로써 일어나는 결과로 진단
  - 통화정책의 무분별한 운용이 인플레이션에 대한 기대를 부풀려 실업도 낮추지 못하고 인플레이션만 상승
  - 케이건, 멜처, 브루너 등
- **새고전학파**(new classical economics, 1970년대 초~ )
  - 합리적 기대 이론
  - Lucas : 경제주체가 물가나 또는 다른 거시경제 변수에 대한 기대를 합리적으로 형성한다면 정부의 수요관리 정책은 실업이나 실질총생산과 같은 실질변수에는 영향이 없고, 오직 물가의 상승만

할 수 있다. 여기서는 케인즈 『일반이론』의 출판으로부터 현대에 이르기까지의 평가의 변천을 보기로 한다.

## 6.1 『일반이론』 출판 당시

『일반이론』은 1936년에 출판되었지만, 케인즈 이론이 경제학자들에게 이해되고, 그것이 실제 정책 면에 응용된 것은 그로부터 약 10년이 지난 제2차 세계대전 이후였다.

『일반이론』은 출판 직후부터 많은 경제학자들이 관심을 가졌고, 많은 서평이 있었지만, 당초에는 거의 비판적이었다. 『일반이론』에서 고전파의 고용이론을 옹호한다고 케인즈로부터 공격을 받았던 피구는, 이 책에 전면적으로 반대했으며, 후에 미국에 케인즈 경제학을 보급시키는 데 중요한 역할을 담당한 알빈 한센Alvin Hansen(1887~1975)도 출판 당시는 이론적 내용을 평가하지 않았다. 해로드도 케인즈 이론에서 사용되고 있는 소재 자체는 새로운 것이 아니며, 고전파와는 그 소재의 조합만이 다르다는 것에 차이가 있을 뿐이라고 서술하고 있다.

이와 같이 출판 당시의 『일반이론』에 대한 평가는 대체로 부정적이었다. 출판 당초 이렇게 평가가 낮았던 이유의 하나는, 『일반이론』이 전문적인 경제학자들에게도 난해한 책이었으며, 그 때문에 케인즈가 말한 것이 무슨 내용인지 충분히 이해하지 못한 때문이라고 말할 수 있다. 이에 관하여는 제2차 세계대전 후 대표적인 미국

---

초래. 1980년대 후반
- Prescott, Wallace, Sargent, Barro, McCallum 등

– **새케인즈 경제학**(new Keynesian economics)
- 화폐의 중요성 인정
- 임금의 경직성 : 이론적으로 뒷받침
- 경제주체가 비록 합리적인 기대를 갖는다고 하더라도 정부의 정책을 완전히 무력화 내지는 무용화시키지는 못함
- Stiglitz, Tayler, Fischer, Gorden, Mankiw, Bernanke 등

케인지안이 된 새뮤얼슨마저, "누구도 그 책이 서술한 것을 제대로 이해하지 못했다" 고 말할 정도였다. 그러나 그 후 많은 사람들이 점차 이해하게 되면서, 그것이 혁명적인 의의를 가진 것임이 명백해졌다.

다만, 『일반이론』의 출판 직후인 1937년에 케인즈 이론을 체계적으로 해석하고 현대거시경제학의 많은 교과서에 수록된 *IS-LM* 분석으로 알려져 있는 논문을 힉스가 썼다는 것은 주목할 만한 사실이다. 힉스는 1937년에 『이코노메트리카』에 '케인즈와 고전파' 를 쓰고, 그 속에서 *IS-LM*곡선을 이용하여, 케인즈의 『일반이론』의 내용을 재화시장과 화폐시장으로 나눈 거시경제학 체계를 전개했다. 힉스에 의해 체계화된 케인즈 경제학은 제2차 세계대전 후 *IS-LM* 분석으로 사용되고 있다.

경제학의 전문가들에게도 난해한 이 책의 내용을 출판 직후 체계화하고, 후세 케인즈 이해의 초석을 이룬 힉스의 능력은 놀라운 것이라 할 만하다. 그렇지만 힉스 자신이 서술한 바와 같이, 힉스는 케인즈가 『일반이론』을 집필하고 있던 시기에 케인즈와는 접촉이 거의 없었다고 한다.

## 6.2 10년 후 평가

『일반이론』의 출판 후 10년이 지난 1947년에 세이모아 하리스편 『새로운 경제학』이 출판되었다. 이 책은 46편의 논문이 수록되어 있는 논문집이며, 케인즈의 동조자들뿐만 아니라, 비판자의 논문도 포함된 출판 10년을 기념하는 책이었다. 거기에는 비판적 논문을 포함하여 대부분의 논문이 케인즈에게 높은 평가를 내리고 있다〔石橋春男・關谷喜三郎(2012), p.127〕.

또한 같은 해인 1947년에 클라인은 『케인즈 혁명』을 썼다. 이 책은 "케인즈 혁명" 이라는 말을 급속히 확산시키는 데 큰 역할을 하였다. 1948년에는 딜라드가 『J. M. 케인즈의 경제학』을 썼다. 이 시기에는 케인즈 이론의 핵심이 이해되게 되고, 『일반이론』의 평가도 아주 높아졌다고 할 수 있다. 또한 정책 면에 관하여도 1945

년에는 영국에서 "완전고용은 정부의 책임이다" 라는 사고가 나타나게 되었으며, 미국에서는 1946년에 "고용법" 이 제정되고, 영국과 같이 고용을 확보하는 것이 정부의 중대한 책무라는 것이 확인되었다. 이러한 움직임을 통하여 케인즈적인 정책이 점차 정착되었던 것이다.

## 6.3 20년 · 30년 후의 평가

1950년대에 들어서면서 『일반이론』이 출판 20주년을 맞게 되었지만, 이 시기에는 『일반이론』에 대해 꽤 냉정하게 평가를 내리면서 혁명적이라는 평가는 없어졌다. 한편, 각국 경제는 전후 부흥에서 성장에 이르는 단계에 있었으며, 미국을 중심으로 하여 케인즈적 정부지출의 일환으로 거대한 군사비를 지출하면서 순조롭게 성장하고 있었다.

이 시기의 특징으로는 신고전파 경제학이 부활하기 시작했다는 점을 들 수 있다. 새뮤얼슨이 1955년에 『경제학』 제3판에서 "신고전파 종합neoclassical synthesis, 新古典派 綜合" 이라는 생각을 나타냈으며, 케인즈 경제학을 신고전파 경제학에 흡수하는 형태로 케인즈와 신고전파(결국은 미시와 거시)를 통합하였다.

또한 1950년대에는 『일반이론』에서 과도하게 단순화한 형태로 제시한 케인즈형의 소비함수가, 제2차 세계대전 직후의 경제동향 추측에다 장기정체론을 가져왔던 소비의 과소추계가 있었으므로, 소비함수논쟁이 전개되었다. 그것으로부터 상대소득가설과 항상소득가설이라는 새로운 소비함수가 생겨났던 것이다.

『일반이론』의 출판 30년 후를 대표하는 책으로 1964년에 출판된 루카치만편의 『케인즈 경제학의 발전—『일반이론』 후 30년의 발자취』가 있다. 이 책의 특징은 『일반이론』 출판 직후와 10년 후에 코멘트를 가한 사람들의 30년 후의 평가에 대해 서술하고 있다는 점이다. 또한 이 책에서 두드러지게 나타난 특징으로는 신고전파 경제학의 부활을 꼽을 수 있다.

## 6.4 케인즈에 대한 비판

제2차 세계대전 후 선진 자본주의 경제는 유효수요 정책을 과도하게 적용함으로써 심각한 불황을 회피하고 성장을 도모하였다. 이로 인해 케인즈적 정책에 대한 평가도 높아졌다.

그런데 1960년대 후반부터 1970년대에 걸쳐 사태는 크게 변화하게 되었다. 성장과정 중에 인플레이션이나 환경문제가 일어나는 한편, 국제통화위기가 발생하게 되었던 것이다. 1973년에 석유위기가 일어났고, 인플레와 불황이 병존하는 스태그플레이션이 큰 문제로 대두되었다. 게다가 재정정책을 중심으로 하는 케인즈적 총수요관리 정책을 실시했던 선진 각국은 재정적자의 누적에 허덕이게 되었다. 이러한 상황에서 케인즈 이론이 잘못된 것이 아닌가라는 비판과 스태그플레이션에 대한 케인즈 이론의 유효성에 대한 의문이 제기되었다.

이러한 가운데 반케인즈 혁명을 제기하며 케인즈 비판을 전개한 것이 밀턴 프리드먼Milton Friedman(1912~2006)을 총수로 하는 통화주의자들이다. 그들은 케인즈 정책에 의한 유효수요증대책은 단기적으로 실업을 저하시키는 효과가 있다 하더라도, 장기적으로는 실업률을 자연실업률 이하로 인하시킬 수 없으며, 단지 물가수준을 상승시킬 뿐이라고 하며 케인즈 정책의 유효성을 부정하였다. 나아가 정부에 의한 규제나 정책이 민간의 경제활동을 정체시키므로 경제활동을 시장에 맡겨야 한다고 주장하였다. 1980년대에 들어 이러한 사고에 의거하여 미국에서는 레이건이, 그리고 영국에서는 대처가 규제완화와 민간주도의 작은 정부에 근거하는 정책을 실행했던 것이다. 규제완화 내지 시장중시의 사고는 일본에서도 구조개혁의 이름 아래 1990년부터 2000년에도 계속되고 있다.

또한 재정적자의 확대에 관하여는 1977년에 출판된 『적자재정의 정치경제학』에서 뷰캐넌James M. Buchanan (1919~2013)과 뵈케Peter Boettke의 케인즈 비판이 있다. 케인즈 경제학에서는 불황기에 경기대책으로서 재정적자를 확대시키더라도, 호황이 되면 재정을 흑자로 함으로써 적자를 메꿀 수 있다고 하여, 경기순환을 통하여 재정의 균형을 유지할 수 있다고 생각하였다. 그러나 뷰캐넌과 뵈케는 정치가가 경제정책을 결정하는 이상, 호황기가 되어도 재정지출의 억제는 곤란하고, 세출확대를 제어하지 못하고, 항상적인 재정적자가 불가피하다고 지적하고 있다. 이 같은 재정적자의 문제는 오늘날 일본의 1,000조 엔이 넘는 재정적자나 그리스를 위시한 유럽 여러 나라의 재정적자가 심각한 문제가 되고 있는 데서 잘 나타나고 있다.

전후 불황의 발생을 방지하고, 과도한 경제성장을 유지하기 위하여 재정적자에 의한 총수요관리 정책이 용인되었다. 그러한 의미에서 전후 자본주의국가의 경제정책이 케인즈적인 사고에 크게 영향을 받은 것은 부정할 수 없다. 그렇지만, 통화주의자에 의한 비판으로부터 알 수 있는 바와 같이, 정부의 경제에 대한 개입은 여러 가지 문제를 야기하고 있다. 그 중에서도 학설사적으로는 케인즈 경제학에 대한 정부의 역할에 대한 비판으로서, 마르크스 경제학자인 폴 스위지Paul M. Sweezy(1910~2004)의 『역사로서의 현대』가 있다. 그는 케인즈는 국가를 "구원의 신" 으로 다루고 있다고 비판하면서, 국가는 신이 아니고 다른 모든 주체들과 같이 하나의 역할자에 불과하다고 하였다.

## 6.5 경제학 3대 바이블

케인즈만큼 미국 역대 대통령의 경제정책에 지대한 영향을 끼친 인물도 드물다. 토드 부크홀츠Todd G. Buchholz 하버드대 교수는 "프랭클린 루스벨트에서 리차드 닉슨에 이르는 미국의 모든 대통령이 케인즈 넥타이를 맸다고 해도 과언이 아니다" 고 상찬한다. 이 책은 경기 침체 때마다 미국 대통령이 애용하는 '만병통치약' 이 됐다. 불경기가 오면 정부는 연방지출을 늘리거나 세금을 인하해 경제가 회생할 때까지 일시적으로 재정적자를 냈다. 반대로 상품의 수요가 공급을 초과할 만큼 급증해 물가가 오르기 시작하면 정부는 지출을 줄이거나 세금을 올려 수요를 안정시켜 나갔다. 케인즈의 처방은 다른 주요 국가에서도 채택돼 성공을 거뒀다. 덕분에 세계경제는 장기호황을 누렸다. 대공황 이후 케인즈 이론에 도전하는 사람이 없었다.

1965년 마지막 날 시사주간지 『타임』은 커버스토리에 '이제 우리는 모두 케인즈주의자다' 라는 유명한 제목을 달았다. 1971년 보수주의자인 리차드 닉슨Richard Milhous Nixon(1913~1994) 대통령도 "나는 이제 경제정책에서 케인즈주의자가 되었다" 고 선언했다. 케인즈의 최대 라이벌이자 신자유주의의 기수인 프리드리히 하이에크는 케인즈 사후 "그는 내가 알았던 이들 가운데 유일하게 진정으로 위대한 인물이었으며, 나는 그를 존경해 마지않는다" 고 털어놨다. 케인즈는 경제학 학위를 받은 적이 없으며, 학위라고는 수학 학사 학위가 전부였다.

▲ 1965년 12월 31일자 타임지의 커버

1970년대 후반 경기침체와 물가 상승이 동시에 일어나는 '스태그플레이션' 이 나타나면서 케인즈 이론은 통화주의와 신자유주의에 밀려나 천덕꾸러기 신세가 되기에 이르렀다. 하지만 그걸로 끝이 아니었다. 30여 년이 지난 후 2008년 미국발 세계금융위기가 몰려오자 케인즈가 갑자기 복권됐다. 시장친화력을 강조하는 관료는 물론 시장주의자 · 신자유주의의 첨병이던 월가의 투자은행들조차 케인즈를 읊어댔다. 이 정도면 가히 '롤러코스터를 탄 케인즈' 라고 할 수 있다. 케인즈 전기를 쓴 로버트 스키델스키Robert Skidelsky는 "케인즈 사상은 세계가 필요로 하는 한 살아 있을 것" 이라고 평가했다.[13]

13. 로버트 스키델스키는 준비 기간을 포함해 30여 년에 걸쳐 완성한 3부작 케인즈 전기를 썼다. 3부작의 제1권은 『희망의 좌절, 1883~1920』로 1983년에, 제2권은 『구원자로서의 경제학자, 1920~1937』로 1992년에, 그리고 제3권은 『영국을 위한 싸움, 1937~1946』으로 2000년에 출간되었다. 스키델스키의 3부작 전기를 60% 정도로 축약하고, 3부작에서 전달했던 일부 잘못된 정보들을 교정한 『존 메이나드 케인즈』(고세훈 옮김, 후마니타스 펴냄)가 한국어로 출판되었다.

## 6.6 케인즈의 재평가

1970년대 이후 케인즈 경제학에 대한 비판은 격화되었지만, 다른 한편에서는 케인즈 경제학을 계승하는 케인지안이라는 사람들을 중심으로 새로운 움직임이 일어나고 있다. 그것은 케인즈의 재평가, 케인즈 재해석과 같은 움직임이다. 그 선구에는 1966년에 출판된 악셀 레이온후버드의 『케인지언 경제학과 케인즈 경제학』이 있다. 레이온후버드는 이 책에서 케인지언의 경제학과 케인즈의 경제학은 다르다는 관점에서, 케인즈 경제학을 재해석하고, "케인즈가 정말로 말하고자 했던 것이 무엇인가"를 밝히고자 하였다.

그 후 케인즈 재평가는 하나의 조류가 되었으며, 다양한 사람들에 의해 새로운 케인즈 해석이 나왔다. 그 중에서도 큰 흐름이 된 것은 소위 포스트케인지안이라는 사람들이다. 그들은 케인즈의 『일반이론』의 형성에도 관계했던 존 로빈슨과 로빈슨에 의해 케인즈 이론의 동시발견자로서 평가된 미하우 카레츠키Michal Kalecki (1899~1970)의 저작과 그 사고를 기반으로 하여, 케인즈를 재해석하고 있다. 그 중의 한 사람이 폴 디바이던이다. 그는 1972년에 『화폐적 경제이론』을 저술하고, 케인즈 경제학에서 불확실성과 화폐의 중요성을 강조하고 있다. 또한 A. S. 아이쿠나가 1976년에 『거대기업과 과점』을 출판하였다. 1982년에는 하이만 민스키Hyman Minsky(1919~1996)가 『투자와 금융』을 출판하고, 1983년에는 빅토리아 치크가 『케인즈와 케인지안의 거시경제학』을 썼다. 포스트케인지안들은 불확실성, 시간의 불가역성, 기대의 역할, 화폐의 기능, 계약 · 제도와 같은 현실 경제활동을 조건지우는 항목을 키워드로 하면서 케인즈 경제학의 재구축을 시도하고 있다.

제9장

# 제도학파

19세기 말 미국에서는 영국의 정통적 경제학이 지배적이지 않았다. 오히려 독일의 역사학파로부터 많은 영향을 받고 있었다. 특히 사회제도에 관한 귀납적 분석과 개혁적 처방을 특징으로 하는 경제학이 베블런과 커먼스를 중심으로 성장하였으며, 1920~1930년대에는 대학과 공공부문에서 넓게 퍼지고 있었다. 고전학파에서 신고전학파에 이르기까지의 경제학사조들이 경제현상을 경제학적 요소로서 설명했다면, 제도학파는 이들과 달리 비경제학적 요소, 그 중에서도 사회적 제도에 의해 경제현상을 설명하고 이에 관하여 연구하였다. 제도주의Institutionalism 혹은 제도학파 The Institutional School는 미국 경제학의 이러한 조류를 가리키는 용어이지만, 사회제도의 분석을 경제학의 중심 과제로 삼으려는 흐름을 포괄적으로 가리키기도 한다.

넓은 의미의 제도주의학파에는 언론을 통해 잘 알려진 갈브레이스J. K. Galbraith, 뮈르달Karl Gunnar Myrdal(1898~1987),[1] 보울딩Kenneth Ewart Boulding(1910~1993) 등이

1. 뮈르달은 스웨덴의 경제학자, 사회학자, 저술가이다. 스톡홀름대학교 교수, 무역 상업부 장관, 국제연합 유럽경제위원회 상임간사 등을 역임했다. 미국의 흑인문제를 객관적으로 분석한 저서를 냈으며 냉전체제 하에서의 동서(東西)무역을 주장한 공적도 크다. 1974년 영국의 프리드리히 하이에크와 함께 노벨

포함된다. 여기에다 기술혁신의 중요성을 강조한 슘페터J. A. Schumpeter와 그의 이론적 업적을 따르는 신슘페터주의자neo-Schumpeterian도 포함된다. 학계의 주류를 이루게 된 신고전학파에 대한 비판적인 내용들이 주를 이루었던 제도학파는 사회제도 등이 시장 주체들에 영향을 미쳤기 때문에 신고전파의 시장참여자들처럼 합리적일 수 없다는 점을 지적한다. 그리고 근래에는 신고전파의 방법론에 따라 경제주체의 개별적 행동이 어떻게 제도의 형성에 기여하는가를 분석하는 신제도주의neo-Institutionalism도 등장하였다. 1960년대 이후 등장한 이들 신제도학파는 마샬의 신고전학파와 접점을 찾기 시작했다. 어찌 되었건 경제에서 중요한 것은 화폐와 물가뿐만 아니라 문화, 법, 도덕과 같은 사회적 제도 또한 중요하다는 것을 밝혀내 경제적 지평을 넓힌 학파이다.

## 1. 제도학파의 역사적 상황[2]

19세기의 미국 경제학은 유럽에 비해서 상대적으로 뒤처져 있었으며, 영국 고전학파의 자유방임사상이 일방적으로 전파되고 있었다. 그런 가운데서도 독일 역사학파의 국가개입주의에 영향을 받은 젊은 개혁적 학자들이 점차 학계에 진출하기 시작하였다. 특히 1876년에 개교한 존스 홉킨스대학에서는 대학원 중심의 교육을 하여 연구의 전문화에 크게 영향을 주었다. 독일에서 공부한 경제학자들과 존스 홉킨스대학 출신의 경제학자들은 한편으로 경제학연구의 전문화를 추진하면서 한편으로는 개혁적인 정책 수립을 위해 노력하였다. 아울러 1885년에는 이러한 경제학자들이 중심이 되어 미국경제학회The American Economic Association ; AEA가 창설되는

경제학상을 수상하였다.

2. 이 절을 작성하면서 김진방 · 홍기현(1997)을 많이 참고했음을 밝힌다.

데, 중심 인물은 초대 사무총장을 맡았던 엘리Richard T. Ely(1854~1943)이다. 엘리는 하이델베르그대학에서 크니스Karl Knies(1821~1898)의 영향을 받으며 경제학을 공부하고 박사학위를 받았다. 미국으로 돌아온 엘리는 리카도와 밀의 경제학을 배격하고, 새로운 정치경제학을 주창하면서 AEA를 출범시켰다.

이 학회의 헌장 초고에는 "자유방임주의는 정치적으로 불안하며 도덕적으로 불건전하다"는 구절이 있다. 또한 "정부의 지원이 인류 진보의 불가피한 조건"이며 "노동과 자본의 갈등이 사회문제 중 가장 두드러진 것으로서, 그 해결을 위해 교회, 정부, 과학의 합동노력이 필요하다"라는 구절이 있다. 비록 이러한 구절들은 헌장의 결정과정에서 삭제되었으나 경제학 탐구에 있어서 제도적 · 진화론적 연구가 필요하다는 취지는 여전히 남게 되었다.

이렇게 출발한 미국경제학회는 1892년에 갈등을 겪게 된다. 특히 엘리가 학회를 지나치게 정치적으로 이용한다는 비판이 일어나 학회장은 보다 중립적 인물이 맡게 되었으며, 학회는 개별 경제학자의 정치적 견해를 피력하거나 학교당국에서 교수들이 해직당하는 일에 견해를 밝히는 일을 하지 않는 관행이 수립되었다. 이러한 우여곡절이 있었으나 위스콘신대학 등을 중심으로 제도학파 경제학자의 학계 진출은 활발하였다. 1892년에 개교한 시카고대학은 석유재벌인 록펠러John Davison Rockefeller(1839~1937)의 재정적 지원으로 설립되었는데, 이 대학의 초대 경제학과장은 로그린James L. Laughlin이라는 학자는 보수적인 인물이었다. 그러나 교수 전체의 구성은 당시 학계의 평균적 경향과 맞춰져 자유주의적 경제학자와 사회개혁적 경제학자가 비슷한 수로 임용되었다. 물론 개혁적 제도주의자들은 노동조합을 옹호하거나 독점적 기업을 공격하는 글을 써서 대학 당국과 마찰을 빚었다. 1894년에는 베미스Bemis란 경제학자가 지역의 철도회사를 공격하고 노동운동을 옹호하자 강의가 부실하다는 이유로 해직시킴으로써 파문이 생기기도 하였다. 이러한 갈등 속에서도 제도주의 경제학자들은 특화된 주제를 경험적으로 연구하여 학계와 정부 등에서 자리를 잡게 되었고, 1930년대에 이르러서는 제도주의의 전성기라고 불릴 정도로 일정한 세력을 형성하게 되었다. 세계대공황기에는 루스벨트의 각종 개혁적 정책을 추진하는 데 어느 정도 사상적 영향을 주기도 하였다. 그렇지만 제도학파는 연구프로그램이 다양하여 학문적 축적이 제대로 이루어지지 않았으며 학계에서 점차 세력이 약화되었다. 그리고 전 세계적으로 신고전학파의 영향력이 커짐에 따라 오늘날의 제도학파는 비주류경제학의 하나로서 명맥을 유지하고 있다.

## 2. 제도학파의 중심 인물과 사상[3]

### 2.1 소스타인 베블런

#### (1) 베블런

▲ 소스타인 베블런

노르웨이에서 이민 온 농부의 열두 남매 중 여섯 번째로 태어난 베블런Thorstein Bunde Veblen(1857~1929)은 미네소타주의 칼턴대학에서 교육을 받았다. 학업을 계속하기 위하여 존스 홉스킨스대학에 진학한 그는 장학금을 받지 못하여 예일대학으로 옮겼으며, 여기서 1884년에 철학박사 학위를 받았다. 그러나 숱한 일화를 남긴 그의 괴팍한 언동은 어디에서나 따돌림을 받았으며, 그러한 그를 임용할 대학은 없었다. 1891년까지의 7년을 광범위한 독서로 보낸 후 새로운 분야의 학위를 갖기로 한 그는 코넬대학에 등록하면서 경제학으로 눈을 돌렸다. 그리고 그에게 호감을 가진 교수가 신

3. 김진방 · 홍기현(1997)을 많이 참고했음을 밝힌다.

설된 시카고대학에 부임하자 뒤를 따랐다. 이 대학에서 그는 1896년에 강사로 임명되고 'The Journal of Political Economy'의 편집을 맡았으나 박사학위를 취득하지는 못하였다. 그리고 그의 사생활과 관련하여 1906년에 해임될 때까지 그의 직위는 조교수에 머물렀다. 스탠포드대학에서도 그는 비슷한 문제로 3년을 넘기지 못하였으며, 1911년에 미주리대학의 강사로 임용되었으나 매년 재임용을 걱정해야 했다. 1918년에 뉴욕으로 온 그는 1919년에 개교한 뉴스쿨The New School for Social Research에서 강의하기도 하였으나 미국의 어떤 대학에서도 교수로 채용되지 못했다. 1927년에 은퇴하여 캘리포니아에서 72세의 나이로 사망할 때까지 그의 이러한 상황은 바뀌지 않았다.

베블런의 저술은 1898년부터 본격화되었다. 그가 발표한 일련의 논문들에서 그는 주류경제학이 산업사회에 대한 이해와는 거리가 먼 문제에 매달려 왔다고 비판했다. 그는 경제를 이해하기 위해서는 오랜 세월에 걸쳐 문명을 규제해 온 인간의 본원적 특성을 파악해야 하며, 현재를 진화의 한 단계로 바라보아야 한다는 것이다. 그는 경제학이 제도의 생성과 변화를 탐구하는 진화론적 과학이어야 한다고 믿었으며, 제도를 '생각의 습관'으로 정의하였다. 그렇지만 그는 그러한 사회적 진화의 결과를 부정적으로 평가하였다. 사람들의 생각이 현실의 변화를 따르지 못하기 때문에 과거의 반反생산적 제도가 그대로 유지되는 시대착오적 현상이 나타난다는 것이다. 1899년에 출판되어 그에게 전국적 명성을 가져다 준 『유한계급론』은 이러한 그의 사상을 잘 드러내고 있다.

베블런은 『유한계급론』 이외에도 1904년의 『기업론』과 1914년의 『장인정신의 본능』을 포함하여 모두 아홉 권의 책을 썼으며 많은 논문을 발표하였다. 그 글들에는 공통적으로 발견되는 주장이 있다. 그것은 돈 버는 일과 물건 만드는 일이 근대산업사회에서는 서로 대립한다는 주장이다. 베블런에 의하면, '금전적 고용과 산업적 고용, 기업활동과 기계 과정, 시장성과 유용성 사이에 갈등이 있으며 이 갈등이 사람들의 삶을 규정한다. 그리고 금전적 사고방식을 가진 은행가와 중개인 및 경영자는 연대하여 자신들의 소유를 지키며, 노동자와 기능인, 그리고 기술자들은 기계의 규율을 따르며 연대한다'는 것이다.

베블런이 주류경제학을 배격하며 내놓은 것은 근대문명에 대한 사회학적, 심리학적, 인류학적 비평이다. 그의 글은 항상 풍자적이고 역설적이며, 그러한 글들이 대부분 그렇듯이 모호하며 단편적이다. 그가 미국의 제도주의 경제학을 일으켰다는 의견을 반박하기는 어려우나 그의 영향을 명확히 규정하기는 더욱 어렵다. 그의 학생이었던 미첼을 비롯하여 열성적인 팬이 적지 않았으나, 그들이 베블런의 주장을 발전시켰다고 보기는 곤란하다.

『유한계급론』을 제외하고 그의 다른 어떤 저서보다 도프만Joseph Dorfman이 쓴 그의 전기傳記가 더 많이 팔렸다는 사실은 시사적이다. 1934년에 출판된 이 전기는 1966년에 7판이 나오고 1972년에 다시 인쇄되었다. 그렇지만 베블런이 쓴 아홉 권의 책과 그의 논문을 모은 두 권의 책도 1964년에 모두 다시 인쇄되었다. AFEE의 발족과 함께 제정된 상은 베블런의 이름을 붙였으며, JEI에는 그에 관한 논문이나 그를 인용한 논문이 끊임없이 실린다. 『경제학의 선구자』로 명명된 47권의 책들 중 하나는 베블런에 관하여 쓴 1970년대와 1980년대의 논문들로 채워져 있다. 대부분의 경제학사 교과서가 그에게 지면을 할당하며, 블로그Mark Blaug는 『케인즈 이전의 위대한 경제학자』 100인 가운데 베블런을 포함시키고 있다.

### (2) 유한계급론

먼저 '유한계급Leisure Class'이란 무엇인가? 레저는 말 그대로 여가활동을 나타내는 말이다. 즉, '여가활동을 즐기는 사람들(계급)'이란 뜻이다. 여기서 의미하는 유한계급이란 '노동은 하지 않으면서 여가활동만 즐기는 계급', 현대식 표현으로 하자면 소위 '상위 1%'의 사람들을 의미한다고 볼 수 있다. 베블런은 이들 '유한계급'들의 욕망과 허영, 그리고 그들의 치부를 유한계급론을 통해 비판하기 시작한다.

### ① 유한계급의 탄생과 노블레스 오블리주

이 유한계급들은 결코 노동을 하지 않는다. 때문에 이들은 노동으로부터 면제받는 대신 고귀하고 명예로운 일들을 한다. 전쟁이나 신을 모시는 일이나 정치를 하는 일 등을 한다. 이들의 일은 천한 노동으로부터 면제받았다는 상징과도 같다. 흔히들 이야기하는 노블레스 오블리주도 여기에서 비롯되었다는 것이다. 그들은 노동을 하지 않는 대신 명예로운 일을 한다는 것이다.

여기에서 사유재산제도가 발달하기 시작하면서 부는 소유자의 우월성을 증명하는 명예로운 증거가 된다. 명예로운 행위만큼이나 그 소유만으로도 부는 소유자에게 명예를 주는 것이다. 고전학파의 이론으로는 사람들이 부를 소유하는 것은 부를 이용해 생존하기 위함이다. 하지만 생존에 필요한 부는 일정 수준에 지나지 않는다. 그럼 나머지 비용은 무엇일까? 생존 이상의 고차원적인 욕구 해결을 위해 쓰인다는 것이다. 즉, 타인으로부터 존경받고 인정받기 위해서. 부는 소비를 목적으로 하는 것이지만 소비를 위해선 더 많은 부가 필요하다. 따라서 부의 축적이 필연적으로 필요하다는 것이다.

### ② 급이 높은 부 추구

시간이 점점 흐르면서 부는 소유자의 권위와 우월성, 명예를 증명하는 상징이 된다. 따라서 부는 그 본질적인 것으로 명예로운 것이 되기 때문에 소유하고만 있어도 명예를 얻게 된다. 부에도 급을 나누게 된다. 부모 혹은 친척으로부터 물려받은 수동적인 부는 자기가 열심히 일해서 획득한 부보다 좀 더 명예로운 것으로 여겨진다. 지금도 사회 전반적으로 자수성가로 부를 쌓은 사람보다 부모로부터 상속받은 사람이 더 높게 여겨지고 있다.

사회적으로 높은 계층에 오르기 위해서는 기준이 약간은 불분명한 많은 부가 필수적으로 요구된다. 그렇다면 끝없이 그 많은 기준의 부에 이르기 위해 한없이 축적해야 한다. 그 과정에서 자신과 비슷하거나 한 단계 위의 급과 비교하게 되니까 언제나 불만족스럽다. 분명히 생활에 충분한 재산인 경우인데도 말이다. 이러한 상황은 곧 자기의 재력을 과시하는 문화로 빠져들게 된다. 자신의 재력을 과시하는 것으로 타인의 존경을 더 이끌어 내고자 한다. 이러한 과시 문화에서 부모나 타인으로부터 부를 물려받은 수동적 부는 자수성가에 의해 쌓은 부보다 과시하기에 좀 더 효율적이라는 것이다.

### ③ 과시적 여가활동

부는 쌓기만 해도 명예롭지만 그걸 쌓아놨다는 것을 다른 사람이 알아야 명예롭다. 그러면 어떻게 할까? 과시적인 용도로 활용해야 한다. 그에 따라 유한계급들은 남에게 보이기 위한 과시적인 여가활동을 하기 시작한다. 이러한 여가활동의 철칙은 그다지 실용성이 없을수록 좋다. 왜냐하면 '나는 일을 하지 않는다는 증거' 여야 하기 때문이다. 실용성은 일을 하는 노동계급에나 필요한 것이다. 이들에게 중요한 것은 심미안이다. 따라서 이들은 복잡하기 그지없고 오랜 시간을 들여 배워야 하고 판독하는 데 상당한 지식과 눈썰미를 요구하는 것들을 몸에 익히기 시작한다. 이들은 거추장스럽고 불편하기 짝이 없는 복잡한 예법부터 시작해서 사교 행위를 위해 춤을 익히고 사어에 가깝고 어려운 라틴어도 필수로 배우게 된다. 왜냐하면 이들을 익혔다는 사실은 일은 안하고 이것들에 몰두하고 있었다는 증거가 되기 때문이다.

### ④ 과시적 소비

정말로 사람이 최소한의 소비를 하자면 생계에 필요한 소비를 하고 살아도 충분하다. 하지만 사람들은 그걸 원치 않는다. 유한계급의 경우 더욱 그렇다. 음식과 음료에 철저히 격을 두고 사치품을 구매하고 생활한다. 이러한 사치품과 고급 식음료들은 부의 증거이기 때문에 명예로운 일이 된다. 이들의 식음료는 질을 차별하는 까다로운 기준이 개입되기 마련이고 이들의 과시적 식음료에는 무엇보다도 안목이 필수로 요구가 되는 품목이 포함된다. 물론 유한계급은 무능해 보이지 않기 위해 이 물건들을 고르는 감식안도 길러야 한다. 이것을 할 수 있느냐 없느냐에 따라 졸부와 유한계급이 구분된다. 대표적인 것이 와인이다. 유한계급이라면 그 섬세한 고급 와인을 즐기는 방법과 향, 맛으로 와인을 감별해내는 능력 모두 필요로 했다. 이러한 이유로 서양의 와인문화가 굉장히 발달할 수 있었던 것이다. 물론 이 와인 외에도 카펫, 태피스트리, 고급식기 등이 모두 포함된다. 유한계급이 수제품을 선호하는 이유도 비슷하다. 장인의 손길이라는 이름으로 고급품이 되고 명예로운 상품이 된다는 것이다.

### ⑤ 부를 상징하는 의복

의복은 과시에 가장 적절한 수단이다. 유한계급은 일을 하지도 격렬하게 움직일 일도 없기 때문에 최대한의 편의와 기능성은 배제한 채 눈에 보이는 장식에만 주로 집중한다는 것이다. 여성의 옷들이 특히 그러한 과시적 행위가 가장 잘 드러난다. 100여 년 전만 하더라도 남성의 권위와 능력, 그리고 명예를 위해서 여성은 노동을 면제받았다. 지금과는 달리 여성을 일하게 만드는 남성은 그야말로 무능력의 상징이었다. 따라서 여성은 노동과는 거리가 멀었고 부유층이나 유한계급의 여성들은 노동을 하지 않는다는 걸 증명하듯이 불편한 복장을 착용했다. 여성의 직분은 노동이 아니라 집안에 머물며 집안을 '아름답게' 꾸미고 나아가 스스로가 가정의 대표적인 '아름다운 장식물' 이 되는 것이기 때문이다.

### ⑥ 유한계급 문화의 낙수효과—짝퉁의 사용 이유

베블런은 책을 통해 유한계급의 과시적 행태에 대해서 꼬집었지만 이것이 유한계급만 해당되는 것은 아니다. 유한계급의 문화와 규범은 곧 따를만한 고급스러운 것이 되어서 하위 계층으로 퍼져나가기 때문이다. 하지만 그 전체를 따르기엔 하위계층은 시간과 금전 모두가 부족하기 때문에 일부만 차용하거나 마이너 카피를 할 수밖에 없다. 우리가 소위 말하는 '짝퉁' 은 이 때문에 발생한다. 유명 브랜드의 짝퉁은 오리지널보다는 훨씬 저렴하지만 다른 무브랜드 제품보다는 현저하게 비싸다.

품질 상으로는 오리지널 유명 브랜드와 별반 차이가 없는데도 가격은 오리지널 브랜드보다 훨씬 낮다. 왜냐하면 짝퉁 자체가 오리지널을 사지 못하는 하위계층을 위한 상품이기 때문이다. 하지만 유한계급을 추종하는 상품이기에 다른 무브랜드 제품보다는 훨씬 비싼 가격을 유지하고 있다. 그러한 식으로 유한계급의 문화가 하위계층으로 번져나가면서 각자 계층 나름대로 과시적 소비를 하고 있는 셈이다.

이상과 같은 시장참여자들의 비효율적인 모습들을 고전학파의 이론으로 설명할 수 있을까? 고전학파의 이론대로 사람들의 필요에 의해 상품을 구매하고 판매한다고 할 수 있는가? 유한계급론에서는 사람들이 필요에 의해 구매하는 현명한 소비자와 판매자들이 아니라 자기 과시를 위해 소비를 하는 비효율적인 시장참여자들이다. 이러한 베블런의 주장은 당시 충격적으로 받아들여졌지만, 이후 제도학파의 이론적 근거가 되었다.

## 2.2 커먼스

커먼스John R. Commons(1862~1945)는 오하이오주와 인디아나주에서 어린 시절을 보낸 후 1882년 오벌린대학에 입학하였다. 인쇄소에서 일하면서 6년 만에 졸업한 그의 성적은 좋지 않았다. 그는 1888년에 존스 홉킨스대학에 진학하여 거기서 엘리를 만난다. 장학금을 받지 못한 커먼스는 2년 만에 존스 홉킨스대학을 영영 떠나지만 엘리의 영향은 지속된다. 박사학위가 없는 커먼스는 여러 대학을 옮기면서 경제학과 사회학을 강의하였다. 그동안에 『부의 분배』를 발표하였으나 주목받지 못하고, 1899년부터는 대학 밖에서 일거리를 찾아야 하였다. 그가 1904년에 대학으로 돌아와 정착한 것은 위스콘신대학으로 옮겨와 있던 엘리의 주선에 의해서였다. 이때 그에게 맡겨진 연구과제는 미국 산업사회의 역사를 기록을 통하여 정리하는 것이었으며, 이는 1918년부터 17년에 걸쳐 4권으로 출판된 『미국 노동의 역사』로 이어졌다. 그리고 이 책의 출판이 시작되기 전에 그는 AEA의 회장으로 추대되었다.

대학에 돌아온 후에도 커먼스의 활동은 대학 밖에서 많이 이루어진다. 커먼스 당시 위스콘신주는 다양한 사회입법을 시도하였으며, 그는 여기에 자문위원으로 참여하며 법안의 작성을 주도하였다. 노동입법, 산업재해보상, 실업보험, 공익사업규제 등이 그가 참여한 영역이며, 1913년에는 윌슨대통령에 의해 산업관계위원회의 위원으로 임명되었다. 그의 이러한 활동은 이론적 연구와 병행되어 1924년의 『자본주의의 법적 기초』와 1934년의 『제도주의 경제학』으로 나타난다. 그러나 '불명료한 논의'와 '뒤얽힌 설명'으로 특징지어지는 이 책들에 대한 반응은 냉담하였다. 경제이론가로서의 커먼스에 대한 일반적 평가는 이를 통해서 알 수 있다.

커먼스의 경제이론은 제도의 진화에 초점이 맞추어져 있으며, 제도가 개인의 행동을 규제한다는 사실과 함께 제도는 개인행동의 확장이며 문제 해결의 도구라는 사실을 강조한다. 그에 의하면 제도의 생성은 이해利害의 갈등을 경감시키고 해소시키는 과정이다. 따라서 제도의 필요조건은 '작동 가능성'이며 문제해결의 능력을 상실한 제도는 변화를 겪게 된다. 그리고 제도의 생성과 변화는 개인들의 행동의 결과이지만 동시에 윤리와 관습, 그리고 정치와 법의 규제를 받으면서 이루어진다. 이처럼 '집합적 행동'의 구체화로 정의된 제도 중에서 그가 많은 관심을 기울인 것은 정부이다. 특히 법원의 판결은 집단적 행동에 적용되는 규칙의 가장 중요한 원천으로 간주되어 그의 연구가 집중되었다.

그러한 규칙의 경제적 결과에 대한 분석은 '거래'를 중심으로 이루어진다. 그리고 거래는 '계약'뿐만 아니라 '배급'과 '관리'의 세 가지 형태로 나누어진다. 계약이란 자유로운 당사자 간의 시장에 의한 거래이므로 통상의 경제학적 분석이 적용된다. 그렇지만, 조직내부의 경영과 관련된 관리와 조직 간에 직접적 의견조정으로 이루어지는 배급은 경제학적 분석이 적용되지 않는다. 왜냐하면 이러한 거래는 기본적으로 비시장적 원리가 적용되기 때문이다. 따라서 그는 교환에 치중하는 주류경제학이 보완되어야 한다고 믿었다.

제도는 문제해결의 도구로 이해되어야 하며 주류경제학은 보완되어야 한다는 커먼스의 견해는 베블런과 대조를 이루면서도 제도주의의 전통이 되었다. 그렇지만 커먼스가 주류경제학에 미친 영향은 별로 없다. 최근에 활발해진 법에 관한 경제학적 연구도 그의 이론과는 무관하게 시작되고 발전되었다.

## 2.3 에이어스

미국 매사추세츠주에서 태어난 에이어스Clarence E. Ayres(1891~1972)는 대학과 대학원에서 철학을 공부하면서도 경제학에 관심을 가졌다. 브라운대학에서 학사학위와 석사학위를 받고 시카고대학에서 박사학위를 받았는데, 1917년에 제출된 그의 박사학위논문의 제목은 「윤리학과 경제학의 관계의 본질」이었다. 당시 미국의 대학에서는 듀이John Dewey(1859~1952)의 실용주의가 전성기를 누리고 있었다. '제도주의' 라는 용어를 미국 경제학계에 등장시킨 해밀턴Walton H. Hamilton(1881~1958)의 강의를 도우면서 맴허스트대학에서 교수로서의 경력을 시작한 에이어스는 그 후 위스콘신대학을 거쳐 1930년에는 오스틴에 위치한 텍사스대학의 경제학과에 부임하였다. 1969년에 은퇴할 때까지 이곳에서 연구와 교육에 전념한 에이어스의 영향을 받으며 성장한 경제학자들이 남서부 및 남부의 대학에 진출하면서 텍사스 대학은 제도학파의 본산으로 알려지게 되었다.

에이어스는 40여 편의 논문과 함께 여덟 권의 책을 남겼는데, 그 중에서 1944년에 출판된 『경제진보의 이론』이 대표적이다. 그에 대한 후학들의 이해와 평가는 1976년에 출판된 『과학과 의식儀式』에서도 알아볼 수 있다. 여러 경제학사 교과서와 권위있는 경제학사전들도 그를 소개하고 있으며, 1992년에는 그에 관한 논문들이 미첼과 커먼스에 관한 것들과 함께 책으로 엮어져 『경제학의 선구자』의 일부로 출판되었다.

에이어스의 경제이론은 다음과 같이 요약될 수 있다. 산업화와 경제발전의 원동력은 기술의 진보이며 그러한 진보는 인간의 의도에 의해서가 아니라 자생적으로 이루어진다. 제도는 기술에 의해 결정되면서 동시에 기술의 진보와 사회의 변화를 저지한다. 달리 말하면 인간의 행위에는 생산을 위한 기술적인 것과 신분의 유지를 위한 제도적인 것이 있으며, 후자는 전자를 제한하고 규제한다.

에이어스는 스스로를 경제학도이기 이전에 철학도라고 규정하였다. 그리고 그는 경제학의 핵심은 가격이론이 아닌 가치이론이라고 주장하면서 듀이의 도구주의 가치이론을 경제학에 도입하는 것을 자신의 역할로 삼았다. 그리하여 그는 가치를 과학 및 기술에 연결하였다. 과학과 기술은 모든 진위와 선악에 대한 판단의 집약이며, 과학과 기술을 알고 행하는 것이 인간의 참된 삶이라고 주장하였다. 그리고 이러한 기술적 가치를 미신과 관습에 의해 지탱되는 제도적 가치와 구분하였다.

## 2.4 미첼

미첼Wesley Clair Mitchell(1874~1948)은 미국 경제에 대한 통계자료수집이란 점에서 경제학에 기여했지만 이론적 입장으로서는 제도주의적 주장을 분명히 했다. 미첼은 1892년 시카고대학에 들어갔으며, 이 대학에서 강의하던 베블런의 영향을 받았다. 그렇지만 시카고대학의 로그린의 영향도 받아 미국의 인플레이션에 관한 연구를 하게 되었다.

미첼은 1903년부터 10년 동안 버클리대학에서 강의하였으며, 1913년에 콜럼비아대학으로 옮겼다. 이 해에 미첼은 경기순환에 대한 통계적인 연구인 『경기순환Business Cycles』을 발표하였으며, 1920년에 통계적 연구를 하는 연구소인 NBER National Bureau of Economic Research을 설립하였다. 그의 연구결과는 17개국의 경기순환에 관한 방대한 연구인 『경기순환론Business Cycles : The Problem and its Setting』(1927)과 1946년에 번스Arthur Frank Burns(1904~1987)와 공저인 『경기 순환-측정Measuring Busîness Cycles』으로 출판되었다.

미첼은 뉴스쿨에 있었던 때를 제외하고는 콜럼비아대학에서 계속 강의하였으며, 그 당시 강의록은 사후에 『경제이론의 유형Types of Economic Theory』으로 출판되었다.

미첼은 베블런의 영향을 받아 인간의 사고와 제도의 발전을 진화론적으로 분석하고, 재화생산과 화폐획득을 구별하였다. 즉, 화폐경제에서는 경제적 부富가 재화생산능력에 있지 않고, 화폐소득의 지배능력에 따라 결정된다고 하였다. 말하자면 화폐경제에서는 재화생산에 공헌하는 기술자보다도 화폐획득에 숙달된 기업가에게 권위가 돌아간다는 것이다. 따라서 그는 화폐경제에서는 한 개인이 화폐획득을 위해 독점을 행하게 되므로 전체 국민의 복지달성은 저해된다고 보았다. 이러한 화폐경제에서 빚어지는 누적적 변화과정이 경기순환이며, 각 경기순환국면에서 기업가들이 다양한 경제조직변화로 대응해 온 제도적 진화과정을 연구하였다.

## 2.5 더글러스 노스

제도경제학의 기초를 확립하고 경제사 연구의 새 지평을 연 공로로 노벨경제학상을 받은 미국의 더글러스 노스Douglass Cecil North(1920~ )는 아버지가 생명보험회사 매니저인 평범한 가정에서 성장했다. 그는 박사학위를 받은 뒤 '이론을 통한 역사해석'에 몰입했다. 첫 연구는 미국 경제성장의 요인에 관한 것이었다. 이 연구를 통해 노스가 확인한 것은 미국의 경제성장에 기여한 것은 기술변동보다는 재산권의 확립, 계약의 자유 등 경제활동에 우호적인 제도였다는 것이다.

제도란 법률, 재산권, 헌법 등과 같은 공식적인 제도와 관행, 관습, 도덕과 같은 비공식 제도를 말하는데 이런 제도는 한 사회구성원의 행동과정을 안내하거나 조종하는 일종의 게임 규칙이다. 제도만이 어떤 나라의 경제는 부유하게 되고 다른 나라의 경제는 가난하게 된 이유를 설명할 수 있다고 생각했다.

그러나 이 같은 이유를 만족스럽게 해명할 수 있으려면 어떤 제도가 어떻게 번영을 가져다주는가, 그런 제도가 어떻게 생성하고 변동하는가 등과 같은 많은 문제를 해결해야 한다. 그래서 이론 없이 제도를 다뤘던 구제도주의와는 달리 이론을 토대로 한 '신제도주의' 경제학이라는 새로운 분야를 개척했다.

노스의 핵심 사상은 재산권을 보호하고 거래를 협상하고 계약을 집행·감시하는 거래비용을 최소화하여 상호 간에 유익한 교환을 할 수 있는 제도를 확립하는 나라는 번영을 누린다는 것이다. 즉, 경제자유와 재산을 확실하게 보호하는 나라는 번영하는 반면 그렇지 못한 나라는 궁핍하다고 지적한다. 그는 자본 축적, 규모의 경제, 기술 발전 등은 경제적 번영 그 자체이지, 그 원인이 될 수 없다고 주장하며 전통적인 성장이론이 다루지 않은 제도 분야를 채우고 있다.

노스는 제도경제학적 인식을 이용해 영국은 왜 번영을 누릴 수 있었고 스페인은 왜 침몰했는지를 밝혔다. 영국은 절대주의 시대에도 국왕의 권력이 의회의 제한을 받았기에 개인의 경제활동이 비교적 자유로웠다. 그러나 스페인에서는 절대군주의 힘이 강력하여 개인의 자유와 재산권의 침해가 빈번했다. 이것이 두 나라의 차이였다는 것이다.

중국과 유럽의 성장에 대한 노스의 비교사比較史도 흥미롭다. 15세기 이전까지만 해도 유럽보다 부유했던 중국이 지속적으로 침체의 길로 접어들어 20세기 중반에는 3,000만 명이 굶어죽는 대참사로 이어졌던 것은 권력이 중앙에 집중돼 경제자유와 사적 영역이 없었기 때문이다. 그러나 유럽은 작은 나라로 나누어져 경쟁적이었고 분권적이었다. 그 결과 절대군주의 힘이 비교적 약해져 경제활동의 자유와 재산권이 잘 보호됐다. 그 결과 '유럽문명의 기적'이 이루어졌다고 해석했다.

경제적 성과를 결정하는 것은 정부가 인위적인 계획을 통해 만든 실정법적인 공식제도만이 아니다. 관습, 공유된 믿음과 태도, 도덕 등 사회구성원들의 상호작용에서 저절로 만들어진 비공식 제도는 장기적으로 오랜 경험을 통해 형성된 문화다. 변화 속도가 매우 느리고 인위적으로 바꾸기도 힘든 그런 문화가 경제성장에 결정적인 영향을 미치기 때문에 노스는 비공식 제도의 분석에도 열중했다.

노스의 신제도주의 경제사의 백미는 신경과학과의 접목이다. 제도 생성과 변화를 결정하는 것은 세상에 대한 해석과 인지를 산출하는 '신념체계'인데 이를 형성하고 변동시키는 것이 물리화학적으로 작용하는 두뇌의 신경구조라는 지적이다. 노스의 신제도주의 경제사는 인간의 상호작용과 제도의 진화에 초점을 맞춰 인류의 발전사를 이해하기 위한 거대 담론이다.

더글러스 노스의 핵심 사상은 역사, 제도적 환경, 경로의존성, 신념체계로 구성돼 있다. 실천적 의미는 시장원칙을 확실하게 지키는 나라는 경제적으로 성공하지만, 그렇지 못한 나라는 실패한다는 점이다.

노스는 1997년에 신제도주의 국제학회를 창립해 제도연구를 확산시키는 데 진력했다. 그의 사상은 제도주의 혁명이라고 부를 만큼 경제학은 물론 정치학, 법학 등에도 막중한 영향을 미쳤다. 후진국 개발경제학에 미친 노스의 영향도 무시할 수 없다. 후진국 개발에서 중요한 것은 제도의 개혁, 특히 비공식 제도와 신념체계의 변화라는 것을 일깨웠다. 선진국의 제도를 그대로 이식한다고 해서 후진국이 성공할 수 있는 것이 아님을 명백히 했다. 이로써 그는 유엔과 세계은행의 개발원조 패러다임을 제도지향적으로 바꾼 인물이 됐다.

## 3. 제도주의에 대한 평가[4]

제도학파 경제학자가 단순히 수학을 덜 쓰고 서술적으로 논의한다든지 제도를 대상으로 탐구한다든지 하는 외양적 특징이 아니라 본질적으로 주류 경제학자와 무엇이 다른가? 이를 살펴보기 위해서는 몇 가지 과학철학적 논의를 할 필요가 있다.

4. 김진방 · 홍기현(1997)을 많이 참고했음을 밝힌다.

## 3.1 제도분석

경제학은 사회과학이며 사회과학은 자연과학과 마찬가지로 설명을 그 목적으로 한다. 그리고 설명은 어떤 현상을 전제조건과 법칙으로부터 논리적으로 도출하는 것이다. 경제학에 대한 이러한 규정을 받아들인다면 제도주의 경제학에 대한 이해는 제도주의자들이 선택한 설명의 대상을 확인하는 것에서 출발할 수 있다. 설명의 또 하나의 요소인 전제조건과 관련된 그들의 사전적事前的 선택도 중요한 단서이다. 제도주의 경제학에서 전제조건의 후보로서 비중있게 검토되는 사항이 있는 반면, 설명의 제시와 검증 이전에 배제되어 버리는 사항도 있을 것이다.

제도주의자들에게 제도는 경제학이 설명해야 할 대상이며, 동시에 경제현상을 설명하는 요인이다. 그리고 이러한 선택이 자신들의 경제학을 신고전파를 비롯한 주류경제학과 구분짓는다고 강조한다. 즉, 제도주의자들은 주류경제학이 제도를 설명의 대상으로 삼지 않을 뿐만 아니라 제도의 변화 가능성이나 경제적 역할을 무시한다고 비판한다. 그러나 이러한 비판의 타당성은 이제 많이 줄었다. 방법론에서 신고전학파에 가까운 경제학자들이 오래 전부터 제도를 설명의 대상이나 설명의 요인으로 선택하기 시작했다.

그 결과 신제도주의 혹은 신고전파적 제도주의라고 불리는 이들의 경제학은 이미 주류경제학에서 커다란 비중을 차지하고 있다. 신제도주의의 등장이 어떻게 해석되던 그것이 전통적 제도주의자의 조건과 관련하여 의미하는 것은 다르지 않다. 현재의 시점에서 미국의 전통적 제도주의를 규정하려면 그들이 제도를 경제학의 영역에 포함시킨다는 사실보다는 그 방식에 주목하여야 할 것이다.

## 3.2 인간 행동의 가정 : 합리성에 대한 비판

제도의 중요성을 강조하는 것은 제도를 정의하는 것보다 훨씬 쉽다. 직관을 넘어서 명료하고도 유용한 정의를 제도에 부여하는 일에 제도주의자들은 그다지 성공적이지 못했다. 그렇지만 그들은 대체로 제도를 습관과 관습에 연결시키고 있다. 그리고 그들은 습관과 관습에 지배되는 사람들을 상정함으로써 제도를 설명의 요인으로 삼고, 습관과 관습이 생성되고 변화하는 과정을 설명함으로써 제도를 설명의 대상으로 삼는다. 여기서 우리가 주목할 점은 제도주의자들이 합리성의 가정을 수용하지 않는다는 것이다. 신고전파를 비롯한 주류경제학에서는 사람들이 합리적으로 행동한다고 가정한다. 소비이론을 예로 들면, 사람들은 더욱 많이 더욱 다양하게 소비하려 하며 그들의 선택에는 일관성이 있다고 가정한다. 그리고 수요의 법칙은 이 합리성의 가정으로부터 도출된다. 베블런이 말한 '과시적 소비'는 이러한 소비이론과 대비된다. 즉, 제도주의자들은 신고전파와는 다른 내용의 법칙을 받아들인다.

신고전파의 합리성 가정에 대한 이의는 제도주의의 전유물은 아니다. 사이먼 Hebert A. Simon은 사람들이 합리적으로 행동하려고 하지만 제한적으로만 그렇게 한다고 주장한다. 그 이유로서 그는 사람들이 갖고 있는 인식 및 계산 능력의 한계를 지적하고 있다. 그리고 그는 사람들의 행동 그 자체보다는 행동의 절차에 합리성이 있다고도 하였다. 그러나 제도주의자들의 이론은 이러한 범주를 벗어난다. 제도주의자들은 사람들이 습관과 관습을 따르는 것은 사람들이 합리적이기 때문이 아니라 합리적이지만은 않기 때문이라고 주장한다. 그리고 제도주의자들은 습관과 관습에서 합리성을 찾기보다는 사회성과 역사성을 찾는다.

그렇다고 제도주의자들이 인간 행위의 합리성을 완전히 부인하거나 비합리성을 강조하지는 않는다. 베블런은 관습 등의 사회적 규정이 개인에게 목적을 부여하며 수단을 제한한다고 주장한다. 따라서 사회적 규범의 변화를 개인들이 주어진 목적에 적응하는 과정으로 설명할 수 없다고 그는 생각한다. 그리고 그는 규범을 기술적 환경에 연결시키는데, 이때 개인들의 합리적 행동을 그러한 연결의 고리로 삼지 않는다. 우연한 발생과 적자생존을 핵심으로 하는 진화론적 메커니즘을 상정하지도 않는다.

그가 제시하는 규범과 기술의 관계는 직접적이며 비매개적이다. 이러한 그의 이론을 반신고전파적 내지 비신고전파적이라고 볼 수도 있지만, 완성되지 않은 것이라고 볼 수도 있다. 많은 제도주의자들이 전자의 해석을 선호하지만 일부는 듀이 John Dewey(1859~1952)의 도구주의를 원용한 '적응적 합리성'의 이론을 제안하기도 한다. 이러한 일부를 포함하더라도 제도주의자들은 주류경제학에서 배제되고 있는 이론들도 수용한다고 말할 수 있다. 그리고 이러한 이론의 배제와 수용은 모두 이론의 검증과는 무관하게 이루어진다.

## 3.3 방법론적 전체주의

경제현상을 설명하는 방식에 있어서 개인주의를 반대하고 전체주의에 찬성한다고 선언하는 제도주의자들은 많다. 그렇지만 그들이 반대하고 찬성하는 대상이 무엇이고 서로 어떻게 다른지 분명하지 않다. 정치사상으로서의 개인주의와 구분되는 방법론적 개인주의는 모든 사회현상을 개인의 행동으로 환원시켜 개인적 법칙의 실현으로 설명하여야 한다는 원칙을 가리킨다. 그렇다면 방법론적 전체주의는 사회적 법칙을 그 자체로서 인정하고 개인의 행위를 사회적 법칙의 실현으로 설명하여야 한다는 원칙이라고 할 수 있다. 이렇게 이해된 양자의 차이는 인식론적 차이이다.

그런데 개인주의와 전체주의는 존재론적으로 대비되기도 한다. 전체주의자는 사회가 그 자체의 목적을 추구하는 존재라고 여기고, 개인주의자는 이를 부인한다. 그렇지만 이런 의미의 전체주의를 주장하는 제도주의자들은 그리 많지는 않다. 베블런에 의하면 그들의 전체주의는 대개 사회현상을 설명하면서 개인의 행동이나 선택으로 환원하지 않는 것에 그친다. 따라서 우리는 제도주의자들의 전체주의를 인식론적인 것이라고 해석할 수 있다. 물론 이러한 해석과는 달리, 제도주의자들이 전체주의를 선택하였다기보다는 그들이 개인주의를 잠정적으로 포기하였을 뿐이라고 말할 수도 있다. 더욱이 그들은 가끔 개인주의로 되돌아가기도 한다. 베블런은 기술

변화의 방향과 속도는 습관에 의해 조정된다고 하면서 이러한 조정을 세력자의 이익추구와 결부시킨다. 그러나 우리는 제도주의자들이 자처하는 대로 그들을 인식론적 전체주의자로 이해하기로 한다.

그런데 제도주의자들은 전체주의를 전혀 다른 의미로 사용하기도 한다. 즉, 설명의 방식이 아니라 설명의 대상과 관련하여 사용한다. 경제의 각 부문을 다른 부문이나 경제 이외의 부문을 무시한 채 탐구하는 것에 반대하여 경제를 정치, 사회, 문화 등과 연결지어 탐구할 것을 주장하면서 이를 전체주의라고 부른다. 그리고 이러한 의미의 전체주의는 제도주의 경제학의 가장 중요한 특징으로 여겨지기도 한다.

예를 들어 사무엘스Samuels(1995)는 전체주의와 진화주의가 제도주의의 핵심적 특징이라고 말하면서 그 구체적 형태로서 제도주의 경제학의 주제들을 열거한다. 그 주제들 중의 하나는 사회변화로서 제도를 주어진 것으로 여기지 않고, 사람이 만들었으며 바뀔 수 있는 것으로 여긴다고 강조한다. 제도주의 경제학은 또한 정부를 불변의 조건으로 여기지 않고 항상 중요한 독립변수 내지 종속변수로 취급한다고 강조한다. 제도주의 경제학이라는 이름에 만족하지 못한 클라인Klein(1994)이 '전체주의 경제학'을 대안으로 제시할 때도 '전체주의'는 같은 의미로 사용되고 있다. 그리고 이러한 의미의 전체주의는 방법론적 전체주의와는 성격이 다르다.

## 3.4 포괄주의에 대한 평가

마샬은 경제의 각 부문을 다른 부문과 분리하여 이론화하였으며 비경제적 요인을 무시한다. 왈라스의 일반균형이론이나 신고전파 종합을 거친 케인즈의 거시경제이론은 여러 시장을 동시에 다루지만 여전히 많은 요인을 사상捨象한다. 이러한 분리나 사상은 여러 가지 가정을 통해 이루어진다. 하나 혹은 그 이상의 방정식으로 표현된 모형을 상정하면 이에 대한 설명이 쉬워진다. 다른 변수에 영향을 주긴 하지만 모형 내의 다른 변수로부터 영향을 받지 않는 변수를 독립변수라 하고, 독립변수의 설정은 반작용反作用이 없음을 가정한다. 이러한 가정은 한 부문을 다른 부문으로부터 분리하여 이론화할 수 있게 한다. 그리고 어떤 요인은 독립변수로서도 포함되지 않는데, 이는 그 요인이 전혀 변화하지 않거나 변화하더라도 모형 내의 종속변수에 아무런 영향을 주지 않음을 가정하는 것이다. 이러한 가정도 한 부문을 다른 부문으로부터 분리하여 이론화할 수 있게 한다. 두 시장을 각각 분석하고 그 결과를 결합하더라도 두 시장을 동시에 분석하여 얻는 결과와 다르지 않다는 것이다. 다시 말하면, $Y$의 $X$에 대한 영향의 부재를 가정함으로써 $Y$를 $X$로부터 분리하여 분석할 수 있으며, $X$의 불변 혹은 $X$의 $Y$에 대한 영향의 부재를 가정함으로써 $Y$를 분석하면서 $X$를 무시할 수 있다.

그러나 한 부문을 분리하거나 다른 요인을 사상하기 위해 필요한 가정은 현실에서 성립하지 않을 때가 많다. 그럼에도 불구하고 분리와 사상이 선호되는 이유들 중의 하나는 그것들이 논의의 전개를 쉽게 해준다는 것이다. 즉, 많은 변수를 동시에 고려하면 논리적 모순과 비약을 범하기 쉽기 때문이다. 그러므로 포괄적 이론을 추구하는 제도주의자들에 대해서 우리는 다음과 같이 판단할 수 있다. 그들은 비현실적 가정의 피해를 중시하고 반논리의 위험이나 비논리의 문제를 경시한다.

우리의 이러한 판단은 제도주의자들의 이론과 그들의 주류경제학에 대한 비판에 의해 뒷받침된다. 그들의 비판은 이론의 비현실성에 초점이 맞춰져 있으며, 그들의 이론은 주장의 나열에 그치고 있다. 명료한 가정과 그로부터 논리적으로 도출된 결론으로 이론이 구성되어야 한다면 제도주의자들을 반이론적이라고 부를 수도 있다.

포괄적 이론은 통계를 사용하여 수량화하거나 검증하기도 어렵다. 변수가 많은 모델은 그 측정이 부정확하고 검증에서 오류의 확률이 높기 때문이다. 그러므로 이론의 현실성을 강조하며 포괄적 이론을 추구하는 제도주의자들에 대해 한 가지 더 짐작할 수 있다. 그들은 통계적 수량화나 검증의 과학적 가치를 인정하지 않는다. 실제로 그들은 계량경제학에 대해서 지극히 냉담하다. 그리고 이러한 냉담은 대안의 제시로 이어지지 않고 있다. 이론의 현실성을 강조하는 그들이 이론의 현실성을 검증할 방법을 제시하지 않고 있는 것이다.

이러한 제도주의의 문제점은 주어진 경제에 대한 지식수준 하에서 연구의 범위가 넓어지면 어쩔 수 없이 연구의 설명력이 떨어진다는 원초적 한계와 관련된다. 따라서 경제학자들은 범위와 설명력 간에 상반관계 속에서 적절한 선택을 할 수밖에 없다. 그렇다면 제도주의자들은 지나치게 연구의 범위만을 강조하여 설명력을 떨어뜨렸다고 할 수 있다. 이러한 문제점은 현대의 진화론적 경제학자들도 스스로 깨닫고 동학적 모형, 시뮬레이션 분석 등을 동원하여 엄밀한 분석을 시도하고 있다는 사실에서도 잘 나타난다.

### 법경제학의 선구자 로널드 코스

▲ 로널드 코스

법경제학 발전에 선구자적 공로로 1991년에 노벨경제학상을 수상한 로널드 코스Ronald H. Coase(1910~2013)는 영국 런던 근교에서 태어났다. 외아들로 외롭게 성장한 탓인지 그의 학문 여정도 '외톨이'였다. 다른 학자와 공동으로 연구한 실적이 거의 없다. 누구나 다 사용하던 수리모형이나 수학공식을 전혀 사용하지 않았다. 경제학계 이단아로 취급당할 정도로 재산권, 법, 기업 등 정통경제학에서 벗어난 분야만을 골라 평생 연구했다.

코스는 공식적인 경제교육을 통해 성장한 것이 아니라 전적으로 우연한 경로를 통해 경제학에 입문했다. 대학을 졸업한 뒤 던디 상업대 강사로 일하면서 본격적으로 경제문제를 연구했다. '기업이 왜 존재하는가'의 문제가 당시 20대 초반 젊은 경제학자 코스에겐 초미의 관심거리였다. 정통경제학에서는 아무도 그런 질문을 던지지 않았다. 기업의 존재는 설명이 필요없이 당연하다고 믿었기 때문이다.

코스의 정리Coase theorem, 코스의 법칙는 코스가 만든 경제학 이론으로, 민간경제의 주체들이 자원의 배분 과정에서 아무런 비용을 치르지 않고 협상을 할 수 있다면, 외부효과로 인해 초래되는 비효율성을 시장에서 그들 스스로 해결할 수 있다는 것이다. 이 정리는 경제적 효율성 및 정부의 자산분배와 관련이 있으며, 거래비용의 존재에 대한 이론적 바탕이 된다.

코스는 기업이 존재하는 이유를 거래비용으로 명쾌하게 설명했다. 거래비용이란 계약상대방을 찾는 비용, 계약조건을 협상하는 비용, 그리고 계약준수 여부를 감시하는 비용을 말한다. 이런 비용을 줄이기 위해 기업이 존재한다는 게 코스의 설명이다.

코스가 학계에 신선한 충격을 준 것은 '외부효과'의 문제였다. 이는 매연을 배출하는 기업이 인근에 사는 주민에게 피해를 주는 현상이다. 정부가 개입해 원인자인 기업에 세금을 부과하거나 규제를 가하는 것이 피해에 대한 책임을 지우는 정통경제학의 방식이다. 그러나 코스는 그런 해법을 간섭주의라고 반대한다. 그의 핵심 철학은 환경문제가 발생하는 근본 원인은 환경에 주인이 없기 때문에 그것을 남용하여 생겨나는 현상이고, 이런 문제를 해소하기 위해서는 환경에 주인을 찾아주어야 한다는 것이다.

코스는 만약 주민에게 환경권(깨끗한 공기를 마실 권리)을, 공장에는 오염에 대한 책임을 부여하여 주민이 환경의 주인이 된다면, 조세나 규제를 통한 정부개입이 필요없다고 본다. 거래비용이 높지 않다면 기업과 주민 사이에 권리의 거래를 통해 자발적으로 공해문제가 해결될 수 있다. 문제는 현실적으로 거래비용이 높다는 점이다. 그래서 주민을 환경의 주인(환경권)으로 만드느냐 아니면 기업을 환경의 주인(오염배출권)으로 하느냐에 따라 자원배분이 효율적일 수도, 비효율적일 수도 있다. 따라서 누구를 주인으로 하느냐가 중요하다. 코스는 상호적으로 외부효과를 발생시키는 두 가지 행동(오염배출, 깨끗한 공기의 이용)이 초래하는 전체 경제적인 비용과 편익을 계산해 두 행동 가운데 가장 높은 편익을 보장하는 행동을 하는 측을 환경의 주인으로 만들어야 한다고 주장한다. 이런 인식은 당시에는 혁명적인 발상이었다.

코스는 경제적 효율성과 사회적 평화를 보장하는 시장경제와 법질서의 묘미를 밝히기 위해 재산권과 법, 조직, 제도 등 종래의 경제학이 다루지 않았던 신천지를 독특한 시각과 통찰력으로 개척했다. 자유로운 생각을 가질 수 있는 경로를 통해 경제학에 입문했던 것이 그에게 법경제학의 선구적 역할이라는 행운을 준 셈이다.

### '오염배출권 거래제' 이론 제공

경제학에서 지난 30여 년간 급격히 성장해 온 두 분야가 있다. 하나는 기업이론이고, 다른 하나는 법경제학이다. 이 두 분야는 전적으로 코스에 의존해 발전해 온 것으로, 그는 20세기 가장 영향력이 큰 경제학자의 대열에 우뚝 서게 되었다.

코스의 경제사상이 현실 정치에도 얼마나 영향이 컸는지는 환경정책이 입증한다. 재산권 설정을 통한 환경정책은 그의 주요 어젠다였다.

오늘날 유명한 오염배출권 거래제의 핵심도 코스 사상에서 비롯된 것이다. 오염배출권의 정부(또는 특정 단체나 국제기구)가 특정 오염물질 배출 총량을 정한 후 오염물을 배출할 수 있는 권리를 민간에게 매각하는 방식이다. 이 권리소유자만이 오염물 배출이 가능하다. 그 권리는 소유자들 사이에서 자발적 계약을 통해 매매가 가능하다. 오늘날 세계 탄소배출권 시장규모를 보면 그 제도가 매우 빠르게 확산돼 가고 있음을 알 수 있다.

**출처** : 민경국(2014)에서 많이 발췌하여 정리한 것.

제10장

# 공공선택학파

프리드먼이 케인즈학파의 숨통을 끊는 데 실패하자 케인즈학파의 숨통을 완전히 끊어 제압할 수 있다고 하며 등장한 사람들이 바로 뷰캐넌을 비롯한 공공선택론자들이다. 이들은 어떻게 경제학에서 케인즈의 흔적을 완전히 지워버릴 수 있다고 자신있게 주장했을까. 케인즈는 시장이 불완전할 때 정부가 개입해야 한다고 주장했는데, 이것은 시장참여자들이 자신의 사익을 위해 움직이지만 정부의 구성원들은 공익을 위해 움직인다는 가정이 있기에 가능하다. 하지만 뷰캐넌은 정부마저도 시장원리에 의해 움직이기 때문에 그들 구성원들은 각자의 사익을 위해 움직이므로 공익을 위해 움직이지 않는다고 주장하였다.

# 1. 제임스 뷰캐넌

## 1.1 공공선택학파 창시자로서 '정부 실패론' 주창

공공선택학파는 제임스 뷰캐넌James M. Buchanan(1919~2013)에 의해 시작된 학파로 기본적으로는 통화학파와 같은 자유주의의 사상에서 크게 벗어나지 않는다. 공공학파는 정치도 경제적으로 분석 가능한 것으로 본 것이 큰 특징이다. 정치도 경제적인 논리에 의해 움직이고 따라서 경제적인 도구로 분석 가능하다는 것이다. 이러한 이유로 인해 공공선택학파는 자신들이 케인즈학파의 주장을 무너뜨릴 아이디어를 갖고 있다고 확신했다. 케인즈학파는 국가에 의한 개입을 주장했지만 공공선택학파는 국가 또한 시장의 논리에 의해 움직인다고 주장했다.

케인즈를 비롯한 주류경제학과 사회주의 등 모든 간섭주의 경제학은 시장이 실패할 수밖에 없으며 또한 탐욕적이라고 묘사한다. 반면 정치는 공공심에서 국민행복(사회적 후생함수)을 위해 행동한다고 말한다. 따라서 정부 역할을 더욱 더 강화해야 인류가 '시장의 실패'를 극복하고 번영을 누릴 수 있다고 주장한다.

가난한 미국 남부 출신이라는 이유로 법적 차별을 겪어야 했고 기득권자의 독단적인 지배에 대한 혐오감을 안고 성장한 제임스 뷰캐넌은 인간 행동의 그 같은 비대칭적 시각을 결코 받아들일 수 없었다. 시카고대학의 프랭크 나이트Frank Knight(1885~1972)로부터 학문적 자신감을 키운 그는 '시장의 실패'보다 훨씬 더 무서운 것이 '정치 실패'라고 주장하며 간섭주의 경제학을 흔들어댔다.

뷰캐넌은 예산을 짜고 나랏돈을 쓰고 법을 만드는 정부 관료는 공공의 이익이 아니라 소득과 권력, 명예 등과 같은 이기심에 근거해 행동한다는 점에서 시장참여자와 결코 다를 바가 없다고 지적한다. 그럼에도 불구하고 정부를 믿고 따라야 한다고 주장하는 간섭주의 경제학은 '얼빠진 학문'이라고 질타한다.

뷰캐넌은 인간이 현실적인 이기심을 밑바닥에 깔고 행동한다는 점을 전제로 민주주의, 관료, 다수결, 재정, 정당제도, 입법 등을 분석 대상으로 한 '공공선택론'의 혁명적인 패러다임을 개발하고 발전시켰다. 흥미로운 것은 그의 재정적자론이다.

본래 인간이란 쾌락을 좋아하고 고통을 싫어한다. 그래서 국민은 정부가 지출을 늘리거나 세금을 줄이면 싱글벙글 웃고, 그렇지 않으면 투정을 부린다. 유권자의 인기와 선택이 핵심 키워드인 정치에서 적자예산은 그래서 필연적이다. 흥미롭게도 뷰캐넌은 케인즈와는 정반대로 부채의 부담은 전적으로 후세대가 짊어진다는 점을 분명히 했다. 미래 세대는 태어나지 않았으니 적자예산에 대해 반대투표도 할 수 없다.

정부는 미래의 인플레이션을 무릅쓰고라도 당장 유권자들의 인기를 끌 수 있다면 돈을 기꺼이 푼다. 입법부는 보편적인 법보다는 목소리가 크거나 권력이 큰 집단에 유리한 특혜적 입법과 차별적 제도를 생산한다. 흥미로운 것은 정치가들은 그런 정책들이 나쁘다는 것을 뻔히 알면서도 그렇게 한다는 점이다.

### 공공선택론의 선구자 크누트 빅셀

19세기 후반 유럽은 자유무역, 사유재산권의 확립 등 친시장 개혁에 주력했다. 북유럽의 중심지 스웨덴도 이런 개혁의 물결 속에 있었다. 무역장벽을 허물고 토지개혁과 금융개혁 등으로 자유의 영역이 확대됐다. 교육제도도 기술 중심 교육으로 정비돼 갔다. 그런 개혁의 결과 스웨덴 경제는 날로 번창했다.

▲ 크누트 빅셀

그럼에도 빈곤층, 알코올 중독, 범죄 등으로 시민들의 불안감도 적지 않았다. 산업혁명의 그늘진 측면에 초점을 맞추면서 경제학 발전에 탁월한 족적을 남긴 인물이 스웨덴 출신의 크누트 빅셀Knut Wicksell(1851~1926)이다. 그는 수학자가 되겠다는 생각에 수학에 입문했지만 점차 흥미를 잃고, 빈곤, 알코올 중독, 매춘, 인구과밀 등과 같은 사회경제 문제에 관심을 가졌다.

빅셀이 각별히 주목한 것은 인플레이션 문제였다. 물가불안은 경제 전반을 왜곡하는 가장 큰 요인이라고 인식하고 있었다. 물가

안정은 경제정책의 첫 번째 목표여야 한다고 주장한다. 그런 중요성의 인식에서 인플레이션 원인에 대한 문제를 다뤘다.

그 문제의 해법으로 제시한 시장이자율과 자연이자율의 구분은 빅셀의 획기적인 통찰로 인정받고 있다. 시장이자율은 은행이 개인이나 기업에 돈을 빌려줄 때의 이자율이다. 자연이자율은 투자목적을 위한 실물 자본의 수요와 공급을 일치시키는 이자율이다. 두 이자율이 동일하면 경제가 안정적이라는 게 그의 설명이다. 두 이자율은 오늘날 명목이자율과 실질이자율의 개념에 상응한다.

빅셀의 인플레 정책제안은 간단하다. 정부는 인위적으로 값싼 통화인플레를 피해 시장이자율을 항상 자연이자율과 동일하게 유지해야 한다고 주장한다. 그는 통화량이 증대하면 물가가 인상된다는 화폐수량설을 이자율에 대한 적응과정을 통해 견고하게 정립했다는 평가를 받고 있다.

특히 빅셀의 재정사상이 두드러진다. 그가 재정문제에 관심을 갖게 된 배경에는 19세기 중반 이래 미국, 영국, 독일, 스웨덴 등 주요국들의 정부지출이 지속적으로 증대했다는 사실이 있다. 그가 주목한 것은 정부 지출로부터 편익을 얻는 자와 조세부담자 사이의 불일치였다. 정의로운 조세제도는 정부지출로부터 얻는 편익에 따른 조세부담 배분이라는 게 빅셀의 주장이다. 즉, 정부지출에 의한 편익을 얻는 자가 조세부담자여야 한다는 것이다. 그러나 스웨덴을 비롯해 대부분의 국가는 정의로운 조세제도가 확립돼 있지 않다고 보았다.

빅셀이 관심을 기울인 것은 어떻게 그런 정의롭지 못한 조세제도가 형성되는가라는 것이었다. 정치제도의 발전은 조세제도의 개선을 위한 선결조건이라고 했다. 나쁜 정치제도는 나쁜 조세 또는 경제제도를 만들어낸다고 주장한다. 빅셀은 정치과정의 문제점을 인식해 정부재정을 다루고 있다. 그래서 그는 경제학적 관점에서 정치를 분석하는 공공선택론의 선구자라는 평가를 받는다.

### 빅셀 사상의 힘

빅셀의 사상이 영어권에 알려지기 시작한 것은 1930년대였다. '창조적 파괴'로 유명한 슘페터는 빅셀을 '북유럽 경제학의 위대한 인물'이라고 칭송했다. 복지국가를 옹호하는 '시장 사회주의자'였던 빅셀의 사상은 경기의 불안정성이 자본주의 시스템에 내재돼 있다고 믿는 '스톡홀름학파'[1]에도 이념적 영향을 미쳤다.

1. 스웨덴의 빅셀(Knut Wicksell)에서 시작되는 근대경제학의 한 유파로서, 스웨덴을 중심으로 스칸디나비아 여러 나라에 퍼져 오스트리아학파에도 영향을 미쳤다. 북구학파(北歐學派), 북유럽학파, 스웨덴학파, 스칸디나비아학파라고도 한다.

특히 빅셀의 화폐사상이 자유주의 거성, 미제스와 하이에크 등 오스트리아학파에 크게 영향을 미쳤다는 데에 주목해야 한다. 그들은 빅셀이 말하는 가격의 누적적 과정을 기초로 해 경기변동이론을 개발하고, 1929년 세계 대공황을 불러온 영향을 설명한 것으로 유명하다. 그들은 미국의 중앙은행이 1920년대 초부터 지속적으로 통화량을 늘린 결과 가격 인상만이 아니라 생산과정과 투자가치를 왜곡시켜 필연적으로 경기변동, 즉 불황을 야기했다는 것을 보여줬다.

오스트리아학파는 불황을 극복하겠다는 정부의 개입이 오히려 그런 회복과정을 방해하고 더디게 만든다는 이유로 반대한다. 1930년대 불황이 8년이나 지속되고 실업이 20%나 넘을 정도로 깊었던 이유는 정부의 무모한 개입 때문이라는 설명이다.

노벨경제학상을 수상한 자유주의 경제학자 뷰캐넌, 미국의 유명한 공공선택론이 고든 털럭을 비롯한 많은 학자들이 빅셀의 접근법을 기초로 하여 헌법과 같이 정치적 과정을 안내하고 조종하는 정치제도를 분석해 자유와 재산권을 보호하는 데 적합한 대안을 제시했다.

**출처** : 민경국(2014)에서 많이 발췌하여 정리한 것.

시민들은 정치가들의 그런 행동을 위선이라고 비난한다. 정치에 대한 실망과 불신도 크다. 정치를 냉소적으로 바라보기도 한다. 그러나 뷰캐넌은 정치인들의 사람 됨됨이를 보지 말고 나쁜 행동을 유도하는 정치제도를 직시하라고 한다. 정치인이 위선적으로 행동하는 이유는 성품이 나빠서가 아니라 정치제도가 잘못돼 있기 때문이라는 것이다. 그는 일본, 미국, 독일 등 주요 국가들이 만성적인 재정적자에 시달리는 이유도 민주정치 제도의 문제점 때문이라고 강조한다. 소위 '적자 속의 민주주의' 라는 것이다.

뷰캐넌이 주목한 것은 이 같은 정치 실패(민주주의 실패)의 근본적인 원인과 해법이다. 그는 헌법을 인식 대상으로 하는 '헌법경제학' 을 창시해 발전시켰다. 그 핵심 논리는 헌법이 잘못돼 있으면 정치체제도 왜곡돼 나쁜 법이 제정된다는 것이다. 뷰캐넌이 개탄하는 것은 현대사회 모든 국가의 헌법에는 정부의 자의적인 권력 행사를 효과적으로 제한하는 장치가 없다는 점이다. 그래서 '원칙의 정치' 대신 정치적 이해관계에 따라 예산을 운영하고 돈도 풀고 법도 마구 만들어낸다는 것이다.

이러한 관점에서 본다면 2008년 미국발發 금융위기도 정부의 방만한 통화정책을 효과적으로 억제할 헌법적 장치가 없었기 때문에 야기됐다고 할 수 있다. 따라서 '헌법 실패' 탓이지 자본주의 탓은 아니라는 것이다.

오늘날 한국 사회가 겪고 있는 정치에 대한 시민들의 불신과 실망도, 1987년 제6공화국 출범을 앞두고 만들어진 '1987년 체제'(헌법 제119조 2항의 '경제민주화' 등 민중민주주의적 요소가 가미된 9차 개헌헌법 체제)의 거대한 실패가 아닐 수 없다. 기존의 헌법을 바꾸지 않는 한, 선거를 통해 통치자를 바꾼다고 문제가 해결되지 않는다. 그래서 뷰캐넌은 현대사회에 헌법혁명을 촉구했다. 이 혁명이 없으면 만인의 만인에 대한 투쟁 상태가 도래한다고 경고했다. 이를 예방하기 위해 그가 찾는 것은 정부의 자의적인 권력 행사를 억제해 자유와 번영을 가능하게 하는 '자유의 헌법'이다. 이것이 그의 학문적 여정의 최고 절정이요 인류 번영을 위한 공헌이다.

## 1.2 공공선택론

개개인들은 스스로의 이익과 선호를 위해 가장 효율적으로 움직인다. 하지만 개인에게 효율적인 선택들일지라도 집단 전체의 결과로 보면 그들이 생각한 것과 전혀 다른 결과를 초래하기도 한다. 예를 들면, 미국과 같은 다민족 국가일수록 같은 인종끼리 모여서 서로 인종별로 거주구역을 달리 하는 모습을 볼 수 있다. 사회 전체적으로 보면 사회통합이나 여러 가지 문제를 야기할 수 있는 큰 문제이다. 이것은 각 인종들이 기왕이면 그들과 비슷한 사람들이 조금이라도 더 많이 있는 곳에 살기를 원하는 그들의 '선호' 때문이다. 그러다보니 이들끼리 모이고 모여서 인종별로 거주구역이 달리 되는 현상이 나타나는 것이다. 이처럼 공공선택론은 이러한 개개인의 선택이 모인 공공의 선택이 어떠한 결과를 야기하는지에 대해 연구하는 학문이다.

정부가 실패할 수 있는 3가지 경우로서 ① 지대추구rent seeking 행위, ② 정치적 결탁과 합리적 무시logrolling and rational ignorance, ③ 규제포로regulatory capture를 살펴보기로 하자.

지대추구 행위는 개인들이나 기업이 자신들을 더 좋게 만들기 위해 정부로 하여금 자신들에게 유리한 행동이나 선택을 하도록 만들려는 시도를 의미한다. 예를 들면, 미국 설탕회사들은 정부에 로비를 하여 설탕수입에 쿼터를 설정하도록 만들었다. 이로 인해 설탕회사들은 자신들의 설탕가격을 높게 유지할 수 있게 되었다. 그러니까 기업들은 자신들에게 유리한 법을 만들도록 정치인들의 선거캠페인에 매우 큰 후원금을 낼 수 있다.

정치적 결탁과 합리적 무시를 보자. 정치인들은 자신이 제안하는 법률에 대해 다른 정치인들이 협조하여 통과될 수 있도록 하기 위해 상대방 정치인이 제안하는 법률을 지지해 준다. 이러한 것을 정치적 결탁logrolling이라고 한다. 이는 미국의 경우 수입 설탕에 대한 쿼터 할당이 일부 극소수 설탕업자만 배부르게 해주는 것인데도 불구하고 왜 여전히 유지되고 있는가를 설명하는 데 도움을 준다.

그렇다면 왜 유권자들은 그렇게 비효율적인 정책을 지지하는 정치인들을 투표를 통해서 축출하지 않는 것인가? 그 이유는 그러한 정책들 중 상당수가 개인 한 사람에게 끼치는 손해가 매우 적기 때문이다. 수입 설탕 쿼터로 인해 미국 사람 1인당 부담하게 되는 경제적 잉여의 상실의 크기는 $12.50밖에 되지 않는다. 많은 수의 유권자가 이러한 손실을 막기 위해 여러 활동을 하는 것은 오히려 자신의 귀중한 시간을 소비하는 것을 포함하여 엄청난 비용을 초래하게 될지도 모른다. 따라서 유권자들은 이러한 정책들에 대해 합리적 무시rational ignorance로 대하는 것이다.

규제포로regulatory capture란 규제가 오래 지속되다 보면 규제자와 피규제자 사이에 친밀한 관계가 형성되어 규제자는 피규제자가 원하는 방향으로 규제가 나타나기 쉬워진다는 이론이다. 예를 들어 원래 FDAFood and Drug Administration와 같은 정부 규제기관은 소비자들의 안전을 도모하기 위해서 존재하는 것이다. 그러나 그러한 규제기관들로부터 심한 영향을 받는 기업들은 이러한 규제기관들이 자신의 편에 서도록 만들려는 인센티브를 갖게 된다. 기업을 규제하는 기관들이 오히려 기업들의 이해관계를 돕는 쪽으로 행동하는 것을 규제포로regulatory capture 현상이라고 한다.

그렇다면 상당수의 사람들은 정부규제가 오히려 사람들을 전보다 더 못한 상황에 처하게 만드는 것은 아닌가 하는 의구심을 가질 수 있다. 최근의 규제비용에 대한 추정에 의하면 미국 연방정부의 규제로 인해 미국인들이 1인당 수천 달러의 비용을 지불하고 있는 것일지도 모른다고 제시하고 있다. 그러나 정부의 많은 기관들은 소비자를 보호하고 환경을 보호하는 데 매우 중요한 역할을 한다. 경제학은 정책입안자들이 좋은 선택을 하도록 규제의 혜택과 비용을 판단하는 데 많은 도움을 줄 수 있다.

또한 공공선택학자들은 정부에 대한 '낙관론'을 굉장히 비판적으로 바라보고 있다. 케인즈 이후 시장이 실패하면 정부가 개입하여 해소해야 된다는 주장이 득세했지만 뷰캐넌을 비롯한 공공선택학자들은, '시장이 각 개인들의 집합으로 이루어진 것처럼 정부 또한 똑같은 사람들이 모여서 이루어져 있다'고 주장한다. 따라서 '합리적인 선택을 하는 사람들'이 모인 시장에서 발생한 실패를 역시 똑같은 '합리적인 선택을 하는 사람들'이 모인 정부가 제대로 된 시장보다 효율적으로 해결할 수 있다는 점에 의문을 가진다. 또한 이러한 '정부가 사회적 강제력을 가질 때 공공의 이익을 위해 움직일 수 있는가'라는 질문에 공공선택학자들은 굉장히 부정적인 결론을 내리고 있다. 따라서 정부가 시장개입을 하지 말아야 한다는 것이다.

경제학의 연구대상은 줄곧 시장에 관한 것이었다. 경제의 거시적인 현상들을 개인의 영역에서의 행동의 결과로 해석하려 시도해 왔고, 그것이 개인이 이기적으로 움직여도 그것이 조합되면 보이지 않는 손에 의해서 시장은 스스로 조율되어 움직인다는 결론이다. 공공선택론은 경제학이 시장을 보고 연구하는 것과 동일한 관점을 비경제적 부문, 즉 정치에도 적용을 한 것이다. 즉, 정치와 사회도 경제논리에 따라 움직인다는 것이다.

## 1.3 정부의 필연적인 재정적자 유발

케인즈는 불황기 때는 정부가 재정을 투하하면서 일부로 재정적자를 일으켜 민간의 경기를 회복시키고 호황기 때에 세금을 올려 다시 그 재정적자를 균형 상태로 돌리자는 주장을 한 바 있다. 하지만 뷰캐넌은 케인즈의 이러한 아이디어에 대해 반박한다. 정부가 그들의 지출을 늘려서 재정적자가 되기는 쉬워도 호황기 때 다시 이것을 균형으로 돌리기는 어렵다는 것이다.

지출문제에 있어서 먼저 정치인들의 행동을 관찰해 보자. 어디가 지금 너무 비대하니 어쩌니 하면서 지출을 줄이자는 얘기는 쉽게 하곤 한다. 그러나 정작 자신의 지역구에 들어가는 예산을 줄일 생각은 하지 않고 어떻게든 늘리려고 안간힘을 쓴다. 그 이유는 지역구에서 표를 얻기 위해서이다. 따라서 어떻게 하든지 계획에도 없는 기차역이나 지하철역을 자기네 지역구로 끌어오기 위해 애를 쓰고, 그러한 이유 때문에 지출은 계속 늘어만 간다.

정부기관들도 크게 다르지 않다. 과거 흔히 있었던 일로서 지방자치단체 등에서는 연말만 되면 멀쩡한 보도블록을 교체하기에 여념이 없었다. 왜냐하면 그 지방자치단체 등에서 연간 운영을 한 후에 남는 예산이 있기 때문이다. 그런데 예산이 남는다면, 내년도 예산안에서 해당 자치단체의 지출규모가 작은 것으로 생각하고 올해에 비해서 해당 자치단체의 할당 예산을 감축한다. 하지만 모든 기관들은 그러한 감축예산을 원하지 않는다. 적어도 지난해보다 더 많은 예산을 받아야 자치단체장은 힘이 있고 능력이 있는 것으로 평가된다. 그러므로 올해 할당된 예산을 남기지 않으려고 멀쩡한 도로를 연말에 갈아엎으면서 돈을 지출해버린다. 이 같은 현상은 다른 정부부처에서도 마찬가지이다. 이렇게 정치인들과 정부기관들이 자신들에게 있어 가장 유리한 '효율적인' 선택을 함으로 인해 정부지출이 쉽게 줄어들기가 힘들게 된다.

또한 정부는 국정운영에 있어서나 민생문제 해결과 연구 등을 위해 크고 작은 정부산하 기구들을 조직하게 된다. 정부개입이 강하면 강한 큰 정부일수록 이런 산하기구들을 많이 늘릴 것 같지만, 뷰캐넌에 따르면 오히려 '작은 정부'를 지향하는 정부가 조직하는 기구 수가 더 많고 오히려 작은 정부를 지향하는 정부에 의해 정부는 더욱 비대해진다고 말한다. 결국 정부 스스로는 지출뿐만 아니라 자기 자신의 규모도 줄일 수가 없다는 것이다. 따라서 경기가 나쁠 때 재정적자를 일으켜 경기를 회복시키고, 경기가 좋을 때 재정흑자를 통하여 균형재정을 달성한다는 케인즈의 아이디어는 환상일 뿐이라고 주장한다.

## 1.4 뷰캐넌 사상의 힘

▲ 제임스 뷰캐넌

뷰캐넌의 사상은 시장실패를 이유로 정부의 시장개입이 왕성하던 20세기 중반 이후의 산물이다. 케인즈와 주류경제학의 영감을 받은 사람들은 정부의 개입이 초래할 위험에 대해 아무런 경고도 하지 않았다. 그러나 의회는 법이라고 볼 수도 없는 법을 마구 만들어냈다. 세금을 걷어서 특정인이나 특정 집단에게 나눠줬다. 재정적자는 늘어만 갔다. 그 결과 개인의 자유는 유린됐고 기업투자는 위축돼 실업과 경제침체가 만연했다.

뷰캐넌은 이 같은 상황을 '헌법적 혼란constitutional chaos으로 인한 만인에 대한 만인의 투쟁 상태'로 규정했다. 그의 헌법사상은 20세기 중반 이래 서구사회에 만연했던 그러한 상황을 극복하고 자유와 번영을 가능하게 하는 정치제도와 헌법을 찾는 과정에서 형성된 것이다. 이러한 공로로 그는 1986년 노벨경제학상을 수상했다. 그는 새뮤얼슨 등과 달리, 문제의 해결에 초점을 맞추기보다는, 경제와 정치를 보는 근본적인 인식체계를 새로이 세우려는 '시스템 빌더'였기 때문이다.

뷰캐넌 이후로도 공공선택론은 더욱 발전하여 하나의 학문으로 정치학과 경제학 양쪽 모두에 자리잡았다. 어쩌면 그 특성상 경제학보다 정치학 쪽에서 많이 다루고 있다고 할 수 있다. 시장에만 집중하고 있었던 경제학을 정부의 영역까지 확대한 점은 실로 대단한 성과라고 하겠다. 그리고 지금은 합리적 선택을 하는 시장의 구성원들처럼 정부의 구성원들도 스스로 합리적인 선택을 위해 움직인다는 점이 인정되었고 여전히 연구 중에 있다. 그래서 공공선택학파 사람들은 최대한 민간에 손을 덜 대면서 정부의 역할을 축소하는 방법을 찾고 있다.

분명히 정부라는 존재에서 허점을 찾아낸 공공선택론은 정부의 운영능력과 공공성을 굳게 믿었던 케인즈학파에게는 큰 타격이었다. 결국 점점 힘을 잃었지만 그렇다고 완전히 숨이 끊어지지는 않았다. 오늘날 '그럼에도 불구하고 정부의 개입은 필요하다'가 힘을 얻고 있다. 다만 그 정부의 개입에도 공공선택론에서 말하듯이 생각보다 많은 비용이 지불되고 있음을 확인할 수 있는 것은 사실이다.

## 2. 고든 털럭[2]

### 2.1 폭넓은 관심

고든 털럭Gordon Tullock(1922~2014)은 관심이 넓었다. 그는 제2차 세계대전 동안 3년간 군복무를 마친 뒤 시카고대학으로 돌아와 1947년 시카고대학 법대로부터 J. D.Juris Doctor 학위를 받았다. 그의 첫 직업은 변호사였는데, 이 경력은 말썽도 많았고 짧았다. 두 달밖에 되지 않는 기간 동안 털럭은 두 사건을 처리했다. 첫 사건은 그가 질 것으로 예상했을 때, 그리고 털럭의 회사의 동료들 중 한 사람이 털럭의 의

2. 황수연(2014) 및 황수연(2008)을 많이 참고하였다.

뢰인에게 그 사건을 속행하지 말라고 권고한 바로 다음에 이겼다. 두 번째 사건은 그가 이길 것으로 확신했을 때 졌고, 자신의 무례한 처신에 대해 법정 경고까지 받았다고 한다.

털럭은 대학 졸업 전에 악명 높게 어려웠던 외무고시에 합격했다. 1947년 가을에 외교업무를 시작했는데, 중국 톈진에 부영사로 배치 받아 근무했고, 1952년 하반기부터 홍콩 총영사관의 중국 본토과에 근무했다. 그리고 9개월 후부터 한국주재미 대사관의 정치과로 배치되었다가, 1955년 1월 미국으로 돌아와 워싱턴 소재 국무부의 정보조사국에 배치되었다. 그는 1956년 가을에 국무부를 사직했다. 털럭은 스스로 국무부에서 성공하지 못할 것이라고 생각했던 것 같다.

그 후 2년간 털럭은 프린스턴 소재 갤럽 조직의 작은 하부기관인 프린스턴 패널Princeton Panel의 연구이사직을 포함하여 다양한 직장들을 경험했다. 1958년 가을 36세의 나이에 워렌 너터Warren Nutter의 권유를 받아 버지니아대학교 토마스 제퍼슨 정치경제연구소Thomas Jefferson Center for Political Economy에 1년간 박사후 특별연구원 지위를 갖게 되었고, 연구소 이사장이었던 제임스 뷰캐넌과 유대를 형성하게 되었다. 1959년 가을 털럭은 사우스캐롤라이나대학 국제관계학과에 조교수로 임명되어 대학으로 들어가게 된다. 털럭이 이처럼 다양한 직업 경력을 가졌다는 것은 그의 관심이 넓었다는 것을 반영하는 것이다. 여러 직업을 거쳐본 결과 털럭은 학계에 비교우위가 있다는 것을 깨닫고 은퇴할 때까지 학계를 떠난 적이 없다.

털럭이 다룬 분야는 정치학, 행정학, 경제학, 사회학, 외교학, 역사학 등 사회과학은 물론이고 수학, 생물학, 심지어 물리학까지 포함된다. 물리학을 제외한 그 모든 분야에서 그는 경제학을 적용하였다. 그의 학문연구는 철저하게 경제학적 입장에 입각한 태도였다. 경제학은 소비자와 기업가 등이 사익을 추구한다는 행태 가정을 하고 분석한다. 그러나 전통 후생경제학은 인간이 시장에서는 사익을 추구하지만 정부에서는 공익을 추구한다고 달리 가정하였다. 그렇지만 털럭은 인간이 사적 선택에서건 공공선택에서건 자신의 이익을 최대한 추구한다고 가정하였다. 공공선택론의 출발이 이 같은 행태 가정의 변경에서 나왔다.

모든 훌륭한 경제학자들은 시장 상호작용을 분석할 때 합리적 선택 모형에 의존한다. 그러나 그들의 다수는 합리적 선택 모형을 비시장 행동의 분석에 확대하여 적용할 때 주저하거나 반대한다. 그들의 주장에 따르면, 투표자, 정치가, 관료, 법관, 설교자, 연구자, 가족, 범죄인, 혁명가, 테러리스트, 그리고 방송 앵커와 같은 행위자들의 행동은 합리적 자기 이익으로는 효과적으로 파악될 수 없다. 그러나 타고난 경제학자에게는 그러한 억제가 없다.

털럭은 합리적 선택 경제학을 인접 사회과학영역 내부뿐만 아니라, 더욱 더 야심차게 자연과학 내부로까지 성공적으로 확산시켰다. 털럭은 경제학을 넘어 정치과학, 사회 연구, 법학, 생물학 그리고 과학적 방법의 분야에서 합리적 선택의 경제학적 접근법을 전개하여 인습적인 사고를 교란하였다. 털럭은 이러한 사익 가정을 인간의 사회현상뿐만 아니라 생물현상에 대해서도 적용한 것이다.

## 2.2 예리한 관찰

털럭은 현실문제를 예의주시하고 관찰한다. 모든 경제학자들 가운데서 털럭은 환경을 의미있게 관찰하고 그러한 관찰을 연구프로그램으로 전환하는 예리한 능력을 가진 사람이다. 그는 예리한 관찰을 성공적인 저술로 전환시킨다. 털럭은 제2차 세계대전 후 중국과 한국에서 외교관 생활을 했고, 미국 외교관생활을 직접 경험하면서 다른 외교관들의 행동을 관찰할 수 있었다. 또한 두 개의 다른 비효율적인 관료제, 중국의 국민당정부와 공산당정부를 관찰할 수 있었다. 그는 또한 중국의 역사를 읽었고, 제국 하의 중국이 대체로 성공적인 관료제를 갖고 있었다는 것을 알고 있었다. 이러한 관찰이 관료제의 정치학에서 서술되고 있다.

털럭은 뉴욕에서의 택시영업 면허증 가격이 엄청나게 치솟고 후발 주자들은 높은 가격을 주고 택시영업 면허증을 사지 않을 수 없는 상황을 주시했다. 그럼에도 불구하고 이러한 제도를 폐지하지 못하는 현상을 관찰하고, 지대추구이론 안에서 과도기적 이득의 덫transitional gains trap이라는 개념을 고안해냈다. 또한 워싱턴 D. C. 에서의 음식점 가격을 관찰하고 로비활동의 크기에 관하여 생각했다. 이익집단이 얻는 막대한 이익에 비하면 로비활동 지출의 크기는 작다는 털럭의 역설Tullock's paradox의 개념을 창안했다. 버지니아주 블랙스버그시의 도로보수 정책을 관찰함으로써 낮은 정부 단위가 높은 정부 단위로부터 자금 지원을 기대하여 의도적으로 도로보수를 지연시키고 오히려 가장 열악한 도로를 의도적으로 방치하는 정부 단위들 간의 지대추구를 개념화했다.

털럭은 개미군락과 벌군락의 행동을 관찰한 결과 인간 이외의 종들인 동물사회의 경제학에 관해서도 선구적인 저작을 저술했다. 예를 들어, 그는 관찰을 통해 개미들이 도로를 닦는 과정이 어떻게 이루어지는지 발견한다. "경계표들을 인식할 수 있는 어떤 능력을 갖고 있는 것 외에도, 개미는 주기적으로 자기의 배를 땅에 접촉하여 냄새의 흔적을 남김으로써 자신의 발자취를 표시한다. 개미들은 시각보다는 후각에 의존하기 때문에, 이로 인해 개미는 표시된 어느 발자취도 쉽게 따라 갈 수 있다. 그것은 또한 계속적인 '지름길 찾기corner cutting' 과정을 야기하기도 했다. 그 결과 개미의 발자취들이 점점 직선에 근접하게 될 것이다." 이러한 관찰로부터 개미와 같은 사회적 동물들의 협동의 이론을 도출했던 것이다.

## 2.3 공공선택론의 창시

털럭의 창의성은 가장 먼저 공공선택론의 창시에서 찾아볼 수 있다.[3] 털럭의 공

---

3. 털럭의 저서 중 가장 많이 인용된 두 가지는 뷰캐넌과의 공동 저작인 『국민 합의의 분석(The Calculus of Consent)』(1962)과 지대추구이론의 초석을 놓은 『관세, 독점 그리고 도둑질의 후생비용(Welfare Costs of Tariffs, Monopolies and Theft)』(1967)이다. 『국민 합의의 분석』은 20세기 사회과학에서 가장 주목할 책의 하나라고 평가받고 있다. 두 사람의 비교는 털럭의 학문적 성향을 이해하는 데 도움이 된다. 뷰캐넌이 보다 추상적 논의에 더 천착하고 모델을 제시하며 논의를 전개하는 편이라면, 털럭은 자

공선택론 창시가 사회과학 연구프로그램을 근본적으로 바꾸어 놓은 20세기의 가장 근본적인 사회과학 혁명으로 볼 수 있다. 그 이전에는 공공선택론의 시각과 같은 시각으로 사회과학을 연구하지 않았다. 케인즈 경제학과 후생경제학의 근본 토대에 손상을 입혀 넘어지게 한 것이 공공선택론이다. 공공선택론은 정치 · 행정 현상의 분석에 경제학적 방법론을 적용한다.

이러한 공공선택론에 대한 영감을 털럭은 어떻게 얻었을까? 그가 수강한 경제학과목은 한 과목뿐이다. 그가 시카고대학에서 법학을 공부하고 있는 동안 헨리 사이먼스Henry Simons의 가격론 한 과목 수강했다. 털럭이 말했듯이, 그때는 예상하지 못했지만, 그것이 그의 전 인생을 바꾸어 놓았다. 그는 취미로서 외교문제뿐만 아니라 경제학도 탐구하기 시작했다. 그가 예일대학에서 중국어를 공부하고 있던 어느 날 생활협동조합 매점에 들어가서 루트비히 폰 미제스라는 저자가 쓴 『인간행동Human Action』[4]이라는 제목의 책을 집어들게 되었다. 이 책이 털럭과 미제스를 교제하게 했고 그를 더욱 깊이 경제학으로 밀어넣었다.

털럭이 창시한 공공선택론은 정부부문에서의 정치가, 관료, 이익집단 등도 시장 부문에서의 소비자, 생산자 등과 마찬가지로 사익을 추구한다는 가정에 입각하여 이론을 전개한다. 이러한 인간 행태 가정의 변경으로 정치, 행정학의 전 이론체계가 바뀌었다. 그 결과 현상에 대한 설명, 예측, 그리고 이해가 크게 진전되었다.

공공선택론 안에서 기여한 것으로 기발한 게 아주 많지만, 지대추구rent-seeking

---

신의 감각적, 경험적 관찰에 더 관심이 많았다. 뷰캐넌은 일찍 학교에 와서 책상 위에 잔뜩 쌓아놓은 책 사이에서 끊임없이 읽고, 쓰고, 교정에 교정을 거듭했다. 반면에 털럭은 달랐다. 털럭의 책상은 늘 깔끔했으며, 앉아서 꾸준히 공부하는 모습은 별로 없고 창밖의 세상을 내다보며 뭔가를 생각해 내며, 늘 동료를 만나러 나갔다가 곧 들어오고는 다시 나가는 스타일이었다고 한다. 그래서 털럭이 경제학 외에 법, 외교정책, 생물학 등에서 엄청난 경지에 이르러 있지만 도대체 어떻게 하면 그렇게 되는지를 알 수 없다는 것이다.

4. 이 책은 칼 멩거와 뵘바베르크의 뿌리를 이어가는 오스트리아학파의 대표적인 경제학자이자 철학자인 루트비히 본 미제스의 대표적인 저작이다. 미제스는 인간의 본성을 이해하는 인간행동학에 바탕을 두고 사회주의적 세계관과 맞섰으며, 수리적 경제학이나 통계에 근간을 두고 있는 단순한 계량적 경제학의 위험성을 고발하였다.

이론의 개발이 돋보인다고 할 수 있다. 로버트 톨리슨Robert D. Tollison은 털럭의 1967년도 지대추구 논문이 중요성과 영향력 면에서 로널드 코스Ronald H. Coase의 1960년도 사회적 비용의 문제 논문에 필적한다고 하였다.

지대추구이론은 정부가 민간경제에 간섭하면 민간의 지대추구 활동을 촉진하게 되고 그 결과 국부가 감소하게 된다는 내용이다. 정부가 민간의 재산권을 제대로 보호하지 않고 민간의 자율을 예사로 침해하면 경제성장이 지체된다. 정부가 민간경제에 간섭하는 방식은 독점권 부여와 관세 설정 등이 있지만, 이러한 것은 도둑질과 마찬가지로 재산권을 침해하게 된다. 이러한 주장을 털럭은 1967의 논문「관세, 독점 그리고 도둑질의 후생비용」에서 설득력 있게 전개했다. 털럭은 지대추구에 관해 간단하면서도 종합적인 이해를 위해 차후에『지대추구』라는 개설서를 발간하기도 했다.

지대추구이론은 다양하게 적용된다. 그 중에서 많은 학자들의 이목을 벗어나 있는 털럭의 적용 예를 하나 보기로 하자.「왜 유럽인가?」라는 털럭의 논문인데, 여기서 그는 1750년대까지는 중국이 유럽보다 앞섰는데 그 이후 유럽이 중국을 앞서게 된 이유가 무엇인지 묻는다. 그에 따르면 지대추구와 관련하여 유럽이 앞선 이유로서, 하나는 유럽이 보편적으로 소규모 국가들의 집합이었다는 것이고, 다른 하나는 유럽이 지리상으로 대륙 깊숙하게 바다가 들어가 있다는 점 등 두 가지를 들고 있다. 갓 자본주의가 출현하기 시작했을 때 이 두 가지 점들은 유럽에 도움을 주었다는 것이다.

우선, 유럽의 소규모 국가들에서는 지대추구가 덜 일어났다. 왜냐하면 국가가 특권을 부여하려고 하는 경우 특권을 얻지 못하는 상인들은 다른 국가로 가서 장사할 수 있기 때문이다. 둘째, 유럽 대륙이 바다로 깊이 만입되어 있기 때문에 만약 관료들이 착취하려고 할 경우, 바다를 통해 다른 국가로 갈 수 있어 관료들에 의한 착취나 지대추출을 피할 수 있었다는 것이다. 이러한 점들은 거대한 중앙집권적 통일국가인 중국이 누릴 수 없는 이점이고, 그 결과 중국은 산업발전에서 유럽에 뒤처지게 되었다는 것이다.

털럭의 지대추구 논문이 나온 이후, 그를 비롯한 많은 학자들에 의해 많은 논문들이 나왔지만, 여전히 해결되지 않은 문제가 있다. 털럭이 외관상 널리 퍼지는 지대추구 성질에 관해 광범위하게 논의했지만, 예상보다 지대추구가 훨씬 적게 관찰되는 현상에 대해서도 언급했다. 이론과 경험은 로비활동이 매우 높은 수익률을 달성할 것임을 시사했지만, 실제 로비활동 지출의 추정치는 그리 크지 않았다고 했다. 이러한 격차는 털럭의 역설Tullock paradox이라고 불린다.

털럭의 로그롤링logrolling[5] 이론은 털럭의 최초의 주요 공공선택론 논문, "과반수 투표의 몇몇 문제들" 로부터 나온다. 그는 전통 정치학이 내용상으로는 로그롤링을 때때로 이야기하면서 이러한 용어를 사용하지 않는 것을 발견했다. 그는 영국에서는 사용하지 않고 미국식 용어인 이 용어를 그의 연구 프로그램에서 널리 사용했다.

털럭의 외부비용external cost 개념도 탁월하다. 전통 후생경제학자들은 외부성이나 외부비용이 시장에서 시장의 실패로서만 나타난다고 생각했다. 그래서 시장에 외부비용 문제가 발생하면 정부가 개입해서 처리하면 된다고 순진하게 생각했다. 그러나 털럭은 외부비용이 시장에만 존재하는 것이 아니라, 정부에도 만장일치 외의 어떤 의사결정 규칙을 사용하건 항상 외부비용이 존재한다고 했다. 어떤 문제를 정부가 과반수 규칙을 사용하여 처리한다고 할 때 소수파에 속하는 사람들은 싫어도 그 결정을 받아들여야 한다. 싫어도 세금을 내야 하고 싫어도 노동력을 제공해야 한다. 이것은 민간시장에서 철강공장의 매연으로 인한 외부비용과 마찬가지로 외부비용인 것이다.

털럭과 뷰캐넌은 정부에 이러한 외부비용이 없게 하려면 만장일치 규칙을 채택

5. 로그롤링(logrolling)이란 정치세력이 의회에서 이권이 결부된 서로의 법안을 통과시키기 위해 서로 투표를 해주는 행위를 말한다. 미국 의회에서 자주 볼 수 있으며 투표거래나 투표 담합 등의 형태로 나타난다.

하면 된다는 것을 알고 있었지만, 만장일치 규칙에는 또 다른 집합적 행동의 비용인 의사결정 비용 내지 교섭비용bargaining cost이나 로그롤링 비용이 발생한다는 것이다. 그래서 각 문제에 대해 이 두 가지 비용을 모두 고려해서 적정한 의사결정 규칙을 채택하는 것이 바람직하다고 주장했다. 그러한 생각이 공공선택론의 최고의 고전 『국민 합의의 분석 : 입헌 민주주의의 논리적 근거』에 담겨 있다. 이 고전에 토대를 두고 연구가 진행되어 헌법적 정치 · 경제론이라는 공공선택론의 하위분야가 탄생했다.

이 책은 문제에 따라 적합한 의사결정 규칙이 다르다는 것을 주장하고 있지만, 많은 문제들의 경우 가중 다수결이 적합함을 역설하고 있다. 그래야 외부비용을 줄일 수 있기 때문이다. 그러나 2/3 의결이나 3/4 의결과 같은 이러한 가중 다수결에 대해 많은 사람들이 어색해 하는 것이 현실이므로, 대안으로서 양원제를 주장한다. 만약 양원의 구성 기준이 현저하게 다르면 양원제는 단원제의 보강된 다수결 내지 가중 다수결을 실시하는 것과 같은 효과를 가질 수 있다는 것이다. 또 하나 가중 다수결의 효과를 보기 위한 길은 대통령의 거부권 행사다. 대통령이 거부권을 행사하면 법안은 의회로 되돌아가서 2/3의 찬성을 얻어야 법률이 되기 때문이다. 이러하기 때문에 털럭은 대통령이 모든 법안에 대해서 무조건 거부권을 행사해야 한다고 주장하기도 한다.

이후 털럭은 『사적 욕망과 공공 수단 : 바람직한 정부 범위에 관한 경제학적 분석』에서 이러한 외부성 개념을 바람직한 정부 범위를 결정하는 데 적용했다. 시장에 외부성이 발생한다. 그러나 이 문제를 해결하기 위해 정부가 개입하는 경우 의사결정 과정이 어떻든 정부 외부성이 발생한다. 따라서 우리는 항상 이 두 가지 불완전한 도구들의 구체적인 장점과 단점을 비교형량해야 한다. 그로부터 바람직한 정부 범위가 도출될 수 있다. 털럭은 제1부에서 이러한 주장을 이론적으로 펼친 다음 제2부에서 많은 구체적 사례들에 적용했다.

많은 학자들과 일반인들은 시장에서 이루어지는 소득분배의 불평등을 시정하기 위해 정부가 강제적으로 소득재분배를 해야 한다고 주장한다. 즉, 시장에서의 소득분배가 야기하는 외부성을 제거하기 위해 정부가 개입해야 한다는 것이다. 그러나 털럭은 정부에 의한 소득재분배로 부유한 사람들로부터 가난한 사람들에게로 소득이 이전되는 것이 아니라 정치적으로 힘이 약한 집단들로부터 정치적으로 힘이 강한 집단으로 소득이 이전된다고 하였다. 이런 결과가 초래되는 것은 민간의 지대추구 때문이다. 소득분배에서 이런 측면에 대해서 여타 학자들은 관심이 없거나 간과하였다. 이렇게 볼 때 소득분배 및 재분배와 외부성과 지대추구는 관련되어 있다. 털럭은 『공공재, 재분배 그리고 지대추구』라는 책에서 이런 주제들 간에 어떤 관련이 있는지 종합적으로 검토하는 작업을 수행하였다.

털럭은 생물경제학의 창시에도 큰 기여를 하였다. 사회적이건 사회적이지 않건 동물들의 행동을 설명하는 데 경제학의 한계효용체감의 법칙과 같은 원리들을 적용하였다. 이러한 털럭의 논문과 저서들을 통해 경제학의 원리들을 동물의 행동에 적용하는 생물경제학이 탄생했으며 점차 발전하고 있다.

털럭은 또한 법경제학 분야를 창시하는 데에도 기여하였다. 그는 대륙법 소송절차나 중재재판이 영미법 소송절차보다 더 정확할 것이라고 믿는다. 털럭은 배심원jury제도를 신뢰하지 않는다. 배심원들은 법률의 세부 사항들을 모르고 있을 뿐만 아니라, 관심을 기울이지도 않는다. 그들이 자기들 자신의 윤리 규범을 시행하고 법을 따르는 것은 법이 자신들의 윤리 규범과 갈등을 일으키지 않을 때뿐이라는 것이다.

이상에서 살펴본 바와 같이 털럭은 창의적이었다. 털럭의 창의성은 공공선택론, 생물경제학, 그리고 법경제학의 개발에만 국한된 것이 아니라, 학회 출범과 학술지 탄생으로도 나타났다. 공공선택학회의 출범에 기여했을 뿐만 아니라 1966년 학술지 『Public Choice』를 창간해 오랫동안 편집인으로 봉사했다.[6] 또한 국제생물경제학회의 출범과 1999년에 학술지 『Journal of Bioeconomics』의 창간에도 기여했다.

---

6. 처음에는 'Papers on Non-Market Decision Making'으로 시작했다가 1969년부터 본 이름으로 변경하였다.

제11장

# 신오스트리아학파

1. 미제스

2. 하이에크

미국발 글로벌 금융위기를 기화로 경제학에 대한 반성이 일어나고 있다. 이런 경제학 위기론 등장의 배경에는, 한편으로는 경제학의 논리 자체를 은연중 의심하는 시각이 있으며, 다른 한편으로는 주류경제학의 설명능력과 처방의 유효성에 대한 반성이 있다. 우리는 후자에 대해서는 마음을 열고 노력해야 하겠지만, 전자에 대해서는 경계할 필요가 있다.

미제스는, 지식인들이 때로는 왕가나 정부와 같은 지배세력의 정책을 정당화하는 지적 경호인intellectual bodyguard을 자처하기도 했지만, 경제학자들은 그런 성향을 극복하고 특정 정책이 지닌 문제점을 꾸준히 지적해 왔다는 점을 강조했다. 경제학자들이 이렇게 할 수 있었던 것은 경제학의 논리 덕분이었다고 할 수 있다.

경제학의 논리는 단순히 사회적 문제에 대한 논쟁에 있어 단순히 누구 편을 들 것인가의 차원이 아닌, 어느 정책이 바람직한가에 대한 논의를 가능하도록 해주었기 때문이다. 예를 들자면, 영국의 곡물법 폐지는 기득권층이었던 지주계급들에게 불리한 정책이었지만, 리카도를 비롯한 경제학자들은 경제논리를 바탕으로 곡물법 폐지를 관철시킬 수 있었다.

사실 신新오스트리아학파는 오스트리언 경기변동론Austrian Business Cycle Theory에 근거하여 금융위기를 미리 예측한 바 있어, 가장 주목을 받는 학파의 하나가 되었다. 이로 인해 미제스, 하이에크Friedrich August von Hayek, 로스바드Murray N. Rothbard 등의 오스트리아학파의 화폐와 경기변동과 관련된 연구들이 관심의 대상이 되고 있다. 그리고 화폐와 경기변동과 관련된 자료들을 많이 집적하고 있는 미제스연구소(www.mises.org)는 세계에서 가장 많은 사람들이 방문하는 연구소 가운데 하나가 되었다고 한다.

## 1. 미제스[1]

### 1.1 신오스트리아학파의 창시자 미제스

▲ 루드비히 폰 미제스

미제스Ludwig Edler von Mises(1881~1973)는 오스트리아 제국의 수도 빈에서 동쪽으로 350마일 가량 떨어진 렘버그에서 삼형제 중 장남으로 태어났다. 그가 어릴 때 그의 가족은 빈으로 이주했기 때문에 미제스는 주로 빈에서 성장했다. 그의 아버지 아더 폰 미제스는 오스트리아 철도청의 건설기술 공무원이었으며, 그의 어머니는 유대인 고아원을 위한 자선활동에 헌신했다. 미제스의 집안은 유대인으로서 대대로 상업과 은행업에 종사했는데, 미제스가 태어나던 해 오스트리아제국

1. 이 절을 작성하면서 박종찬(2002)과 에이먼 버틀러 지음 · 황수연 옮김(2010)을 많이 참고하였다.

의 황제 프란츠 요세프 1세Franz Joseph I(1830~1916)가 미제스의 증조부 라히미엘 미제스에게 작위를 하사함으로써 유대인으로서는 드물게 귀족이 되었다.

미제스는 1900년 김나지움을 졸업한 뒤 빈대학에 입학하여 법학과 경제학을 공부하고 1906년에 법학박사학위를 받았다. 당시 경제학은 법학의 한 분야로 취급되고 있었다. 미제스는 대학에 입학할 당시 국가주의Statism의 영향을 받고 있었지만, 동료 학생들과는 달리 사회주의에 대해서는 호감을 갖고 있지 않았다. 대학을 다니면서 미제스의 사회주의에 대한 의구심은 반사회주의로 굳어지는 한편, 국가주의에서도 벗어나 열정적인 자유주의자가 되었다.

1903년 미제스는 오스트리아학파의 창시자 칼 멩거의 저작 『국민경제의 기본원리』를 읽게 되면서 경제학, 특히 오스트리아학파의 경제학에 눈을 뜨게 되었다. 미제스의 경제적 사고에 직접적인 영향을 미친 것은 뵘바베르크Eugen von Böhm-Bawerk였다. 뵘바베르크는 멩거의 계승자로 오스트리아의 재무장관으로서 금본위제를 확립하고 균형재정과 통화안정을 이룬 인물이었다. 뵘바베르크는 재무장관직을 수행한 후 1904년부터 빈대학 교수로 재직하게 되었다. 이때부터 미제스는 뵘바베르크의 세미나에 참석하면서 오스트리아학파 경제학자로 성장하게 되었다.

"뵘바베르크가 세미나를 개최하던 날은 빈대학의 역사와 경제학의 발전에 있어서 위대한 날이었다. 그는 자신을 교수로 생각하지 않고 토론회의 진행자로 여기면서 세미나를 훌륭하게 이끌어 나갔다. 나는 1913년 강사자격을 받을 때까지 그 세미나에 정기적으로 참석했다."

박사학위를 받은 후 미제스는 1908년 "주택개혁중앙협회" 에 참가하여 재산세 개혁안을 분석하였고, 19세기의 고전적 자유주의에 대한 정밀한 연구를 시작하였다. 재능을 인정받은 미제스는 상무부에 발탁되어 1909년부터 1934년까지 오스트리아정부의 공무원으로 활동하게 된다. 당시 상무부는 정부의 각종 입법안들을 평가하고 정책에 대한 조언을 하던 기관이었는데, 미제스는 들어간 지 얼마 되지 않아 상무부 내에서 가장 뛰어난 이론가로 인정받게 된다.

미제스의 경제학적 분석은 "가치중립적" 이었지만, 그는 인류에게 가장 성공적인 경제정책은 자유방임을 바탕으로 한 정책들이며 정부는 오로지 국방과 치안 등, 개개인의 자유와 생명, 그리고 재산을 지키는 일에만 몰두해야 함을 시사했다.

## 1.2 미제스의 경기변동이론

미제스는 ① 자유시장과, 분업, 그리고 민자유치의 확장만이 인류에 번영을 불러올 수 있다는 사실과, ② 사회주의/공산주의 사회에서 일어나는 사유재산의 부재는 합리적인 가격과 비용들을 계산할 수 없게 하므로 반드시 경제적 재앙을 불러올 것이라는 사실, ③ 그리고 정부의 시장에 대한 개입은 불가피하게 사회주의로 이어질 수밖에 없다는 사실들을 증명해냈다.

미제스가 살았던 시대에 자유시장은 찾아볼 수 없었다. 미국의 루스벨트 정권은 정부의 적극적인 시장개입을 주장했던 케인즈의 경제이론을 따랐고, 독일은 히틀러Adolf Hitler(1889~1945)의 파시즘, 소련은 공산주의를 따르고 있었다. 국가주의와 집단주의의 시대에 자유주의 사상을 갖고 있었던 미제스는 다른 학자들과 대화를 할 때면 자유시장과 금본위제에 대하여는 절대로 타협하지 않는 지식인으로 유명했다.

미제스는 신오스트리아학파의 창시자였으며, 중앙은행의 무분별한 통화정책이 경제공황과 인플레이션을 야기한다는 미제스의 경기변동이론은 1930년대 영국의 많은 경제학자들에게 영향을 주었다.

미제스는 히틀러의 나치를 피해 미국으로 망명한 후 굉장히 중요한 일들을 했다. 미제스는 미국에서 20년 동안 교편을 잡으면서 많은 학생들에 영향을 주었고, 그로 인해서 마침내 미국에 오스트리아학파가 생기게 되었다. 또한 미제스가 세상을 떠나고 1년 후인 1974년 그의 학생이었던 하이에크가 그의 스승인 미제스의 경기변동이론을 발전시킨 것으로 노벨경제학상을 수상했다.

미제스는 그의 첫 번째 걸작인 『화폐와 신용의 이론』(1912)에서 화폐에 관한 독창적이고 광범위한 이론을 발표하였다. 그는 불가능하다고 여겼던 화폐이론과 한계효용의 일반이론의 통합을 이루어냈다. 리카도를 비롯한 고전학파 경제학자들은 화폐량의 증가가 단순히 상품의 가격을 상승시킬 뿐, 실물경제에는 영향을 미치지 않는다고 보았다. 이에 반해 미제스는 상품가격이 화폐량의 증가보다 더 빠르게 혹은 더 늦게 상승할 수 있음을 보여주고, 화폐에도 가격이 있으며 그것의 상승 폭과 속도는 사람들의 화폐수요에 달려있다고 주장했다. 미제스와 그의 제자 하이에크는 이 변동이론을 1920년대에 발전시켰다. 미제스와 하이에크가 주장했던 경기변동이론은 케인즈의 이론과 완전히 상반된 것이었다. 미제스는 호황기엔 화폐팽창을 중단하고 불황기엔 철저하게 자유방임주의로 가야 한다고 주장했다.

## 1.3 『인간행동』(1949)

사실 미제스는 경제이론의 방법론을 창시한 학자로 학계에서 유명한데 그것이 바로 '인간행동론Praxeology' 이다. 인간의 행동은 반드시 목적성을 띤다는 인간행동론을 바탕으로 당시에 수학과 통계가 지배했던 경제학계를 신랄하게 비판했다.

미제스는 수많은 걸작들을 남겼지만 그 중에서 가장 위대한 저서는 당연히 『인간행동Human Action』(1949)이라 할 수 있다. 미제스는 『인간행동』에서 자유방임주의 경제이론을 그의 방법론인 인간행동론과 융합시키는 작업을 했다. 마지막으로 그는 『이론과 역사Theory and History』(1957)에서 마르크시즘을 신랄하게 비판하고, 경제사와 경제이론이 근본적으로 어떻게 다른지에 대해, 그리고 인간행동론의 규율들에 대해서 서술했다.[2]

---

2. 오스트리아학파의 경제학과 역사학에서 방법론과 인식론적 문제에 대한 미제스의 연구는 1920년대 후반부터 1960년대까지 긴 기간에 걸쳐서 이루어졌다. 특히 『인간행동(Human Action)』이라는 대작이 처음 출간된 1949년 이후에 미제스는 방법론과 인식론에 관련한 문제에 집중했다고 한다. 그 결과가 1957년에 첫 출판된 『이론과 역사(Theory and History)』와 1962년에 첫 발행된 『경제과학의 궁극적 기초(Ultimate Foundation of Economic Science)』이다. 보다 자세한 논의는 전용덕(2014. 8. 26), 『경제

그의 선구자적인 업적과 박학한 해설은 오늘날 오스트리아학파의 학문적 체계의 기반이 되었으며 그의 제자인 하이에크, 로스바드Murray Newton Rothbard, 커즈너I. M. Kirzner 등 최고의 사상가로 이어져 자유주의가 21세기 시대정신으로 자리잡는 데 크게 기여했다.

## 2. 하이에크[3]

### 2.1 자유주의 수호자 하이에크

▲ 하이에크

프리드리히 하이에크Friedrich A. Hayek(1899~1992)는 '20세기 가장 위대한 자유의 대변인'이라고 칭송받는 학자이다. 오스트리아 빈대학 법학부에 입학한 하이에크는 빈대학에서 법학은 물론 경제학, 심리학 등 다양한 분야를 두루 공부했다. 루트비히 폰 미제스의 지도 아래 연구를 수행했으며, 1929~1931년까지 빈대학에서 경제학을 강의했다. 청소년기에는 심정적 사회주의자였지만 은사인 미제스의 영향을 받아 확고한 자유주의가 되었다. 경기불황은 신용의 과잉팽창으로 야기된 인위적 붐의 불가피한 현상이며, 왜곡된 생산구조가 정상화되기 위해 필연적으로 통과해야 할 과정인데, 이때 불황의 해법으로 정부지출이나 통화를 늘리면 그 과정이 치명적으로 방해받는다는 오스트리아학파의 이론을 제시했다. 이 이론에

학과 역사학-오스트리아학파의 방법론과 인식론-」을 참조하기 바란다.

3. 이 절은 민경국(2014), 서울경제신문(2014.03.14), 岩井克人 外(2014) pp.66~74에서 많이 발췌하여 정리한 것이다.

공감한 런던정경대학은 1931년 '케인즈의 물결' 을 막기 위해 하이에크를 불렀다. 그래서 1931년 영국으로 옮겨 런던정경대학 교수로 지내며 1938년에 영국 시민권을 취득했다.

하이에크는 1930년대 중반까지는 전형적인 경제학자였다. 그는 칼 멩거에서 발원하여 스승이었던 미제스 및 슘페터 등을 배출한 오스트리아학파의 한 사람이었다. 그는 케인즈를 중심으로 한 케임브리지학파의 경제학에 대항하기 위하여 젊은 경제학자들을 물색하고 있던 런던정경대학의 라이오넬 로빈스의 눈에 띄어 1931년 영국으로 건너왔다. 처음으로 맡은 연속 강의에서 그는 케인즈 경제학에 대한 날카로운 비판을 전개했으며, 곧바로 케인즈에 필적할 만한 경제학자로 명성을 얻게 되었다. 그에게 있어 좁은 경제학만으로는 이념전쟁에서 자본주의를 수호하는 데 불충분했다. 그의 경제학은 심리학, 철학, 법학, 윤리학 등 학제융합적으로 발전했다.

분석철학자 루트비히 비트겐슈타인Ludwig Josef Johann Wittgenstein(1889~1951)의 사촌동생이기도 한 하이에크가 우리에게 준 자유주의 유산은 '세상을 보는 방식' 인데, 이는 광범위한 이론적 · 철학적 · 공공정책적 귀결을 내포하고 있다. 우선 경제문제는 희소한 자원배분이 아니라 '지식의 문제' 로 봐야 한다고 했다. 인간들이 서로 분업 · 협력하고 교환할 수 있으려면 그들은 서로에 관한 지식을 가져야 하는데 그런 지식은 극히 제한돼 있다. 인간의 두뇌로는 접근이 불가능한 거시세계로까지 분업과 협력을 확대하려면 우리의 능력을 초월하는 지식 소통 과정이 있어야 한다. 그게 바로 시장사회만이 가능한 가격구조이며 시장은 거대한 소통체계라는 것이다.

하이에크는 법, 도덕, 관습, 자유 등의 존재 의미도 지식의 문제를 경감시키는 역할을 한다는 것에서 그 의미를 찾고 있다. 전지전능한 정부가 존재한다면 자유도 필요 없고 시장과 사유재산제도, 법이나 도덕규칙도 필요 없다. 하이에크는 정부는 부와 번영을 창출할 지적능력이 없다는 것을 분명히 하면서, 정부는 개인과 기업의 경제활동을 가로막는 규제를 풀고, 작은 정부를 추구해야 한다고 강조했다.

1950~1960년대에는 '문화진화' 를 연구한 하이에크가 우리에게 시장사회에

대한 '자생적 질서spontaneous order' 의 시각을 갖도록 했다. 그는 시장경제의 속성은 자생적 질서라고 했다. 시장에는 스스로 질서가 생겨나고 유지되는 것은 개개인들의 행동들이 서로 조정되는 과정과 그들의 잘못된 행동이 처벌받는 통제과정이 작동한다는 것이다. 그런 과정은 새로운 지식이 창출되고 성공적인 것이 확산되는 등 정부가 할 수 없는 풍요와 부를 창출하는 과정이다. 하이에크는 정부가 아닌 시장이 경제를 구하며, 시장은 빈곤 · 실업 · 불황이나 저성장의 문제를 스스로 해결하는 자생적 질서이며, 따라서 풍요의 원천은 정부가 아니라 사유재산권과 경제자유라는 것을 주장했다. 그럼에도 시장의 자생적 질서에 정부가 개입하면 스태그플레이션을 야기할 뿐이라고 경고하면서 빈곤, 실업, 저성장 등 오늘날 우리가 처한 경제문제, 심지어 1930년대 대공황까지도 정부개입의 탓이라고 역설했다.

따라서 하이에크의 사상에서 국가가 할 일은 많지 않다. '자유의 법' 을 통해서 사적재산권과 경제자유를 보호하는 법치주의, 그리고 엄격한 '선별적 복지' 를 실현해야 한다. 국가가 그 이상을 넘어서 뭔가를 할 수 있다고 생각하면 치명적 자만에 빠진다고 경고했다.

## 2.2 정부의 치명적 자만

20세기 최대의 사건 중 하나를 꼽으라면 누구나 사회주의의 탄생과 붕괴를 드는 데 주저하지 않을 것이다. 그 사회주의를 평생 적으로 삼고 싸웠던 하이에크는 '20세기 가장 위대한 자유의 대변자' 로서 20세기에 뚜렷이 각인되어야 할 인물이다. 러시아 혁명(1917년)이 일어나 사회주의 국가가 탄생했을 당시 하이에크는 페비언주의의 온건한 사회주의자였다. 그러나 그 사회주의 소련이 붕괴하기 전후인 만년의 하이에크에게는 사회주의에 나타나는 인간 이성의 혼란에 대한 철저한 비판이 그의 머릿속에 가득차 있었다. 하이에크의 이러한 생각이 1988년에 발간된 『치명적 자만The Fatal Conceit』에 담겨 있다. 그는 책의 본문에서 "지난 2000년 동안 생겨난 수많은 종교 가운데 사유재산과 가족을 반대한 종교가 많았다. 이들 종교는 대부분 다 죽었다. 오직 사유재산과 가족을 지지하는 종교만이 살아남았다. 오만한 이성과 원시인의 본능이 결합된 결과가 사회주의 도덕이다. 이런 도덕을 따른다면 현 인류의 많은 부분은 파괴되고 그 나머지도 처참한 빈곤이 지배한다" 고 공격하고 있다.

인간사회에서 가장 오래된 믿음이 하나 있다. 정부는 이상사회를 설계할 수 있는 완전한 지적 능력을 갖고 있다는 믿음이 그것이다. 사람들이 풍요를 누리면서 평화롭게 공존하려면 정부가 나서서 경제사회를 계획하고 조종해야 한다는 것이다. 이런 믿음에서 생겨난 것이 사회주의다. 그러나 이런 믿음을 뒤엎고 인간사회에 대한 설계의 불가능성을 끈질기게 주장한 책이 『치명적 자만』이다. 이 책의 내용은 경제학을 넘어서 학제적이다. 윤리학, 역사학, 그리고 인류학으로서도 탁월하여 돋보인다.

하이에크는 질문한다. 정부가 이상사회를 디자인하는 것이 왜 불가능한가? 정부가 풍요와 번영의 원천이 될 수 없는 이유가 무엇인가? 하이에크는 이에 대하여 두 가지로 간단하게 대답한다.

경제사회를 원하는 대로 디자인하는 데 필요한 모든 지식을 갖는 것은 그 어느 누구에게도 원천적으로 불가능하다는 것이 그 하나다. 그런 한계에도 불구하고 정부가 나서서 이상사회를 설계하는 것은 무책임하고 정직하지 못한 정치적 선동가의 지적 자만自慢이다. 이런 자만의 결과는 치명적이다. 빈곤과 폭정, 그리고 도덕의 파괴와 문명의 파괴가 그것이다. 구소련권의 사회주의 몰락이 이를 뚜렷하게 입증한다.

하이에크의 두 번째 대답은 정부의 계획과 규제가 없는 자유시장만이 번영과 발전이 가능하다는 것이다. 시장경제는 성장과 번영의 기반이 되는 방대한 지식을 창출하고 유통하는 복잡계이기 때문이다. 인류에게 본능에 기초한 원시사회의 야만적 삶을 극복하게 하고 문명된 삶을 가능하게 한 것이 시장경제다. 시장경제란 '생육하고 번성하여 땅에 충만하게 하라' 는 성경 '창세기' 의 가르침의 실현이라고 주장한다. 더 나아가 시장경제와 수많은 법과 도덕은 인간의 원시적인 본능적 소산도 아니고, 정부나 신의 창조물이 아니라, 시행과 착오를 거쳐 자생적으로 형성되었다는 그의 진화사상은 우리의 지적 호기심을 자극하기에 충분하다.

하이에크의 『치명적 자만』이 우리에게 던지는 의미는 각별하다고 하겠다. 우리 사회에는 정부는 전지전능하기 때문에 모든 부문에서 정부가 나서야 성장과 분배도 개선될 수 있다는 사회주의 정서가 뿌리깊게 자리잡고 있다. 그래서 한국 경제는 정부의 계획과 규제의 늪에서 헤매고 있는 게 아닌가. 교육제도와 복지제도를 넘어 기업들의 발목을 잡는 악성규제가 판을 치고 있으니 말이 아니다. 정부의 치명적 자만이 사회 곳곳을 지배하고 있는 것이다.

## 2.3 사회주의는 노예의 길

하이에크는 『노예의 길The Road to Serfdom』에서 사회주의의 위험성을 근본부터 파헤치고, 나아가 민주주의의 타락을 막아 번영을 유지하기 위한 해법을 제시한다. 하이에크는 이 책에서 민주주의 방식으로 사회주의 이상을 실현할 수 있다는 생각이 얼마나 위험한 것인지 설명한다. 사람들은 흔히 '평등한 사회', '삶의 질적 보장'과 같은 사회주의적 구호를 좋아한다. 사회주의로 가는 길은 이처럼 선의善意로 포장되어 있지만, 사회주의 실험은 궁극적으로 현실정치에서 전체주의로 귀결되곤 하였다. 의도가 좋다고 해서 반드시 결과가 좋은 것이 아니다. 경우에 따라 그 목적이 이상적일수록 결과는 더 처참해질 수도 있음을 역사는 보여주었다.

하이에크가 『노예의 길』을 쓰던 1940년대는 사회주의가 다양한 형태로 번성하던 시기였다. 이 시기에 그럴듯한 목표를 내세워 국민을 현혹하고 경제를 조정하고 사람들을 통제하려던 시도들은 결국 독일의 나치나 소련의 공산주의 같은 전체주의였음을 역사가 분명히 보여주었다. 사회주의가 전체주의로 가는 위험한 통로였음이 밝혀진 것이다. 이처럼 사회주의로 가는 길은 자유의 길이 아닌 독재와 노예의 길이었다.

21세기의 관점에서 보면 전체주의는 낯설지만, 지난 100년의 역사를 돌아보면 민주국가들이 쉽게 전체주의 국가로 타락한 예를 볼 수 있다. 히틀러만 해도 민주적인 선거를 통해 등장했다. 이후 독일 사회는 그럴듯하게 들리는 선동을 통해 사회 전체가 하나의 공통된 목표를 향해 나아가는 통제된 사회가 되었다. 다시 말해 독일의 나치즘은 사회주의 사고방식으로 사람들을 현혹하고 집단화시킨 결과이며, 바로 전체주의 그 자체였다고 하겠다.

사회주의의 뿌리는 깊다. 유토피아는 인류가 오랜 기간 품고 있던 환상이었다. 독재적 성향의 정치인일수록 현실을 유토피아로 만들겠다는 포부를 소리 높여 외쳤다. 이상국가론에 이끌려 사회를 완벽한 세상으로 만들겠다는 유혹에 빠지다 보면, 자신과 수많은 사람의 자유를 희생시키고 결국 모두를 노예의 길로 이끌게 된다는 것이다.

『노예의 길』은 1944년 3월 영국에서, 그리고 같은 해 9월 미국 시카고대학 출판부에서 출판되었다. 이 책은 출판과 동시에 6개월 만에 3만 부가 팔려나갔고, 이후 여러 번의 재판을 거쳐 미국에서만 23만 부 이상 팔렸다고 한다. 뿐만 아니라 20개 이상의 언어로 번역되어 세계적인 베스트셀러로 자리잡았다. 소련이 몰락하던 시기에는 소련 내 지식인들이 이 책을 몰래 번역해 돌려보는 일까지 있을 정도로 파급력이 컸다. 『노예의 길』은 전체주의로 변질될 수 있는 사회주의의 위험성을 전 세계에 알려 민주사회가 타락하지 않도록 하는 데 큰 기여를 했다.

민주사회를 지키는 일은 간단하지도 쉽지도 않다. 어느 순간 국민을 현혹하는 민중주의자가 나타나 사회를 전체주의로 끌고 갈지 아무도 모른다. 유럽의 선진국가도 정부의 경제개입이나 통제의 함정에 수시로 빠져들었고, 사회복지와 소득재분배 같은 사회주의 정책실험은 늘 경제시스템의 근간을 흔들었다.

그렇다면 『노예의 길』에서 찾아야 할 현대적 의미는 무엇일까? 19대 대통령선거를 치른 우리 사회에 이 책은 시사하는 바가 크다. 온갖 사회주의적 달콤한 정책들이 자유민주주의 시장경제를 타락시켜 소중하게 지켜야 할 개인의 가치와 선택의 자유 원칙들은 훼손되었고, 약자를 보호하자는 정치적 구호를 앞세운 경제의 통제 정책과 정부개입의 확대를 공약으로 내걸었던 것을 똑똑히 봤다. 그 결과 정치적 이익을 쟁취하기 위한 계층 간 갈등의 골이 깊어져 사회적 갈등이 심각하게 나타나고 있다.

## 2.4 시장인가 정부인가

1931년 여름 하이에크가 로빈스 교수가 편집 주간으로 있던 학술지 『이코노미카』에 케인즈의 '화폐론'을 비판하는 서평을 기고함으로써 케인즈와 하이에크 간 두 천재 경제학자의 대격돌이 시작됐다. 이 논쟁은 생전뿐만 아니라 사후인 2008년 글로벌 금융위기 때까지 지속되면서 이들의 논쟁이 다시 재조명되었다.

케인즈와 하이에크는 경기순환의 작동방식, 즉 불황이 나타나는 원인과 해법에서 가장 큰 견해차를 보였다. 이에 대한 대처방법의 차이는 '국가냐, 시장이냐' 라는 경제학 최대의 논쟁거리로 수렴된다. 두 학자의 대표적인 논쟁은 1930년대 대공황 시대 불황의 해법을 놓고서였다. 케인즈는 저축되는 돈이 투자되는 돈보다 많아지면 불황 국면이 나타나고 그에 동반해 물가가 떨어진다고 주장했다. 물가 상승은 저축을 늘림으로써 억제할 수 있고 불황은 투자를 확대하고 총수요를 늘려 해결할 수 있다는 것이다. 케인즈는 이런 수요를 만들어낼 기업이 없다면 정부가 공공사업을 통해 자체적으로 수요를 만들어야 한다고 주장했다.

한편, 하이에크는 불황이란 생산자가 은행융자로 돈을 빌려 자본재를 더 많이 생산하는 경우 등으로 통화량이 늘어나 신용이 과잉 팽창한 결과라고 봤다. 대공황도 투자가 저축보다 많아서 발생했다는 분석이다. 중앙은행이 금리를 인위적으로 조절하여 저축과 투자에 개입하는 것을 문제의 핵심이라고 꼬집었다. 국가가 통화시스템에 개입하지 않는다면 경기순환도, 불황도 사라질 것이라고 주장했다.

1960년대까지 경제학계를 지배했던 케인즈 이론은 1970년대 불황기 이후 하이에크에게로 헤게모니가 자연스레 넘어갔다. 하지만 2008년 시작된 금융위기가 무덤 속의 케인즈를 불러내면서 시장이냐, 정부냐의 논쟁이 다시 불붙었다.

## 2.5 하이에크 사상의 힘

하이에크 사상이 나온 시대는 칼 포퍼Sir Karl Raimund Popper(1902~1994)가 말한 대로 열린사회의 적들로 가득한 절망의 시기였다. 20세기 전반 이후 동유럽과 소련을 점령한 공산주의와 서구를 지배한 케인즈주의로 자유와 시장경제는 세상에서 사라지다시피 했다.

하이에크는 인류가 '노예의 길'을 가고 있다고 경고하면서 1947년 스위스 제네바 호숫가의 몽 펠르랭으로 자유주의 학자들을 불러 이념전쟁의 결의를 다졌다. 하지만 '보잘것없는 외톨이 경제학자들의 모임'이라는 슘페터의 조롱을 들어야 했다. 더욱이 1970년대엔 정부가 빚을 내서라도 개인 복지를 책임져야 한다는 복지국가 이념이 팽배해 '케인즈 망령'과 함께 인류를 빈곤으로 몰아갔다.

이 시기에 하이에크는 이념전쟁에 지쳐 있었고 나이도 들었다. 고향인 빈으로 돌아간 그는 우울증에 빠져 지냈다. 그 무렵 그에게 놀라운 행운이 따랐다. 1974년 하이에크가 "화폐와 경기변동에 관한 선구적 업적과 경제 · 사회 · 제도적 현상들의 상호의존성에 대한 예리한 분석"으로 노벨경제학상을 수상한 것이다.

하이에크가 노벨경제학상을 받는 등 부흥기를 맞았던 시기는 스태그플레이션 현상이 만연했다. 케인즈 경제학은 이를 예측하거나 설명할 수 없었을 뿐더러 정책적 처방도 내릴 수 없었다. 물가가 오르면서 동시에 실업이 늘어나고 있으니, 물가 상승에 대하여는 유효수요 억제 정책으로, 실업에 대하여는 유효수요를 적극적으로 창출하는 정책을 처방해야 했기 때문이다. 자동차의 가속기와 브레이크를 동시에 밟으라고 해야 할 처지에 놓인 것이다.

이 같은 혼란스러운 시기에 세계의 눈은 하이에크에게 쏠렸다. 로널드 레이건 미국 대통령과 마거릿 대처 영국 총리가 그를 등에 업고 '경제혁명'에 나섰다. 규제를 혁파하고 조세부담을 줄이고 정부의 돈줄도 묶었다. 결과는 전대미문의 번영으로 나타났다. 천정부지로 치솟던 물가가 잡히고 고용 증가와 함께 소득도 급증했다. 이러한 혁명의 물결은 호주를 거쳐 동유럽으로 향했다.

"거봐, 내가 뭐랬어!" 프라이부르크대병원 병상에 누워 베를린장벽이 무너지는 것을 보고 하이에크가 한 말이다. 하이에크는 죽었지만 자유경제를 설파한 그의 이념은 살아 있다.

제12장

# 슘페터의 경제학[1]

## 1. 슘페터의 생애

▲ 조세프 슘페터

조세프 슘페터Joseph Alois Schumpeter(1883~1950)는 케인즈와 나란히 20세기를 대표하는 경제학자이다. 케인즈와 같은 1883년에 유대계 직물제조업자의 가정에서 태어났다. 젊은 시절을 빈에서 보낸 후 1901년에 빈대학에 입학하였다. 당시 빈대학에는 오스트리아학파를 형성했던 멩거가 있었지만, 모두 현역에서 은퇴하고 프리드리히 폰 뷔저Friedrich von Wieser가 후임교수로 있었다. 그 후 1905년에 뵘바베르크가 교수로 부임하였다. 슘페터는 뷔저나 뵘바베르크로부터 경제학을

1. 이 장은 石橋春男 · 谷喜三郎(2012), pp.135~143의 내용을 많이 참고하였다.

배웠다. 특히 뵘바베르크의 세미나에는 후에 유명한 마르크스주의자가 된 오토 바우어Otto Bauer(1881~1938)와 힐퍼딩Rudolf Hilferding(1877~1941)[2]이 참가했으며, 거기서 그들과 함께 토론하는 기회를 자주 가졌다.

빈대학을 졸업한 후, 1907년에 결혼한 슘페터는 부인과 함께 이집트의 카이로에서 변호사 실무에 종사하였다. 여기서 최초의 저서인 『이론경제학의 본질과 주요 내용』을 썼다. 이 책은 왈라스의 영향에 근거하여 정태이론을 체계화한 것이다. 이때 슘페터는 26세였다. 1909년에 빈에 돌아온 슘페터는 이 저작이 평가되어 오스트리아·헝가리 제국의 첼로비치대학의 교수로 취임하였다. 그리고 1911년에는 뵘바베르크의 추천에 의해 글라츠대학의 교수로 임명되었다. 다음해 29세 때인 1912년에는 대표작인 『경제발전의 이론』을 출판하였다. 이 책은 정태적인 균형이론으로부터 동태적인 경제발전의 이론을 전개한 내용을 담고 있다.

1914년에 시작된 제1차 세계대전은 1918년에 독일·오스트리아 동맹군의 패배로 끝났다. 슘페터는 이 사이 1918년에 『조세국가의 위기』를 저술하였다. 세계대전 후 1919년에 오스트리아에서 공화국으로서 최초로 선거가 실시되고, 사회민주당이 제1당이 되었다. 슘페터는 36세의 약관으로 재무장관으로 취임했지만, 사회주의자가 아니라는 이유로 신임을 얻지 못하고 7개월 만에 사임하였다. 또한 1921년에는 "비다만"이라는 은행의 장으로 취임했으나, 이 은행은 1924년에 파산하였다. 정계와 실업계에서의 활약은 실익도 없이 단기간에 그쳤다.

그 후 1925년에 본대학의 교수로 취임하였다. 본대학에는 1932년까지 있었지

---

2. 힐퍼딩(Rudolf Hilferding)은 국가독점자본주의와 조직자본주의 이론으로 유명하며 독일 사회민주당의 역사에서도 매우 중요한 위치를 차지하는 인물이다. 또한 바이마르 공화국 시절에는 국회의원과 두 차례 재무장관을 역임한 정치가이기도 하다. 그의 주저 『금융자본론(Das Finanzkapital)』(1910)은 마르크스주의의 고전 가운데 하나로 평가된다. 마르크스는 자본(주의)에 대한 총론을 제시하고, 힐퍼딩은 그 각론 한 편을 메운 것이라고 생각할 수 있으나, 힐퍼딩은 마르크스가 분석한 산업자본과는 역사적으로나 구조적으로 상이한 형태인 금융자본을 논의의 대상으로 삼았다. 이 책은 자본주의적 발전의 최근 단계에 대한 과학적인 분석을 시도했다. 힐퍼딩은 금융자본을 제대로 분석해야만 자본주의의 새로운 발전 경향을 이해할 수 있으며, 과학적 경제학이 가능하다는 문제의식을 가졌다.

만, 그 기간에 미국을 두 번 방문하여 하버드대학에서 강의하였다. 또한 1931년에 미국에서 돌아오는 길에 일본 동경상대에서 강연을 했다. 1932년에 나치가 대두하자 독일을 떠나 미국의 하버드대학으로 옮기고, 1950년 사망할 때까지 17년에 걸쳐 하버드대학에서 경제학의 연구와 교육에 생애를 바쳤다. 그 사이 1939년에 『경기순환론』, 1942년에 『자본주의, 사회주의, 민주주의』를 저술하였다. 또한 1950년에 급사할 때까지 유저遺著인 『경제분석의 역사』의 초고를 썼다.

## 2. 슘페터의 경제이론

슘페터는 오스트리아학파 뵘바베르크의 제자였지만, 오스트리아학파를 벗어나 왈라스의 로잔느학파에 가까웠다. 오스트리아학파는 한계효용이론을 전개하고 상품의 가치를 효용의 크기로 판단했던 것이다. 이 사고에 기반을 두기 위해서는 효용이 측정될 수 있다는 전제가 필요하다. 그러나 효용은 측정하기 곤란하므로 효용이론을 기초로 하는 경제학은 과학적으로 증명될 수 없다. 그래서 효용을 사용하는 대신 현실적으로 확인할 수 있는 경제제량 사이의 관계만을 취급하는 일반균형이론의 사고가 탄생했다. 이것이 왈라스, 파레토 등에 의해 형성된 로잔느학파[3]의 중심 사상이다. 슘페터도 그들의 영향을 많이 받았다.

현실을 보는 경제현상을 이해하는 단서는 가격이다. 왜냐하면, 경제거래는 모

3. 1870년대 스위스의 로잔느대학의 교수였던 레온 왈라스의 수리적 일반균형이론(general equilibrium theory)의 영향을 받은 사람들과 그의 추종자를 일컫는다. 이 학파는 사회적인 경제제량이 상호 의존관계를 형성하고 있다고 보고 이것을 균형이론으로 해명하려고 했다. 특히 경제제량 간의 상호 의존관계를 함수관계로 파악하고, 이를 수학적으로 기술하고자 하기 때문에 이 학파는 때때로 수리경제학파라고도 불린다. 그들의 이론과 업적들은 영국의 정통 마샬주의자(Marshallian)와 독일 역사학파의 등장으로 그 영향력을 잃게 된다. 그러나 어빙 피셔(Irving Fisher)나 크누트 빅셀(Knut Wicksell) 등의 재능 있는 동 시대의 경제학자들에게 커다란 영향을 끼쳤다.

든 것이 교환으로 성립하지만, 교환은 가격을 근거로 하여 이루어지기 때문이다. 그러므로 가격을 다루는 것이 경제현상을 파악하는 것이 된다. 다음 문제는 가격의 움직임을 어떻게 이해할 것인가라는 것이다. 상품의 가격은 따로따로 존재하는 것이 아니고, 각 재화 간에 상호 관련되어 있다. 원재료의 가격은 소비재의 가격에 영향을 주고, 대체재와 보완재의 거래도 가격에 의해 변화한다. 따라서 가격의 움직임을 파악하는 경우에는 모든 가격을 포함한 경제거래 전체를 다루지 않으면 안 된다. 그 결과로서 수요 · 공급에 의한 경제활동의 배후에 있는 사람들의 기호, 생산기술, 천연자원의 존재량과 같은 것을 주어진 것으로 한다면, 완전경쟁에 의거한 가격메커니즘을 통하여 수요와 공급이 당연히 균형을 이룬다. 이것이 일반균형론이며, 모든 재화에 대하여 성립한다. 이러한 이해 위에 정태적인 균형이론을 전개한 것이 1908년 26세에 쓴 『이론경제학의 본질과 주요 내용』이다.

그러나 현실경제는 다양한 요인에 의해 정태적 순환을 깨뜨리며 발전한다. 이러한 변화를 일으키는 변동요인은 무엇인가? 이에 대해 슘페터는 1912년에 쓴 『경제발전의 이론』에서 그 답을 내놓고 있다. 바로 정태론 대신에 동태이론을 전개한 것이다. 정태적 순환을 일으키고 경제를 발전시키는 요인은 무엇인가? 슘페터는 그것을 기업가의 행동에서 구하였다. 슘페터는 기업가를 크게 두 유형으로 나누었다. 하나는 경험과 전통에 따르는 현상유지형의 기업가이고, 다른 하나는 변화를 일으키는 혁신적인 기업가이다. 후자는 기술을 개선하고, 적극적으로 새로운 상품을 제안한다. 그러한 행동은 시장을 개척함으로써 경제를 발전시키는 원동력이 된다. 슘페터는 『경제발전의 이론』에서, 이러한 기업가에 의한 변혁을 생산수단의 신결합이라 하고, 그 내용을 ① 새로운 상품 시장의 도입, ② 새로운 생산수단의 채용, ③ 새로운 시장의 개척, ④ 새로운 원재료 내지 반제품 공급원의 획득, ⑤ 새로운 산업조직의 실현 등 5가지로 분류하고 있다.

이들 5가지의 활동이야말로 경제발전의 본질을 이루는 것이며, 그것을 실행하는 기업경영자를 기업가entrepreneur라고 부르고 있다.

『경제발전의 이론』에서 또 하나의 중요한 분석으로 생산수단의 신결합을 실현하기 위한 신용창조의 역할이 있다. 다른 사정이 일정하다면, 경제순환에서 모든 생산요소가 사용되는 형태로 균형이 성립하며, 유휴화되는 생산요소는 없다. 그래서 신결합을 실현하기 위해서는 생산수단을 순환으로부터 새로운 용도로 돌릴 필요가 있다. 그것은 순환에서 생산요소를 보다 높은 가격으로 매입하는 것을 의미하며, 이를 가능하게 하는 것은 은행에 의한 신용창조이다. 슘페터는 은행가의 기능을 "은행가는 단지 구매력이라는 상품의 중개상인이 아니고 …… 이 상품의 생산자이다. 그렇지만, 현재는 모든 적립금이나 저축이 전부 은행가의 기반으로 흘러들어가고, 기존의 구매력에서 어떤 새롭게 창조되는 구매력이 되며, 자유로운 구매력의 전 공급이 완전히 그의 기반으로 집중하는 것은 일상적이다. …… 그는 신결합의 수행을 가능하게 하고, 말하자면 국민경제라는 이름에서 신결합을 수행하는 전 기능을 하는 것이다. 그는 교환경제의 감독자이다" 라고 표현화고 있다.

슘페터는 신결합을 실현하기 위하여 기업에 공여되는 화폐를 자본이라 부르지만, 자본은 정태적인 개념이 아니고 경제발전이라는 동태의 개념이며, 나아가 완전경쟁의 정태적 균형에서는 초과이윤이 소멸하기 때문에 동태적 경제발전만이 이윤을 발생시킨다고 생각하였다. 이것을 이윤동태론이라 한다. 단지 생산수단의 신결합에 근거하여 발생한 이윤은 경쟁과정에서 다른 기업이 그러한 방법을 도입하기 때문에 점차 소멸해버릴 수밖에 없다. 이것이 『경제발전의 이론』에서 슘페터가 전개한 동태론이며, 기업에 의한 기술혁신이 자본주의 경제를 발전시키는 모습이 책에 잘 묘사되어 있다.

이와 같이 슘페터는 경제발전을 일으키는 원동력은 혁신적인 기업가와 그것을 받치는 금융이라는 것을 강조했다. 그리고 슘페터와 같이 혁신적인 기업가와 금융의 결합이라는 시각을 가지고, 1844년의 필조례Peel's Bank Act[4] 이후 영국의 발전을

4. 1844년에 제정된 조례로 잉글랜드은행의 은행권 발행을 규정한 것이다. 당시의 수상 로버트 필 경에 의하여 제정되었기 때문에 이 명칭이 붙었다. 이 조례는 은행권의 발행방법을 규정한 것으로 공황의 원

금융시장을 중심으로 설명한 것이 월터 바조트Walter Bagehot(1826~1877)의 『롬바드 가街(Lombard Street : A Description of the Money Market)』이다. 유럽제국에 앞서서 금융시장을 발전시킨 영국이 산업을 번영시킬 원동력으로서 바조트가 강조한 것은, 슘페터가 말한 혁신적인 기업가였다. 바조트 역시 기업가를 두 가지로 나눈다. 하나는 자기자본으로 상행위를 하는 거상들이고, 다른 하나는 자기자본이 없지만 새로운 사업에 도전하는 상인들이다. 후자를 슘페터가 말하는 기업가entrepreneur라고 말할 수 있다. '롬바드 가街'는 충분한 자기자본을 보유하지 못한 사람들에게 저리로 대출할 수 있게 한다. 나아가 그 나라에 존재하는 자금을 대출 가능한 형태로 하는 금융기관의 자산변환기능의 중요성에 대해 강조했다. 19세기 후반에 영국 경제의 발전을 이끌었던 혁신적인 기업가의 출현과 그것을 금융 면에서 뒷받침한 롬바드 가街의 역할에 대한 지적은 슘페터와 같은 견해라는 것이 주목된다 하겠다. 다만, 『롬바드 가街』에서 바조트의 분석은 효율적인 자금배분기능을 담당하는 금융기관의 취약성과 그것의 배후에 있는 최종 대부자로서의 영란은행의 역할을 명백히 했다는 점이 주목된다 하겠다.[5]

## 3. 자본주의 붕괴론

슘페터는 1939년의 대 저서 『경기순환론』에서 경제발전의 문제를 보다 정밀하

---

인을 은행권의 과잉발행에서 찾고, 화폐발행을 금의 유출입에 비례하여 조절하면 된다는 통화주의적인 사고방식에 따른 것이다. 이 조례는 은행권 발행을 잉글랜드 은행에만 집중시켜 은행권 발행에 대한 은행 자체의 자유재량권을 박탈하여 은행권의 유통량을 금속통화의 유통량과 동일하게 유지시키려는 것이다.

5. 고대 로마제국에서 이탈리아, 중국, 영국, 미국의 금융시장의 발전사를 정리한 정재웅(2016.01.29), "금융시장의 발전사와 주택금융시장의 형성" 참조.

게 전개했으며, 1942년의 『자본주의, 사회주의, 민주주의』에서 자본주의가 나아갈 운명에 대한 분석을 전개하고 있다.

슘페터는 『자본주의, 사회주의, 민주주의』에서 자본주의는 붕괴될 수밖에 없는 운명이라고 결론내리고 있다. 자본주의가 붕괴한다는 점에서는 마르크스와 결론이 같다. 그러나 마르크스가 자본주의는 그 내부모순으로부터 붕괴될 수밖에 없다고 한 데 대하여, 슘페터는 경제발전의 원동력은 기업가의 혁신에 근거한 창조적 파괴라는 것을 강조했으며, 경제발전은 마침내 자본주의를 붕괴로 이끄는 사회적, 정치적 요인을 일으킨다고 지적하고 있다.

그 첫째는 자본주의를 앞에서 이끌었던 원동력이 되는 기업가의 혁신적인 기능의 상실을 든다. 슘페터는 신결합을 담당하는 것은 개인적인 기업가의 자질에 근거한 것이라고 생각했다. 다만, 경제발전을 일으키는 대기업에서는 경영이 개인에서 관료화된 전문가로 위임되게 된다. 그 때문에 신결합이 일상적인 업무가 되고, 개인 기업가의 능력은 무용화되어 버린다는 것이다.

둘째는, 대기업의 출현으로 중소기업이 도태되고, 그 결과로서 자본주의를 옹호했던 정치구조에 타격을 준다는 것이다. 중소기업의 소유자는 사유재산제와 자유경제를 옹호하는 부르주아정당을 지지하지만, 자본주의의 발전에 따른 계급의 쇠퇴는 자본주의진영을 약체화시키고, 사회주의진영의 정치세력을 강화시키게 된다.

셋째, 대기업 내부에서도 변화가 일어나, 소유와 경영의 분리에 따라 경영진이 실권을 장악하면, 그들은 스스로를 기업에 고용시키는 것처럼 보이기 때문에, 승리한 자본가와 같이 사유재산제도에 대하여 그들만큼 애착을 갖지 못한다는 것이다.

이러한 이유로 인해 자본주의 발전이 스스로의 방비를 파괴하고, 정치적으로 무방비 상태로 된다. 그 결과 자본주의는 붕괴하고, 사회주의의 기반으로 대체된다는 것이다.

## 4. 슘페터 사상의 힘

슘페터는 야심가였지만 계속된 실패를 맛보았다. 빈에서 사교계의 1인자가 되겠다는 마음을 먹고서 외출할 때면 치장하는 데 한 시간 이상을 썼다고 한다. 또한 그는 트러블 메이커였지만 유능한 정치가가 되겠다는 꿈도 가졌다. 그는 36세의 젊은 나이에 재무부 장관에 올랐다. 그러나 경제난을 극복하는 데 실패하고 애석하게도 7개월 만에 해임됐다.

그는 세계에서 가장 유명한 경제학자가 되겠다는 야심을 품고 경제학에 입문했다. 그러나 어느 누구도 그의 사상을 거들떠보지 않았다. 수많은 사람들에게 실업과 빈곤이란 고통을 안겨준 경제위기를 일시적인 현상이라며 대수롭지 않게 여기는 그의 사상을 주목할 이유가 없었을 터였다. 오늘날 그의 사상은 새롭게 인정받기 시작했다. 혁신, 기업가 정신, 경영전략, 창조적 파괴 등 그가 100년 전에 던진 개념들은 정보기술, 세계화, 벤처산업 등 역동적으로 변하는 세계를 이해하고 헤쳐 나가는 데 필요한 지혜를 제공한다.

슘페터의 사상은 시장경제의 구조변화를 새로이 조명하려는 진화경제학의 형성에 결정적인 영향을 미쳤다. 변동이 없는 상태만을 기술하는 균형이론을 극복하고 경제내부에서 일어나는 변화를 설명할 통찰을 제공한 것이 슘페터의 사상이기 때문이다. 그러나 균형이론을 완전히 벗어나지 못했던 슘페터와는 달리 진화이론은 균형 자체를 부정한다는 점을 염두에 둘 필요가 있다.

경기침체의 극복은 물론이요 지속적인 경제성장은 수요 측면의 처방이 아니라 공급 측에 있다는 인식을 심어준 것도 슘페터의 통찰이 아닐 수 없다. 규제가 적고 정부지출이 적을수록, 다시 말해 경제적 자유가 많을수록 경제성장이 높다는 인식을 이론적으로 뒷받침한 것도 슘페터다. 위기 극복을 위해 기업가적 과정을 가능하게 하는 제도적 틀을 모색하는 현대 경제정책의 이론적 기초도 슘페터의 사상이 제공헀다고 할 수 있다.

슘페터의 사상이 얼마나 큰 영향력을 행사했는지는 옛 동유럽 사회주의 국가의 개혁이 입증해 준다. 사회주의의 승리는 불가피하다고 선언했던 슘페터가 자본주의를 부활시키는 영웅이 된 곳이 바로 옛 동유럽 사회주의 국가들이다. 1990년 이래 동유럽 곳곳에서는 '슘페터의 기업가'가 등장해 사회주의 때문에 쓰러진 산업의 창조적 파괴를 일으켰다. 슘페터가 말한 호황 과정이 시작됐다고 평가할 수 있을 것이다.

슘페터는 그의 저작 『경제발전의 이론』으로 많은 주목을 받았지만 아쉽게도 그의 사상은 케인즈와 같이 큰 주목을 받지는 못했다. 왜냐하면 대공황의 시절이었고 결국 케인즈식 처방으로 대공황은 타개되었는 데다, 케인즈식 처방으로 1960년대까지 전 세계적으로 경제적 황금기가 도래했기 때문이다. 그러나 혁신이란 표현을 경제학의 중심으로 옮겨 놓은 슘페터의 아이디어는 결국 빛을 보았고 지금은 어디서나 혁신의 중요성을 이야기하지 않는 곳이 없다. 이 모든 것이 슘페터의 '혁신' 덕분이라고 할 수 있다.

슘페터는 결국 경제학에도 혁신을 일으킨 중심 인물이 되었다. 피구효과로 유명한 피구Arthur Pigou(1877~1959)와 더불어 계량경제학회 창립 멤버로서 계량경제학의 시대를 열었기 때문이다. 지금 경제학을 배우는 사람들이 수학 때문에 골머리를 앓게 만든 장본인 중의 한 사람이니 굉장한 혁신가임에 틀림없다.

### '창조적 파괴'를 이끄는 기업가 정신

조세프 슘페터Joseph Schumpeter는 1942년 자신의 저서 『자본주의, 사회주의, 민주주의』에서 경제적 진보는 '창조적 파괴' 과정을 통해 달성된다고 하였다. 슘페터에 따르면 발전을 이룩하는 추진력은 새로운 제품, 기존 제품을 생산하는 새로운 방법, 또는 다른 혁신을 도입하려는 기업가로부터 나온다고 한다. 그러한 기업이 시장에 진입할 경우 혁신에 따른 어느 정도의 독점력을 갖게 되어, 다음 세대의 혁신을 달성할 수 있는 다른 기업가에 의해 해당 제품이 대체될 때까지 높은 이윤을 얻을 수 있다.

역사적으로 보면 기술진보를 통해 승자와 패자가 존재한다는 슘페터의 주장을 확인할 수 있다. 예를 들어 영국에서 19세기 초 중요한 혁신은 낮은 비용으로 미숙련 노동자를 이용하여 섬유제품을 생산할 수 있는 기계를 발명하고 이를 확산시키는 것이었다. 보다 저렴하게 의류를 구입할 수 있게 된 소비자에게 기술진보는 바람직한 것이었다. 하지만 영국의 섬유업종 숙련 노동자들은 새로운 기술로 인해 일자리를 위협받게 되었으며, 폭력시위를 통해 이에 대응하였다.

기계파괴 운동가들이라는 의미를 갖는 '러다이트'라고 불리는 폭력시위 근로자들은 양털 및 면화공장에서 사용하는 베틀기를 부수고 공장 소유주의 집에 방화를 하였다. 오늘날 '러다이트'라는 용어는 기술진보에 반대하는 사람이란 뜻으로 사용된다.

창조적 파괴의 희생자가 될 것으로 예상되는 기존의 기업들은 새롭고 보다 효율적인 경쟁기업이 진입하지 못하도록 정치적 해결책을 모색하곤 한다. 최초의 러다이트들은 정부가 새로운 섬유기술의 확산을 억제하여 자신들의 일자리를 보호해 주길 원하였다. 이와 유사하게 미국 지역 소매업체들은 월마트가 자신들의 시장에 진입하는 것을 방지하기 위하여 토지 사용을 규제하도록 시도하였다. 하지만 이렇게 진입을 제한할 경우 기술진보의 속도를 늦추게 하는 비용이 수반된다.

미국보다 진입규제가 더 심한 유럽의 경우 월마트와 같은 대규모 소매업체가 출연하기 어렵다. 따라서 소매업계의 생산성 성장도 훨씬 더디게 진행된다.

자본주의는 본질상 경제 변화의 한 형태이거나 방법이다. 자본주의는 결코 정체되어 있지 않을 뿐만 아니라 그럴 수도 없다. 이러한 자본주의의 진화적 특성은 단순히 경제적 삶을 둘러싼 사회적, 물리적 환경의 변화에 의해 경제행위의 내용이 바뀐다는 사실에서 기인하는 것만은 아니다. 이러한 사실은 중요하며, 산업의 변화는 종종 이러한 변화들(전쟁, 혁명 등)에 의해 조절되기도 한다.

그렇지만 이 변화들이 산업 변화의 일차적 동인動因은 아니다. 자본주의 전개 과정의 진화적 특성은 인구와 자본의 자동적 증가나 금융시스템의 예측치 못한 변동에 기인하는 것도 아니다.

자본주의의 엔진을 작동시키고 이를 계속 움직이게 하는 근본적인 추진력은 새로운 상품, 새로운 생산방식 또는 수송수단, 새로운 시장, 자본주의 기업이 창조해 낸 새로운 산업 조직의 구성 등으로부터 온다. 또한 1760년에서 1940년 사이에 노동자의 수입은 단지 지속적으로 증가한 데 그치지 않고 질적인 변화를 겪었다.

마찬가지로 일찍이 윤작輪作, 쟁기질, 거름주기와 같은 합리적 농법이 도입되었을 때부터 곡물창고, 철도 등과 연계된 오늘날의 기계화된 방식에 이르기까지 농업생산 체계의 역사는 잇단 혁명의 역사였다. 대장간 화덕에서 오늘날의 용광로에 이르는 철강산업 생산체계의 역사도, 물레방아에서 현대적인 발전소에 이르는 전력산업 생산체계의 역사도, 역마차에서 비행기에 이르는 수송의 역사도 그러하다. 해외 또는 국내에서 새로운 시장의 출현과 철공소에서 U.S. Steel로의 발전은—생물학의 용어를 쓴다면—모두 산업적 돌연변이의 과정이며, 이것은 쉴 새 없이 내부로부터 경제구조의 혁명을 일으키고, 끊임없이 오래된 것을 부수며, 멈추지 않고 새로운 것을 만들어낸다. 이러한 '창조적 파괴'의 과정은 자본주의의 본질적 요소이다. 이것이 바로 모든 자본가가 주목해야 할 자본주의의 요체이다.

**출처** : 서울대 권장도서(서양사) 슘페터의 『자본주의, 사회주의, 민주주의』를 읽고 나서를 재정리한 것.

제13장

# 힉스의 경제학과 현대[1]

## 1. 20세기 근대경제학의 비판적 집대성자로서의 힉스

▲ 존 힉스

경제학의 역사에서 케인즈 이후의 큰 흐름을 살펴보면, 해로드Roy Harrod(1900~1978) · 도마E. D. Domar(1914~1998) 등에 의한 케인즈 이론의 장기 · 동학화, 로빈슨John Robinson(1903~1983) 등의 포스트케인즈 경제학의 등장, 힉스John Richard Hicks(1904~1989)와 폴 새뮤얼슨 등에 의한 신고전파 종합의 시도, 1970년대부터 명확히 나타난 통화주의자에 의한 반케인즈 혁명의 전개, 그리고 최종적으로는

1. 이 장은 小畑二郎(2014), pp.282~306을 많이 참고하였다.

합리적 기대형성이론의 존재로 상징되는 신고전파의 완전복위인 새고전학파 등장 등으로 정리할 수 있다. 이러한 경제사적 흐름은 매우 역동적이고 화려하다. 그러나 이들 경제학의 사상적인 핵심은 케인즈 경제학임과 동시에 신고전파 경제학이라는 것도 부인할 수 없는 사실이다.

한편, 이러한 케인즈 이후의 흐름에 부가할 수 있는 것으로, 하나는 제도학파의 두 개의 조류(코스 등에 의한 신고전파적인 방법과 갈브레이스 등에 의한 신고전파 비판의 방법)가 있고, 다른 하나는 시장에 있어서 경제주체의 행동이론 일반을 다루게 된 현대 미시경제학의 중핵을 구성하는 게임이론의 발전을 들 수 있다. 그 외에 환경경제학, 경제인류학, 규제이론 등을 들 수 있다. 이러한 조류 가운데 어느 것은 장차 경제학의 새롭고 지배적인 패러다임을 구축하고 경제사상의 원류가 될 가능성이 있다.

힉스는 한계혁명 이후 근대경제학의 3가지 계통의 이론체계, 즉 왈라스-파레토의 일반균형이론, 마샬의 이동균형이론, 오스트리아학파의 동학적 시장과정론의 3가지 계통의 이론체계를 종합하는 연구를 진행하였다. 또한 케인지안과 하이에크 그리고 통화주의자들 간에 이루어졌던 현대의 경제학논쟁에 관하여도 비판적으로 검토하였다. 그렇지만 힉스는 아담 스미스 이래 경제학의 역사를 돌아보고, 장래 경제학이 나아갈 방향에 대하여도 시사점을 주고자 노력했다.

## 2. 케인즈 경제학의 보급과 *IS-LM* 이론

### 2.1 케인즈 경제학과 *IS-LM* 이론

현대경제학에 대한 힉스의 공헌으로 먼저 *IS-LM* 이론을 들 수 있다. 이 *IS-LM* 이론은 힉스의 독자적인 연구가 아니라 케인즈의 『일반이론』의 서평논문에서 서술된 힉스의 케인즈 해석으로부터 나왔다. 그리고 이 *IS-LM* 이론은 현대 거시경제학의 핵심 부분을 이루게 되었다.

케인즈의 고용에 대한 일반이론은 고용량의 변동을 가져올 때까지 상당히 복잡한 인과관계를 형성하고 있다. 이에 대하여 힉스의 *IS-LM* 이론은 이 복잡한 관계를 투자와 저축의 균형조건과 화폐시장의 균형조건을 동시에 만족시키는 이론으로 정리하였다. 이 정리에 의해 케인즈 경제학을 이해하기가 용이해졌다. 케인즈 이론은 『일반이론』보다 오히려 *IS-LM* 이론에 의해 세상에 더 잘 알려지게 되었다고 할 수 있다.

## 2.2 *IS-LM* 이론과 거시경제 정책

*IS-LM* 이론은 어떤 이론인가? 힉스는 경제 전체의 시장을 ① 실물시장, ② 채권(증권)시장, ③ 화폐시장의 3가지로 분류하고, 왈라스의 법칙에 따라 3개 시장의 균형조건을 ① 실물시장과 ③ 화폐시장의 2개 시장의 균형조건으로 나타냈다.

실물시장의 균형조건은 투자 $I$와 저축 $S$의 균형조건으로 나타낼 수 있다. 재화시장에서 공급은 소비되는 재화의 공급 $C_s$와 소비되지 않고 저축되는 재화 $S$의 두 가지로 나뉜다. 한편, 재화의 수요는 소비재수요 $C_d$와 투자재수요 $I$의 두 가지로 이루어진다. 이 중 소비재의 수요와 공급에 관하여는 소비재가격의 변동에 의해 조정된다. 그러므로 후에 저축 $S$와 투자 $I$가 같아지는 게 좋다.

그런데 투자재의 수요 $I$는 장래의 이익에 대한 기대 $Q_t$와 자본의 한계효율 $\rho$에 의해 변화한다. 이 가운데서 기대가 변하지 않는다면, 자본의 한계효율은 투자의 규모가 커짐에 따라 작아진다. 그리고 투자의 규모는 자본의 한계효율이 이자율과 같아질($\rho = i$) 때까지 증가한다. 그러므로 투자수요의 크기는 결국 이자율 $i$에 의해 결정되게 된다. 한편 저축 $S$는 소득 중에서 소비되지 않는 금액과 같아지므로 소득의 크기 $Y$에 의해 결정된다. 이상과 같은 관계를 고려하여 실물시장의 균형조건에 관하여는 다음 식으로 간단히 나타낼 수 있다.

$$I(i) = S(Y) \tag{13-1}$$

여기서 투자 $I$는 이자율 $i$가 낮을수록 커지게 되는 데 대하여, 저축 $S$는 소득 $Y$가 커질수록 커진다. 투자와 저축의 균형은 이와 같이 소득의 크기와 이자율 수준의 변화를 통하여 실현된다.

한편, 화폐시장의 균형에 관하여도, 실물시장의 균형과 같이 소득과 이자율과의 관계에 의해 결정된다. 화폐의 공급은 화폐당국(중앙은행)의 정책에 의해 결정되지만, 화폐의 수요는 소득 $Y$와 이자율 $i$의 함수로 나타낼 수 있다. 즉, 화폐의 수요 중, 케인즈의 거래적 수요와 예비적 수요에 관하여는 소득이 커질수록 증가되는 데 대하여, 투기적 수요는 이자율이 낮아질수록 커지게 된다. 이러한 관계를 고려하면, 화폐시장의 균형은 다음과 같이 나타낼 수 있다.

$$M = L(Y, i) \tag{13-2}$$

이상과 같이 실물시장의 균형조건이나 화폐시장의 균형조건은 공통의 변수인 소득 $Y$와 이자율 $i$에 의해 나타낼 수 있다. 이 두 개 시장의 균형조건을 함께 도시하면 〈그림 13-1〉과 같이 나타낼 수 있다.

이것이 힉스의 유명한 *IS-LM* 이론이다. 횡축에는 소득 $Y$, 종축에는 이자율 $i$의 크기를 나타내고 있다. 이 그림의 *IS*곡선에는 투자 $I$와 저축 $S$를 일치시키는 소득 $Y$와 이자율 $i$의 조합의 궤적을 나타내고 있다. 이자율이 변하지 않은 채 소득이 커지면, 저축은 투자를 상회하게 된다. 이 상태로부터 저축과 투자가 다시 같아지기 위하여는 이자율을 낮추고 투자를 확대시켜야만 한다. 이러한 관계를 나타내는 것이 우하향右下向하는 *IS*곡선이다.

그림 13-1 *IS*-*LM*곡선

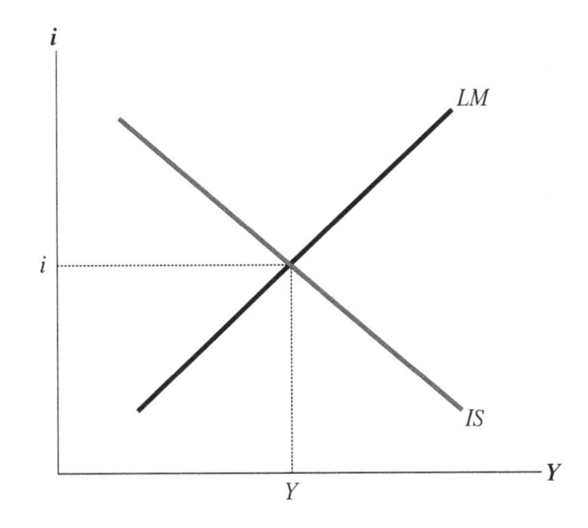


한편, *LM*곡선은 화폐공급과 화폐수요를 일치시키는 소득 $Y$와 이자율 $i$ 조합의 궤적이다. 이 곡선을 전제로 하여, 이자율이 변하지 않은 채 소득이 커지면, 화폐수요는 증대하게 되어 화폐공급을 상회하게 된다. 이 상태로부터 다시 화폐시장의 균형이 달성되기 위해서는 이자율 $i$를 인상시키고, 화폐의 투기적 수요를 감소시키지 않으면 안 된다. 이러한 관계를 나타내는 것이 우상향右上向하는 *LM*곡선이다.

그리고 *IS*곡선과 *LM*곡선의 교차점의 좌표는 실물시장과 화폐시장의 균형을 동시에 달성하기 위한 소득 $Y$와 이자율 $i$를 나타내는 것이다. 그러나 이 상태에서 완전고용의 조건이 충족되는 것은 아니다. 일반적으로 이 교차점에서 표시되는 소득에 기반하는 고용량은 완전고용수준 아래에 있다.

이 상태로부터 완전고용수준으로 다가가기 위하여는 2개의 방법이 있다고 생각할 수 있다. 그 하나는 정부의 재정투자 $G$를 추가로 증대시켜($\Delta G$) *IS*곡선을 〈그림 13-2〉에서와 같이 $IS_1 \rightarrow IS_2$로 오른쪽 위로 이동시키는 방법이고, 다른 하나는 화폐의 공급량을 증대시키거나 이자율을 인하시켜 *LM*곡선을 〈그림 13-3〉에서 $LM' \rightarrow LM''$과 같이 오른쪽 아래로 이동시키는 방법이다. 이리하여 *IS*-*LM* 이론은 케인즈 경제학의 요점을 알기 쉽게 그래프로 나타내며, 케인즈의 거시경제 정책

**그림 13-2 *IS*곡선의 이동**

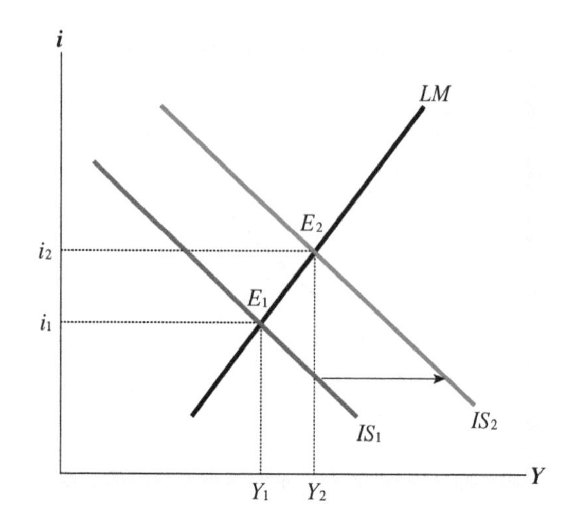


**그림 13-3 *LM*곡선의 이동**

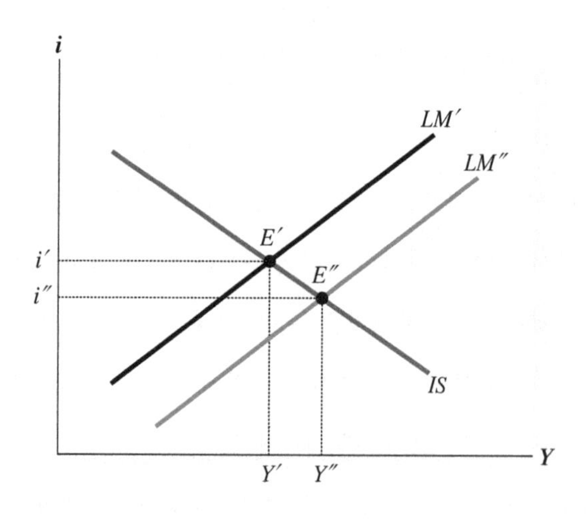


인 재정 · 투자정책과 저금리 · 화폐정책을 간략히 압축할 수 있게 되었다.

힉스의 *IS-LM* 이론은 1950년대에서 1970년대 초까지 많은 선진국의 경제정책에 참고되었지만, 1970년대 말 이후 케인즈 정책과 더불어 비판을 받게 되었다. 그 이유는 이 *IS-LM* 이론에 의해서는 물가와 실질임금 변동의 효과에 관한 분석을 할 수 없고, 또한 *IS*곡선이 일정 기간의 투자와 저축의 유량流量, flow의 변화를 나타내는 데 대하여, *LM*곡선은 어느 시점에서의 화폐의 저량貯量, stock을 나타내므로, 같은 시간의 차원에서 다룰 수 없다는 것이다. 이 때문에 *IS-LM* 이론은 몇 개의 수정이 가해졌다.

그러나 *IS-LM* 이론의 보다 중요한 결함은 힉스 자신도 인정한 바와 같이, 이 이론으로는 대차대조표 자본계정의 균형을 문제삼아야 하는 장기 경제적 변화를 다룰 수 없다는 것이다. 힉스는 이후 화폐 · 자본의 장기이론을 포함한 연구를 진행함으로써 *IS-LM* 이론의 결함을 극복하였다[小畑二郎(2014), p.289].

## 3. 힉스 이론의 출발점

### 3.1 임금이론

힉스의 경제학연구는 *IS-LM* 이론보다 먼저 임금이론의 연구로부터 시작되었다. 이 연구의 요점은 마샬의 분배에 관한 한계생산력설을 여러 요소 사이에 분배하는 분석에 적용하고, 그것을 기술진보의 문제와 관련시키는 것이었다. 케인즈는 고용의 크기를 전적으로 산출량에만 관련시켰다. 그러나 고용이나 임금의 크기는 노동을 어떻게 사용하느냐 하는 생산방법의 차이에 의해서도 영향을 받는다. 또한 케인즈는 고정적인 화폐임금을 가정하였다. 그러나 임금은 자본과 노동의 경쟁에 의해 신축적으로 변화될 수 있다. 그 결과 고용량은 임금률의 변화에 의해서도 영향을 받게 된다.

힉스는 옥스퍼드대학에서 콜G. D. H. Cole(1889~1959) 교수로부터 배우고, 건설업과 기계공업의 노동자 임금에 관한 실증적인 연구를 진행하였다. 그 후 런던정경대학에서 라이오넬 로빈스Lionel Robbins(1898~1984)나 하이에크Friedrich Hayek

(1899~1992)의 영향을 받아 임금과 가치에 관한 시장이론을 연구하였다. 그 성과로서 발표된 『임금이론』(1932)은 곧 세계 경제학자들의 주목을 받게 되었다.

임금이 노동의 한계생산물의 가치와 같다는 것은 마샬의 경제학에서 명확히 정리되었다. 힉스는 이 이론을 자본과 노동에 대한 분배법칙에 적용하였다. 자본의 이자와 노동의 임금은 각각의 한계생산력에 의해 결정되기 때문에, 이자와 임금에 대한 상대적인 분배는, 양자의 한계생산력의 비율인 어떤 한계대체율에 의존하게 된다. 여기서 한계대체율Marginal Rate of Substitution이란 같은 생산물을 만드는 데 필요한 한계적 단위수의 비이다. 이 이론에 의하면 임금률은 단지 노동의 한계생산력뿐만 아니라 자본의 한계생산력이나 이자율, 나아가 자본과 노동을 사용하는 생산방법에 의해서도 의존한다.

어떤 특정한 생산물을 만드는 데 자본과 노동의 두 종류의 생산요소를 사용하는 기술은 몇 종류인가? 어떤 기술 아래에서는 자본을 보다 많이 사용하지만, 또 다른 어떤 기술 하에서는 노동을 보다 많이 사용한다. 전자를 노동절약적 기술이라 하고, 후자를 자본절약적 기술이라 한다. 그리고 자본과 노동이 같은 단위로 시용되는 기술은 중립적인 기술이다.

이러한 생산방법(기술)의 분류는 한계대체율이 변화하는 상태, 즉 대체탄력성으로 나타낼 수 있다.

## 3.2 『가치와 자본』(1939)

힉스는 나아가 임금이론을 가치의 일반이론으로 확대시켰다. 이 연구의 단서가 된 것은 파레토의 후생경제학이었다. 가치론에 대한 파레토의 공헌의 하나는 효용의 측정가능성을 부정하고, 선호의 순서를 나타내는 서수적序數的 효용이 복수의 재화 사이에 상대적 가치를 결정한다는 것이다. 지금 복수의 재화 간의 선호 순서는 무차별곡선으로 나타낼 수 있다.

무차별곡선은 효용의 서열관계를 나타내는 서수적 효용의 개념에 기초를 두고, 같은 효용수준을 얻기 위한 두 재화의 조합을 나타낸다. 여기에는 사람들의 예산제약, 즉 주어진 소득수준으로 구입할 수 있는 두 재화의 여러 가지 조합을 생각해야 한다. 이 예산제약의 범위 안에서 효용극대화를 추구해야 한다. 주어진 예산 범위 안에서 두 재화를 구입할 수 있는 여러 가지 조합을 나타내는 직선을 예산선 또는 가격선이라 한다. 그러면 소비자의 최적인 선택은 무차별곡선과 예산선이 만나는 접점이 된다.

이 상태로부터 어떤 사정으로 두 재화의 상대가격의 변화가 일어났다고 하자. 이 사람은 새로운 최적 상태로 이동해야 한다. 이를 이론적으로 두 단계로 나누어 생각할 수 있다. 다른 조건이 일정한데 한 재화(*X*재)의 가격이 하락하면 소비자의 실질소득이 증가하는 결과를 가져와 그 재화(*X*재)의 소비량이 증대하는 효과를 발생시킨다. 이를 소득효과income effect라 한다. 그리고 다른 재화(*Y*재)의 가격이 불변인데 한 재화(*X*재)의 가격이 하락하면, 한 재화(*X*재)가 다른 재화(*Y*재)에 비해서 상대적으로 저하한 결과를 가져오기 때문에 비싼 재화를 상대적으로 저하된 재화로 대체하게 된다. 이를 대체효과substitution effect라 한다. 결국 가격의 변화에 따른 소비자 선택의 변화는 소득효과와 대체효과의 합성효과로서 설명되는 것이다.

이와 같이 힉스는 소비자선택의 분석으로부터 출발하여, 주관적 가치의 이론을 사람들의 선택행위에 관한 일반이론으로 확장시켰다. 이것은 오스트리아학파의 미제스Ludwig von Mises가 "인간 행동의 이론praxeology"으로 전개한 것과 궤를 같이 한 시도였다.

이 구상은 경제동학에 관한 연구에서 더욱 활발하게 전개되었다. 힉스는 에릭 린달Eric Lyndal(1891~1960)이나 군나르 뮈르달Gunnar Myrdal(1898~1987)로부터 힌트를 얻어, 시간 속에서 사람들의 소비나 생산이 변화하는 과정에 관한 이론을 전개하였다. 각자는 주초에 예상에 따라 계획을 수립하고, 시장에서 필요한 재화를 구입한다. 그리고 그 다음 주에 예상과 계획을 수정하여, 다시 시장에서 거래한다는 동학적 과정에 관한 모형을 설정하였다. 이러한 동학이론에 관한 본격적인 연구는 제2차 세계대전 후에 지속되었다.

## 4. 후기 힉스 연구의 특징과 그 역사적 배경

### 4.1 후기 힉스 경제학 연구의 특징

후기 힉스의 경제학 연구의 목표를 한마디로 표현하면, "시간 속에서in time" 경제학의 주요한 이론을 재구축하는 것이었다. 이러한 문제의식은 존 로빈슨의 자본이론과 궤를 같이하는 것이었지만, 힉스는 시장경제의 장래에 관한 자기 자신의 비전과, 케인즈 경제학과 신고전파 경제학의 양쪽에 대한 비판으로 연결시키는 것이었다.

먼저 케인즈 경제학은 단기이론에 집중했기 때문에 제2차 세계대전 후의 세계경제의 장기적 변화, 특히 1970년대 이후의 변화를 잘 파악할 수 없었다. 힉스는 화폐이론과 성장이론의 새로운 성과를 도입함으로써, 케인즈 이론의 결함을 수정하였다. 화폐이론에서는 유동성의 적극이론과 독자적인 자산선택이론을 개척하였다. 자본과 성장의 이론에 관하여는 생산의 시간구조를 중시한 오스트리아이론을 도입함으로써 보다 장기적인 이론을 구성하였다.

또한 신고전파의 시장경제이론에 대하여는 신축가격과 고정가격의 양쪽의 움직임에 의해 조정되는 복합적인 시장모형을 설정함으로써 일반균형이론[2]의 결함을

2. 왈라스(1874)에 의해 제시된 일반균형이론은 이탈리아의 파레토, 미국의 피셔(1907) 등에 의해 간헐적이면서 점진적으로 발전하고 있다가 1930년대에 이르러 획기적 발전을 위한 발판을 마련하게 된다. 수학 분야에서는 일반균형의 존재증명에 적용되는 정리들이 개발되었으며, 경제이론 면에서는 시점 간 일

극복하려고 했다. 일반균형이론은 주식거래소와 같이, 표준화된 동질의 상품을 동시에 같은 장소에 집합하여 경쟁적으로 매매한다는 시장에서는 유효하지만, 품질이 다른 다양한 상품을 서로 다른 시간에 다른 장소에서 매매하여 시장참가자들의 상태를 점차 개선해가는 시장에서는 별로 적합하지 않다.

생선식료품 등 장기간 재고로 둘 수 없는 상품은 신축가격에 의해 수요와 공급이 조정되는 데 비하여, 상인이나 기업이 재고스톡을 오래 유지할 수 있는 내구소비재나 자본재 등의 경우는 고정가격이 유지된다. 가격이 높기 때문에 공급에 비해 수요가 별로 커지지 않는 경우에도, 고정가격을 유지함으로써 고객의 신용을 얻을 수 있으며, 장기적으로는 수요의 증대를 기대할 수 있다.

또한 금융기관 등 자산 구성을 항상 최적 상태로 해둘 필요가 있는 기관이 대부분 매매하며, 증권거래소와 같은 경쟁시장이 조직되어 있는 금융시장에서는 신축가격이 수요와 공급을 조정한다. 이에 대하여 노동조합이나 가족, 그리고 그 외 다른 단체로부터 원조를 받는 노동시장에서는, 실업이 발생했을 때에도 고정임금(하방경직적인 임금)이 얼마 동안은 유지될 것이다. 이와 같이 시간의 변화를 생각하면, 다양한 상품에 관하여 다양한 방법으로 시장의 조정이 이루어지는 것을 알 수 있다. 힉스는 시간의 변화에 대하여 사람들이 즉각적으로 반응하는 신축가격시장과 일정한 시간이 경과함에 따라 대응하는 고정가격시장을 구별함으로써 시장이론의 개선을 시도하였다. 이러한 연구는 마샬의 이동균형이론이나 리카도-스라프의 비용가격이론, 오스트리아학파의 시장과정이론 등과 같은 일반균형이론 이외의 선행이론이 도움이 되었다.

---

반균형(intertemporal general equilibrium)이란 개념이 제시되었다. 이러한 변화들은 1950년대에 마무리되면서 신고전파적 가격이론의 표준모형이라고 할 수 있는 Arrow-Debreu 모형으로 자리잡게 된다. 나아가 이러한 신고전파적 일반균형이론이 현대 일반균형학파로서 경제학의 주류이론으로 되는 데까지 이어진다.

## 4.2 후기 힉스 경제학의 역사적 배경

이러한 후기 힉스 연구의 변화에 관하여는 단순한 이론적 발전뿐만 아니라, 전후 경제의 역사적 발전도 고려하여 이해할 필요가 있다. 20세기의 제2사반기(1926~1950)는 히틀러의 시대였던 데 대하여, 20세기의 제3사반기(1951~1975)는 케인즈의 시대였다고 힉스는 서술하고 있다. 제2차 세계대전 후의 선진국 경제는 주로 냉전 하에 형성된 잠정적인 정치적 안정과 기술혁신에 의해 유지되면서, 전전과 같은 경제적 정체를 벗어나 성장을 시작했지만, 이 시기까지의 경제발전은 케인즈 정책과 양립하였다.

그러나 1970년대 말부터 선진국에서 스태그플레이션이 발발하자 케인즈 정책이나 케인즈 이론에 대한 비판이 강해졌다. 점진적인 인플레이션의 효과를 인정한 케인즈 정책에 대하여 하이에크나 프리드먼 등이 비판을 제기했으며, 이러한 비판이 설득력을 얻게 되었다. 또한 1970년대 말 석유위기가 발생하자 자원다소비형의 경제성장과 대규모 생산에 대하여 비판이 강해지고, 공해, 환경, 에너지 문제 등이 발생함으로써, 경제학을 위시한 사회과학 전반에 대해 이론적인 의문을 제기하는 목소리가 높아졌다.

1980년대 이후에는 화폐량의 조정에 의한 반인플레 정책이나, 공공사업의 민영화 등에 의한 신자유주의 정책이 많은 선진국에서 채용되었다. 곧 통화주의자의 시대가 도래했던 것이다. 나아가 1990년대에는 유럽의 사회주의 경제가 붕괴하고 시장경제로 이행하게 되었다. 그러나 21세기에 접어들자 버블경제가 붕괴되고 2008년에 일어난 리먼쇼크[3] 등에 의해 시장경제에 대한 의문이 제기되었다.

---

3. 2008년 가을 시작되어 수년간 전 세계를 휩쓴 글로벌 금융위기는 리먼 브라더스(Lehman Brothers) 파산으로부터 시작됐다. 리먼 브라더스 사태는 미국 부동산가격 하락에 따른 서브프라임 모기지론(비우량주택담보대출)이 근본 원인이었다는 점에서 글로벌 금융시장과 부동산시장이 동시에 얼어붙는 충격파를 몰고 왔다.

이러한 경제변동과 경제학비판에 관하여 힉스는 전부를 꿰뚫지는 못했지만, 계속하여 노동자의 상태의 개선에 관심을 쏟고, 언제나 시장경제의 발전에 기대하는 입장을 취하면서, 이제까지의 근대경제학의 결함을 수정하는 쪽으로 연구를 추진했다. 재정정책에 중점을 두었던 케인지안의 경제학에 대하여는 케인즈 이론 본래의 금융정책을 중시하는 화폐이론의 혁신에 노력하였다. 또한 시장경제의 가격조정능력을 과대하게 평가하는 신고전파 경제학에 대하여는 생산이나 시장의 프로세스에서 자본스톡의 조정을 중시하는 자본이론의 연구를 진행하였다.

## 5. 화폐이론의 연구

### 5.1 힉스 화폐이론의 출발점 :「화폐이론의 단순화를 위한 제안」

힉스는 임금이나 가치의 이론에 화폐이론이 빠져 있다는 것에 대한 반성으로부터 화폐이론의 연구를 시작하였다. 그러한 연구의 성과를 1935년에「화폐이론의 단순화를 위한 제안」이라는 논문으로 발표하였다. 이 논문은 케인즈의 화폐이론과 공통의 사고 체계를 보여준다. 그것이 케인즈의『일반이론』의 서평을 의뢰하게 했으며, *IS-LM* 이론이 나오게 된 인연이 되었다. 그러나 힉스의 화폐이론은 다음 3가지 점에서 케인즈의 화폐이론과 다르다.

첫째, 케인즈『일반이론』에서의 화폐이론은 화폐와 채권(공채) 두 종류의 금융자산 간의 선택을 다루고 있는 것에 대하여, 힉스의 화폐이론에서는 보다 많은 종류의 금융자산을 포함한 "유동성스펙트럼" 간의 선택을 다루고 있다. 현금화폐라는 가장 유동적인 자산으로부터 은행예금, 재무성단기증권TB 등의 단기증권, 채권이나 주식, 재고상품 등의 다양한 자산이 유동성 있는 자산으로 취급되고 있다.

둘째, 보다 장기적인 불확실성 하에서는 경상계정(플로)의 선택이 아니라 대차대조표상(스톡)의 선택에 관한 연구가 이루어져야 한다는 것이다. 이 점에 관하여 케인즈는 기존 스톡을 전제로 한 유량적 투자의 선택을 문제로 삼았던 것이다. 힉스는 고전파의 화폐수량설이나 케인즈의 유동성선호설에서는 화폐에 관한 가치론이 없는 것을 문제로 제기하였다. 이 문제는 후에 자산선택에서 수익과 위험에 관한 연구로 발전되었다.

셋째, 금융시장에서 투자가의 유형을 위험애호적인 투기가fluid investors와 위험회피적인 투자가solid investors로 나누고, 전자가 지배적이면 금융시장이 불안정하게 되는 것을 명백히 하였다. 같은 투자가라도 경기순환의 특정 국면에서는 다소 위험애호적으로 변하게 된다. 그러므로 이 분석은 하이만 민스키Hyman Minsky(1919~1996)의 "금융불안정성 가설"[4]과 같은 문제를 다루었다고 하겠다.

## 5.2 화폐이론

힉스는 제2차 세계대전 후에 이상과 같은 『화폐이론』(1967)의 구상을 더욱 발전시켰다. 먼저 "유동성스펙트럼"에 관하여는, 케인즈의 화폐 보유의 예비적 동기를 확장함으로써, 금융(또는 실물)의 준비자산을 가동자산이나 투자자산에 대하여 적절한 비율로 보유하는 것이 경제의 불확실성에 대처하는 가장 유효한 정책이라는

4. 시장의 효율성에 대한 믿음이 점점 강해지고, 경기변동은 끝났다는 인식이 확대되던 시기에 민스키는 지속적으로 자본주의 경제의 불안정성을 연구해 왔던 학자이다. 오늘날 현실 세계에서 금융은 경제시스템의 외부에 존재하는 것이 아니라, 경제시스템의 내부 중심에 존재하고 있다고 해도 과언은 아니다. 이러한 금융의 중요성에 대해 민스키는 과거의 경제학이론과는 다른 각도에서, 케인즈 이론의 재해석을 통해 금융이 중요하다는 인식을 체계화하고, 또한 금융에 기초한 자본주의 경제의 내재적 불안정성을 주장하였다. 민스키는 현실의 경제는 복잡한 금융제도와 금융활동의 전개 속에서 경제주체들이 투자자금을 조달하고 조달된 부채를 상환하는 화폐경제임을 주장하면서, 투자를 위한 자금조달의 금융이론과 경기변동을 야기하는 투자이론을 결합한 금융불안정성 가설(financial instability hypothesis)을 제시하였다.

것을 지적하였다.

힉스는 대차대조표상의 균형에 관하여, 현대 포트폴리오 이론의 선구적인 이론을 전개하였다. 그러나 투자신탁 등의 기관투자가는 최적의 포트폴리오를 실현하기 위하여는 반드시 자산 구성을 변화시키든가, 그 이외의 투자가에서는 거래비용과 불확실성이 장애가 되므로 자산 구성을 빈번하게 변화시키는 어렵다. 그래서 그 대신에 유동성의 보유상황을 변화시킴으로써, 그 외 자산보유를 변화시키지 않고 자산 구성 전체의 유동성을 변화시킬 수 있다. 각 경제주체는 또한 금융기관에 대하여 크레딧트 라인을 설정함으로써 유동성을 준비할 수 있다.

유동성의 보유는 또한 기술혁신에 대하여도 적극적인 역할을 담당한다(유동성의 적극이론). 영국의 산업혁명은 기술혁신과 상업이 결부된 공업화의 과정으로서 이해했지만, 유동성이 풍부한 공급으로는 진전되지 않았다. 이자율의 저하는 그 결과였기 때문이다.

나아가 힉스는 현대경제에서 금융정책이 적극적인 역할을 하는 것에 관하여도 검토하였다. 케인지안은 장기금리를 정책적으로 인하시키는 것이 어렵거나 유동성 함정Liquidity trap[5]이 있으므로, 금융정책보다는 재정정책이 불황으로부터 탈출하는데 유효하다고 하였다. 이에 대하여 힉스는, 재정정책은 기동력이 없고, 큰 정부에 대한 비판을 초래하기 쉽다고 하였다. 또한 통화주의자가 크라우드 아웃(증세나 국채에 의한 민간투자의 구축)효과가 있다고 비판한 것에 응답하면서, 금융정책만이 현대경제에서 유효한 정책이라고 지적하였다. 이러한 힉스의 주장은 변동환율제 하의 금융정책의 유효성에 관한 먼델-플레밍의 정리[6]에 의해 지지되었다.

5. 유동성 함정이란 케인즈가 처음으로 사용했던 말로서, 중앙은행이 금리 인하나 통화공급 확대 등 팽창적 통화정책을 사용하더라도 민간부문의 수요가 증가하지 않아서 소비, 투자 등 실물경제 활동으로 이어지지 않는 상황을 일컫는다. 경제 내에 유동성함정이 발생하면 중앙은행이 통화공급을 아무리 늘려도 경제주체들이 이를 쥐고 있을 뿐 사용하지 않기 때문에 통화가 경제 내에서 돌지 않게 되고 소비와 투자도 증가하지 않게 된다.

6. 먼델-플레밍 모형을 대략적으로 이해하면 *IS-LM* 모형의 확장판으로 볼 수 있다. 닫힌 경제(closed

그리고 금융정책을 단기, 중기, 장기 정책으로 나누고, 각각 적절한 금융정책이 필요하다고 주의를 환기하였다. 먼저 단기정책은 화폐나 신용의 양, 그리고 재고 보유를 포함한 유동성을 적절히 관리한다. 그 목적은 통화의 대내외 가치를 안정시키는 것이다. 국내 소비자물가의 안정뿐만 아니라, 변동환율제 하에서는 환율의 안정도 매우 중요한 요소이다.

그 다음에 필요한 것은 대략 10년을 주기로 하는 설비투자순환의 변동에 대처하는 중기 금융정책이다. 장기금리와 중기금리의 스프레드를 적절한 비율로 보유함으로써, 금융기관의 기대이익이나 리스크선호를 조절하고, 투자와 고용과의 안정을 도모한다.

그러나 장기 경제정체에 대하여는 금융시스템 전체의 효율을 향상시키는 제도개혁이 필요하다고 했다. 이 제도개혁은 30~50년 주기로 필요한 레짐의 개혁이다. 조세프 슘페터Joseph Schumpeter(1883~1950)의 "기술혁신의 군생화群生化"에 대응하는 신용창조능력의 향상이 제도개혁의 목적이 될지도 모른다. 이상과 같이 힉스는 다시한적多時限的이며 다양한 금융정책의 필요성을 지적하였다.

또한 힉스는 화폐이론이 역사적으로 변화한 과정을 명백히 하였다. 경제의 역사적 전환점에서 새로운 금융프런티어가 형성되고, 그것에 따라 금융이론의 혁신이 이루어졌다. 다만, 금융프런티어의 형성에 의해 종래의 금융시스템이 소멸하는 것이 아니고, 그 역할이 변형되어 남게 된다. 역사적으로는 금본위제의 확립에 기여한 리카도의 화폐이론, 신용제도의 확장에 대응한 밀의 신용이론, 중공업화시대의 설비투자금융에 대응한 빅셀이나 케인즈의 화폐이론, 그리고 공업의 자동화나 정보산업의 기술혁신에 대응한 힉스의 자산선택이론, 나아가 주식금융의 새로운 역할에

---

economy)를 가정한 *IS–LM* 모형이 국내경제만을 보았다면, 먼델–플레밍 모형은 국제수지(balance of payment(BoP))를 고려해서 개방경제(open economy)를 가정한 모델이다. 먼델–플레밍 모형에 따르면 정부는 고정환율, 통화정책의 독립성, 자본의 자유로운 이동의 세 마리 토끼를 한꺼번에 잡을 수 없고, 트릴레마(trilemma)를 피할 수 없다. 즉, 정부는 셋 중에서 둘만 선택이 가능하다는 것이다.

대응한 토빈James Tobin(1918~2002)의 $q$이론[7] 등이 세대에서 세대로 이어졌다.

# 6. 자본이론의 연구

## 6.1 자본이론의 역사 연구 : 『자본과 성장』

힉스의 연구에서는 화폐이론뿐만 아니라 자본이론에 관하여도 역사적 진화의 과정을 보였다. 자본이란 회계학에서는 자산총액에서 부채총액을 차감한 나머지를 의미한다. 이러한 회계 개념이 경제학에서 중요하게 된 것은 기업경제와 그것에 의해 지탱된 시장과정이 합리적으로 운영되는 것이 곤란하게 되었기 때문이다.

힉스는 『자본과 성장』(1965)에서 이제까지의 주요한 자본이론에 관하여 사회회계의 개념을 이용하여 다음과 같이 정리하였다. 먼저 아담 스미스는 다양한 소득이 발생하는 원천으로서 자본을 일반적으로 정의하고, 구체적으로는 노동의 임금에 대한 연초의 초기자본금이 연말에 증식되어, 다음 연도 사업의 자본이 되는 과정을 분석하였다. 이러한 사고를 계승한 리카도나 밀은 주로 임금기금이나 원료스톡 등에 투자되는 유동자본의 이론을 구축했던 것이다. 이 자본이론에는 단기 상업신용

7. 토빈의 $q$이론(Tobin' s $q$ theory)이란 미국의 경제학자 제임스 토빈이 창시한 투자 이론이며, 전통적 투자함수의 주요 변수인 이자율 외에 투자유인에 대한 포괄적 정보를 고려하여 투자가 결정된다는 이론이다. 토빈의 $q$는 기업 총자산가치의 대체비용에 대한 시장가치의 비율이다. 토빈은 이러한 점에 근거하여 $q$와 투자 사이의 인과관계를 살펴보고자 하였다. 그에 따르면, $q$가 1보다 크면 기업들은 투자할 유인이 있다. 그 이유는 새로운 자본투자의 가치가 그 비용을 초과하기 때문이다. 그러한 투자기회가 모두 소진된다면 $q$의 한계값은 1이 될 것이며, 새로운 자본투자의 가치가 그 비용보다 작다면 기업은 그 투자를 포기하게 될 것이다. 그런데 현실적으로는 완전경쟁의 시장이 요구하는 조건이 충족되지 않는 경우가 일반적인 경우라 할 수 있고, 엄밀한 의미에서는 완전경쟁시장이 존재하지 않을 수 있다. 이러한 점에 근거한다면, 토빈의 $q$는 기업이 투자를 결정하는 척도로도 이용될 수 있겠지만, 시장이 불완전경쟁 하에 있을 때 개별 기업의 독점적 지대를 측정하는 척도로도 이용될 수 있을 것이다.

과 은행신용에 의한 재고금융이 적합하다.

한편, 노동과의 관계에서는 생존임금에서 고용되는 노동이 인구 증가와 인구 이동에 의해 보충되는 "완전조업성장경로Full Performance Path"를 분석하였다. 이러한 자본축적은 최종적으로는 토지의 수확체감과 지대의 고등高騰에 의해 한계지워진다고 생각했다. 마르크스는 이러한 고전파 경제학의 전망을 비판하고, 노동의 착취에 대한 노동자의 반란과 공황이 자본축적의 장애가 되어, 사회주의 경제로 이행한다고 예언하였다.

한계혁명 이후의 자본이론은 크게 두 가지로 나눌 수 있다. 하나는 고정자본을 중심으로 구성된 왈라스의 자본이론을 들 수 있다. 이 이론에서는 주어진 동산적 고정자본과 노동투입을 변수로 하는 생산함수($PX = F(K, L)$)에 의해 자본축적 과정이 분석된다. 또 다른 하나는 생산과정의 연장, 즉 우회생산의 발전을 중심으로 이론을 구성한 뵘바베르크를 중심으로 하는 오스트리아학파의 자본이론이다. 이 이론에 의하면, 자본의 이자는 우회생산의 생산력에 의해 가능하게 되며, 또한 장래재와 현재재 간의 교환비율(시간선호)에 의해 변화한다. 고정자본의 규모가 커지고, 투자로부터 최종 소비재의 생산에 이르기까지의 시간이 오래 걸리는 철도업이나 광공업의 생산이 여기에 반영되었다.

이에 대하여, 케인즈 이론에서는 중화학공업시대의 생산구조가 반영되었다. 모든 공업의 발전이 성숙단계에 도달하고, 고정자본설비나 사회적 기반시설이 정비되어 있지만, 규모의 경제와 유효수요와의 대립에 의해 경제성장이 정체되고 있는 시대에, 추가투자와 산출량, 그리고 고용량 간의 관계가 분석되었다. 이러한 산업구조를 전제로 할 때, 그것을 받치는 금융시스템은 상업신용보다는 장기설비금융에 중점을 두게 된다. 거기에서는 장기신용에 기초한 위험이나 불확실성이 큰 문제로 된다.

한편, 노동과의 관계에서는 실업자나 노동조합의 압력에 의해 임금률이 고정된 채 행해지는 자본의 축적과정, 즉 "고정임금성장경로Fix Wage Path"가 문제로 된다.

재정정책과 저금리정책에 의한 유효수요의 확대정책이 이 과정의 정체국면을 벗어나는 정책으로서 제안되었다.

끝으로, 힉스 자신의 자본이론은 수직적으로 통합된 생산의 시간구조와 "신축임금성장경로Flex Wage Path"를 가정하였다.

## 6.2 『자본과 시간』(1973)

힉스는 이런 일련의 연구를 수행한 후 "신오스트리아자본이론"을 전개하였다. 이 이론은 기본적으로 멩거의 사고를 뵘바베르크가 계승하고 빅셀이나 미제스, 하이에크가 세련되게 한 것이다. 힉스는 이 이론을 일반화하고, 또한 초기의 임금이론과 기술혁신에 관한 이론을 통합하여 현대 자본이론의 결정판을 제공하였다.

뵘바베르크는 우회생산의 이론과 시간선호의 이론을 통합하여, 자본과 이자의 이론을 구축하였다. 그러나 그가 문제 삼았던 생산구조는, 예를 들면 기관차 제조와 같은 다시점 · 다품목 투입→일시점 · 일품목 산출이라는 특수한 것에 한하였다. 또 하이에크는 빅셀의 불균형누적과정의 이론을, 자본재생산과 소비재생산의 비중을 교체시키는 경기순환론으로 발전시켰다. 그러나 실제의 경기순환은 반드시 하이에크가 상정한 대로 이루어지지는 않았다. 힉스에 의하면, 하이에크 이론은 경기순환의 이론이라기보다는 오히려 장기적인 경제성장의 이론으로서 재구축되었다는 것이다.

한편, 힉스는 자동차 제조공정의 흐르는 작업과 같은 다시점 · 다품목 투입 → 다시점 · 다품목 산출이라는 가장 일반적인 생산모델을 설정하였다. 그리고 생산계획이 입안된 0기로부터 생산이 종료되는 $n$기까지의 생산과정 전체의 시간적인 구조를 연구하였다. 자본의 크기는 장래 기대되는 이익을 전부 자본화하여 합계하는 전향forward-looking의 자본화가치와, 생산개시로부터 그때까지의 순이익을 복리로 합계하는 후향backward-looking의 자본화가치라는, 두 개의 다른 방법에 의해 계산되었다.

이들 전향 자본화가치와 후향 자본화가치가 같아질 때 힉스의 동학적 균형이 성립한다. 이 균형조건은 0기의 자본화가치를 제로로 하는 다음 식으로 나타낼 수 있다.

$$k_0 = \sum_{t=0}^{n} q_t R^{-t} = 0$$

위 식이 성립할 때 임의의 $t$기의 후향 자본화가치는 전향 자본화가치와 같아진다. 기업가가 장래이익을 예상하여 계산한 자본화가치와 지금까지의 이익을 복리로 합계한 자본화가치가 같아지면, 생산과정은 예상했던 대로 이익을 올리고, 그 이윤율은 자본시장의 이자율과 같아지게 된다. 따라서 기업가는 당초의 생산계획을 변경하며 계속해 갈 수 있다. 이것이 힉스의 동학적 균형이다.

힉스는 이러한 균형 상태로부터 출발하여, 기술혁신의 충격에 의해 일단 균형이 교란되어, 도입된 새로운 기술체계에 대응하여 이윤율과 임금률이 변화하는 가운데에, 경제가 새로운 균형 상태로 이행하고 있는 과정(신축적 임금경로)을 분석하였다. 하이에크는 주로 화폐적 요인에 의한 경제변화에 관하여 분석했지만, 힉스는 생산기술의 혁신에 의한 충격을 중시하였다.

힉스가 생산기술의 혁신효과에 관한 연구에 관심을 가졌던 것은, 임금의 연구를 통하여, 기술의 선택이 임금이나 고용 등을 변화시켜, 노동자의 상태에 큰 영향을 미친다는 것을 알았기 때문이다. 리카도는 기계의 도입에 의해 노동자의 상태가 일시적으로는 나빠지는 것을 이미 지적한 바 있다. 그러나 힉스는 기계의 도입이 단기적으로는 실업을 야기하는 것을 인정했지만, 기술혁신에 의해 노동자의 가혹한 육체노동이 경감되고, 고용자 수가 일반적으로 증대하는 등 노동자의 상태는 장기적으로는 좋아진다는 것을 확신하였다. 이러한 힉스의 견해는 현대 자본이론이나 성장이론의 연구에 의해 더욱 강화되었다.[8]

기업가는 자발적 발명에 의한 기술체계를 생산기법으로 응용함으로써, 그로부터 높은 이윤율을 얻을 수 있다고 기대한다. 그 기대는 실현될 수도 있고, 예상이 빗나갈 수도 있다. 이 과정은 포퍼Karl R. Popper의 과학적 방법에서와 같이 불확실성하의 시행착오에서도 나타난다. 만약 계획한 대로 이윤율을 얻는 경우에도, 완전고용 상태에 가까운 임금률이 노동생산성에 대응하여 인상되면, 계획을 수정하여 이번에는 노동절약적인 유발적 발명에 의한 기술혁신을 채용하게 된다.

또한 석유 등과 같이 지역에 편재하여 재생불능 에너지자원의 비용이 상승하면, 그것의 비용을 절약하기 위하여 유발적 발명이 활발해질 것이다. 현대 기술혁신의 대부분은 이러한 유발적 발명에 의한 것이라 할 수 있다. 이 같은 자원절약적인 기술은 고도의 과학기술의 응용과 질 높은 노동에 의해 지탱되어야 한다. 이리하여 사람들의 숙련노동을 절약하고, 노동비용을 절감하기 위하여 시작된 유발적인 기술혁신은, 이번에는 반대로 질 높은 노동에 의존하는 기술혁신으로 진화하게 된다.

전후 실질임금률의 상승과 자원가격의 상승은 한편으로는 케인즈적인 성장과정을 종료시켰지만, 다른 한편에서는 경제가 고정임금노동과 물적자원을 대량으로 사용하는 "구산업주의" 로부터 탈출하여, 전문적인 기술노동과 질 높은 인간 노동이 일반화되는 인적자본human capital을 존중하는 "신산업주의" 로 이행하게 되었다. 이와 같은 힉스의 전망은 중요한 자연자원이 부족한 영국, 일본, 한국 등의 경제발전에 좋은 시사가 되었다고 하겠다.

---

8. 한 나라는 어떠한 성장경로를 통해 발전해 나가는가? Solow류의 전통적인 '신고전학파 성장이론(neo-classical growth theory)' 에서는 성장의 근거를 외생적인 기술진보와 인구 증가에서 찾고 있으며, 자본이 축적됨에 따라 한계생산성이 체감한다고 본다. 로머(Paul Michael Romer, 1955~)나 루카스(Robert E. Lucas jr., 1935~)를 중심으로 한 '신성장이론(new growth theory)' 에서는 경제성장이 내생적인 요인에 의해서 이루어질 수 있다는 것에 관심을 두는데, 이러한 이유로 이를 '내생적 성장이론(endogenous growth theory)' 이라고 한다. 내생적 성장이론에서는 기술진보가 내생적으로 이루어지고, 특히 인적자본이 내생적 성장요인의 핵심 변수로 간주되고 있으며 인적자본의 확충을 위해서 연구·교육에 더 많은 투자가 이루어져야 함을 강조하고 있다.

## 7. 경제사의 이론

자본이론의 연구에서 힉스는 경제법칙이 시간적 계기 속에서 변화하는 과정을 포착하면서 초장기의 역사이론에 도전하였다. 세대를 넘어 시간이 경과하면, 시장경제는 그 외 사회영역과의 사이에 상호작용을 일으킨다. 그 외의 사회영역을 거시경제학의 부문분할이 되어, ① 가족(또는 공동체), ② 산업기업, ③ 정부, ④ 시장을 중개하는 상업 · 금융조직으로 나누고, 시장경제는 주로 ②와 ④의 상호작용에 의해 발전한다고 보았다. 다만, 가족이나 정부 간의 관계의 변화도 장기적으로는 무시할 수 없다. 그리고 여기서는 생략되었지만, 외국부문과의 관계도 글로벌화가 진행된 현대에서는 중요하게 된다.

시장경제는 꽤 오래 전부터 존재했지만, 16세기 이후 서유럽에서 근대 자본주의 경제의 발전과 더불어 급속히 확대되었으며, 그 후 전 세계로 확산되었다. 이 시대 이후 상업 및 금융업이 발달되고 과학기술의 산업이용으로 연결되면서 시장경제의 규모는 비약적으로 확대되었다. 과학기술의 산업이용은 상업과의 사이에 상호촉진적인 작용을 일으켰으며, 시장경제의 확대를 위한 새로운 상품의 개발과 생산력의 확대, 그리고 비용의 절감을 촉진하였다. 한편, 산업기술의 혁신을 위해 필요한 유동자금의 공급도 시장경제의 발전에 기여하였다. 그리고 발전도상국의 빈곤문제도 산업혁명과 시장경제의 확대에 의한 고용증대에 의해 장기적으로 해결될 것으로 기대된다.

그러나 이러한 시장경제의 발전에 대하여 장애가 나타날 가능성도 있다. 그것은 한편에서는 사회주의국가를 위시한 많은 국가들이 국가주의적 경향이 강해졌고, 다른 한편에서는 공업화에 따라 지리적으로 편재한 에너지 등의 산업자원의 획득을 둘러싸고, 국가나 민족 간의 분쟁이 발생하기 때문이다. 이러한 국가주의적 경향이나 분쟁은 자유로운 시장경제의 발전에 최대의 장애가 된다. 힉스는 이들 문제에 대하여도, 지리적으로 편재하는 자원의 이용을 절약하고, 고도의 기술을 이용하면서 자연과의 조화를 도모하는 다재다능한 "인간자본" 을 고용하는 "신산업주의" 의 대두에 의해, 그 해결의 길을 모색할 수 있다고 시사하고 있다. 자본주의 경제의 장래를 전망하면서, 경제이론을 보다 진화시키기 위해서는, 힉스의 이러한 미완의 경제사 이론을 더욱 발전시키는 것이 필요하다고 하겠다.

## 제6부
# 현대경제학

제14장 현대경제학

제15장 경제학—시대와 그 역할

WORLD TRADE
ORGANIZATION

제14장

# 현대경제학[1]

## 1. 냉전체제의 붕괴와 국제질서의 개편

세계 자본주의 체제와 국제질서는 상호 긴밀하게 연관되어 있다. 제2차 세계대전의 종식과 함께 파시즘이라고 하는 공동의 적이 소멸되었지만, 자유진영과 공산진영 간 동서대립이 나타난다. 특히 제2차 세계대전의 결과 유럽과 아시아 등지에 새로 나타난 세력공백지역을 둘러싸고 양 진영을 대표하는 미국과 소련이 자국의 안정과 번영을 꾀하면서 세력다툼을 벌이게 된다. 여기서 자유진영의 대對공산권 봉쇄전략과 공산진영의 자유진영에 대한 '철의 장막Iron Curtain'이 나타난다. 1947년의 트루만주의Truman Doctrine는 미국을 중심으로 공산세력의 팽창을 저지한다는 방침으로서 국제적 지위에서 영국의 쇠퇴와 미국의 부상을 뚜렷이 드러낸 것이라

1. 이 장은 石橋春男 · 谷喜三郎(2012), pp.145～177의 내용을 많이 참고하였다.

하겠다. 미국은 이어서 1948년에 마샬 플랜Marshall Plan으로 유럽에 대한 경제원조와 부흥을 꾀했고, 1949년에는 북대서양조약기구NATO, 나토를 결성하여 자유진영의 결속에 힘썼다.

이는 자본주의 세계체제를 개편한다는 의미도 지니고 있었다. 미국에서는 19세기 말~20세기 초를 거치면서 경영진의 통제에 따른 인력관리 방식인 테일러주의Taylorism[2]와 일관된 조립작업 방식인 포드주의Fordism[3]가 추구되었다. 이를 통하여 작업강도를 높일 수 있었을 뿐만 아니라, 노동자들의 임금 역시 상승시킴으로써 구매력을 높일 수 있었다. 즉, 대량생산과 대량소비를 결합시키려 했던 것이다. 이러한 방식은 다소 엉성했지만 곧 서유럽에도 확산되었다. 이는 자본축적과 임금 상승을 동시에 도모함으로써 노동자와 자본가 사이의 타협 가능성을 열어 놓은 것이기도 했다.

공산진영 역시 비슷한 목적으로 소련-동유럽권의 상호경제원조회의Comecon, 코메콘(1949)와 바르샤바조약기구Warsaw Treaty Organization(1955)를 창설했다.

이렇게 형성된 냉전체제는 일찌감치 취약성을 드러냈다. 이는 자유진영과 공산진영 내에서 나타난 세력관계의 변화가 반영된 양상이기도 했다. 이러한 변화는 1960년대 말 이후 선진국들에서 나타난 경제성장의 둔화와도 관계가 있다. 여기에

---

2. 테일러주의(Taylorism)는 소위 '과학적 관리'의 주창자였던 프레드릭 테일러(Frederick W. Taylor, 1856~1915)가 19세기 말경에 이론적으로 정립한 노동관리 방식을 말한다. 테일러주의의 핵심은 노동과정에 있어서 그동안 통합되어 있던 구상과 실행을 분리시킴으로써 노동자들의 숙련을 제거하고, 이 중 구상 기능을 관리자층의 재량 하에 둠으로써 노동과정을 실질적으로 통제하는 것이다.
3. 포드주의(Fordism)란 테일러주의적인 구상과 실행의 분리 및 직무의 세분화에 덧붙여 부품의 표준화와 컨베이어벨트를 이용한 이동식 생산공정을 도입하여 이를 결합한 생산방식이다. 포드주의적 생산방식이 가능하기 위해서는 생산공정에서 사용되는 부품들이 서로 완전히 호환 가능할 정도로 정교하게 만들어져야 하며, 공장 전체가 하나의 유기적인 흐름에 따라 운영될 수 있도록 사전에 설계되고 건설되어야 한다. 포드주의적 생산방식은 노동자들을 거대한 공장 속의 어떤 한 자리에 고정시키고 그들 자신에게 끊임없이 운반되어 오는 노동 대상에 대해서 아주 간단한 몇 가지의 조작을 하게 하여 작업을 완성시키는 노동방식이다. 포드주의의 성공은 비약적인 생산성의 향상을 이루고 대량생산을 현실로 바꾸어 놓았지만, 자본주의적 노동과정에서 노동자들의 소외를 더욱 가중시키는 문제점을 안고 있다.

1973～1974년 기간에 아랍국가들로 구성된 석유수출국기구OPEC의 유가인상결정에 따라 나타난 석유파동은 세계경제에 큰 타격이 되었다.

그러나 이제 사람들은 혁명이나 좌파정권의 수립 등과 같은 큰 문제가 아니라, 보다 작고 사소하며 일상적인 문제에 관심을 기울이게 되었다. "작은 것이 아름답다"는 구호가 설득력을 얻었다. 사람들은 사생활의 자유를 보장받고자 했으며, 일상적인 생활환경과 질의 개선을 위한 움직임을 보였다. 지적으로는 인간의 감성과 상상력이 주목받으면서 포스트모더니즘postmodernism[4]의 경향도 나타났다.

이와 함께 새로이 부상하는 소위 "반주변부" 국가들도 나타나게 되었다. 브라질, 멕시코, 유고슬라비아, 홍콩, 싱가포르, 대만, 한국 등과 같은 이른바 신흥공업국가들NICS은 자체로 마련된 산업발전의 기반 위에서 중심부 국가로부터 이윤율의 하락과 임금의 압박을 피해서 들어온 자본과 기술을 저렴한 노동력에 결합시키면서 역동적인 공업화를 이룩해 낸 것이다. 이렇게 해서 중심부 국가가 반주변부 국가들로부터 공업제품을 수입하는 새로운 국제분업 체계가 나타났다. 그러나 이 신흥국가들은 저임금을 유지하기 위해서 노동운동을 억압하는 개발독재에 주로 의지했다. 한편 선진국의 노동운동은 주요 기간산업들이 신흥공업국가로 이전하는 바람에 더욱 위축될 수밖에 없었다.

국제질서의 새로운 변화는 이상과 같은 경제적 변화에 기인한 바가 크다. 중심부 국가들이 저성장의 단계로 접어들면서 제2차 세계대전 이후 압도적인 군사력과 경제력을 배경으로 자본주의 세계체제의 패권을 행사해 온 미국은 경제력의 상대적 쇠퇴와 베트남전에서 군사적 좌절을 경험하게 되었다. 1970년대에 접어들면서 경

4. 포스트모더니즘(postmodernism)은 일반적으로 모더니즘 후의 서양의 사회, 문화, 예술의 총체적 상황을 일컫는다. 이성 중심주의에 대해 근본적인 회의를 내포하고 있는 사상적 경향의 총칭이다. 제2차 세계대전, 여성운동, 학생운동, 흑인민권운동과 구조주의 이후에 일어난 해체현상의 영향을 받았다. 이 말은 1960～1970년대 미국에서 문학과 건축 등의 예술 관련 분야에서 만들어진 것으로, 말 그대로 모더니즘 이후에, 모더니즘과 상반되는 특징을 갖는 작품이나 작가, 혹은 취향이나 태도 등을 지칭하기 위해 사용되었다.

제적으로 정체된 소련 역시 공산진영의 주도권을 놓고 중국과 대립하게 되었다. 그렇지만 미국은 여러 강대국 사이의 세력균형 위에서 주도권을 유지하고자 했다. 여기서 중국, 독일, 일본의 세력이 부상하는 이른바 다원적 세력균형이라는 현상이 나타나고, 미국과 공산 중국의 접근을 계기로 국제정세는 화해의 국면으로 접어들었다.

1989년 11월 9일 베를린장벽의 붕괴로 냉전체제가 종식되었다. 이의 직접적 계기가 되었던 것은 공산권의 와해이다. 중공업 중심의 발전전략으로 말미암은 소비재생산의 위축, 비효율적이고 억압적인 공산당 및 관료기구에 대한 국민의 광범위한 불만, 미국의 군사 및 경제적 압력 등으로 시달리던 소련은 1985년 고르바초프Михаил Сергеевич Горбачев(1931~ )의 집권을 계기로 적극적인 페레스트로이카(개혁)의 정책을 취했다. 그러나 소련을 비롯한 동유럽의 공산진영이 경제개혁에 실패하면서 소련은 패권국으로서의 지위를 상실했다.

1980년 이후 국제질서의 개편은 경제적인 블록 형성으로서의 의미가 강하다. 이는 1960년대 말 이후 비관세장벽의 형성과 국가보조금 등을 통하여 자국 경제의 발전과 보호를 꾀하여 왔던 신보호주의의 경향이 강화된 것이라 하겠다. 유럽에서는 정치적 통합까지 지향하고 있는 EU가 출범하고, 미국, 캐나다, 멕시코의 자유무역협정에 기반한 NAFTA, 일본, 동남아, 대만, 한국, 중국을 포괄한 아시아경제권이 형성되고 있다. 특기할만한 사실은 선진국들이 UR우루과이 라운드에 이은 WTO 체제를 출범시키면서 자유무역주의의 기조를 여전히 유지하며 경제영역의 확대를 꾀하고 있다는 것이다.[5]

---

5. 1944년 브레튼우즈 협정에 의해 IMF와 IBRD가 발족되면서 금융 면에서 국제경제 협력이 먼저 추진되었다. 이후 1947년 제네바 회의에서 미국, 영국, 프랑스 등 23개국이 참가한 관세교섭이 진행된 결과, '관세 및 무역에 관한 일반협정(General Agreement on Tariffs and Trade ; GATT)'이 출범되었다. 한편, 1986년 9월 20일 우루과이의 푼타델에스테(Punta del Este)에서 개시된 GATT 체제의 제8차 다자무역협상인 UR협상은 1994년 4월 15일 모로코의 마라케시(Marrakesh)에서 '최종의정서'를 채택하였고, 다음 해인 1995년 1월 1일 WTO가 공식 출범하였다. WTO는 ① GATT의 한계를 극복하

# 2. 새뮤얼슨

경제학자가 담당하는 역할로서 크게 세 가지를 들 수 있다. 하나는 어려운 이론을 알기 쉽게 해설하는 교과서를 써서 젊은 학생들이 경제학에 흥미를 갖도록 유인을 주는 것이고, 둘째는 선배 학자들의 업적을 새로운 방향으로 발전시키는 개척자가 되는 것이다. 그리고 그 셋째는 이론을 실천의 도구로서 이용할 수 있는 실천적 경제학을 구축하는 것이다.

▲ 폴 새뮤얼슨

이들 세 가지 역할을 충실히 담당한 경제학자야말로 20세기를 대표하는 미국의 경제학자 새뮤얼슨이다.

## 2.1 새뮤얼슨의 업적

현대 거시경제학의 아버지요, 수리경제학의 창시자로 불리는 폴 새뮤얼슨Paul Anthony Samuelson(1915~2009)은 폴란드 출신 유대인계 이민자의 아들로 태어났다. 20세에 시카고대학을 졸업하고, 하버드대학을 불과 1년 만에 수료할 만큼의 재능을

---

기 위해 세계무역기구(WTO)의 수립, ② 관세 인하 및 비관세장벽 대폭 완화, ③ 농산물무역에 대한 비관세장벽 단계적 완화, ④ 섬유류 무역자유화, ⑤ 반덤핑 · 상계관세 · 긴급수입제한조치의 남용 억제 규범화, ⑥ 분쟁해결 규칙 및 절차에 관한 양해(DSU) 합의, ⑦ 서비스무역 분야에 대한 규범 제정, ⑧ 지적재산권 보호 강화 등을 구축하였다.

이로써 GATT 체제를 대신하여 세계무역질서를 세우고 UR협상의 이행을 감시하는 국제기구로 WTO(World Trade Organization)가 출범하였다. WTO는 주로 UR협상의 사법부 역할을 맡아 국가 간 경제분쟁에 대한 판결권과 그 판결의 강제집행권이 있으며 규범에 따라 국가 간 분쟁이나 마찰을 조정한다. 또 GATT에 없던 세계무역 분쟁조정, 관세 인하 요구, 반덤핑 규제 등 준사법적 권한과 구속력을 행사한다. 게다가 과거 GATT의 기능을 강화하여 서비스, 지적재산권 등 새로운 교역과제를 포괄하고 회원국의 무역 관련 법 · 제도 · 관행 등을 제고하여 세계 교역을 증진하는 데 목적을 두고 있다. 의사결정 방식도 GATT의 만장일치 방식에서 탈피하여 다수결원칙을 도입하였다.

가진 경제학자였다. 1940년 이래 MIT 공과대학 경제학부 교수로서 재직하였다. 그는 책상 위의 경제학자에 머무르지 않고, 케네디 대통령의 정책브레인으로서 수완을 발휘하기도 했다.

새뮤얼슨은 그의 책 이름처럼 경제학 그 자체였던 사람이다. 오늘날 경제학에서 그의 손길이 닿지 않은 부분을 찾기가 매우 어려울 정도이다. 처음에 미시경제학에서 시작하여 후기에는 거시경제학에서 많은 아이디어들을 쏟아냈고, 후생경제학, 재정학 등 경제학의 많은 부분에 걸쳐 큰 족적을 남겼다. 따라서 새뮤얼슨의 아이디어들은 저서와 논문에 걸쳐 있지만, 그의 아이디어들이 집약된 것은 바로 『경제학』이라고 할 수 있다.

또한 경제학에 본격적으로 수학을 도입한 인물이 바로 폴 새뮤얼슨이다. 모든 경제이론들을 이제는 수학적인 공식으로 분석하고 증명함에 따라서 경제학 분석의 수준을 한 차원 끌어올린 사람이기도 하다.

1947년에 출판된 『경제분석의 기초』는 경제이론에 대한 과학적 분석의 수준을 한층 높였다. 그때까지 경제학자들에게 공통적으로 제창된 극대화행동의 원리와 안정적 균형의 조건을 하나의 체계로 집대성하고, 균형분석에 의한 정태적 가치이론의 체계화를 완성했던 것이다. 하버드대학 대학원을 졸업한 후, 동 대학의 주니어펠로로서 연구활동에 전념하고 있을 때, 이 저서의 주요 부분이 거의 완성되었다고 한다. 이 저서는 1947년 박사학위 취득을 위한 청구논문으로 제출되었던 것으로, 1947년에 하버드대학 데이비드 A 웰즈기념상을 받았고, 1970년에는 노벨경제학상을 수상하는 대상이 되는 등 위대한 저작이었다.

그가 경제학에 입문하게 된 배경은 1930년대의 대공황이었다. 경제학이 직업적 학문으로 번창하던 시기에 그 같은 역사적 사건은 여러 위대한 학자들을 경제학 분야로 유인하고 새로운 해답을 요구하는 많은 이슈를 제공했다. 새뮤얼슨은 대공황의 원인에 대한 명쾌한 설명과 처방을 제시했다고 세간의 주목을 받았던 '케인즈 혁명'에 매료됐다. 그에게 케인즈는 우상이었다. 허술하고 불분명한 케인즈의 거시경제학을 매끄럽게 다듬고 체계화하면 실업과 성장의 효과적인 해법을 찾을 수 있다는 확신을 얻었다.

새뮤얼슨은 소비성향, 절약의 모순, 유효수요, 승수효과, 재정·통화정책 등 케인즈 경제학의 개념과 이론들을 정교하게 다듬었다. 그가 각별히 주목한 것은 '구성의 모순'이라고 부르는 절약의 모순이다. 저축은 개인에게는 부자가 되는 길이지만, 전체가 함께 더 많이 저축하면 경제침체와 빈곤이 초래된다는 것이다. 저축보다 소비가 생산적이고, 그런고로 성장과 고용의 열쇠는 소비수요라는 게 새뮤얼슨의 생각이다. 정책의 역점도 투자를 통한 성장제고가 아니라 소비를 통한 완전고용으로 전환해야 한다고 주장했다.

그러나 저축이 비생산적이라는 케인즈주의의 시각은 잘못이라는 오스트리아학파의 주장에 주목할 필요가 있다. 가계나 백화점에서 마구 돈을 쓴다면 소비재 투자는 증가하지만, 소비재 지출에 대한 증가는 병원 건설, 암 치료약 개발, 신상품 개발 등에는 아무런 효과가 없다. 이들을 위해서는 소비가 아니라 저축이 필요하다는 것이다.

새뮤얼슨 사상의 핵심적 오류는 저축은 투자로 연결되지 않고 경제에서 누출된다는 전제다. 그러나 저축은 혁신과 혁신의 도입을 위한 기금이라는 사실을 직시해야 한다. 저축이 많아지면 이자율이 하락하여 기업들은 낡은 장비를 교체하거나 연구·개발, 신기술 개발에 투자할 수 있다. 자본재를 생산하는 여러 단계에 투자됨으로써 저축이 소득을 증대시키는 효과가 소비의 그것보다 훨씬 더 크다는 것이 오스트리아학파의 설명이다.

저축이 장기 성장의 핵심 요체라는 이유로 역사가들은 저축에 대한 새뮤얼슨의 적대감을 의심한다. 1980년대 일본, 프랑스, 미국 등 주요 국가만 보더라도 저축률이 높은 나라일수록 성장률이 높았다. 소비는 번영의 원인이 아니라 결과라는 '세이의 법칙'에도 귀를 기울일 필요가 있다.

새뮤얼슨은 케인즈 혁명을 체계화하는 데만 기여한 것은 아니다. 그는 경제학에 수학의 원리를 체계적으로 도입했다. 도입배경에 대한 그의 인식이 흥미롭다. 그에게는 학계에서 내놓은 이론들이 논리도 엄밀하지 못하고 내용도 불명확하게 보였다. 경제이론에 엄밀성과 명료성을 자랑하는 수리를 이용하면 현대경제학에 일대 혁신을 일으킬 수 있다는 믿음이 생겼다.

새뮤얼슨은 소비이론, 비용이론, 생산이론 등 그동안 말로 표현된 경제이론을 수식이나 방정식을 활용하여 간결한 모델로 만들었다. 재정학, 국제무역 등 굵직한 주제들을 수리모형으로 창조해냈다. 경제학의 수리화가 곧 '과학화'라는 게 그의 믿음이었다. 경제학은 물리학에서 배워야 한다고 큰소리쳤다. 수리원리로 구성되지 않은 이론은 지적인 준비단계에 지나지 않는다고 비꼬기도 했다.

새뮤얼슨이 경제학의 수리화로 노벨경제학상을 받았지만, 그는 사회과학자로서의 경제학자가 아니라 공학자로서의 경제학자라는 비판으로부터 자유롭지 못하다. 경제학을 현실과 동떨어진 제2의 물리학으로 만들었다는 이유에서다. 하이에크는 이를 '과학주의'라고 꼬집었다. 생각하고 판단하면서 행동하는 인간들이 살아가는 사회를 물리적 세계처럼 취급했기 때문이다.

새뮤얼슨의 시장관도 흥미롭다. 자본주의는 본질적으로 불안정하다는 게 그의 시각이다. 핸들 없는 자동차에 비유하기도 한다. 그에게 시장실패는 있어도 정부실패는 없다. 그래서 최선의 경제체제는 자유주의가 아니라는 게 그의 신념이다. 강력한 규제와 간섭이 필요하다는 뜻이다. 그는 대공황의 예를 들어 규제 없는 자본주의는 환상이라고 역설한다. 대공황을 극복하고 사회안전망을 구축하는 등 미국 사회를 안정된 사회로 이끌었다는 이유에서 루스벨트 대통령에 대한 그의 긍정적 평가도 이채롭다.

그러나 새뮤얼슨은 대공황은 자본주의 탓이 아니라 보호무역과 가격규제 등 정부가 무모하게 개입한 탓이었다는, 그리고 그 개입의 중심에는 루스벨트가 있었다는 역사적 사실을 간과했다고 역사가들로부터 비판을 받고 있다.

새뮤얼슨의 사상은 다양한 비판의 여지를 남겼지만, 그는 두 가지 점에서 경제사상사에 큰 족적을 남겼다는 것이 일반적 평가다. 그는 케인즈가 내놓은 거시경제학을 체계화하여 세계적으로 확산시키는 데 큰 기여를 했다는 것이다. 또한 경제학에 수학의 원리를 도입해 수리경제학을 확립한 공로도 높이 인정받고 있다.

스웨덴 왕립아카데미는 이러한 공적을 기려서 그에게 노벨경제학상을 수여하면서 "경제이론에서 과학적 분석의 수준을 높이기 위하여 동 시대의 다른 어떤 경제학자보다 탁월한 업적을 쌓았다"고 칭송하였다. 오늘날 경제학을 공부하는 사람들은 그가 구축한 토대 위에서 그의 손길을 느끼며 경제학을 배우고 있다고 해도 과언이 아니다.

## 2.2 새뮤얼슨의 『경제학』

새뮤얼슨은 20대 시절부터 획기적인 연구성과를 논문으로 완성하였다. 그 중의 하나가 「승수분석과 가속도원리의 상호작용」(1939)이다. 케인즈의 『일반이론』이 너무 어려웠기 때문에 케인즈 이론을 이해하기 곤란하다는 경제학자들이 많았다. 이즈음에 난해한 케인즈 이론의 진수를 해독하고, 나아가 케인즈 이론을 발전시키고, 새로운 분석의 도구를 만든 사람이 새뮤얼슨이었다.

새뮤얼슨은 30대 초반에 교과서 『경제학』(1948)을 내놓았다. 이 『경제학』은 경제학 입문서로서 세계 많은 대학에서 사용되었다. 새뮤얼슨은 경제학자로 활동한 50여 년 동안 꾸준히 논문과 저서를 쓰고, 기고문, 칼럼 등을 연재해 왔다. 오늘날에는 경제학을 배우는 학생들이 『맨큐의 경제학』을 가장 많이 보고 있지만, 새뮤얼슨의 『경제학』이야말로 1948년에 첫 출간된 이후 19판(2009)에 이르기까지 전 세계에서 가장 많이 팔린 경제학 교재였다. 그야말로 현대경제학 교재의 시초격이면서도 현재까지도 여전히 훌륭한 교재로 남아 있다. 또한 수리능력에 탁월한 천재 새뮤얼슨은 앞선 학자들의 이론을 쉽게 설명했으며, 창의와 노력을 기울여, 난해한 이론이나 모델을 누구나 알기 쉽게 간결하게 해설하였다. 예를 들면 "45° 선 분석"이 그

예라 하겠다.

### (1) 45° 선 분석

케인즈의 유효수요원리는 총수요가 총공급을 결정한다는 것이다. 총공급이 $Y$, 소비 $C$와 투자 $I$가 총수요일 때 수급균형식은

$$Y = C + I$$

가 된다. 수요항목의 하나인 소비가 소득의 함수라면 소비함수는 다음과 같다.

$$C = C_0 + cY$$

여기서 $C_0$는 기초소비액, $c$는 한계소비성향이다. 그리고 투자는 독립투자 $I$만이라면, 투자함수는

$$I = I$$

가 된다. 소비함수와 투자함수를 수급균형식에 대입하면 소득수준을 결정할 수 있으며, 대수적인 수법을 이용하더라도 기하학적으로 소득수준을 구할 수 있다. 이것이 새뮤얼슨의 천재적인 재치였다. 이러한 수법은 다음과 같은 것에도 잘 나타나 있다.

① 종축에 유효수요(총지출), 횡축에는 소득을 나타낸다.

② 소비함수는 우상향하는 소비곡선으로 나타낸다.

③ 투자가 독립투자라면 일정하다고 가정할 수 있기 때문에, $C+I$의 수준은 소비곡선을 $I$만큼 상방으로 이동하는 것과 같다.

④ 여기서 45° 선을 나타내보자. 이 선은 횡축에서 측정된 소득의 크기를 종축의 크기로도 읽을 수 있다. 결국 45° 선은 총수요와 총공급이 같은 크기를 나타내는 선이다.

⑤ 〈그림 14-1〉에 표시된 바와 같이 유효수요가 $C+I$곡선의 수준이라면, 소득수준은 $Y'$에서 결정되는 것을 알 수 있다.

이러한 마법은 45° 선이 수급균형식이기 때문에 유효하다. 〈그림 14-1〉에서 보이고 있는 바와 같이 수요가 공급을 결정하는 유효수요의 원리부터 굵은 점으로 표시한 점에서 총수요곡선과 45° 선이 만난다면, 그에 따라 국민소득은 각각 $Y$, $Y'$, $Y''$, $Y'''$ 등에서 결정되는 것을 알 수 있다.

**그림 14-1 45° 선과 총수요곡선**

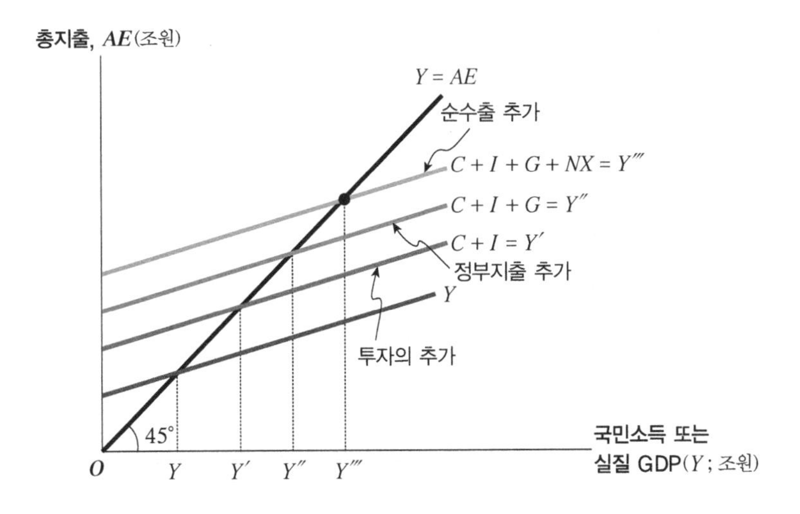


새뮤얼슨은 이전에 케인즈의 『일반이론』을 읽으며 어렵게 느꼈던 것을 누구라도 이해하기 쉬운 수준으로 설명했던 것이다.

### (2) 승수와 가속도원리의 종합

새뮤얼슨은 승수와 가속도원리를 종합하여 경기순환메커니즘을 명확히 하였다. 승수이론은 케인즈 경제학이 나타내는 바와 같이, 투자의 증가가 승수배의 소득을 창출한다는 것이지만, 가속도원리는 다음과 같다.

**그림 14-2 투자승수**

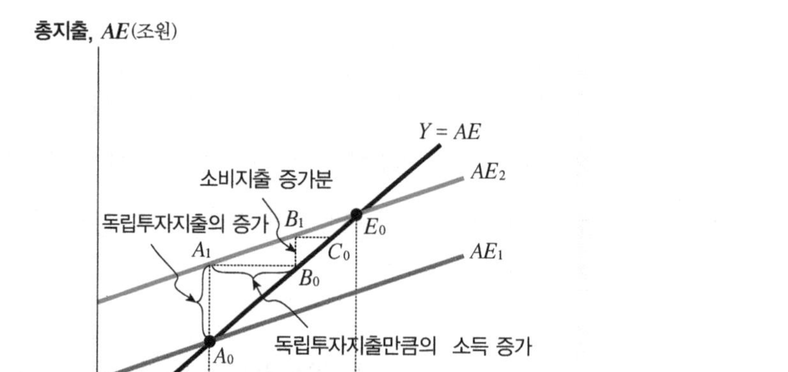


지금 완성재에 대한 수요(소비지출 수요)가 증가하면, 그 수요에 대하여 자본재의 투자가 요구된다. 즉, 소비지출의 증가는 순투자(자본스톡의 증가)를 유발한다. 새뮤얼슨은 순투자가 총산출이나 국민소득의 변동에 의해서라기보다는 총소비지출의 변동에 주로 영향을 받는다고 주장했다. 요컨대 가속도원리란 소득의 증가가 투자를 유발하는 것을 정식화한 이론이라 하겠다.

만약 자본재의 신투자가 완성재에 대한 소비의 시간적 변화에 의존한다면, 신투자 $I_t$는

$$I_t = \beta(C_t - C_{t-1})$$

로 표시된다. 이때 $\beta$는 $\frac{I_t}{\Delta C}$이며, 소비 증가에 대한 유발투자의 비율을 나타낸다. 이 계수를 가속도계수라 한다.

승수이론에 의하면, 투자의 증가($\Delta I$)는 승수($k$)를 매개로 하여 소득을 증가($\Delta Y$)시킨다. 소득의 증가는 한계소비성향($c$)을 매개로 하여 소비의 증가($\Delta C$)를 가져온다. 나아가 소비의 증가는 가속도계수 $\beta$를 통하여 투자의 증가를 일으킨다. 이것이 승수와 가속도원리에 의해 일어나는 메커니즘이다.

새뮤얼슨의 모델은 $I_a$를 독립투자, $I_i$를 유발투자라 하면 다음을 얻는다.

$$Y_t = C_t + I_i + I_a \qquad (14-1)$$

$$C_t = cY_{t-1} \qquad (14-2)$$

$$i_i = \beta(C_t - C_{t-1}) \qquad (14-3)$$

식 (14-1)에 식 (14-2)와 식 (14-3)을 대입하면,

$$\begin{aligned} Y_t &= cY_{t-1} + \beta(C_t - C_{t-1}) + I_a \\ &= cY_{t-1} + \beta(cY_{t-1} - cY_{t-2}) + I_a \\ &= c(1+\beta)Y_{t-1} - c\beta Y_{t-2} + I_a \end{aligned}$$

가 된다. 이것이 새뮤얼슨의 경기순환모델이다. 이 새뮤얼슨 모델에 한계소비성향($c = \frac{\Delta C}{\Delta Y}$)과 가속도계수의 변화된 값을 각각 대입함으로써 국민소득의 변동경로($Y \rightarrow Y'$)를 구할 수 있다.

#### (3) 공공재 이론

오늘날 우리가 흔히 접하고 있는 '공공재'의 개념은 새뮤얼슨이 처음 창시했

다. 새뮤얼슨은 두 가지 조건을 갖춰야 공공재로 분류할 수 있다고 주장했다. 비경합성과 비배제성이 바로 그것이다. 비경합성이란 사람들이 이 재화를 갖기 위해 한꺼번에 소비를 해도 그로 인한 경쟁이 발생하지 않는 것을 뜻한다. 그리고 비배제성은 어떤 사람이 이 상품의 소비에 아무런 대가를 치르지 않아도 이 사람의 소비를 막을 수 없다는 뜻이다.

**표 14-1** **배제성과 경합성에 따른 재화의 분류**

| 구분 | 배제성 | 비배제성 |
|---|---|---|
| 경합성 | 사유재(자동차, 옷, 가전 등) | 공유자원(물, 어장 등) |
| 비경합성 | 자연독점재(전기, 수도 등) | 공공재(국방, 치안, 의무교육 등) |

비경합성이란 위의 [표 14-1]에서 예시된 대로 서로 갖겠다고 경쟁하지 않는 것으로, 대표적인 것으로 치안서비스가 있다. 동네 주민들이 지하철역이나 고속철도는 유치하려 해도 경찰서를 유치하려는 주민들은 거의 없다. 이런 것을 두고 지하철역은 경합성이 있고, 경찰서는 비경합적이라고 한다. 비배제성은 이용자가 대가를 지불하지 않고도 소비하는 것을 막지 못하는 것이다. 바다 위의 어장을 예로 들면, 국가별로 수역이 정해져 있지만, 어부들이 그 수역 내에서 조업을 하면서 어디다 따로 사용료를 내지 않는다. 조합이 있어서 어장의 이용에 관한 기금을 걷는다고 해도 기금을 내지 않더라도 그 사람을 제재할 근거가 없다. 이를 통틀어 비배제성이라 한다.

비경합성과 비배제성의 두 가지 조건을 충족하는 것이 공공재이다. 대표적인 것으로 국방 서비스를 들 수 있다. 국방의 예를 들어보면, 국가가 외세의 침략으로부터 보호받으면 모든 국민이 그 혜택을 누리고, 또한 한 사람이 국가안보로부터 효용을 누린다고 해서 다른 사람의 효용이 낮아지는 것도 아니다. 공원, 도로 등도 마찬가지이다. 이런 걸 공공재라고 한다. 하지만 현실에서의 재화나 서비스들은 비경합성과 비배제성이라는 두 가지를 완벽하게 충족하지는 못하기 때문에 일정한 수준

이상이 되면 공공재로 인정을 하는 것이다.

그런데 공공재는 이 비배제성 때문에 '무임승차의 문제free-rider problem'가 발생한다. 어떤 재화나 서비스가 비배제성이 있을 때 사람들은 너도나도 돈을 지불하지 않고 이용하려고 하는 데 이를 무임승차free riding라고 한다. 한편, 비배제성을 갖는 서비스를 생산하는 기업은 서비스의 값을 제대로 받을 수 없어서 생산비를 조달할 수 없다. 아무런 대가의 지불 없이 그냥 이용하려 하기 때문이다. 따라서 수요는 많으면서도 경합이 없는 공공재의 생산을 시장에 맡겨두면, 가격이 제대로 형성되지 못해 과소공급되는 결과를 가져온다. 그렇다면 이러한 공공재에 가격을 매기는 것 자체가 가능하겠느냐? 라는 의문이 제기된다. '공공재의 최적배분은 시장의 기능으로는 할 수 없고 경합성이 있는 재화처럼 가격을 매기려는 시도는 오히려 유해하다'는 게 새뮤얼슨의 입장이다. 따라서 이러한 공공재는 국가에서 생산과 공급을 관리해야 적정수준으로 유지할 수 있다는 것이다. 국가는 강제력을 기반으로 공공재 공급을 위한 비용을 분담시킬 수 있기 때문이다.

### (4) 헥셔-오린의 정리

헥셔Eli Heckscher(1879～1952)와 오린Bertil Ohlin(1899～1979)이라는 두 경제학자는 리카도의 비교생산비설을 발전시켰다. 새뮤얼슨은 이 헥셔-오린의 정리를 보다 확장하여 글로벌화된 경제의 시장과 생산요소의 가격변동효과를 보다 명확히 분석하였다.

국제분업의 이익을 처음 명확히 제시한 사람은 리카도였다. 그리고 리카도의 비교생산비설을 보다 진화시킨 사람은 헥셔와 오린이다. 재화를 생산하기 위해서는 노동뿐만 아니라 토지, 자본 등의 생산요소가 필요하다. 생산된 재화의 가격에 차이가 발생한다는 것은 생산 측면의 비용조건에 무슨 원인이 있을 것이라는 데 착안한 이론이다.

노동력보다 자본량이 적은 나라에서는 자본의 가격이 상승하고, 노동의 가격은 저하한다. 이 때문에 그 나라에서는 노동집약재의 가격이 낮아지고, 자본집약재의 가격은 높아진다. 그 결과 노동력이 풍부한 나라의 비교우위는 노동집약재이기 때문에, 리카도의 비교생산비설이 의미하는 대로, 노동력 풍부국은 노동집약재를 수출하고 자본집약재를 수입하면, 무역의 이익을 얻을 수 있다. 이 정리를 헥셔-오린의 정리라 한다.

헥셔-오린의 정리에는 요소가격균등화 정리라는 제2의 명제가 있다. 그것은 각국이 풍부하게 존재하는 생산요소를 집약적으로 사용하는 재화의 생산에 특화하면, 풍부하게 존재하는 생산요소에 대한 수요가 증가하여 그 생산요소의 가격이 상승한다는 것이다. 한편, 비교적 희소했던 생산요소에 대한 수요가 감소하기 때문에 그 생산요소의 가격은 저하하게 된다. 그 결과 각 생산요소의 가격은 일정 수준으로 수렴하게 된다. 이것을 생산요소가격균등화 정리라 한다.

### (5) 스톨퍼-새뮤얼슨 정리 Stolper-Samuelson theorem

헥셔-오린 정리의 제2명제인 요소가격균등화 문제를 검토한 이론이다. 스톨퍼 Wolfgang Friedrich Stolper(1912~2002)와 새뮤얼슨 P. A. Samuelson은 2상품 2요소로 이루어진 완전경쟁시장에서 국내의 각 생산요소가 한쪽 상품의 가격이 상승하면 그 상품의 생산을 위해 집약적으로 이용된 생산요소의 가격이 상승하는 한편, 다른 요소의 가격이 하락한다는 것을 확실히 하였다. 즉, 무역으로 인하여 어떤 상품의 상대가격이 상승하면 그 상품을 생산하는 데 집약적으로 사용된 생산요소의 실질가격이 상승하고, 다른 생산요소의 실질가격은 하락한다는 것이다. 이것을 스톨퍼-새뮤얼슨 정리라고 한다. 이 정리에 의해 국제무역이 소득분배에 어떠한 영향을 미치는지 알 수 있게 되었다. 예를 들면 생산요소로서 자본과 노동을 가정하고, 노동집약적인 상품에 관세가 부여되었다고 하면, 노동임금이 상승하는 것에 대하여 자본임차율은 저하되고, 노동자의 소득은 상승하지만 역으로 자본소득자의 소득은 저하된다. 또한 자본집약적인 상품을 수출하는 국가에서는 무역의 자유화로 자본집약적인 상품의 가격이 상승하기 때문에 자본임차율은 상승하지만, 역으로 노동임금은 저하되어 노동자는 불이익을 받게 된다.

요컨대, 고임금수준의 국가와 저임금수준의 국가가 자유무역을 할 경우, 두 국가의 임금수준이 균등화된다는 주장을 함으로써 요소가격균등화 이론과 동일한 결론에 도달하였다.

## 2.3 신고전파 종합의 시작

공공재란 개념을 만든 것에서 알 수 있듯이 새뮤얼슨은 미시경제학에서 그의 학문을 시작했다. 새뮤얼슨이 몸담았던 시카고대학은 미시경제학에서 큰 족적을 남긴 명문으로, 새뮤얼슨은 시카고대학에서 마샬의 신고전학파의 이론들을 충실하게 배웠다. 그런 가운데서도 케인즈의 이론이 새뮤얼슨에게는 아주 매력적으로 다가왔던 것 같다. 그 이유는 아무래도 새뮤얼슨이 대학시절 대공황을 몸소 경험했기 때문일 것이다. 그리하여 폴 새뮤얼슨은 미시경제학에서는 신고전학파의 부분을, 거시경제학에서는 케인즈학파의 부분을 받아들여 시장이 완전고용에 이르지 못한 경우에는 개입을 통해 완전고용에 이르게 하고, 완전고용 상태에 이르렀을 때에는 시장에 대한 개입을 하지 않는 방법을 취하자고 하였다. 즉, 경제가 완전고용에 이르지 못했을 때는 케인즈학파식의 유효수요 증대 처방을 실시하고, 경제가 완전고용에 이르렀을 때는 신고전학파의 이론대로 시장의 자율에 맡기는 방식이었다. 이러한 새뮤얼슨의 학파를 '신고전파 종합Neoclassical Synthesis'이라 한다. 이 같은 흐름은 제2차 세계대전 이후 20～30여 년간 세계경제를 지배하는 이론으로 자리잡으면서, '신고전파 종합'이라는 학풍을 구축하여 현대경제학을 이끌고 있다.

새뮤얼슨의 『경제학』도 미시부문에서는 신고전학파의 방식, 그리고 거시부문에서는 케인즈학파의 방식으로 절충을 하여 완성한 걸출한 저서이다.

## 2.4 새뮤얼슨과 그 이후

이후 새뮤얼슨은 미시경제에서보다 거시경제 부문에서 많은 연구와 저서, 칼럼을 남겼다. 미국뿐만 아니라 전 세계의 황금기를 지배한 흐름을 만든 학자이자 고령의 나이에도 늘 활동적인 학문활동을 한 진정한 거장으로 경제학계에 자리매김하였다. 1970년대 후반부터 스태그플레이션으로 인해 케인즈식 처방이 힘을 잃어가게 되자 새뮤얼슨의 신고전파 종합도 점점 힘을 잃어갔다. 그래도 새뮤얼슨은 연구와 칼럼을 중단하지 않았다. 그리고 그의 평생 라이벌이었던 밀턴 프리드먼과 칼럼을 통해 경쟁하곤 했다. 새뮤얼슨은 2009년 12월에 세상을 떠났지만 그의 영향력은 아직도 여전하다. 우리가 배우는 현대경제학 이론의 상당수가 그가 남긴 유산이기 때문이다.

새뮤얼슨의 힘으로 소비함수, 승수효과, 국민소득 통계 등 거시경제학의 관심과 연구가 세계적으로 확산됐다. 그가 다듬고 매만진 케인즈의 거시경제학은 이해하기 쉽기 때문에 저널리즘으로부터 사랑을 독차지했다. 또한 오늘날 대학의 경제학 교육에서 수리 · 계량경제학과 거시경제학을 필수과목으로 만든 것도 새뮤얼슨이다. 경제논문을 일반인에게 접근하기 어렵게 만든 것, 수학을 못하는 사람에게 경제학이 어려운 학문으로 비치게 된 것, 경제학을 상아탑으로 밀어 넣은 것 등도 새뮤얼슨의 영향이 아닐 수 없다.

새뮤얼슨은 경제자유를 신봉하는 시카고학풍을 정신분열증이라고 말하면서 재정정책과 적자예산은 시장경제를 조종하기 위해 필수불가결하다고 설파한다. 프리드먼은 시장은 스스로 문제를 해결할 역량이 있다고 반격하면서 적자를 통한 정부지출의 효과가 미미하고 적자만 늘어 경제에 치명타를 준다는 이유로 정부지출을 반대한다. 이런 논쟁에서 1960년대에는 케네디 대통령의 집권으로 새뮤얼슨의 정치적 영향력이 커지고 프리드먼의 사상은 밀려난다.

그러나 1970년대에 들어와 사정이 달라졌다. 당시 인플레이션과 실업 증가로 미국 경제가 몸살을 앓았지만 케인즈주의적 처방으로는 해결할 수 없었다. 그래서 하이에크의 조언에 따라 정부의 시장개입을 줄이고 엄격한 통화관리를 시행하는 쪽으로 정책이 추진되었다.

한편, 1990년대 빌 클린턴 미국 대통령의 경제정책에 직·간접적으로 미친 새뮤얼슨의 영향은 무시할 수 없다. 그의 학문적 사단이 대통령 경제자문을 맡았기 때문이다. 나아가 2008년에 발발한 글로벌 금융위기는 새뮤얼슨이 직접 프리드먼에게 반격을 가할 기회였다. 그렇지만 프리드먼은 이미 세상을 떠나고 없었다. 흥미롭게도 새뮤얼슨은 금융위기에 대한 원인을 금융시장에 대한 규제 부족에서 찾고 있다. 위기로부터 탈출하기 위해서는 재정지출 증가가 필요하다고 역설하던 중에 세상을 떠났다.

## 3. 갈브레이스

### 3.1 갈브레이스가 본 케인즈 이후의 현실

▲ 존 케네스 갈브레이스

경제학의 과제는, 그 시대의 문제를 포착하여 분석하고, 문제의 소재를 명확히 하며, 그 문제를 해결하기 위한 처방전을 제시하는 것이다. 존 케네스 갈브레이스John Kenneth Galbraith(1908~2006)는 확실히 시대적 문제를 해결하기 위해 노력한 대표적인 경제학자였다.

1930년대 대불황에 의한 자본주의 경제의 위기에 대하여, 그 원인을 분석하고, 해결책을 제시한 것이 케인즈의 『일반이론』이었다면, 케인즈 정책에 의거하여 안정적 성장을 지속한 1950년대에 미국 경제에서 야기된 새로운 병폐를 분석하고, 무슨 문제가 있었는지 파헤쳐 이에 대한 대책을 제시한 사람이 갈브레이스였다.

존 케네스 갈브레이스는 1908년 캐나다 온타리온주에서 농가의 아들로 태어났다. 15세에 어머니를 여읜 그는 힘든 시절을 보냈다. 1926년 고등학교를 졸업한 후, 그는 아버지의 결정에 의해 온타리오농업학교(현 University of Guelph)에 입학했다. 그는 충분치 못했던 고등학교 교육 수준과 건강문제 때문에 5년 동안 대학을 다녀야 했다. 그 후 1933년에 미국 버클리 캘리포니아대학에서 석사를, 그리고 1934년에는 농업경제학으로 박사학위를 취득한 후, 1949년에 하버드대학 경제학교수에 취임하였다. 갈브레이스는 1960년 인도대사로 부임했다가, 3년 뒤에 다시 하버드대학에 복귀하여 1975년 은퇴할 때까지 제자를 양성했다. 1958년에 저술한 『풍요로운 사회The Affluent Society』가 대표작이지만, 1977년의 『불확실성의 시대』는 세계적인 베스트 셀러로 유명하다.

제2차 세계대전 후 미국은 정치 · 경제 · 군사의 모든 면에서 압도적인 우위에 서면서 생산의 확대에 의한 경제성장을 실현하여 전례 없는 풍요로운 사회의 혜택을 누리고 있었다. 번영의 배경에는 케인즈적 경제정책에 의거한 정부의 유효수요 관리정책이 있었지만, 풍요로운 사회 실현의 그늘에는 과점시장에서 대기업에 의한 시장지배가 있었으며, 그것이 다양한 사회문제를 야기했던 것이다. 거기서 나타난 문제 중의 하나가 새로운 형태의 인플레였다.

현실경제에서 기업은 경제성장을 전제로 하여 생산설비를 확장하여 생산을 증대시킨다. 통상 생산설비의 증대는 공급능력을 확대시키기 때문에, 결국은 수요를 상회하는 공급을 가져온다. 공급의 과잉은 판매되지 않고 남는 재고를 증가시켜 생산의 감소와 가격의 하락을 초래하게 된다. 이는 기업의 수익을 감소시킨다. 다만 이때 정부가 유효수요 정책에 의해 총수요를 확대시키면, 기업은 생산의 감소나 가격 인하를 피할 수 있다. 이것이 전후 케인즈의 정책이었다.

이 케인즈 정책이 기업행동에 끼어들면서 정부와 기업의 행동으로 말미암아 결국에는 인플레를 가져왔다. 왜냐하면 기업은 호황 시에는 가격의 인상이 가능하지만, 불황이 되어도 정부가 수요관리를 하므로, 기업은 가격을 인하할 필요가 없다. 그래서 경기가 회복되면 가격의 인상이 가능해진다. 이리하여 가격은 지속적으로 인상되고 인플레가 진행되게 된다.

또 다른 문제도 나타나고 있다. 그것은 바로 "사회적 불균형" 이다. 대기업을 중심으로 하는 시장경제의 발전은 이익이 되는 분야로 자금이 집중되고, 돈벌이가 되지 않는 학교나 병원과 같은 분야의 발전은 지체된다. 사회적으로는 아마 필요없다고 생각되는 분야에서도, 돈벌이가 되면 자금이 몰리게 된다. 그렇지만 의료, 교육, 교통, 공해방지, 자연환경유지와 같은 분야의 발전은 늦어진다. 이러한 사회적 불균형의 발생도 새로운 문제로서 등장하게 된다.

나아가 대기업에 의한 이윤추구는 대량생산을 가져오지만, 대규모 설비에 의한 대량생산은 궁극적으로는 사람들의 필요를 상회하는 생산으로 귀결된다. 기업이 대량생산을 대량소비와 연결시키기 위해서는 기업 스스로 생산에서 소비까지를 만들어낼 필요가 있다. 그래서 새삼스럽게 소비자의 행동을 보니, 스스로의 판단에서 소비를 하고 있는 것 같지 않고, 생산자에 의해 만들어진 욕망에 의해 소비되는 경우가 일어난다. 고전파 경제학이 상정했던 "소비자주권" 은 찾아볼 수 없다. 만약 이것이 현실이라면, 거기에는 풍요로움이란 무엇인가라는 근본적인 문제가 제기되었다.

이것이 갈브레이스가 본 미국 경제의 현실이었다. 이것은 어떤 의미에서는 케인즈 정책이 지녔던 문제점이라고 말할 수 있다. 이러한 현실에서, 무엇이 문제인가를 해명하려고 노력한 사람이 갈브레이스였다.

문필 재능이 뛰어난 갈브레이스는 경제문제에 관하여 많은 저작을 저술했지만, 대부분의 저작은 경제학자를 위하기보다는 일반 사회 사람들이 읽도록 하는 형식이었다. 정통파 경제학자라면 높은 평가를 얻기 어렵겠지만, 현실사회에 관한 독자적인 관점에서의 분석은 많은 사람들의 지지를 받았다. 20세기에 갈브레이스만큼 많은 독자를 얻은 경제학자는 없다고 말할 수 있다.

## 3.2 풍요로운 사회의 새로운 병

1950년대에 들어 미국 경제는 착실하게 성장을 지속하였다. 개인가처분소득이 증대하고, 미국국민의 생활수준은 현저하게 상승하였다. 이러한 가운데 1950년대의 자본주의는 19세기의 고전적 자본주의와 달리, 불황에 대하여도 면역성을 가졌다. 풍요로운 사회가 도래한 것이다. 그러나 그와 동시에 새로운 병이 생겨났다.

미국 경제가 번영하는 가운데, 경제는 어떻게 변할 것인가? 이것을 설명하고자 한 것이 갈브레이스의 『풍요로운 사회』이다. 갈브레이스는 현대 미국에서는 종래 경제학자들이 문제로 삼았던 "빈곤, 불평등, 경제위기" 와 같은 오래된 병은 없어졌다고 서술하고 있다. 물론 현대에서도 빈곤이나 불평등은 큰 사회문제이며, 완전하게 해결되었다고 할 수는 없지만, 적어도 1950년대 미국에는 갈브레이스가 지적한 측면이 일리가 있다고 말할 수 있다.

갈브레이스는, 한편으로 소수의 대기업이 주요한 산업을 장악하는 과점시장을 형성하고 이들 대기업이 강력한 시장지배력을 가지면서, 자기들의 이윤추구를 위해 정부를 움직이는 기업의 행동이 새로운 병을 낳는다고 지적하고 있다.

풍요로운 사회의 새로운 병은 무엇인가? 그 하나로서 정신적 기아를 들고 있다. 물질적 빈곤이라는 오래된 병은 극복되었을지 모른다. 그러나 사회가 풍요로워짐에 따라 대기업에 의해 대량생산된 것이 대량으로 소비되는 과정에서, 소비자 자신의 내키지 않는 욕망이 생산자에 의해 인위적으로 부풀려져 일어나게 된다. 그 때문에 소비자는 사고 또 사더라도 만족하지 않는 정신적 기아에 빠진다는 것이다.

두 번째 병은 사회적 불균형이다. 종래의 불평등은 풍요로운 사회가 도래하면서 상당히 완화되고 치유되었다. 그러나 풍요로운 사회에서는 수익률이 높은 민간부문으로만 자금이 집중하고 의료, 교육, 공원, 도로, 환경보전과 같은 공공서비스 부문은 소홀해지게 되었다. 특히 사기업의 이윤추구에 의거한 생산의 확대는 사적인 재화 · 서비스의 증대를 가져오지만, 한편으로는 공공적인 시설 · 서비스의 빈곤이라는 사회적 불균형을 야기한다는 것이다.

세 번째는 새로운 인플레이션의 진행이다. 그 원인은 거대과점기업과 대형노동조합과의 결합에 의한 임금과 물가의 악순환이다. 과점체제의 기반 위에서 가격지배력을 가진 대기업은 노동조합의 임금인상을 인정하면서 이를 가격에 전가한다. 가격 상승은 다음의 임금인상의 원인이 되고, 그것은 또한 가격으로 전가된다. 그 결과 물가는 상승한다. 이것이 가능한 것은 혜택받은 기업과 그 기반 위에서 혜택받은 노동자들 때문이다. 물가 상승을 임금인상으로 전가할 수 없는 분야에서는 실질소득이 두드러지게 줄어든다. 이에 따라 물가 상승으로 수입이 보전되지 않는 사람들이 희생되게 된다.

갈브레이스는 이상과 같이 풍요로운 사회의 새로운 병으로서 "정신적 기아, 사회적 불균형, 새로운 인플레이션" 세 가지를 들고, 그 배경에는 시장지배력을 가진 과점기업의 행동과 거기에 있는 생산우위의 사고방식을 들고 있다. 이것은 바로 정통파 경제학에 대한 비판이기도 하다.

## 3.3 갈브레이스의 사상

### (1) 의존효과와 생산자주권

갈브레이스가 『풍요로운 사회』에서 지적한 현대경제의 병의 하나는 물질적 빈곤의 해소가 가져온 정신적 기아이다. 빈곤한 사회라면, 생산의 확대는 사람들의 사회적 복지를 증대시킨다는 의미에서 필요하다. 그러나 물질적으로 풍요로운 사회를 맞이한 미국 사회에서는 그렇지 않다는 것이다. 대기업에 의한 대량생산은 사람들의 필요를 상회하는 생산을 가져온다. 그것을 대량소비로 연결시키기 위하여 사람들의 욕망까지 생산하지 않으면 안 된다.

현대의 기업들은 상품을 생산할 뿐만 아니라, 사람들의 욕망까지 생산할 필요가 있다. 이를 위해 사용하는 것이 광고 · 선전이다. 기업에 의해 TV, 라디오, 잡지 등을 통하여 유통되는 상업주의는 사람들의 욕망을 자극하고, 수요를 인위적으로 만들어낸다. 이것에 영향을 받은 사람들은 사고 또 사더라도 만족할 줄 모른다. 이것은 확실히 욕망이 생산에 의존하는 것이다. 갈브레이스는 『풍요로운 사회』에서 실제적인 필요에 의해서가 아니라, 생산자가 적극적으로 선전이나 판매기술을 활용하여 소비자의 욕망을 만들어내는 것을 의존효과라 하였다.

의존효과에 대한 지적은 이제까지 정통파 경제학이 기본으로 했던 "소비자주권"이 현실에서는 사라져버린다는 것을 의미한다. 정통경제학에서는 소비자는 효용최대화를 목표로 하여 합리적으로 행동한다고 가정하고 있다. 여기서 소비자는 자기의 필요에 의거하여 소비를 결정하고, 거기에 대응하여 기업은 생산을 한다. 그리하여 기업의 생산이 시장에서 평가된다는 것은 소비자가 만족하는 것을 제공할 수 있는가 여부에 의존한다. 그러한 의미에서 경제의 주역은 소비자이다. 이것이 소비자주권의 사고방식이다. 그러나 현실은 그와 반대이며, 기업이 소비자의 욕망마저 관리한다는 것이다. 오늘날 주권은 생산자에게로 넘어가 있다. 이것이 갈브레이스가 지적한 현실이다. 그렇지만, 광고 · 선전에 의한 대량생산 · 대량소비를 실현하기 위하여 할부판매가 이루어지고, 소득을 미리 차입하는 대량부채가 그것을 지탱하게 된다.

여기서 갈브레이스의 지적을 자본주의 경제발전의 역사에서 비추어보면, 다음과 같이 말할 수 있다. 케인즈 이전의 시대에는 생산의 확대를 위한 제약요인으로서 노동, 토지, 자원이 문제였다. 이때 문제가 되는 것은 공급 측이었다. 예를 들면 에너지자원으로서 석탄의 고갈은 경제발전에서 큰 문제로 떠올랐다. 그러나 에너지혁명에 의해 석유가 사용되면서 그 제약은 극복되었다. 생산기술의 발달도 공급능력을 크게 확대시켰던 것이다.

그러나 공급능력을 뛰어넘은 자본주의 경제는 수요 부족의 문제에 직면한다. 이것을 극복하기 위하여 등장한 사람이 케인즈였다. 케인즈 정책에 의한 유효수요의 창출은 과잉생산을 정부가 개입하여 해결하고자 하는 것이다. 동시에 기업 스스로도 수요확대를 목표로 하여 노력한다. 미국에서 마케팅이 발전하게 되면서 기업 스스로 고객을 창조하게 된다는 것이다. 그리고 광고 · 선전이 사람들의 필요를 초과하는 욕망까지 만들어낸다. 그 결과 시장에서 수요가 창출되게 되는 것이다.

갈브레이스는 미국이 대기업에 의한 생산우위의 사고방식을 취하게 된 것을 엄격히 비판하고 있다. 이 지적은 확실히 오늘날의 경제현상에도 타당하다. TV, 라디오로부터 넘치는 상업주의의 영향은 크다. 그렇지만 그 영향을 가장 크게 받는 것은 감수성이 강한 어린이나 젊은이들이다. 이 측면에서도 기업의 사회적 책임은 무거우며, 갈브레이스가 제기한 문제는 상당히 타당하다고 하겠다.

### (2) 테크노스트럭처

갈브레이스는 학문적으로는 베블런, 커먼즈, 미첼 등의 제도학파the Institutional School로 분류된다. 그는 시장원리에 따라 엄밀한 가정을 하는 모델을 사용하여 경제문제를 분석하는 정통파 경제학의 수법을 취하지 않았다. 그것은 제도학파의 계보에 속하는 것이며, 대기업이 시장을 지배하는 현대자본주의의 문제를 해명하는 데에, 개인, 기업, 정부의 행동양식을 관찰하고, 그로부터 사실을 포착할 필요가 있다고 생각했다.

갈브레이스에 의하면, 오늘날 대기업을 운영하고 있는 것은 고도의 전문지식을 가진 테크노스트럭처(전문가집단)이다. 기술진보가 진행되는 현대에는, 각 분야의 전문가가 협력하여 생산체제로부터 판매체제에 이르기까지 계획적으로 조직화되어 있다. 경영에서 권력의 소재는 경영자에서 테크노스트럭처로 이행하고 있다. 이에 관하여 1973년에 쓴 『경제학과 공공목적』에서 "제너럴 모터스나 제너럴 일렉트릭, 시엘, 유니레버, IBM과 같은 최고 발전수준에 있는 기업에서는 테크노스트럭처의 힘이 절대적이다"라고 기술하고 있다.

권력이 자본가로부터 경영자, 나아가 테크노스트럭처로 이행한 대기업은 계획적으로 생산체제를 만들고, 그로부터 이익을 창출하기 위해 비용에 근거하여 가격을 결정한다. 가격은 시장의 수급에 의해 결정되는 것이 아니라, 기업에 의해 계획적으로 설정된다. 나아가 생산물의 수요를 확보하기 위하여 광고 · 선전을 구사하여 수요를 만들어낸다. 여기서 의존효과가 발생한다.

이러한 생산의 확대에 의한 이익의 증대는 그러한 혜택이 있는 분야로 자본과 자원을 집중시킨다. 그것이 사회자본의 지체를 가져오고, 사회적인 불균형을 야기한다는 것이다. 또한 테크노스트럭처는 그 권력을 이용하여 국가의 정책에도 영향을 미친다.

### (3) 길항력

미국 경제에서 대기업의 힘이 커짐에 따라 대기업의 행동을 억제할 힘이 필요하게 된다. 또한 미국 사회에는 그러한 힘이 발생하는 구조도 있다는 것이 갈브레이스의 견해이다. 갈브레이스는 그것을 길항력countervailing power, 拮抗力이라고 했다. 구체적으로는 노동조합, 소비자단체, 최저임금법, 공적규제 등이 그것이다. 이러한 것이 대기업의 횡포를 견제하는 힘이 된다. 건전한 사회를 육성하는 데는 견제와 균형이라는 사회적 힘이 요구된다는 것이다.

오늘날 이 길항력에 관한 예를 든다면, 설명책임을 수반하는 기업윤리나 기업의 사회적 책임, 건전한 거버넌스의 필요성, 사외이사제의 도입, 행정에 대한 시민참여 등이 이에 해당한다. 갈브레이스가 말한 길항력拮抗力이라는 사고는 오늘날에도 큰 의미가 있다고 말할 수 있다.

여기서부터 한걸음 나아가면, 테크노스트럭처의 기반 위에서 이윤획득이 자기목적화하는 산업계에 대하여, 경제적 번영의 진정한 목적이 무엇인가라는 의문을 제기할 수 있다. 갈브레이스가 현실경제의 문제를 엄격하게 문제시한 것도 진정으로 풍요로운 사회를 건설하기 위하여는 무엇이 필요한가를 생각했기 때문이다. 사람들의 생활에 필요한 것은 생산의 확대만이 아니라는 것이 갈브레이스의 메시지라고 생각된다.

엄밀한 가정 위에 구축된 경제학은, 경제이론으로서는 훌륭하지만, 사람들의 현실과는 거리가 있다. 순수이론보다는 현실에서 진실을 구하는 것, 이것이 갈브레이스가 추구하는 방법이라 하겠다. 특히 인생을 보다 다채롭고, 보다 풍요롭고 즐겁게, 그것이 갈브레이스류의 풍요로운 사회를 살아가는 방법이라고 말할 수 있다. 슬로 라이프나 심플 라이프의 사고도 그 연장선 위에 있다고 하겠다. 최근에는 여가를 즐기는 방법이나 노후를 보내는 방법이 사람들의 관심의 대상이 되고 있는데, 이는 갈브레이스류의 사고에 가치가 있다고 생각되기 때문이다.

## 열린사회 이론 창시자 칼 포퍼

▲ 칼 포퍼

오스트리아 태생의 칼 포퍼Karl R. Popper(1902~1994)는 아버지가 유대계 변호사인 유복한 가정에서 성장했으며, 전체주의가 횡행하던 1920~1930년대에 철학에 입문했다. 그가 고민했던 사회·철학적 문제는 인류가 전체주의의 위협을 극복하고 자유와 번영을 누리면서 평화롭게 공존할 수 있는 사회질서가 어떻게 가능한가였다. 그가 찾은 답은 열린사회였다.

그 이념의 출발점은 과학적 방법론이다. 경험에 비춰 각 이론의 오류를 입증, 제거하는 과정이다. 과학은 그런 반증을 통해 점진적으로 발전하는 것이지 혁명적으로 발전하는 게 아니라고 포퍼는 지적한다.

포퍼의 반증을 통한 방법론에는 지식은 늘 추측된 것이고 오류가 가능하다는 전제가 깔려 있다. 그래서 열린 마음으로 다른 사람들의 논박에 귀 기울이고 그 비판을 통해 잘못된 지식을 고쳐나가야 한다고 주장한다.

포퍼는 이런 과학분야의 작동방식을 정치영역에 확대하여 적용하였다. 과학의 과제와 마찬가지로 정치도 오류를 찾아내고 이를 수정하는 것이라고 하였다. 그 오류는 빈곤, 실업, 소득상실 등과 같은 경제적 고통이다. 공공정책의 가장 긴급한 문제는 이 같은 인간의 고통이지 행복이 아니라고 하였다.

포퍼는 이런 과제를 수행하기 위한 방법으로 '점진적 사회공학'을 제안했다. 이는 법과 제도를 한걸음씩 개혁해 가는 방법이다. 이런 방식이 개혁의 오류를 찾아내고 학습할 수 있어 예상하지 못한 결과를 줄일 수 있다는 게 그의 설명이다. 그는 거창한 청사진에 따라 사회 전체를 전면적으로 바꾸는 '유토피아적 사회공학'에 반대한다. 전면적인 개혁은 지적인 자만에서 비롯되는 것으로 자유뿐 아니라 경제까지도 파괴한다는 이유에서다.

그러나 포퍼의 사상과 논리에 대한 비판도 상당하다. 먼저 점진적인 개혁방식에 대한 비판이다. 문제가 생길 때마다 법과 제도를 바꾼다면 원칙 없는 실용주의와 다를 게 없다는 지적이다. 포퍼가 주장한 독점규제에 대한 부분도 마찬가지다. 이런 규제가 중소상공인들에게 유익하다는 보장은 없다. 정부의 보호가 없는 한 독점 문제는 시장이 스스로 해결한다는 역사가들의 인식을 간과했다는 비판이 나온다. 도산 위험에 처한 기업을 국가가 지원해야 한다는 부분에 대해선, 개인적인 책임을 도외시한다면 경제나 과학에서 기업가 정신이 소멸된다는 반론이 설득력을 갖는다. 도산할 기업을 도와주는 것은 시장 자율적인 메커니즘을 훼손한다는 얘기다.

포퍼는 과학적 지식을 매우 중시한다. 과학적 지식이 사회개혁의 이론적 기초라는 이유에서 발전의 원동력이라는 게 그의 인식이다. 사회과학 지식에 대한 그런 평가에 반기를 든 인물이 그의 친구인 하이에크다. 같은 오스트리아 출생으로 대표적인 자유시장주의 경제학자인 하이에크는 문명의 발전을 가져온 것은 과학 지식과 성격이 다른 '현장 지식'이라고 주장한다. 현장 지식이란 사적 사회의 곳곳에서 생업에 종사하는 개개인들이 제각기 갈고 닦은 지식이다. 포퍼의 '열린사회'가 하이에크의 '자생적 질서'와 완전히 다르다는 점도 주목할 만한 대목이다.

포퍼의 열린사회 이론은 여러 비판의 여지를 남겼지만 그는 반증논리를 통해 경제학 발전에 기여했다. 과학적 방법의 관점에서 열린사회를 도출해 전체주의의 위협으로부터 인류를 보호하는 길을 제시했다는 평가도 받는다.

### 포퍼 사상의 힘 : 프랑크푸르트학파와 세기의 논쟁

칼 포퍼의 사상이 등장한 시기는 러시아를 비롯 유럽과 심지어 미국까지도 자율적인 시장과 자유 사회가 나치즘과 파시즘, 마르크스주의 등 전체주의로 교체되던 때였다. 포퍼는 뉴질랜드로 망명해야 할 정도로 나치즘의 박해로 어려움을 겪었다.

이런 시기에 포퍼는 '열린사회 이론'을 통해 집단주의의 포문을 열었다. 그가 대결했던 주요 이념은 역사적 필연을 내세우며 냉전의 한 축을 이뤘던 마르크스주의였다. 이념 전쟁에서 그가 가진 무기는 '경험을 통한 반증'이라는 방법론이다. 이 방법론은 강력했다.

그런 지적인 무기 앞에서 마르크스주의는 속수무책이었다. 포퍼는 위로부터의 변화가 토대를 바꾼다는 점을 들어 경제적 토대가 상부구조를 변화시킨다는 마르크스의 주장은 잘못됐다고 공격했다. 자본주의가 필연적으로 붕괴하고 공산주의가 도래한다는 주장도 잘못된 역사주의에서 도출된 사이비 과학이라고 비판한다.

포퍼는 1960년대 초 마르크스주의 추종 세력인 프랑크푸르트학파와 벌인 세기의 논쟁에서도 유토피아적 사회공학은 전제주의를 부르고 지식을 자만하는 등 치명적 결함을 보여줌으로써 열린사회를 보호하는 데 중요한 역할을 했다. 결국 1989년 옛 소련의 공산주의 몰락으로 포퍼가 옳았음이 입증됐다.

밀턴 프리드먼이 정부의 재량적 통화정책 대신에 준칙주의 정책을 제안했던 이유가 정부의 지적 자만을 막기 위해서였는데, 이것도 포퍼의 영향이었다.

**참고문헌** : 민경국, 생글생글 388호 2013년 6월 10일자.

## 4. 밀턴 프리드먼

### 4.1 프리드먼의 세계

밀턴 프리드먼Milton Friedman(1912~2006)은 경제학자로서 일관하여 자유주의 경제를 주장했다. 그는 전후 경제학이 발전하는 가운데 "케인즈 혁명"에 대하여 "반혁명"을 줄기차게 제창하였다.

경제학은 아담 스미스 이래, 고전파 경제학에 기반하며, 시장기구에 의한 자유

▲ 밀턴 프리드먼

로운 경제활동을 목표로 하며 발전해 왔다. 이러한 사고를 파탄나게 한 것이 1929년의 대공황이다. 붕괴의 위기에 처한 자본주의를 구제한 사람이 케인즈였다. 케인즈 경제학의 등장에 의해 경제학은 새롭게 탄생하여 변하고 있었다. 제2차 세계대전 후 선진국 경제는 케인즈 정책의 도입에 의해 발전을 지속하였다.

그런데 일관되게 케인즈 경제학에 반기를 들고, 고전파 경제학이라는 "자유주의 경제" 만이 자본주의 경제의 본래의 모습이라 주창하고, 정부의 정책에 대한 개입에 반대한 사람이 프리드먼이다. 프리드먼은 케인즈 경제학에 반대하고, 통화주의라 불리는 독자적인 이론을 전개하였다.

### 성장과 학생시대

케인즈가 지성이 넘치는 영국의 상류계급에서 태어난 것과 대조적으로, 프리드먼은 빈곤한 유대인계 이민자의 아들로 1912년 뉴욕 브루클린에서 태어났다. 프리드먼의 부친은 10대 시절에 이민을 와서 빈곤과 가혹한 노동에 시달리다가 프리드먼이 15살 때에 사망했다.

프리드먼은 16세에 고교를 졸업하고, 뉴저지주의 장학금을 받아 럿거스대학에 진학한다. 가난했으므로 대학에 다니면서 다양한 아르바이트를 해야만 했다. 프리드먼이 대학에 다닐 때 대공황이 진행하고 있었지만, 어떤 아르바이트에서도 성실하게 근무했기 때문에 대량실업 하에서 전반적으로 임금이 삭감되고 있었음에도 불구하고, 프리드먼의 성실성을 인정한 고용주는 그의 급료만은 내리지 않았다고 한다.

럿거스대학에서는 수학과 경제학을 전공했으며, 특히 수학에 재능을 발휘했다. 이 점에서는 케인즈와 유사하다. 대학에서는 지도교수로부터 도움을 많이 받았다. 연방준비제도이사회FRB 의장을 역임한 아더 번스Arthur F. Burns(1904~1987)로부터 경기순환론을 배웠고, 호머 존스Homer Jones(1906~1986)로부터 경제이론의 중요성을 배웠다. 시카고대학 대학원 진학을 권고한 사람도 존스였다.

프리드먼은 1932년에 시카고대학 대학원에 입학했다. 거기에는 시카고학파의 조상이라고 할 수 있는 프랭크 나이트Frank Knight(1885~1972), 정통적인 자유주의자인 아론 다이렉터Aaron Director(1901~2004), 경제사상으로 유명한 제이콥 바이너Jacob Viner(1892~1970), 시장의 자유경쟁을 중시하는 시카고학파의 중심적인 존재인 헨리 사이먼스Henry Simons(1899~1946), 계량경제분석의 헨리 슐츠Henry Schultz(1893~1938)와 같은 교수진이 있었으며, 그들이 프리드먼에 큰 영향을 끼쳤다. 이러한 사람들이 프리드먼에게 자유주의 경제의 중요성과 통계분석의 기법을 가르쳤다. 아론 데이렉타는 후에 프리드먼과 결혼하는 로즈 다이렉터Rose Director(1910~2009)의 오빠였다.

프리드먼은 은사로부터 학문적 도움을 받았지만, 경제적 곤란으로 시카고에서 연구를 계속할 수 없어 1933년에 연구수당을 지급하는 콜럼비아대학으로 옮겼다. 여기서도 지도교수로부터 많은 도움을 받았다. 미국 제도학파의 대표자인 경기순환론의 웨슬리 미첼Wesley Clair Mitchell(1874~1948)과 수학을 구사하여 시장과 정부와의 관계를 분석한 해롤드 호텔링Harold Hotelling(1895~1973) 두 교수로부터 배웠다.

1934년에 시카고대학에 돌아와 연구조수로서 사회의 첫발을 내디뎠다. 그 후 전미경제연구소나 정부기관에서 일하다가 1946년에 시카고대학으로 돌아왔다. 1948년에 정교수가 되고, 그로부터 정년까지 30년간 시카고대학에서 재직했다. 그 기간에 시카고학파는 크게 번성했다.

프리드먼의 성실성과 근면함은 연구에서도 발휘되었다. 그는 정력적으로 많은 논문과 책을 썼으며, 폭넓은 분야에 걸쳐 뛰어난 업적을 쌓았다. 특히 정부의 경제정책의 한계를 지적하고, 통화공급량의 조절을 중심으로 한 금융정책에 대한 제언, 시장의 역할을 중시한 작은 정부의 제창 등이 평가되어, 1976년에 노벨경제학상을 수상하였다. 프리드먼은 150cm를 약간 넘는 단신이지만 상당히 도전적인 성격으로서, 평생 경제현상을 논리적으로 철저하게 분석 · 연구하며 보냈다.

## 4.2 프리드먼의 사상

프리드먼 경제사상의 기본은 자유주의였다. 프리드먼의 사상을 가장 명료하게 나타내고 있는 것이 그의 대표작이라 할 수 있는 『자본주의와 자유Capitalism and Freedom』(1962)이다. 프리드먼은 이 책에서 자유주의 사고가 19세기와 20세기에 다른 의미로 사용되었다는 것을 지적하고 있다.

"19세기의 자유주의자는, 자유의 확대만이 복지와 평등을 실현하는 효율적인 수단으로 생각했지만, 20세기의 자유주의자는 복지와 평등이 자유의 전제조건이며, 자유롭게 변할 수 있다고 생각하고 있다" 고 했다.

프리드먼은 본래 자유주의는 19세기에 생각했던 대로 자유로운 경쟁만이 사회의 후생을 높인다고 보았으며, "자유주의자에게 좋은 수단이란, 자유로운 토론과 자발적인 협력이다. 강제는 어떤 형태이든 좋지 않다. 책임 있는 개인이 자유로운 논의를 거쳐 합의에 도달하는 것이 자유주의자에게 이상이다" 라고 서술하고 있다.

이러한 자유주의에 기반하여 프리드먼은 "정부가 자유를 위협하는 것을 방지하고, 정부라는 유력한 도구로부터 바람직한 성과를 이끌어내기 위해 어떻게 하는 것이 좋은가" 를 과제로 삼고, 그 제1원칙으로서 "정부의 역할에 제한을 설정해야 한다" 고 논의하고 있다. 프리드먼은 케인즈와는 반대되는 입장을 분명히 한 것이다.

그렇지만 제2차 세계대전 후, 케인즈 정책에 의한 번영이 지속되고 또한 복지가 중시되는 시대에는, 프리드먼이 제창하는 자유주의는 시대와 맞지 않았다. 학계는 물론이고 정부 관계자들 사이에서도 케인즈의 경제이론이 대세였다. 당연히 『자본주의와 자유』가 출판된 당시는 별로 주목받지 못했다.

1980년대 들어 "신자유주의" 라는 형태로 19세기형의 시장경쟁이 중시되는 시대가 되었다. 확실히 프리드먼의 시대가 도래한 것이다. 왜냐하면, 1980년대 신자유주의가 주목된 이유의 하나는 레이건과 대처가 앞장서서 사회주의에 대한 대결노선을 강화했기 때문이다. 악의 구축인 사회주의 경제와 자유주의 경제 간의 우열을 다투는 대립이었다. 또 하나의 이유는 전후의 경제성장을 받치고 있던 케인즈 정책이나 복지정책의 무력함 때문이었다. 1970년대의 선진국들은 불황과 인플레의 병존이라는 스태그플레이션에 빠져 고민하고 있었다. 정부 주도의 케인즈적 불황대책이 효력을 잃고, 재정적자가 확대되었으며, 생산성의 저하라는 늪에 빠져 허덕였다.

특히 1970년대에 접어들어 케인즈 정책의 평판이 낮아지면서 경제가 불황에 빠진 원인은, 케인즈적인 의미의 유효수요 부족이 아니라 민간기업 활력의 저하라는 분석이 힘을 얻게 되었다. 불황을 가져온 주된 요인은, 정부에 의한 규제나 중과세이며, 문제가 되는 것은 "큰 정부" 라는 견해가 힘을 얻었다. 그래서 주목을 받게 된 것이 프리드먼에 의한 "작은 정부" 의 사고였다. 정부의 비대화는 자원배분의 효율성을 떨어뜨리고, 무분별한 복지는 개인의 자조노력을 저해한다는 것이었다.

이상과 같이 케인즈 정책 및 케인즈 경제학에 대한 평가가 힘을 잃으면서 프리드먼의 주장이 주목을 받게 되었다. 그러자 프리드먼의 『자본주의와 자유』에서 제시되었던, 정부에 의존하지 않고, 자유주의에 기반한 새로운 정책이 다시 주목받게 되었다.

## 4.3 프리드먼의 정책

프리드먼은 자유주의Liberalism를 자신의 사상적 관점으로 명시했다. 그는 "국가란 구성원인 개인들의 집합체이지 개인 위에 군림하거나 개인을 초월하는 것이 아니다" 라고 단언한다. 오히려 그는 "권력의 집중이 자유에 대한 위협" 이라는 믿음에서 "정부의 권한 범위를 제한" 하고 "정부 권력을 분산해야 한다" 고 말한다.

또한 프리드먼은 경제적 자유의 중요성을 강조한다. 구체적으로는 시장의 자율적 흐름을 저해한다는 이유로 정부의 시장개입을 반대하고 자유로운 시장경제의 활성화를 주장한다. 프리드먼은 "경쟁적 자본주의는 경제적 자유의 체제이며, 정치적 자유를 위한 필요조건이다" 라고 자본주의와 자유의 관계를 설명한다.

개인의 자유를 존중하고 개인의 능력이 발휘되도록 하는 것이야말로 사회의 발전에 바람직하다고 생각하는 프리드먼은 정부에 의한 개입의 정책을 비판하면서 독자적인 정책을 제시하였다.

### (1) 부負의 소득세

이것은 일정액 이상의 소득에 대하여 정부가 세금을 부과하고, 일정액 이하의 소득인 사람들에 대하여는 정부가 세금을 주자는 것이다. 이를 "부의 소득세"라 한다. 이것은 현행 복지정책에 의한 생활보장비의 지급과 유사하지만, 생활보장의 경우 생활보장비를 지급받는 사람들이 일하여 벌어들인 소득을 지급액에서 삭감함으로써, 일할 의욕을 꺾어버린다. 이에 대하여 부의 소득세에서는 일하면 소득이 증대된다는 것이다.

예를 들면, 2,500만 원 이상을 과세최저한으로 하고, 그 이하의 소득자에게는 2,500만 원과의 차액에 따라 정부로부터 세금이 주어진다(부의 소득세). 이 세율을 50%라 하면, 연간소득 제로인 가계는 2,500 × 0.5 = 1,250만 원이 지급된다. 2,000만 원의 소득인 가계는, (2,500 − 2,000) × 0.5 = 250만 원이 지급된다.

미국의 현행 사회보장제도에서는 생활보장을 받는 사람들이 일해서 받는 만큼이 감액된다. 그러나 이 제도에서는 일을 하여 소득이 발생하면 그만큼 수입이 증대된다. 수입이 제로인 가계는 1,250만 원만 받지만, 일하여 500만 원의 소득을 얻는다고 하면, 정부로부터 받는 금액은 (2,500 − 500) × 0.5 = 1,000만 원이므로 합계 수입은 1,000 + 500 = 1,500만 원이 된다.

이와 같이 부의 소득세제도는 일할 의욕을 살려 소득을 증대시키는 큰 장점이 있다는 것이다. 또한 단순한 제도이기 때문에 관료기구를 축소하더라도 괜찮다. 다만 현행제도에 대한 기득권익이 커서 실행하기는 쉽지 않다. 또한 부의 소득세가 높으면, 그 재원을 어디서 구해야 하는가라는 문제가 제기된다.

### (2) 쿠폰제

프리드먼에 의하면, 정부는 학교교육을 중시하여 모든 아동에 대하여 무료로 교육을 받도록 하기 위해서는 공립학교제도를 확충하고 관리를 강화해야 한다고 했다. 그런데 사회의 변화와 더불어 도시에서 학교의 황폐화가 문제된다. 이에 대하여 상류계급 사람들은 보다 질 좋은 사립학교로 전학이 가능하게 함으로써 선택의 자유가 있지만, 부유하지 않은 사람들에게는 선택의 자유가 없다. 사립에 가는 상류계급의 사람들도 세금과 수업료라는 이중부담을 져야 하는 문제가 있다.

학교의 질적 향상을 도모하되 사람들에게 선택의 자유를 주는 교육제도만이 바람직하다고 보았다. 이를 위해 제안된 것이 "수업료 쿠폰제도"이다. 지역에 따라 정부가 의무교육으로 지출하는 돈을 학생 수로 나누고, 이를 쿠폰(수업료 지불증명서)의 형태로 부모에게 지급하는 제도이다. 부모는 진학하고 싶은 학교에 이 쿠폰을 제출한다. 학교는 모아진 쿠폰을 정부로부터 교환하여 학교운영에 필요한 돈으로 쓸 수 있다. 그래서 좋은 교육을 실시하고 있는 학교에 쿠폰이 많이 모이므로, 교육내용을 개선할 수 있고 우수한 교사를 고용할 수 있다. 반대로 질이 떨어진 학교에는 학생들이 진학하지 않는다. 그 결과 공립학교라도 스스로 노력하여 질을 향상시키지 않으면 안 된다.

이 제도에 의하면 부모는 이중으로 세금을 부담할 필요가 없으며, 자유롭게 경쟁하는 가운데 질의 향상을 도모할 수 있다. 이러한 방식은 병원 등에도 적용할 수 있다는 것이 프리드먼의 주장이다.

## 4.4 프리드먼의 이론

프리드먼은 현실적인 문제에 주목되는 많은 제안을 했지만, 경제이론에서도 다양한 측면에서 걸출한 이론을 전개하였다.

### (1) 항상소득가설

총수요의 크기는 경제활동을 좌우한다. 그 중에서도 소비수요는 총수요의 약 60%를 차지하기 때문에 소비수요의 동향은 경제예측을 하는 데 매우 중요하다.

거시경제학에서 소비동향을 설명하는 것이 소비함수이다. 이는 소비수요의 주된 요인이 무엇인가를 설명하는 것이다. 이에 따라 케인즈는 『일반이론』에서 소비는 그때그때 소득의 크기에 의존한다고 하였다. 이것을 "소비의 절대소득가설"이라 한다. 이 가설에 따르면, 경제가 성장하면, 소득이 커짐에 따라 소득에서 차지하는 소비의 비율이 낮아지게 된다. 그 때문에 소비수요의 부족에 의해 경제는 정체될 우려가 있다는 예측이 성립하게 된다. 그러나 전후에는 소득이 증대하더라도 소비의 비율은 낮아지지 않았다. 이것이 1950년대에 소비함수논쟁을 일으켰다. 프리드먼도 거기에 가세하여 1957년에 『소비의 경제이론』을 저술하여 새로운 소비함수를 전개하였다.

프리드먼이 제시한 가설은 소득의 핵심 부분은 두 가지로 나눌 수 있다. 항상소득과 변동소득이 그것이다. 항상소득은 매월 거의 일정하게 예상되는 소득이며, 변동소득은 예상할 수 없는 소득이다. 프리드먼은 개인의 소비는 주로 개인의 항상소득에 의해서 결정된다고 말한다. 항상소득이란 어떤 사람이 그의 일생동안에 획득할 수 있으리라고 기대되는 평균소득을 말한다. 그러므로 한 개인의 일생을 통해서는 항상소득과 실제소득이 같은 것이지만, 어떤 특정한 연도에서 볼 때는 항상소득과 실제소득이 같아야 할 이유는 없다. 실제소득은 주기적이거나 흔히 있을 수 있는 변화의 영향을 받기 때문에 항상소득보다 클 수도 있고 작을 수도 있다. 프리드먼은 이러한 실제소득과 항상소득과의 차이를 일시소득transitory income이라 했다.

프리드먼은 소비도 항상소비permanent consumption와 일시소비transitory consumption로 구분한다. 그리고 이들 일시소득과 일시소비는 서로 독립적이며, 각각에 대응하는 항상소득이나 항상소비와도 독립적이라고 가정한다. 특히 일시소득과 일시소비가 독립적이라는 가정은 프리드먼의 항상소득가설에서 불가결의 중요한 요소이다. 그래서 사람들은 항상소득에 기반하여 소비한다고 생각한다는 것이다. 이것이 프리드먼의 항상소득가설恒常所得假設, permanent income hypothesis이다. 이 가설에 의거하여 소비함수는 왜 안정되어 있는가를 설명할 수 있다. 오늘날에도 프리드먼의 항상소득가설은 현실의 소비동향을 설명하는 유력한 가설이다.

### (2) *X*% 룰

경제학에서 프리드먼의 비판은 주로 케인즈 경제학으로 향하였다. 자유로운 시장만이 바람직하다는 프리드먼과 정부에 의한 시장의 조정을 중시하는 케인즈와는 근본적으로 대립될 수밖에 없었다. 프리드먼은 다양한 경제문제의 분석을 통하여 케인즈를 비판하는 한편, 자유로운 경제의 우위성을 논증하였다. 그 하나가 대공황에 관한 분석이었다.

케인즈 이론에 의하면, 시장은 불완전하며, 자유로운 시장에 맡겨두면 유효수요가 부족하여, 경제는 불황에 빠지게 된다. 그래서 정부에 의한 경기안정화를 위한 정책이 필요해진다. 프리드먼에 의하면, 이러한 주장은 옳지 않다. 예를 들면, 대공황에 대한 케인즈의 인식마저 잘못되었으며, "대공황이든 다른 시대에 발생한 대량실업이든 실제로는 정부의 경제운영의 실패가 원인으로 발생했다는 것이다."

프리드먼에 의하면 1929년에 발생한 대공황 당시에 연방준비은행은 1930년부터 31년에 걸쳐서 필요한 화폐공급량을 추가로 공급하지 않고 시중은행에 대한 대부잔고를 삭감하였다. 이러한 연준의 행동이 연쇄도산을 초래하여, 경기를 더욱 악화시켰다고 서술하고 있다.

이와 같이 프리드먼은 대공황의 원인은 정부의 정책실패에 의한 것이라 주장하고 있다. 또한 정부가 이렇게 잘못되는 것은 정부에게 경제상황을 정확히 판단하는 능력이 없기 때문이며, 불완전한 것은 시장이 아니라 정부라는 것이다.

이로부터 프리드먼은 화폐공급에 관한 유명한 *X*% 룰을 제창하였다. 즉, 바람직한 것은 통화공급에 관하여 일정한 룰을 결정하는 것이다. 금융당국이 통화공급의 신장률을 결정할 때 일정률로 하도록 법률로 정하자는 것이다. 연준이 통화공급량의 확대가 연율 $X$% 증가하도록 매월의 추이 내지 가능하면 매일의 추이를 조정하자는 것이다. 이 $X$%는 3～5%가 적절하다고 하였다.

경제활동과 화폐량은 밀접한 관계가 있으며, 화폐량을 잘못 컨트롤하면 불황에 빠진다고 생각한 프리드먼은 화폐량의 움직임을 특히 중시했던 것이다. 그러한 프리드먼류의 사고방식을 통화주의라 한다. 이 같은 사고를 하는 사람들을 통화주의자라 한다.

### (3) 자연실업률가설

전후 케인즈 정책의 유효성을 실증적 측면에서 뒷받침한 것이 필립스곡선[6]이다. 이것은 물가와 실업률 사이에 역의 움직임이 있으며, 불경기에서는 실업률이 올라가는 국면에서 물가는 저하한다. 한편, 호경기가 되어 실업률이 낮아지면, 물가는 올라간다는 관계를 그래프로 나타낸 것이다. 이에 따르면, 어느 정도의 물가 상승을 받아들인다면 실업률의 저하가 가능하게 된다.

제2차 세계대전 후 완만한 인플레이션이 진행하는 가운데 케인즈 정책에 의한 실업의 감소는 이 필립스곡선에 따른 것이라고 말할 수 있다. 이러한 케인즈 정책에 의한 실업대책은 무효라고 프리드먼은 주장하고 있다. 프리드먼에 의하면, 노동자가 얼마만큼 고용되는지를 결정하는 것은 노동시장이며, 거기서 결정되는 실업률을

6. 영국의 경제학자인 필립스(Alban William Phillips, 1914～1975)가 1958년에 영국의 경제학술지인 『Economica』에 발표한 논문에서 1861년에서 1957년 사이의 영국자료를 분석한 결과 명목임금 상승률과 실업률 간에 역(−)의 상관관계가 있음을 발견하였다. 필립스곡선(영어 : Phillips curve)은 인플레이션율과 실업률 간에 상충관계가 있음을 나타내는 곡선이다. 그래프의 세로축에 인플레이션율, 가로축에 실업률을 두면 우하향하는 곡선이 된다. 이는 여러 나라의 시대별 자료에 대한 실증연구를 통해 명목임금 상승률이 높을수록 실업률이 낮게 나타나는 반비례 관계임을 보여준다. 이러한 사실은 물가 상승과 실업 사이에는 상충관계가 존재함을 의미하기 때문에 많은 경제학자들이 관심을 갖게 되었다.

유효수요 정책으로 움직일 수 없다는 것이다. 그럼에도 불구하고 정부가 실업대책을 계속하며, 유효수요를 확대하더라도 물가의 상승만 초래할 뿐이다. 이것을 설명하는 이론이 프리드먼의 "자연실업률가설" 이다.

프리드먼은 경제활동은 시장이 결정하는 것이며, 정부가 개입하여 조정하더라도 시장을 왜곡할 뿐 문제를 해결할 수 없다고 주장한다. 자유시장은 대기업의 경제력 문제까지도 스스로 해결하기 때문에 두려워할 것은 사적인 권력이 아니라 국가권력이라는 그의 주장도 흥미롭다. 오늘날 우리 정치권이 경제민주화의 명분으로 쏟아내는 대기업 규제는 일자리 창출과 소득의 성장을 방해할 뿐 실익이 없다는 뜻이다.

1776년 아담 스미스가 『국부론』을 쓴 지 200년이 되던 1976년 노벨경제학상을 수상한 프리드먼의 주요 이론은 케인즈주의와의 대결과정에서 개발한 화폐이론이다. 그는 인플레이션은 언제 어디서나 화폐적 현상이라는 인식과 함께 화폐가 고용과 성장에 강력한 영향을 미친다는 사실을 인정했다. 그러나 프리드먼은 이 사실에서 통화를 통한 자의적인 경제개입의 가능성과 개인의 자유에 대한 심각한 위험을 보았다.

흥미롭게도 프리드먼은 화폐의 효과가 전개되는 경로와 시차를 알기 어렵다는 문제를 인식했다. 그래서 정부의 지적인 자만을 막기 위해서 정부의 재량적 통화정책 대신 준칙주의 정책을 제안했다. 통화당국의 독립성만으로는 재량적인 통화정책과 이로 인한 시민들의 피해를 막을 수 없다는 것을 잘 알고 있었다. 그의 통화주의 이론은 1970년대 전 세계에 만연했던 스태그플레이션을 해결하는 데 큰 기여를 했다.

## 4.5 프리드먼 사상의 힘

프리드먼 사상은 1930년대 세계 대공황 이후 정부의 시장개입과 정부지출이 번영을 위해 당연한 것으로 받아들여지고, 빚을 내서라도 복지를 확대해야 한다는 사상이 지배하던 시기의 산물이다. 이 시기에는 정치적 자유가 경제적 자유보다 우월하다고 여기고, 정치적 목적을 위해서는 경제적 자유는 제한해도 된다는 믿음이 지배했다.

프리드먼은 지칠 줄 모르는 토론과 다수의 통념 앞에서도 흔들림 없이 빈틈없는 논리와 분명한 태도로 집단주의에 대한 반격에 나섰다. 그는 실로 '싸우는 경제학자' 였다. 그의 화두는 간단하고 명료했다. 작은 정부를 내세워 정부간섭과 정부지출은 줄이고, 시장에 최대한 자유를 주자는 것이었다. 대공황의 원인에 대해서도 프리드먼은 케인즈와는 달리 유효수요의 부족이 아니라 잘못된 통화정책, 구체적으로 말해 통화축소 때문이라고 맞섰다.

그러나 그의 사상과 이론은 시대착오적이라고 배척당하거나 무시당하기 일쑤였다. 심지어는 학계의 놀림감이 되기도 했다. 그럼에도 굽히지 않고 작은 정부를 사상적 기반으로 하는 시카고학파를 형성하고 이념전쟁의 전선을 다져나갔다. 프리드먼의 사상은 1970년대 말부터 주목받기 시작했다. 스태그플레이션을 야기한 케인즈주의가 버림받는 순간이었다. 1980년대 들어 그의 자유시장론은 '작은 정부와 감세' 로 요약되는 레이거노믹스와 대처리즘으로 화려하게 꽃을 피웠다.[7]

그의 사상적 영향은 미국 사회에 국한된 것이 아니라 국제적으로 확산되었다. 1980년대 후반 자오쯔양趙紫陽 중국 총리가 자국의 개혁과 개방에 확신을 갖게 된

---

7. 소신과 신념의 지도자였던 레이건(Ronald Wilson Reagan, 1911~2004)은 일생을 통해 옳다고 생각하는 일이면 반대가 있다 할지라도 적당히 타협하지 않고 과감하게 실행했다. 1981년 8월, 미국 공항관제사들이 근무단축과 임금인상을 요구하며 파업에 들어갔다. 연방법에 의하면 공항관제사들은 파업을 할 수 없도록 규정되어 있었다. 레이건은 그들에게 48시간 내에 복귀하지 않으면 모두 해고한다는 최후통첩장을 보냈다. 파업관제사들은 레이건의 강경책에 맞섰고, 레이건은 48시간 후 13,000명을 해고하며 재취업도 금지시켰다. 그 후 미국에서는 불법파업은 자취를 감췄다.
영국의 대처(Margaret Hilda Thatcher, 1925~2013)는 1979년 최초 여성총리가 되어 세 차례 연임에 성공하며 영국을 이끌었다. '대처리즘' 이라 불리는 그녀의 경제정책은 긴축재정과 민영화, 복지정책의 축소를 통해 작은 정부를 구현하는 것이었다. 석유, 항공, 항만, 통신, 가스 등 국영기업의 대대적인 매각작업을 추진했다. 1984년 만성적자 탄광을 폐쇄하는 과정에서 광산노조 파업이 일어났다. 대처정부는 파업에 굴하지 않고 불법행위자 10,000여 명을 체포했다. 결국 탄광노조는 정부의 '무노동 무임금' 원칙에 파업 1년 만에 백기를 들었다. 그 후 영국은 적자사업장 폐쇄와 민영화로 장기침체에 빠졌던 '영국병' 에서 벗어나기 시작했다는 평가를 받고 있다.

**그림 14-3 칠레의 1인당 GDP**

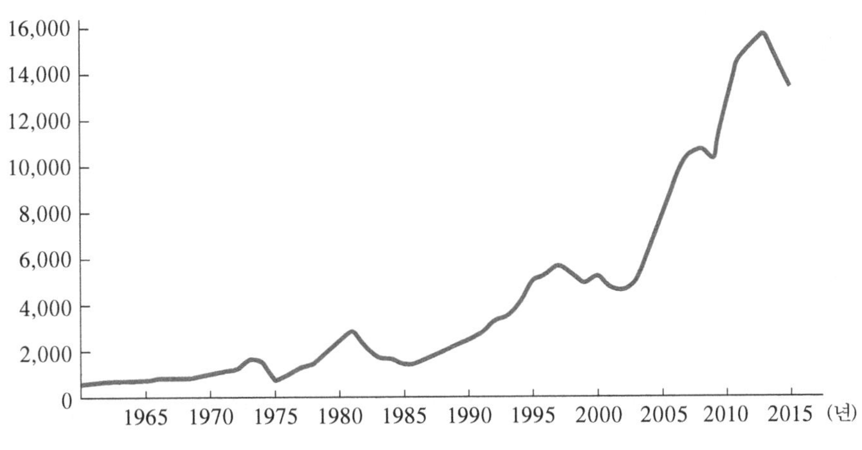


**출처** : 세계은행(2017년 2월 6일)

것도 그의 조언과 격려 덕분이었다. 라트비아, 에스토니아 등의 단일 소득세율 도입, 스웨덴이 공적연금을 사적연금으로 개혁한 것도 그의 사상적 힘이었다. 그의 자유시장 비전은 빈곤과 인플레이션으로 허덕이던 칠레를 구출했다. '시카고 보이 Chicago Boys' 라는 그의 칠레 추종자들이 친시장적 개혁을 추진한 결과 〈그림 14-3〉에서 보이고 있는 바와 같이 1980년대 중반 이후 1인당 GDP가 크게 증가했다.

프리드먼의 자유주의 비전은 세계를 변화시켰다. 사상의 힘이 얼마나 큰가를 말해 주는 증거다. 프리드먼은 시대를 앞서간 자유주의 사상의 정신적 지주였다고 할 수 있다.

거시경제학에서 케인즈의 열풍은 엄청났다. 실제로 거시경제학에서 케인즈주의를 택한 새뮤얼슨의 '신고전파 종합Neoclassical Synthesis' 은 제2차 세계대전 이후 세계경제를 이끌어가는 주류가 되었다. 그리고 1950~1960년대 시기에 우리가 전형적으로 생각하는 미국 중산층의 가치와 이미지들이 탄생했다. 낮은 실업률에 비교적 높은 성장률, 그 시기를 살았던 사람들에겐 아주 좋은 시절이었다. 그런데 1970년대 들어서자 케인즈식 처방이 조금씩 삐걱거리기 시작한다. 케인즈식 유효수요 증진 처방은 예전만큼, 그리고 생각만큼 잘 들어맞지 않았다. 더욱이 석유파동으로 인한 가격충격으로 스태그플레이션까지 발생하면서 케인즈식 처방과는 더욱 멀어지게 되었다.

그때 영웅처럼 떠오른 인물이 바로 밀턴 프리드먼이다. 프리드먼이 등장하자 케인즈주의를 따르고 있던 세계경제의 흐름은 프리드먼으로 대표되는 통화주의로 완전히 뒤바뀌게 된다. 밀턴 프리드먼을 수장으로 하는 시카고대학의 학자들은 경제는 화폐공급에 따라 결정된다고 주장했다. 케인즈학파와 같은 인위적 개입이 아닌 통화조절을 통해 경기순환을 조절할 수 있다고 한 것이다. 오히려 케인즈학파의 처방과 같은 재정정책은 인플레이션이나 디플레이션만 유발할 뿐이므로 시장에 대한 개입을 반대했다. 1970년대 이후 석유파동과 스태그플레이션으로 인해 케인즈적 처방인 시장개입이 힘을 잃게 되자, 이들의 주장이 크게 힘을 얻기 시작하였다.

나아가 대공황도 통화량의 조절에 실패했기에 발생했다고 주장했다. 케인즈학파가 1930년대 대공황의 원인을 시장경제의 내재적 문제로 지적한 데 반해, 프리드먼은 시중의 통화량을 줄여 결과적으로 더 큰 경기침체를 불러온 미국 연방준비은행의 잘못된 판단에 가장 큰 원인이 있음을 실증적 자료를 바탕으로 입증했다. 잘못된 정부의 통화정책이 통화교란을 낳고, 이것이 다시 경제의 교란으로 이어졌다는 것이다. 프리드먼은 이 밖에도 국가가 개입해 잘못된 사례들을 통화정책, 국제무역, 재정정책, 교육제도, 차별, 독점, 면허제도, 소득분배, 사회복지, 빈곤의 완화 등 여러 경제적 및 사회적 이슈들을 중심으로 하나하나 짚어나갔다.

이후 통화학파의 아이디어는 경제학의 주류로 채택되었고, 케인즈학파는 골방으로 완벽하게 밀려나게 되었다. 그리고 자유방임주의 시장경제가 다시 힘을 얻게 되었다.

### 지적인 거인 프리드먼

프리드먼에 대한 평가는 시대에 따라 달라지더라도, 프리드먼 자신의 주장은 일관되고 흔들리지 않았다. 경제학자로서 생애에 걸쳐서 정력적으로 연구를 계속했으며, 미시이론, 거시이론, 화폐경제론, 국제경제학을 아우르는 분야에 걸쳐 참신한 이론을 지속적으로 전개하였다. 그 중에서 많은 것이 현대경제학의 교과서에 도입되고, 현대경제이론으로서 많은 사람들의 공유재산이 되고 있다.

또한 경제문제를 생각하는 데 결정적으로 중요한 경제활동에서 명목치와 실질치의 차이, 정부의 능력과 역할, 정책에 있는 시차의 문제 등을 중시하고, 그것에 근거하여 이론전개를 하며, 이제까지와 다른 결론을 도출하였다. 이러한 측면에서 프리드먼의 경제학에 대한 공헌은 대단하다. 신자유주의에 기반한 여러 가지 정책제언은 현실의 정책에 큰 영향을 미쳤던 것이다. 확실히 프리드먼은 20세기 후반을 대표하는 지적인 거인이라고 말하지 않을 수 없다.

### 합리적 기대 가설

합리적 기대 가설Hypothesis of Rational Expectations이란 시장과 그 주체는 합리적으로 움직인다는 것이다. 무스John Fraser Muth(1930~2005)에 의해 도입된 이래 루카스Robert Emerson Lucas Jr.(1937~ ), 토마스 존 사전트Thomas John Sargent(1943~ ), 배로Robert Joseph Barro(1944~ ), 월리스Neil Wallace(1939~ ) 등에 의해 발전되었다. 합리적 기대 가설에 의하면 경제주체들은 자신에게로 주어진 정보를 가장 효율적으로 이용하여 예상을 정확히 한다. 가계, 기업 등 경제주체들은 경제정책 입안자들과 마찬가지로 충분한 정보와 미래에 대한 합리적 기대를 갖고 행동하기 때문에 정부의 재정 및 금융정책은 한계를 지닐 수밖에 없다는 이론이다. 이러한 관점은 공공투자, 감세 등의 재정정책과 통화공급 확대 등의 금융정책을 통해 인플레 없이도 고용을 늘릴 수 있다는 케인즈학파의 경제이론을 정면으로 비판하는 데서 출발했다.

경제주체들은 미래를 예측할 때 과거와 현재의 이용 가능한 모든 정보를 이용하기 때문에 시장가격 혹은 시장균형은 개인들이 합리적으로 예측한 결과와 같다.

**합리적 기대 가설에 의한 가격 예측** $P_e = P^* + e$

여기서 $P^*$는 시장균형가격, $e$는 오차항, $P_e$는 예측가격 혹은 기대가격이다.

이 식의 의미는 일시적으로 예상가격이 시장균형가격에서 벗어날 수 있지만, 오차항의 평균이 제로(0)이기 때문에 일시적으로 균형가격에서 벗어날 수 있으나, 체계적으로 혹은 장기적으로 예측가격이 시장가격에서 벗어날 수 없다는 것이다. 개인들의 예측이 시장가격과 같다면 시장불균형이 발생할 수 없다. 합리적 기대학파는 과거의 적응적 기대adaptive expectations의 한계를 보완하기 위해 등장했으며, 이 과정에서 새로운 거시경제 모형으로 발전했다.

**적응적 기대 가설에 의한 가격 예측** $p^e = p^e_{t-1} + \lambda^*(p - p^e_{t-1})$

가격을 예측하기 위해서 과거의 정보만 이용하고 또 그 정보의 일부만 반영한다. 위 식에서 $t$기의 실제 가격 $p$와 $t-1$기에서 예측했던 가격의 일정 비율만 미래가격의 예측에 사용한다. 그래서 항상 체계적인 오차가 존재한다. 합리적 기대에 따르면 오차가 있을 수 있지만 체계적인 오차는 존재할 수 없다.

**효율시장가설**efficient market hypothesis

채권가격이나 주식가격이 시장에서 이용 가능한 모든 정보를 반영하고 있지 못하다면, 활용되지 않은 이익기회unexploited profit opportunities가 존재하여 주식이나 채권을 사고팔아서 시장평균수익 이상의 수익을 올릴 수 있다. 그 과정에서 채권이나 주식가격을 시장균형가격으로 움직인다. 이런 논리를 극단적으로 적용하면 초과이윤을 올릴 수 있는 모든 기회들은 이미 이용되었기 때문에 금융시장에서의 가격은 모두 균형가격이고, 채권이나 주식거래에서 얻을 수 있는 이익은 시장평균가격이다. 이 같은 논리가 주로 금융시장에 먼저 적용되는 이유는 주식이나 채권은 가격변동에 장애가 없기 때문이다.

## 새고전학파

새고전학파New Classical Economics는 합리적 기대 가설의 종합이라 할 수 있다. 1970년대 나타난 이 학파는 케인즈 경제학이 미시적 기초가 부족한 점을 비판하면서부터 시작되었다. 즉, 소비함수가 소비자 개인들의 합리적 행동을 반영하지 못하고, 투자함수 역시 기업의 합리적 선택에 근거한 것이 아니라는 비판이다. 개인들의 합리적 선택을 통하여 시장균형을 형성하는 것인데 케인즈 경제학은 경제가 균형에 벗어나는 것이 일반적이라는 것은 무엇인가 잘못이라는 점을 지적한다. 거시변수의 변동은 개인들이 정보의 변동에 맞추어서 수시로 다시 최적화를 하기 때문에 발생한다. 경제여건의 변화가 이들의 등장에 기여했다고 할 수 있다. 불황기(1970~2000년 기간)의 실업문제에서 인플레이션이 더 심각한 경제문제였기 때문이다.

새고전학파 거시경제 모형

**총수요곡선 : 교환방정식**

$AD = (C + I + G + NX) = P_t Y_t^R$ or $M_t V = P_t Y_t^R$ $Y_t^R$ : 실질산출량

총수요는 경제주체들의 총지출 수준이고 이 지출수준은 통화량의 영향을 받는다.

**총공급곡선 : 루카스 공급곡선**

$Y_t = Y_t^* + \beta (P_t - E[P_t])$

$Y_t$ : $t$기의 산출량 혹은 총공급

$Y_t^*$ : $t$기의 자연산출량(완전고용산출량, 잠재적산출량, NAIRU 실업률 수준 산출량)

$\beta$ : 상수, $E[P_t]$ : $t$기의 가격예상

총공급은 잠재적 산출량과 물가예상오차 $P_t - E[P_t]$의 일정 비율을 반영한 것이다. 예측이 완전하다면 공급은 자연율 수준이고 예측이 실제 물가보다 낮으면 공급이 증가한다.

새고전학파 모형의 해석은 정부의 경제정책(주로 통화정책)이 효과가 없다는 것이다.

① 실업을 줄이기 위해서 통화공급을 늘리면 일시적으로 $AD$가 오른쪽으로 이동하지만, ② 총수요의 증가는 물가 상승을 초래하여 소득의 구매력을 하락시키며, ③ 물가가 상승하면 기업들은 자신들의 생산물 가격이 상승한 것으로 착각하여 생산을 늘리게 된다. 그러나 ④ 시간이 지나감에 따라 상대가격이 아니라 일반물가 상승을 확인하고, 그 결과 $AS$곡선이 상승하게 된다. 극단적인 경우에 통화공급의 증가가 바로 물가 상승으로 연결될 것으로 예상했다면 생산량 증가는 일어나지 않고 물가만 상승한다는 것이다.

요컨대 정부가 공공투자 등으로 경기를 부양시키면 처음에는 효과가 나타나 실업이 감소하겠지만, 얼마 안가 인플레가 발생하여 처음의 효과를 상쇄해버린다는 것이다. 즉, 경제주체들은 재정팽창 등이 앞으로 물가를 끌어올릴 것이란 점을 알고 있고, 그 결과 소비를 서둘러 늘림으로써 곧바로 인플레를 유발한다는 것이다. 한마디로 이 이론은 정부가 경제정책을 펼 때 중립적인 자세를 갖도록 요구한다. 정부보다 가계와 기업 등 민간경제주체들의 능력을 높이 평가했고, 이들에 의해 경제가 주도되어야 한다는 믿음을 사람들에게 심어줬다는 점에서 현대경제학의 중요한 줄기로 인식되고 있다.

제15장

# 경제학—시대와 그 역할

## 1. 경제적인 사유의 변천과 경제사상[1]

### 1.1 중상주의 사조

16세기 중엽부터 18세기 중엽까지 유럽의 역사를 경제적으로 규명한다면 중상주의의 역사라고 할 수 있다. 여기서 주된 관심은 무역차액이었다. 토마스 먼Thomas Mun은 1664년에 간행된 『외국무역에 의한 영국의 재보England's Treasure by Foreign Trade』에서 수출이 수입을 능가하면 한 국가는 자금의 유입으로 부유해지지만, 반대로 수입이 수출을 초과하면 자금이 유출되어 빈곤해진다고 말했다. 당시 국내산업을 육성하는 것은 중상주의의 기본 정책 중 하나였다.

1. 이 절을 작성하면서 예금보험공사 블로그에 게시된 경제·금융시리즈 중 경제의 역사 내용을 많이 참고하였음을 밝힌다(http://m.blog.naver.com/happykdic).

경제적 행위에 강력한 국가의 개입이 오래 지속되었던 당시의 중상주의적인 정책은 많은 불만과 비판의 표적이 되었다. 루이 14세 때에 브와길베르공Sieur de Boisguilbert(1646~1714)은 국가의 간섭이 이익의 조화를 규정한 자연법에 위배됨을 역설했다. 자유경쟁의 자극을 받는 올바른 이성이 경제행위의 합당한 안내자라는 것이다. 동일한 전제 위에서 중농주의학파를 창설한 케네François Quesnay(1694~1774)는 자기 이익에 의하여 동기를 부여받으면서도 자연의 명령인 조화 속에서 억제되지 않는 사적 행위가 공익의 수단이라고 강조했다.

중상주의란 15세기부터 18세기 후반 자유주의적 단계에 이르기까지 서유럽 제국에서 채택한 경제정책과 경제이론을 일컫는다. 경제정책으로서의 중상주의의 핵심은 국내시장 확보 및 보호주의로 요약할 수 있다. 보호주의는 국가의 보호로 무역, 특히 수출을 장려하는 제도이다. 보호주의의 형태는 외국제 완제품의 수입 금지와 제한, 외국산 원료의 수입 장려, 국내상품의 수출 장려, 국내원료의 수출 금지 등으로 나타났다. 이러한 정책은 입법이나 관세정책으로 시행되었다. 중상주의에서는 무역으로 인한 이익이 양(+)의 값을 갖도록 노력했다. 또한 이 시대의 부 축적의 기본적인 형태는 금, 은 등 귀금속의 보유로 나타났다.

이러한 중상주의는 영국의 명예혁명(1688) 때부터 약 100년에 걸쳐 지배적인 경제사조였다. 중상주의는 정치적으로는 시민혁명에 의해 해체되고, 아담 스미스 등 자유무역론자들에 의해 비판을 받았다.

## 1.2 자유방임주의 사상

한편, 자유방임주의는 말 그대로 모든 경제활동에 간섭하지 않는 것을 의미한다. 자유방임주의의 대표적인 학자는 아담 스미스이다. 아담 스미스Adam Smith는 『국부론An inquiry into the Nature and Causes of the Wealth of Nations』(1766)을 통하여 "자연적인 자유체제"의 이점을 증명함으로써 국가의 간섭으로부터 경제적 독립을 선언했다. 그는 토지에 한정된 중농주의자들의 시각을 비판했지만, 중농주의자들로부터 많은 영향을 받았다. 아담 스미스는 국가가 약자를 강자로부터 보호할 의무가 있다고 생각했지만 그럼에도 불구하고 '자신의 운명을 결정하는 자유로운 개인'이라는 입장을 견지했다. 즉, 아담 스미스는 『국부론』을 통해 개인의 이익을 위한 활동에 간섭을 가하지 않고 자유롭게 경제활동을 보장하는 것이 사회적 부를 증대시킨다고 주장했다. 특히 그는 '보이지 않는 손'이 시장기구의 작용을 한다고 했다. 그는 『국부론』에서 개인의 이익을 추구하는 활동에 아무런 제약을 가하지 않으면 시장이 작동을 하여 부가 공정하고 효율적으로 분배된다고 주장했다. 결국 소득재분배 등과 같은 임의적인 국가의 개입에 반대했던 것이다. 이와 같은 시장 중심적인 사조는 근대 자본주의 체제가 확립되면서 지배적인 사조로 정착되었다.

19세기 중엽에서 20세기 초에 걸쳐 독일을 중심으로 일어난 리스트 이래 로셔, 힐데브란트, 크니스 등으로 이어져 온 역사학파는 가격기구 대신 민족의 역사적 단계 또는 국가에 바탕을 두어 경제학을 이해해야 한다는 입장을 내세웠다. 이들은 아담 스미스나 영국 고전학파의 자유주의 경제이론이 후진국인 독일에 맞지 않는다는 점에서 보편타당하고 추상적인 경제법칙을 부정하고, 경제현상이나 국민경제는 나라와 시대에 따라 달라지는 상대적이고 개별적인 것이라 하여 역사적 연구나 통계적 조사를 중시하였다.

한편, 마르크스는 계급관계로 모든 경제관계를 설명하고자 과학적 사회주의를 창시하였다. 마르크스는 포이엘바하Ludwig Andreas von Feuerbach(1804~1872)의 유물론의 영향을 받으면서 헤겔Georg Wilhelm Friedrich Hegel(1770~1831)의 관념론 철학을 극복하기 시작하였고, 1848년 실천적 국제 공산주의 조직의 창설을 꾀하여 '공산주의자동맹'을 설립하고 유명한 '공산당선언'을 발표하였다. 1848년 전 유럽을 휩쓴 혁명이[2] 실패하자 혁명을 지지한 마르크스는 독일과 프랑스에서 추방되어 그 뒤

2. 1848년 혁명은 프랑스 2월 혁명을 비롯 빈체제에 대한 자유주의와 전 유럽적인 반항운동을 모두 일컫는 표현이다. 1848년은 유럽 대부분의 지역을 혁명의 소용돌이 속으로 휘몰아 넣었고, 빈체제를 붕괴

죽을 때까지 런던에서 망명생활을 했으며, 1867년에 『자본론』 제1권을 간행하였다. 그는 평생 빈곤한 생활을 하면서 자본주의 사회의 경제적 운동법칙의 해명에 몰두하였다. 이러한 마르크스의 사상은 로자 룩셈부르크, 힐퍼딩으로 이어졌으며, 오늘날 현대 마르크스학파로 계승되고 있다.

경제학의 역사상 2개의 혁명 중 하나인 한계혁명은 영국의 제본스, 스위스의 왈라스, 그리고 오스트리아의 멩거라는 한계트리오에 의해 시작되었다. 특히 칼 멩거Carl Menger(1840~1921)는 19세기의 유럽 자유주의자 중에서 가장 늦게 등장했지만 오늘날 가장 신뢰할 만한 자유주의 지식을 공급하는 오스트리아학파를 창시했다. 오스트리아학파는 당시 독일에서 지배적 위치에 있던 슈몰러 주도의 역사학파와 맞서 방법론을 둘러싸고 격렬한 논쟁을 벌임으로써 확고한 기반을 구축하였다. 또한 유능한 후계자들이 멩거 이론의 전개와 보급에 주력함으로써 세계적으로 알려지게 되었다. 멩거는 독일 역사학파의 슈몰러와 방법논쟁을 벌이는 동시에 한계효용의 법칙으로 기존 150년간의 경제학 자체를 뒤집어 엎었다.

위와 같은 대조적인 사조는 이론의 조탁彫琢이 지속적으로 이루어지고 있지만, 현대 경제이론에서도 여전히 지속되고 있다. 현대의 경제이론, 즉 20세기 후반 이후의 경제학은 〈부록-1〉 역대 노벨경제학상 수상자 연표에서 볼 수 있듯이 주로 미국을 무대로 하여 발전하고 있다고 해도 과언이 아니다. 사실 케인즈도 알빈 한센Alvin Harvey Hansen(1887~1975)을 위시한 미국 케인지안이라는 사도들이 있어 경제학의 주류를 형성하고 있는 게 아닌가. 또한 하이에크Friedrich Hayek가 영향력을 갖는 것도 프리드먼Milton Friedman의 통화주의가 건재했기 때문일 것이다. 그렇다면 미국의 정치적 순환과 경제학의 순환은 긴밀히 관련되어 있다고 할 수 있다. 그러면 현

---

시켰다. 그 소용돌이의 중심은 프랑스 2월 혁명이었다. 1848년은 기본적으로는 프랑스 혁명으로 달성된 자유·평등의 근대 시민사상의 정착이고, 둘째로 영국 산업혁명의 진전에 의한 자본주의 경제의 급속한 발전이며, 셋째로 노동자 계급의 성립에 의한 사회주의의 광범한 전개 등이 원인이 되어 새로운 시대가 찾아온 해였다.

대경제학의 핵심인 케인즈 이론과 신자유주의 사상을 일별해 보자.

## 1.3 대공황의 발생

제1차 세계대전 이후 유럽은 미국의 경제적 지원으로 점차 경제가 복구되고 있었다. 그렇지만 1920년대 후반에 이르러 미국에서는 생산량이 과잉 상태에 빠지고 경제는 균형 상태로부터 이탈하며 결국 대공황으로 이어졌다. 당시 경제학적 관념으로는 정부의 시장개입은 있을 수 없다는 자유방임주의(고전학파)의 영향력이 가장 컸기 때문에 정부에서는 손을 놓고 있었다. 고전파 경제학에서는 세이의 법칙에 따라 일정 기간의 생산물은 반드시 분배되고 소비된다고 믿었기 때문이다. 케인즈의 맞수로 알려진 하이에크 같은 학자들조차 시장이 모든 것을 해결해 준다고 하고 힘든 시간을 버텨 이겨야 한다고 주장하는 데 그쳤다.

## 1.4 케인즈 이론의 등장

이 같은 고전파의 사고에 대하여 케인즈가 일대 반격을 가하며 대안을 제시했다. 케인즈는 국민경제가 항상 완전고용 상태에 머무를 수 없다고 주장하면서, 부족한 수요는 창출해야 한다는 유효수요원리를 중심으로 하는 대안을 제시했다. 케인즈의 『일반이론』에 담겨진 경제이론 및 사회사상은 1930년대까지 풍미했던 고전파 경제학의 체계를 무너뜨릴 만큼 혁신적이었다. 그 당시 주요 경제문제였던 만성적 실업, 경기순환 내지 장기침체 등의 원인과 해결책을 새로운 시각에서 제시했던 것이다.

케인즈 경제학의 직접적인 정책목표는 완전고용의 달성이다. 케인즈 이론에 의하면, 실업의 원인은 사회의 유효수요 부족으로 인한 경기 악화이다. 유효수요 부족을 야기하는 원인은 분배의 불평등으로 인해 노동계급의 구매력이 저하되고, 경제발전이 어느 한도에 도달하면 자본가의 투자의욕이 감퇴되기 때문이라는 것이다. 그러므로 완전고용을 달성하기 위해서는 첫째, 분배문제를 시정하여 노동자의 구매력을 증대시켜야 하고, 둘째, 정부 스스로 민간자본가를 대신하여 투자활동을 적극적으로 해야 할 필요가 있다고 주장했다. 즉, 정부가 적극적으로 유효수요를 창출하라는 것이다. 그러한 주장을 받아들인 미국의 프랭클린 루스벨트 대통령은 뉴딜정책을 실시하여 대공황으로부터 벗어났다는 평가를 받았다. 케인즈의 이론이 어느 정도 맞다는 것이 증명되었던 것이다. 이후 케인즈의 이론은 오늘날까지 주류경제학으로서 자리를 굳건히 지키고 있으면서 정부의 재정 및 통화 정책에서 핵심적인 역할을 담당하고 있다.

## 1.5 신자유주의의 대두

1970년대 석유파동이 일어날 때까지 케인즈의 이론은 세계 각국의 경제정책에서 기본 지침이 되다시피 하였다. 그러나 그 당시에도 주류경제학계 일부에서는 케인즈의 주장을 이단적인 생각으로 치부하고 자유주의적인 미국을 망친다며 사회주의자라는 비난을 한 사람들이 있었다. 케인즈를 비판한 이들이 오늘날 신자유주의자들의 사상적 기초를 이루는 '통화주의'나 '새고전학파'의 원류이다. 특히 1970년대에 석유파동과 스태그플레이션이 만연하자 정부는 케인즈의 경제정책 방식을 그대로 이행했음에도 불구하고 경제는 악화일로를 걷고 있었다. 케인즈 이론이 실패로 드러나게 되자 케인즈가 주도한 수정자본주의에 대한 비난이 거세게 일어났다. 그리하여 새고전학파의 합리적 기대 이론이 각광을 받게 되었다. 케인즈 이론은 미시적 기초가 부족하다는 식으로 맹렬한 공격을 받았다. 그 덕분에 시카고대학을 중심으로 한 통화주의의 위상이 높아지며 신자유주의가 신임을 얻게 되었다.

## 1.6 신자유주의의 특징

신자유주의는 자유시장과 규제완화, 재산권을 중시한다. 국가권력의 시장개입을 완전히 부정하지는 않지만, 국가권력의 시장개입은 경제의 효율성과 형평성을 오히려 악화시킨다고 주장한다. 따라서 '준칙'에 의한 소극적인 통화정책과 국제금융의 자유화를 통하여 안정된 경제성장에 도달하는 것을 지향한다. 신자유주의자들은 자유무역과 국제적 분업이라는 말로 시장개방을 주장한다. 케인즈 이론에서의 완전고용은 노동시장의 유연화로 해체되고, 정부가 관장하거나 보조해 오던 영역들이 민간에 이전되게 되었다.

한국은 1997년의 외환위기 이후 IMF의 권고에 의해 신자유주의가 도입되었다. 이에 따라 한국은 강력한 구조조정을 실시하여 많은 실직자를 낳았지만 IMF 구제금융에서 빠르게 극복하는 데에 도움이 되었다. 나아가 미국, 영국을 비롯한 많은 나라들이 신자유주의를 통하여 급속한 성장과 산업재편을 이뤄나갔다. 그 덕분에 1980년대 이후는 신자유주의가 득세하게 되었다.

## 1.7 글로벌 금융위기 발발

하지만 2008년 서브프라임 모기지론에 의해 촉발된 글로벌 경제위기로 인해 신자유주의도 위기를 맞게 된다. 국가의 개입을 그렇게 싫어하고 규제완화를 외치던 금융기업들이 대대적인 국가개입을 구걸하며 공적자금을 수혈받게 되었다. 이후 신자유주의는 1980년대와 같이 만병통치약으로 대접받던 분위기는 사그라들었다. 공산주의나 케인즈주의가 초기 자본주의에 맞서던 시절이나 신자유주의가 케인즈주의를 밀어내던 때와는 달리 아직 신자유주의를 대체할 만큼 체계적이고 검증된 자본주의이론이 개발되지 않고 있다.

## 2. 제도학파에서 신고전파로

19세기 말 미국에서는 독일의 역사학파로부터 많은 영향을 받아 사회제도에 관한 귀납적 분석과 개혁적 처방을 특징으로 하는 경제학이 베블런과 커먼스를 중심으로 성장하였다. 이 경제학 조류는 인간의 경제행위를 그 사회의 제도적 · 문화적 환경의 산물로 보고 제도 및 문화 자체를 전체적 시각에서 관찰하려고 했다. 미국 경제학의 이러한 조류를 제도주의Institutionalism 또는 제도학파the Institutional school라 한다. 그렇지만 제도주의는 사회제도의 분석을 경제학의 중심 과제로 삼으려는 흐름을 포괄하기도 한다. 그리고 근래에는 신고전파의 방법론에 따라 경제주체의 개별적 행동이 어떻게 제도의 형성에 기여하는가를 분석하는 신제도주의neo-Institutionalism도 등장하였다.

제도학파는 1870년대 이후 미국 자본주의가 독점단계로 이행한 것을 배경으로 하여 성립하였다. 그 당시 미국 경제에는 자본의 집적과 집중이 진행되고, 다양한 독점체가 나타났다. 근대산업의 눈부신 발전과 부의 증대에도 불구하고 격렬한 노동쟁의가 발생했으며, 농촌에서는 대지주나 대자본에 의한 토지투기나 매점에 대하여 농민의 저항이 빈발했다. 이와 같은 독점자본주의 단계의 미국 경제가 갖는 여러 가지 사회경제적 모순이 새로운 경제학을 낳는 토양이 되었던 것이다.

미국 제도학파의 기본적인 아이디어는 ① 가격이 아니라 집단의 행동이 경제적 사고의 중심이기 때문에 경제생활을 조직하는 형태로서 관습, 습관, 법에 대해서 더 많은 관심을 가져야 하고, ② 개인은 수량적으로 측정될 수 없는 요인들에 의해 영향을 받으며, ③ 경제적 행위는 끊임없이 변하기 때문에 경제적 일반화나 법칙이 적용되는 것은 구체적인 문화나 제도에 한정된다는 것이다.

그러나 미국에서 제도주의가 1920~1930년대에 가졌던 위상은 오래 유지되지 않았다. 제도학파는 20세기 초반에 미국에서는 상당한 영향력을 발휘하였지만, 그 이후 세련된 이론체계를 수립하지 못하자 수리경제학과 계량경제학을 앞세운 신고전파가 대학과 연구소를 주로 차지하게 되었다. 특히 신고전파 경제학의 황금기라고 할 수 있는 1950~1960년대에 이르러 경제학에서 제도에 대한 연구가 거의 사라지다시피 하였다. 또한 1960년대 이후 신제도주의가 주목받으면서 미국의 전통적 제도주의는 빛을 잃게 되었다.[3]

## 3. 대공황의 경제학

미증유의 대불황을 어떻게 타개할 것인가에 대하여 1932년까지는 미국의 대부분의 경제학자들 간에 바람직한 경제정책에 관하여 대폭적인 합의가 형성되어 있었다. 그 내용은 후에 케인즈가 『일반이론』을 발표함으로써 그 명예를 독점하게 된 처방전과 같은 것이었다. 즉, 연방정부는 적자국채를 발행하여 공공사업을 일으키고, 수요를 창출하고 고용을 증진시켜야 한다는 것이었다(『經濟學41人の巨人』, pp.549~550). 1930년대와 1940년대의 대공황과 제2차 세계대전 기간의 미국 경제학자들의 관심은 경제이론의 발전보다는 긴급한 과제의 해결이었다. 그러나 뉴딜에 대한 경제학자들의 학문적 업적은 오늘날까지 별로 없고 대공황의 원인을 설명하는 이론이 정교하게 발전되었다.

3. 1991년에 제도경제학에 속하는 여러 흐름들 중에서 가장 중요한 '거래비용 접근방법(transaction cost approach)'의 창시자인 코스(R. H. Coase)와 거래비용적 접근을 경제사 연구에 이용한 노스가 1993년에 노벨경제학상을 수상함으로써 새롭게 조명되는 계기를 마련하기는 했다.

## 3.1 대공황 원인을 설명하는 유효한 세 가지 이론[4]

신고전파 주류경제학은 그동안 엄밀한 검증을 거친 대공황을 설명하는 이론들을 축적해 왔다. 1929년 대공황의 원인을 설명하는 것으로서 지금도 유효한 주류경제학의 이론은 유동성 축소 이론liquidity-squeeze theory, 디플레이션 기대 이론expected-deflation theory, 그리고 은행권 붕괴 이론banking collapse theory 등 세 가지로 요약될 수 있다. 중앙은행에 의한 유동성 감축이 경기순환상의 평범한 경기후퇴를 대공황으로 만들었다는 첫째 이론은 미국의 경우 유동성 감소의 원인이 통화당국(연방준비제도)의 긴축정책에 있으며, 여타 국가들의 경우 금본위제도의 고수와 같은 외환제도와 관련된 정책의 결과인 만큼, 대공황의 원인을 정책실패로 해석하는 입장이다.

둘째와 셋째 이론은 대공황의 근본적 원인을 설명하는 이론이라기보다는 유동성 감소로 촉발된 생산 감소와 물가 하락이 어떻게 시장메커니즘을 통해서 대공황으로 파급·확산되었는지를 설명한다는 점에서 첫째 이론을 보완한다. 디플레이션 기대 이론은 평범한 불황을 대공황으로 확대시킨 중요한 채널을 제시한 것이다. 피셔Irving Fisher가 대공황 이전에 제기한 가설을 토빈Tobin(1975), 서머스Lawrence Henry Summers(1954~ )와 드롱Brad De Long(1986) 등이 발전시킨 이론으로 소비자와 기업들의 디플레이션 기대심리가 불황 확산에 중요하게 작용했다는 설명이다.

제3의 공황이론인 은행권 붕괴 이론은 전 연방준비제도이사회 의장인 버냉키Ben S, Bernanke(1983)가 제시한 위기 확산경로에 대한 설명이다. 은행의 부실이 기업대출 감소로 이어져 기업들의 투자가 어려워지고 운영자금도 조달할 수 없게 되면서 불황의 골이 깊어지는 경로를 강조한 이론이다.

그러나 '대리인비용 이론'의 관점에서 보면, 기대하지 못한 부의 재분배는 거시

---

4. 대공황의 원인을 설명하는 김우택(2011. 1. 17)을 주로 참고하였다.

경제적으로 중립이 아니라는 견해가 힘을 얻으면서 버냉키가 이 아이디어를 되살려낸 것이다. 뿐만 아니라 '부채-디플레이션' 효과가 일정 수준을 넘어서면 두 번째 경로가 작동을 시작하게 된다. 부실채권의 증가와 담보자산의 가치 하락이 은행과 여타 금융기관들의 건전성에 심각한 위협이 되고, 나아가 은행의 예금인출 사태의 위험에 대비해 은행들도 자산의 유동성과 안정성을 높이는 노력을 해야 하기 때문에 은행의 대출능력은 현저히 감소될 수밖에 없다.

통화쇼크로 대공황을 설명한 유동성 축소 이론은 프리드먼과 슈워츠의 정교한 통계분석을 통해서 철저한 가설검증을 거친 가장 믿을만한 대공황 이론으로 자리잡게 된다. 그들은 누구나 쉽게 당시의 자료에서 확인할 수 있는 통화와 산출(혹은 가격) 간의 상관관계가 통화에서 산출·가격 쪽으로 향하는 인과관계임을 입증함으로써, 수많은 불황 중에 하나로 끝났을 1929년 불황을 대공황으로 만든 원인이 통화공급에 있었음을 보여주었다.

## 3.2 대공황 발생은 정부와 통화당국 탓

위의 세 공황이론에 보완적인 역사적 설명도 있다. 대공황이 큰 충격과 불안정한 파급 메커니즘이 만들어낸 합작품이라는 것이다. 전쟁 이전과는 달라진 1920년대의 상황, 즉 노동시장과 상품시장이 갖고 있던 전통적인 유연성 상실, 쉽사리 쇼크를 수용하지 못하는 시스템, 정부의 신뢰성 결여 등의 문제 때문에 시스템에 교란이 발생했을 때 안정화 방향으로 이동하던 금융자본이 도피하면서 작은 교란이 위기로 확산되었다는 설명이다.

경제학은 대공황이 왜 일어났는지를 잘 설명하는 검증된 이론들을 이미 제시했다. 그것은 시장의 광기나 비합리적 경제주체를 가정하지 않는다. 이 이론들의 공통점은 정부와 통화당국에 책임을 묻고 있다는 점이며, 이 점에 관해서는 통화주의자와 케인지언 간의 이론이 없다.

## 4. 일반균형이론의 발전

현대경제분석은 세계의 많은 경제학자들에 의하여 논리적 모색과 모델 전개를 시도하여 왔다. 현대경제학은 '케인즈 혁명'과 제본스W. S. Jevons, 왈라스, 멩거C. Menger 등의 '한계혁명'으로부터 오늘날에 이르기까지 수리경제학을 논리적으로 정초定礎로 하여 일반균형이론으로 전개되었다고 할 수 있다. 특히 최근 주류경제학의 많은 연구결과는 주로 수리경제학Mathematical Economics을 근거로 하여 일반균형이론으로 전개되어 완벽한 논리적 체계화를 이루고 있다. 통계학자 깁스Josiah Willard Gibbs(1839~1903)가 '수학은 일종의 언어이다Mathematics is a Language' 라고 말한 데 대하여, 새뮤얼슨Paul Anthony Samuelson은 '수학은 언어이다Mathematics is Language' 라고 고쳐, 그의 명저 『경제분석의 기초Foundation of Economics Analysis』(1947)의 모두에 인용한 것은 유명한 일이다.

수리경제학이라는 말 자체는 피셔Irving Fisher가 1890년 학위논문 「가치 및 가격 이론의 연구」를 발간할 당시에는 알려지지 않았으나, 그 후 수리경제학자들에 의하여 보급되었다. 빅셀Johan Gustav Knut Wicksell은 왈라스Léon Walras와 뵘바베르크Eugen von Böhm-Bawerk의 한계효용이론과 수학의 해석적 · 기하학적 방법을 흡수한 것에 시간 개념을 도입하여 동학적動學的 균형이론을 수립하는 데 큰 업적을 이룩하였다. 왈라스의 후계자 파레토Vilfredo Federico Damaso Pareto는 왈라스의 희소성稀少性 개념과 경제적 균형의 개념을 계승하고, 에지워스Francis Ysidro Edgeworth(1845~1926)의 계약곡선의 개념으로부터 무차별곡선의 개념을 착안하여 일반균형이론을 심화하였다.

물론 왈라스의 일반균형이론은 모든 시장의 균형을 가져오는 균형가격이 동시에 존재할 수 있다는 원론적 수준에 머물렀다. 그의 연립방정식 체제에서 균형가격에 대한 해답을 찾지는 못했다. 이에 대한 해답은 1954년 애로Kenneth Arrow와 드브뢰Gérard Debreu에 의해 왈라스 모형의 한계를 보완하고 보다 정밀하게 일반균형이론을 발전시킴으로써 경쟁시장 균형의 존재가 밝혀졌다. 애로-드브뢰에 의해 증명된 두 개의 기본 이론은 후생경제학의 발전에 크게 기여하였다.

수리경제학은 하나의 '실증과학'으로서 가설과 연역演繹, 그리고 검증檢證을 거쳐 논리적으로 전개되었다. 즉, 복잡하고 반복적이며 집단적인 경제현상을 정합적整合的, consistant으로 파악하기 위하여 지엽적인 현상은 사상捨象하고 기본적인 요인만을 단순화한 '가설의 체계'를 추구한다. 이렇게 확립된 이론 모델에서 몇 개의 가설hypothesis 또는 공준postulate을 구축한다. 이론 모델의 목적은 결국 경제법칙 또는 공준을 수립하는 데 있고, 공준은 '다른 사정이 같다고 하면ceteris paribus', 그렇게 되리라는 경향과 원리를 추구한다.

이렇듯 수리경제학에서의 과학적 방법은 이론 모델의 구축→연역→검증→이론 모델의 구축과 개선이라는 '순환적 구조' 속에서 이루어진다. 이론과 실증實證의 순환적 구조에서 공준公準과 법칙法則을 모색하는 일이 수리경제학의 임무이다.

경제현상은 정태 · 동태 · 균형 · 안정과 발전 · 성장 · 확대의 순환적循環的 구조를 갖는다. 이 중에서 가장 전형적으로 취급되는 것이 균형均衡이다. 균형, 즉 일반균형의 개념은 경제현상을 분석하는 가장 중요한 방법으로 수리경제학의 원천으로 되어 있으며, 그것은 슘페터가 표현한 대로 경제현상의 '순간사진瞬間寫眞'이라 하겠다. 현대경제학의 전개란 결국 복잡한 경제현상을 상호의존적 함수관계interrelationships에서 파악하는 일반균형이론의 발전과정이라고 생각할 수 있다.

경제학은 일반균형이론 발전의 역사라고 해도 과언이 아니다. 노벨경제학상이 창설된[5] 후, 수상자들은 〈부록-1〉에서 볼 수 있는 바와 같이 수리경제학의 체계

5. 명예의 첫 노벨경제학상 수상자인 얀 틴베르헌은 네덜란드 경제학자로, 노르웨이 경제학자인 랑나드 프리쉬와 함께 계량경제학이 경제학의 주요 방법론이 되는 데 크게 기여하였다. 틴베르헌은 경기변동의 패턴에 대한 통계적 분석을 최초로 시도했으며, 프리쉬는 계량경제학이라는 단어를 처음으로 사용하였다. 두 경제학자 모두 경제학계에서 대단한 존경을 받았으며 그 결과 노벨경제학상이 제정되었을 때 제일 먼저 수상하게 되었다. 또한 두 경제학자는 최초의 세계적 수준의 경제학 그룹인 계량경제학

적 · 사상적 조류의 정상을 이루는 경제학자들이 많았다. 즉, 랑나르 프리쉬Ragnar Frisch, 틴베르헌Jan Tinbergen을 비롯해서 새뮤얼슨Paul Anthony Samuelson, 쿠즈네츠Simon Smith Kuznets, 힉스John R. Hicks, 애로우Kenneth J. Arrow, 그리고 레온티에프Wassily W. Leontief 등의 위대한 경제학자들은 모두 일반균형이론을 기초로 하는 수리경제학의 이론체계를 추구하고 이것을 심화 · 확대하였다.

일반균형이론에는 정학적 균형이론과 동학적 균형이론이 있다. 정학적 균형이론은 일군의 연립방정식 조직으로 경제현상의 법칙성을 표현하고, 방정식의 수와 미지수의 일치로 균형해均衡解가 동시적 · 일의적一義的으로 결정된다고 추리한다. 동학적 균형이론은 경제성장, 경기변동 또는 공황 등의 경제발전상에 시간 개념을 도입하여 전개하는 이론구조로 그 대표자는 새뮤얼슨이다. 오늘날 정학적 및 동학적 균형이론은 각국의 경제계획에 적용되고 있다. 특히 왈라스의 일반균형이론을 대규모로 현실의 경제계획과 경제예측에 응용하여 발전된 것이 레온티에프의 산업연관분석이다〔김유송(1974. 4. 23), 동대신문 579호〕.

또한 현대 거시경제학 분야도 일반균형이론의 체계를 기반으로 한다. 힉스에서 시작한 *IS–LM* 모형은 왈라스의 일반균형을 출발점으로 했으며, 그 이후 거시경제학의 주류를 형성한 통화주의와 신고전학파 이론도 일반균형의 체계를 바탕으로 하고 있다. 그러나 일반균형의 유일성과 안정성이 보장되지 못한다는 수학적 증명이 나온 1970년대 이후 경제학적 분석에서 일반균형이론이 게임이론으로 대체되기 시작했다〔홍훈 · 류동민 · 박종현 · 김진방 · 박만섭(2006), 프롤로그〕.

---

회(The Econometric Society)를 설립하는 데 주도적으로 참여하였다. 프리쉬는 학회에서 발간하는 『Econometrica』의 초대 편집장을 역임하였으며, 『Econometrica』는 최상위 학술지로 명성이 높다. 오늘날 계량경제학회는 세계에서 가장 큰 경제학회로서 경제학의 발전에 크게 기여하고 있다.

## 5. 적극주의의 부활

신자유주의를 골자로 했던 미국 공화당의 경제정책은 글로벌 금융위기를 지나면서 그동안 부정해 왔던 케인즈학파의 이론으로 다시 돌아가는 모습을 보여주었다. "통화정책만으론 세계경제 위기에 대처하는 데 한계가 있다. 각국은 적자가 나더라도 재정지출을 늘려야 한다"고 2009년 1월 세계경제포럼WEF의 연례 다보스포럼에서 스트로스 칸Dominique Strauss Kahn(1949~ ) 전 IMF 총재는 거의 폭탄선언에 가까운 연설을 했다.

IMF는 그동안 세계경제의 비상사태 때마다 '긴축재정'을 만병통치약인 것처럼 써왔다. 그랬던 IMF 총재 입에서 "재정적자도 좋다"는 말이 나온 것은 사건이었다. 민영화와 규제철폐, '작은 정부' 논리를 앞세워 지난 30여 년 동안 세계경제를 지배해 왔던 신자유주의 시대가 막을 내리고 있다는 신호였다. 그런 의미에서 칸 총재의 연설은 20세기 최고 경제학자로 꼽히는 케인즈의 부활 선언이기도 했다. 어쨌든 미국을 위시한 세계 각국들은 글로벌 금융위기를 겪으면서 기존에 갖고 있던 경제정책의 큰 틀을 바꿔 금융의 양적완화로 나아갔다. 각국은 금융위기 이후 침체된 경제를 살리겠다며 천문학적인 돈을 쏟아 부었다. 금리를 거의 제로 수준으로 낮추고, 비전통적 통화정책 수단인 양적 완화를 통해 통화를 대폭 풀었으며, 엄청난 재정을 투입했다.

케인즈는 1930년대 대공황 시절 "정부지출을 늘려 경제를 활성화시켜야 한다"는 처방을 내놓았다. "낡은 항아리에 지폐를 가득 채워 폐광에 묻어두고는 기업들이 이를 퍼가도록 하라"고까지 했다. 재정의 균형을 중시했던 당시로선 획기적인 주장이었다. 케인즈주의는 제2차 세계대전 이후 자본주의 세계의 지배적 경제철학으로 자리잡았다. 보수주의자인 닉슨 대통령이 "이제 우리는 모두 케인즈주의자"라고 할 정도였다.

그러나 1970년대 들어 케인즈주의는 영향력을 잃기 시작했다. 경기침체 속에 물가가 오르는 스태그플레이션에 대해 케인즈주의가 해법을 내놓지 못했기 때문이다. 정부지출의 확대가 인플레이션을 유발하고 정부개입이 경제적 효율을 떨어뜨린다는 공격이 잇따랐다. 특히 뷰캐넌을 비롯한 공공선택론자들은 정부 구성원들마저도 각자의 사리를 위해 움직이므로 공익을 위해 움직이지 않는다고 주장했다. 그 이후 오랫동안 케인즈는 과거의 인물로 치부돼 왔다. 1980년 초 집권에 성공한 레이건은 '작은 정부, 큰 시장. 탈脫규제, 무無국경'이라는 '레이거노믹스'를 적극 추진하면서 인기를 얻었다. 이러한 정책적 맥락은 부시 정부에 의해서 계승되었다. 이는 큰 틀에서 보면 1970년대 이후 신자유주의로 표방되는 통화주의의 이데올로기에 근간을 두고 있는 것이라 할 수 있다. 통화주의는 케인즈학파의 수정자본주의의 실패를 지적하고 경제적 자유주의를 주장했던 것이다.

자유주의의 골자는 자유시장과 규제완화, 재산권 중시, 국가권력의 시장개입 최소화 등이었다. 이에 근거하여 소극적인 통화정책과 국제금융시장의 자유화를 통한 안정된 경제성장의 달성이 최우선 목표가 되었다. 이러한 자유화 조치는 결국 글로벌 금융위기의 불씨가 되었다는 지적도 있다. 자유주의는 금융시장의 변혁을 가져와 헤지펀드나 사모펀드와 같은 신금융공학을 장착한 펀드가 활성화되었다.

금융시장에서는 정부의 규제가 최소화되는 사이 새로운 파생상품들이 탄생되었고, 신용창출메커니즘을 통해 담보가치의 수십 배에 해당하는 달러가 시중에 풀려나간 효과를 만들어냈다. 기업 생산성과는 상관이 없는 유동성 거품이 절정에 이르러 서브프라임 모기지 부실 사태가 터지면서 신자유주의의 폐단이 드러나게 되었다.

그러나 리먼 브라더스Lehman Brothers가 파산에 처하자 미국 정부도 유럽의 각국 정부들이 취했던 것과 같이 위기에 놓인 금융회사들을 정부가 직접 구제해 주었고, 결과적으로는 정부가 시장에 개입하는 케인즈학파의 이론으로 돌아가게 되었다. 미국 정부가 사상 최대규모의 재정적자를 감수하면서도 7,000억 달러에 이르는 대규모 구제금융과 주요 은행에 대한 국유화 계획 등 각종 시장개입 정책을 내놓은 것이 대표적 사례가 되었다. 미국을 선두로 각국 정부가 적극적 경기부양에 나서게 된 것이다. 한편에선 걱정하는 목소리도 있지만, 대세는 “인플레이션과 재정적자 우려는 나중 일이고 지금은 경기를 살리는 게 우선”이라는 주장이 힘을 얻게 되었다. 케인즈주의가 글로벌 금융위기와 경기침체에 대한 만병통치약이 된다고 믿는 사람은 많지 않겠지만, “경제학자는 치과의사처럼 실질적이어야 한다”는 케인즈의 주장이 힘을 얻게 되었다.

이상에서 살펴본 바와 같이 경제학이 학문으로서 성립한 이래 주류의 위치가 엎치락뒤치락 하면서도 경제이론과 경제사상의 발전을 추동해 왔다. 즉, 현실세계에서 심각한 경제문제들이 새롭게 나타나 그 해결책을 찾지 못하고 어려움에 봉착했을 때, 획기적인 대전환의 계기를 마련하며 새로운 이론이 등장하거나, 기존 이론의 새로운 해석이 제시되며 경제학은 심화 · 발전되어 왔다. 한편, 오늘날 미국을 비롯한 많은 국가에서는 신자유주의의 한계를 인정하면서도 이를 대체할 마땅한 대체안이 없어 신자유주의에 따른 방안과 케인주의주의를 적절히 절충하면서도, 사회복지를 넘어 각 부문에서 정부개입을 적극화하는 흐름이 나타나고 있다.

### 경주 최부자집 가훈

1926년 10월 경주에서는 신라시대 고분 하나가 발굴되고 있었다. 발굴단원 중에 파란 눈의 신혼부부가 끼어 있었다. 스웨덴 구스타프 황태자 부처였다. 고고학에 관심이 많았던 황태자가 동양에 신혼여행 왔다가 경주에서 발굴이 있다는 소식을 듣고 일본서 배를 타고 온 길이었다. 훗날 스웨덴 칼 16세 구스타프Kung Carl XVI Gustaf Folke Hubertus av Sverige(1946~ ) 국왕이 된 황태자는 그때 머물렀던 고분 근처 한 양반 집안의 사랑채를 잊을 수 없었다.

아담하고 운치있는 건물, 향긋한 내음의 법주法酒, 금빛 나는 놋그릇에 담겨 나온 정갈한 음식 ……. 누군가 스웨덴을 방문했을 때 그는 물었다. “경주 최씨네 사랑채에는 지금도 사람이 많은가요?”

경주 최씨네는 12대 300년 동안을 만석꾼으로 내려온 집안이었다. 단지 부자였을 뿐 아니라 '사방 백 리 안에 굶어죽는 사람이 없게 하라' 등의 가훈을 통해 이웃에 대한 사랑과 배려를 실천에 옮겨 존경 받았다. '찾아오는 손님은 귀천貴賤을 구분하지 말고 후하게 대접하라' 도 최부잣집의 여섯 개의 가훈六訓 중 하나였다.

손님이 많을 때는 큰 사랑채, 작은 사랑채 해서 100명이 넘을 때도 있었다. 최부잣집의 1년 소작 수입은 쌀 3,000석 정도였는데, 이 가운데 1,000석을 손님 접대에 썼다고 한다. 손님이 떠날 때면 과메기 한 손과 하루분의 양식을 쥐어보냈다.

최부잣집은 재산을 모으되 만 석 이상은 모으지 말라는 철칙도 갖고 있었다. 혹시 논을 더 샀더라도 재산이 1만 석을 넘지 않으려면 소작료를 낮춰 적게 받을 수밖에 없었다. 소작인들은 최부잣집의 논이 늘어나면 그만큼 소작료가 떨어지기 때문에 최부자네가 땅 사는 걸 배 아파하기는커녕 자기 일처럼 기뻐했다.

최부잣집 사랑채는 1970년 불에 타 지금은 주춧돌만 남은 상태다. 이걸 경주시가 복원해 한국적 노블레스 오블리주상류층의 도덕적 책무를 상징하는 관광명소로 꾸미겠다고 밝혔다.

최부잣집의 재산은 일제 때 독립운동 자금으로 많이 쓰이고 나머지는 광복 후 교육 사업에 들어가 지금은 집도 후손들 소유가 아니다. 만석 재산은 사라졌지만 그들이 남긴 정신은 이 시대에 이어갈 소중한 가치로 남아 있다.

'부자 3대를 못 간다' 는 말이 있다. 그러나 경주 최부잣집의 만석꾼 전통은 이 말을 비웃기라도 하듯 1600년대 초반에서 1900년 중반까지 무려 300년 동안 12대를 내려오며 만석꾼의 전통을 이어 왔고, 마지막에는 전 재산을 스스로 영남대의 전신인 '대구대학' 에 기증(1950년)함으로써, 스스로를 역사의 무대 위로 던지고 사라졌다. 그동안 300년을 넘게 만석꾼 부자로 지켜올 수 있었던 비결은 무엇이었을까?

최부잣집 가문이 지켜 온 가훈은 오늘날 우리를 다시 되돌아보게 한다.

1. 진사제일 낮은 벼슬.단순 명예직 이상의 벼슬을 하지 말라.
2. 재산은 1년에 1만석 이상을 모으지 말라.
3. 나그네를 후하게 대접하라.
4. 흉년에는 남의 논이나 밭을 사지 말라.
5. 가문의 며느리들이 시집오면 3년 동안 무명옷을 입혀라.
6. 사방 100리 안에 굶어죽는 사람이 없게 하라.

출처 : http://scieng.net/sisatoron/4855에서 취사선택하고 가필함.

# 참고 문헌


가톨릭신문, 제2315호, 2002년 9월 15일자.

고든 털럭, 황수연 번역, 『공공재 재분배 그리고 지대 추구』, 경성대학교출판부, 2008.

김수행, 『자본론 연구』, 돌베개, 2016.

김신행, 「주류 경제학의 과학적 방법의 기초」, 『경제논집』, 서울대 경제연구소, 1987 : 555-586.

김영용, "밀턴 프리드먼의 생애와 학문", 『시대정신』, 2007년 봄호.

김우택, "대공황의 경제이론과 금융위기 책임론", KERI 칼럼, 2011. 1. 17.

김유송, "수리경제학과 일반균형이론", 동국대신문 579호, 1974. 4. 23.

김종현, 『영국산업혁명의 재조명』, 서울대학교 출판부, 2006.

김종현 · 김신행, 『경제학의 최근동향』, 서울대학교 출판부, 1987.

김진방 · 홍기현, "현대 미국 경제사상의 제조류 : 제도주의 경제사상", 『美國學』 제20집, 1997, 서울대학교 미국학연구소.

김학순, "자본주의의 실험은 계속된다", 『신동아』, 2012년 5월호.

______, "세상을 바꾼 책 이야기(16), 〈고용 이자 및 화폐의 일반이론〉, 존 메이나드 케인즈", 『신동아』, 2013년 3월호.

김현구 역, 『지성의 흐름으로 본 경제학의 역사』, 시아출판사, 2005. 12.

랜들 G. 홀콤, 황수연 역, 『경제 모형과 방법론』, 리버티, 2013.

로버트 스키델스키, 고세훈 역, 『존 메이나드 케인즈』, 후마니타스, 2009.

로버트 L. 하이브로너, 장상환 역, 『세속의 철학자들』, 이마고, 2008.

루돌프 힐퍼딩, 김수행 · 김진엽 공역, 『금융자본(finance capital)』, 새날, 2011.

마키아벨리, 강정인 · 김경희 공역, 『군주론(Il Principe)』(개역본), 까치, 2015.

민경국, 『경제사상사 여행』, 21세기북스, 2014.
박기성, “자유주의적 경제사상 : 시카고학파의 경제학을 중심으로”, 『미국학』 20권 0호(1997), 서울대학교 미국학연구소, pp.309~321.
박만섭, “비주류 경제학 : 해외 동향과 국내 연구”, 2007년 5월 4일 한국사회경제학회 창립 20주년 기념 학술대회 발표 논문.
______, 『경제학 더 넓은 지평을 향하여』, 이슈투데이, 2012.
박종찬, “자유주의 사상가 열전(2)—루드비히 폰 미제스”, 『월간조선』, 2002년 11월호.
서울대 권장도서(서양사), “슘페터의 『자본주의, 사회주의, 민주주의』를 읽고 나서”, 2013. 4. 24.
수전 블랙모어, 취중선 역, 『문화를 창조하는 새로운 복제자 MEME』, 바다출판사, 2010. 11.
스키델스키, 고세훈 옮김, 『존 메이나드 케인즈』, 후마니타스, 2009.
아담 스미스, 김수행 역, 『국부론(상)』, 비봉출판사, 2007.
_________, 박세일 · 민경국 공역, 『도덕감정론』(개역판), 비봉출판사, 2009.
안병직 · 이영훈, 『대한민국 歷史의 岐路에 서다』, 기파랑, 2007. 11.
에이먼 버틀러, 황수연 옮김, 『루트비히 폰 미제스 입문』, 리버티, 2010.
오성, “信義와 疏通의 商道—開城商人”, 『우리 역사속의 사회통합』, 사회통합위원회, 2011.
유장희, 「경제학의 새조류」, 매일경제신문사, 1987.
윤창호, 「미시경제학의 최근 동향」, 『경제학연구』, 한국경제학회, 1996 : 135-155.
이동기 · 이제호, “외국인투자기업의 국민경제 공헌도 분석”, 『경영논집』 제36권 2 · 3호, 서울대학교 경영대학 경영연구소, 2002. 9 : 508-513.
이영석, “잉글랜드와 스코틀랜드—국민 정체성의 변화를 중심으로—”, 『지식인과 사회』, 아카넷, 2016. 8.
이진숙, 『시대를 훔친 미술 : 그림으로 보는 세계사의 결정적 순간』, 민음사, 2015.
잔자크 루소, 어환 옮김, 『사회계약론』, 서울대학교철학사상연구소, 2003.

전용덕, 『경제학과 역사학—오스트리아학파의 방법론과 인식론—』, 한국경제연구원, 2014. 8. 26.
정갑영, "경제학 연구방법론의 현황과 과제", 『사회과학논평』 제20호, pp.21~39, 2000.
정운찬, "경제학의 발전과 최근 동향 : 수리화 경향 및 그것의 극복을 중심으로", 『사회과학의 새로운 지평』, 나남출판, 1999.
정재웅, "금융시장의 발전사와 주택금융시장의 형성", 『주택금융월보』, 2016. 1. 29, 한국주택금융공사.
주경철, 『대항해시대』, 서울대학교출판문화원, 2009.
최병선, "중상주의(신중상주의) 정책의 지대추구 측면에 관한 연구", 『국제 · 지역연구』, 11권 4호, 2002, pp.21~55.
토드 부크홀츠, 이승환 옮김, 『죽은 경제학자의 살아있는 아이디어』, 김영사, 2000.
토마스 로버트 맬더스, 이서행 옮김, 『인구론』, 동서문화사, 2011.
토마스 홉스, 진석용 옮김, 『리바이어던 1—교회국가 및 시민국가의 재료와 형태 및 권력(Leviathan, or The Matter, Forme and Power of a Common—Wealth Ecclesiastical and Civil(1651년))』, 나남 한국연구재단 학술명저번역총서 서양편 241, 2008.
하인리히 슐리만, 김병모 역, 『하인리히 슐리만 자서전』, 일빛, 2007.
한국가톨릭대사전편찬위원회, 『가톨릭대사전』, 한국교회사연구소, 2005.
한국경제신문, 민경국 교수와 함께하는 경제사상사 여행 (5), (24), (26), (27), (32), (43), (50).
__________, 고전읽기 (6), (7), (33), (60), (88), (99).
호메로스, 천병희 역, 『일리아스(ILIAS)』, 숲, 2015.
홍기현, "미국의 경제학교육과 연구", 『경제논집』, 서울대 경제연구소, 1989 : 393-418.
_____, "미국의 경제학 도입과 발전", 『경제사학』, 경제사학회, 1995 : 253-278.

______, "1890～1930년대 경제학계 논쟁에 대한 방법론적 평가 : 오스트리아학파를 중심으로", 『경제론집』, 제49권 제3호, 서울대학교 경제연구소, 2009.

홍훈, 『경제학의 역사』, 박영사, 2007.

홍훈 · 류동민 · 박종현 · 김진방 · 박만섭, 『경제의 교양을 읽는다 고전편 3』, 더난출판, 2006.

황수연, "고든 털럭 교수의 학문세계와 한국에 주는 시사성", 자유경제원 e-지식 시리즈 14-06, 자유경제원, 2014.

D. 리카도, 정윤형 옮김, 『정치경제와 과세의 원리』, 비봉출판사, 1991.

David N. Weil, 백웅기 · 김민성 · 임경목 공역, 『경제성장론』(제2판), 시그마프레스, 2009.

J. M. 케인즈, 조순 옮김, 『고용 이자 및 화폐의 일반이론』(개역판), 비봉출판사, 2007.

R. H. 토니, 김종철 역, 『종교와 자본주의의 발흥』, 한길사, 1977.

金子光男 編著, 『經濟思想の源流』, 八千代出版株式會社, 2008.

金子光男, 『社會科學の視野と方法』, 八千代出版株式會社, 2011.

南 亮進, 『日本の經濟發展』, 東洋經濟新報社, 2001.

リカードゥ『經濟學および課税の原理』, 竹內健二譯, 千倉書房, 1981.

尾近裕幸 · 橋本로努 編著, 『Austria學派の經濟學』, 日本經濟評論社, 2003.

梶山 力譯, 『Protestantismの倫理と資本主義の精神』, 有斐閣, 1943.

Samuelson 著, 佐藤隆三 譯, 『經濟分析の基礎』, 勁草書房, 1986.

西岡幹雄, 『Marshall研究』, 晃洋書房, 1997.

石橋春男 · 關谷喜三郎, 『經濟學の歷史と思想』, 創成社, 2012.

小畑二郎, 『經濟學の歷史』, 慶應義塾大學出版會, 2014.

______, 『Keynesの思想』, 慶應義塾大學出版會, 2007.

______, 『Hicksと時間―貨幣 · 資本理論と歷史理論の總合』, 慶應義塾大學出版會, 2011.

水田 洋, 『アダム · スミス研究』, 未來社, 2000.

岩井克人 外, 『經濟學41の巨人』, 日本經濟新聞社, 2014.

增井幸雄譯, 『經濟學』上・下, 岩波書店, 1916.

平井俊顯, 『Keyensの理論』, 東京大學出版會, 2003.

Backhouse, R., *A History of Modern Economic Analysis*, Basil Blackwell, 1985.

Bagehot. W., *Lombard Street : A Description of the Money Market*, John Wiley & Sons, 1999 (한국어판, 유종권, 한동근 옮김, 『롬바드 스트리트』, 아카넷, 2003)

Barber, W., "The United States : Economists in a Pluralistic Polity," *fIi~ /Ory of Political Economy*, Fall 1981 : 513-47.

Blaug, M.. and Sturges, P., *Who's Who in Economics*, Sussex : Wheatsheaf Books Ltd 1983.

Carson, R. and Navarro, P. 1988, "A Seller's (& Buyer's) Guide to the Job Market for Beginning Academic Economists," *Journal of Economic Perspectives*, 2 : 137-148.

Ekelund. Jr., Rober B, & Robert F. Herbert, *A History of Economic Theory and Method*, New York : McGraw Hill, 1990.

Freidland, C. and Stigler, G.l, "The Citation Practices of Doclorates in Economics", *Journal of Political Economy*, 1975 : 477-507.

John Maynard Keynes, *The Concise Encyclopedia of Economics*.

Klein Philip A., *Beyond Dissent : Essays in Institutional Economics*, N.Y. : M. E. Sharpe, 1994.

Paul Krugman, *Introduction to Keynes's General Theory*, 2006.

Robert Heilbroner, *The Worldly Philosophers*, Chapter IX, 1999.

Roger E. Backhouse, *The Ordinary Business of Life*, Chapter 10, pages 219-236, 2004

Robert Reich, "John Maynard Keynes", *Time*, March 29, 1999

Samuels, Warren J., "The Present State of Institutional Economics", *Cambridge*

*Journal of Economics*, 1995.

Scott, C. E., "The Market for Ph. D. Economists : The Academic Sector", *American Economic Review*, May 1979 : 137-42.

Takashi Negashi, *History of Economic Theory*, North Holland (June 29, 1989).

Todd Buchholz, New Ideas from Dead Economists, Chapters IX and XI (pages 263-274)

Wringley, E.A. and Schofield, R.S. *The Population History of England 1541-1871, A Reconstruction*, Harvard University Press, 1981

http://bookwormkorea.wordpress.com

http://cafe.daum.net/mhsong

http://csno.cfe.org/172

http://faculty.knou.ac.kr/~hye/course/class-html/lct15.html

http://faculty.knou.ac.kr/~hye/course/index.htm

http://news.chosun.com/site/data/html_dir/2007/03/23/2007032300455.html

http://sbh5510.egloos.com/

http://scieng.net/sisatoron/4855

http://www.cfe.org/

http://www.econlib.org/library/Enc/bios/Galbraith.html

http://www.econlib.org/library/Enc/bios/Keynes.html

http://www.econlib.org/library/Enc/bios/Veblen.html

http://www.econlib.org/library/Enc/Key nesianEconomics.html

http://www.econlib.org/library/Enc/New KeynesianEconomics.html

http://www.ilesfuneralhomes.com/obituary/Gordon-Tullock/Des-Moines-IA/1447651

http://www.johnkennethgalbraith.com/

http://www.kocw.net/home/search/kemView.do?kemId=788003

http://www.nber.org/papers/w21636.pdf

https://en.wikipedia.org/wiki/Gordon_Tullock

https://en.wikipedia.org/wiki/History_of_economic_thought

https://en.wikipedia.org/wiki/John_Kenneth_Galbraith

https://en.wikipedia.org/wiki/James_M._Buchanan

https://en.wikipedia.org/wiki/Keynesian_economics

https://en.wikipedia.org/wiki/Knut_Wicksell

https://en.wikipedia.org/wiki/Schools_of_economic_thought

https://en.wikipedia.org/wiki/Thorstein_Veblen

https://ko-kr.facebook.com/bookworm.kr/posts/222138377949181

https://mises.org/about-mises/what-is-the-mises-Institute

# 〈부록-1〉 역대 노벨경제학상 수상자와 수상 공적

| 연도 | 수상자 | 국적 | 수상 공적 |
|---|---|---|---|
| 1969 | 프리슈(Ragnar Anton Kittil Frisch, 1895 ~ 1973) / 틴베르헌(Nikolaas "Niko" Tinbergen, 1907 ~ 1988) | 스웨덴/네덜란드 | 경제과정 분석을 위한 동태적 모델의 개발 · 응용 |
| 1970 | 새뮤얼슨(Paul Anthony Samuelson, 1915 ~ 2009) | 미국 | 정태적 · 동태적 경제이론의 발전과 경제분석수준의 향상 |
| 1971 | 쿠즈네츠(Simon Smith Kuznets, 1901 ~ 1985) | 미국(러시아) | 경제성장의 실증분석을 통하여 경제 · 사회구조와 발전과정에 새로운 통찰의 길 제시 |
| 1972 | 힉스(Sir John Hicks, 1904 ~ 1989) / 애로(Kenneth Joseph Arrow, 1921 ~ 2017) | 영국 | 일반균형이론과 후생경제학에 대한 선구적 공헌 |
| 1973 | 레온티에프(Wassily Leontief, 1906 ~ 1999) | 미국 | 산업연관분석의 개발과 경제문제에 응용 |
| 1974 | 뮈르달(Karl Gunnar Myrdal, 1898 ~ 1987) / 하이에크 (Friedrich Hayek, CH, 1899 ~ 1992) | 미국(러시아) | 화폐와 경기변동이론과 경제 · 사회의 제도분석에 대한 선구적 공헌 |
| 1975 | 카놋로비치(러시아어 : Леонн́дВнта́льевнчКа нторо́внч, 1912 ~ 1986) / 코프만스(Tjalling Charles Koopmans, 1910 ~ 1985) | 러시아/미국 (네덜란드) | 자원의 최적배분에 대한 공헌 |
| 1976 | 프리드먼(Milton Friedman, 1912 ~ 2006) | 미국 | 소비분석, 화폐의 역사 · 이론에 관한 업적과 안정정책의 복잡성 입증 |
| 1977 | 올린(Bertil Gotthard Ohlin, 1899 ~ 1979) / 미드미드(James Edward Meade, CB, 1907 ~ 1995) | 스웨덴/영국 | 국제무역 · 국제자본이동이론에 대한 선구적 공헌 |
| 1978 | 사이먼(Herbert Alexander Simon, 1916 ~ 2001) | 미국 | 경제조직 내부의 의사결정 과정의 선구적 연구 |
| 1979 | 슐츠(Theodore Willam Schultz, 1902 ~ 1998) / 루이스(Sir William Arthur Lewis, 1915 ~ 1991) | 미국/영국 | 발전도상국 문제의 고찰을 통한 경제발전에 대한 선구적 연구 |
| 1980 | 클라인(Lawrence Klein, 1920 ~ 2013) | 미국 | 미국 개량경제모델의 개발과 경제변동 · 정책분석의 응용 |

| 1981 | 토빈(James Tobin, 1918～2002) | 미국 | 금융시장, 금융시장과 실물경제와의 관계 분석 |
|---|---|---|---|
| 1982 | 스티글러(George Joseph Stigler, 1911～1991) | 미국 | 산업구조, 시장기능, 공적규제의 원인과 효과에 관한 독창적 연구 |
| 1983 | 드브뢰(Gérard Debreu, 1921～2004) | 미국(프랑스) | 경제이론에 대한 새로운 수학적 수법의 도입과 일반균형이론의 엄밀한 재구축 |
| 1984 | 스톤(Sir John Richard Nicholas Stone, 1913～1991) | 영국 | 새로운 국민경제계산체계(신SNA) 개발에 대한 공헌 |
| 1985 | 모딜리아니(Franco Modigliani, 1918～2003) | 미국(이탈리아) | 저축과 금융시장에 관한 선구적 분석 |
| 1986 | 뷰캐넌(James McGill Buchanan, Jr. 1919～2013) | 미국 | 민주주의제도가 경제정책에 미치는 영향 등을 분석하는 공공선택론 확립 |
| 1987 | 솔로(Robert Merton Solow, 1924～ ) | 미국 | 경제성장이론에 대한 공헌 |
| 1988 | 알레(Maurice Félix Charles Allais, 1911～2010) | 프랑스 | 시장과 자원의 유효이용에 관한 이론에 대한 선구적 공헌 |
| 1989 | 하벨모(Trygve Magnus Haavelmo, 1911～1999) | 노르웨이 | 계량경제학의 확률론적 기초의 해명 등 |
| 1990 | 마코위츠(Harry Max Markowitz, 1927～) / 밀러(Merton Howard Miller, 1923～2000) / 샤프(William Sharpe, 1934～ ) | 미국/미국/미국 | 금융 · 기업금융이론에 대한 선구적 공헌 |
| 1991 | 코스(Ronald Harry Coase, 1910～2013) | 영국 | 경제에 있어서 거래비용이나 소유권의 중요성 해명 |
| 1992 | 베커(Gary Becker, 1930～2014) | 미국 | 미시경제분석을 인간의 행동양식 등 비시장분야에까지 확대시킴 |
| 1993 | 포겔(Robert W. Fogel, 1926～2013) / 노스 (Douglass C. North) | 미국/미국 | 경제사분야에 이론 · 계량경제학 응용 |
| 1994 | 젤텐(Reinhard Selten, 1930～2016) / 내시(John Forbes Nash, Jr., 1928～2015) / 하사니(John C. Harsanyi, 1920～ ) | 독일/미국/미국 | 비경쟁게임이론의 균형분석 |
| 1995 | 루카스(Robert Lucas, Jr., 1937～ ) | 미국 | 합리적 기대 가설의 발전과 응용, 거시경제분석, 경제정책의 이해를 심화 |
| 1996 | 멀리스(James A. Mirrlees, 1936～ ) / 비크리(William Spencer Vickrey, 1914～1996) | 영국/미국 | 정보의 비대칭성 하에서 경제적 유인에 관한 이론 |

| 1997 | 머턴(Robert C. Merton, 1944~ ) / 숄스(Myron S. Scholes, 1941~ ) | 미국/미국 | 파생상품가격 결정에 관한 새로운 수법 |
|---|---|---|---|
| 1998 | 센(Amartya Kumar Sen, BR, CH, 1933~ ) | 인도 | 빈곤이나 분배의 불평등 연구에 의한 후생경제학에 대한 공헌 |
| 1999 | 먼델(Robert Alexander Mundell, 1932~ ) | 미국(캐나다) | 다른 환율시장 하에서의 금융정책과 재정정책에 관한 분석 및 최적통화권에 관한 분석 |
| 2000 | 헤크먼(James Heckman, 1944~ ) / 맥패든(Daniel L. Mcfadden, 1937~ ) | 미국/미국 | 계량경제학에서 개인 가계의 행동을 통계적으로 분석하는 수법, 이론 개발 |
| 2001 | 애컬로프(George Arthur Akerlof, 1940~ ) / 스티글리츠(Joseph Eugene Stiglitz, 1943~ ) / 스펜스(Andrew Michael Spence, 1943~ ) | 미국/미국/미국 | 정보의 비대칭성을 이룬 시장의 분석 |
| 2002 | 카너먼(Daniel Kahneman, 1934~ ) / 스미스(Vernon Lomax Smith, 1927~ ) | 미국(이스라엘)/미국 | 행동경제학과 실험경제학이라는 새로운 연구분야의 개척 |
| 2003 | 엥글(Robert Fry Engle Ⅲ, 1942~ ) / 그레인저(Sir Clive William John Granger, 1934~2009) | 미국/영국 | 시계열분석 수법의 확립 |
| 2004 | 키들란(Finn Kydland, 1943~ ) / 프레스콧(Edward C. Prescott, 1940~ ) | 노르웨이/미국 | 역동적 거시경제학에 대한 공헌 : 경기순환에서의 경제정책과 추진력의 시의일관성 |
| 2005 | 아우만(Robert J. Aumann, 1930~ ) / 셸링(Thomas C. Schelling, 1921~2016) | 미국/미국 | 게임이론의 분석을 통한 대립과 협력의 이해 증진 |
| 2006 | 펠프스(Edmund Strother Phelps, Jr., 1933~ ) | 미국 | 거시경제분석에 있어 이시점 간의 트레이드 오프에 관한 분석 |
| 2007 | 후르비치(Leonid Hurwicz, 1917~2008) / 매스킨(Eric Maskin, 1950~ ) / 마이어슨(Roger Bruce Myerson, 1951~ ) | 미국(독일)/미국/미국 | 구조설계이론의 기초를 확립 |
| 2008 | 크루그먼(Paul Robin Krugman, 1953~ ) | 미국 | 무역의 유형과 경제활동의 입지에 관한 분석 |
| 2009 | 오스트롬(Elinor Ostrom, 1933~2012) / 윌리엄슨(Oliver E. Williamson, 1932~ ) | 미국/미국 | 경제적 지배구조에 관한 분석 |
| 2010 | 다이아몬드(Peter Arthur Diamond, 1940~ ) / 모텐슨(Dale T. Mortensen, 1939~2014) / 피사리데스(Sir Christopher Antoniou Pissarides, 1948~ ) | 미국/미국/영국(키프러스) | 노동경제에 있어 탐색마찰이론에 관한 공적 |

| 2011 | 사전트(Thomas John Sargent, 1943～ )/심스(Christopher Albert Sims, 1942～ ) | 미국/미국 | 거시경제의 원인과 결과를 둘러싼 실증적인 연구 |
|---|---|---|---|
| 2012 | 로이드 스토얼 섀플리(Lloyd Stowell Shapley, 1923～2016)/앨빈 앨리엇 "앨" 로스(Alvin Eliot "Al" Roth, 1951～ ) | 미국/미국 | 게임이론을 통한 안정적 배분이론과 시장설계의 실천 |
| 2013 | 파마(Eugene Fama, 1939～ )/핸슨(Lars Peter Hansen, 1952～ ) / 실러(Robert James Shiller, 1946～ ) | 미국/미국/미국 | 자산가격의 실증분석 |
| 2014 | 티롤(Jean Marcel Tirole, 1953～ ) | 프랑스 | 기업의 시장 지배와 그에 대한 규제 연구 |
| 2015 | 디턴(Angus Deaton, 1945～ ) | 영국 | 소비와 빈곤, 복지에 대한 분석 연구 |
| 2016 | 하트(Oliver Heart, 1948～ ) / 홀름스트룀(Bengt Robert Holmström, 1949～ ) | 영국/핀란드 | 계약이론(contract theory)에 대한 공헌 |

# 〈부록-2〉 주요 경제사상사 연표

| 서력 | 주요 문헌 및 사상사적 사건 | 세계사 | 한국사 |
| --- | --- | --- | --- |
| 그 이전 | 1516년 토마스 모어 『유토피아』, 1517년 루터의 종교개혁, 1532년 마키아벨리 『군주론』, 1541년 칼뱅 종교개혁 시작, 1559년 그레샴 『어음의 이해를 위하여』, 1578년 보댕 『국가학』 6권 | 1566년 포르투갈인 마카오시 건설, 1600년 영국의 동인도회사 설립, 1588년 영국의 스페인 무적함대 격파 後 해상패권 확립 | 1525년(중종 20) 진휼청 설치〔~1894년(고종 31) 폐지〕 1517년(중종 12) 세수권농교문(歲首勸農敎文) 반포 |
| 1600 | 1620년 토마스 먼 『동인도 무역론』, 1621년 마린즈 『자유무역의 유지』, 1622년 캄파넬라 『태양의 도시』 | 1601년 영국 구빈법 발포(發布), 1602년 네덜란드 동인도회사 설립, 1604년 프랑스 동인도회사 설립, 1618년 30년 전쟁(~48), 1628년 영국 권리의 청원, 1640~1646년 영국 청교도혁명, 1642년 영국 항해조례 발표, 1648년 베스트팔렌 조약 | 1569년(선조 2) 대공수미법 건의 |
| 1650 | 1651년 홉스 『리바이어던』, 1662년 페티 『조세공납론』, 1664년 먼 『외국무역에 의한 영국의 재보』, 1690년 페티 『정치산술』, 로크 『인간오성론』, 1692년 로크 『통치2론』, 1693년 로크 『이자 인하 및 화폐가치 인상에 관해서』, 1694년 차일드 『화폐가치신론』, 1695년 잉글랜드은행 설립, 1698년 다베난트 『동인도무역론』 | 1651년 영국 항해법, 1660년 영국 왕정복고, 1673년 영국 심사법 제정, 1679년 영국 인신보호법 제정, 1685년 프랑스 낭트칙령 폐지, 1688년 영국 명예혁명, 1689년 영국 권리장전 | 1608년(광해군 원년) 공납제 개혁론-대공수미법 시행, 1608년 대동법 시행 경기지역 필두로 100여 년에 걸쳐 지역별로 시행, 1596(선조 29)~1610년(광해군 2) 허준 『동의보감』, 1615년(광해군 7) 한백겸 『동국지리지』, 1635년(인조 13) 영정법(永定法) 시행, 조선 인조 시기 신속 『농가집성』, 1614년(광해군 6) 이수광 『지봉유설』, 1664년 균역청 폐지, 조선 숙종 시기 박세당 『색경』 |

| | | | |
|---|---|---|---|
| 1700 | 1701년 런던증권거래소 개설, 1704년 브와귀베르 『곡물론』, 『부, 화폐, 공납론』, 1707년 브와귀베르 『프랑스백서』, 1711년 남해회사 설립, 1714년 만데비르 『벌의 우화』, 1719년 대니엘 『로빈슨 크루소』, 1720년 남해회사 포말사건, 더포우 『완전한 영국상인』, 1727년 더포우 『영국의 무역사정』, 1733년 흄 『인성론』, 1740년 몽테스키외 『법의 정신』, 1748~1772년 디드로 편집 『백과전서』, 1749년 흄 『정치 논집』 | 1701년 프로이센 왕국 건설, 1713년 유트레히트조약, 1715년 영국 동인도회사, 광동에 상관 설치, 1731년 스웨덴 동인도회사 설치( ~1813), 1740~1748년 오스트리아왕위계승 전쟁 | 1703년(숙종 29) 양역이정청 설치하여 양역변통 시행, 17세기 말~18세기 초 홍만선 『산림경제』, 1740년 이익 『성호사설』, 1750년(영조 26) 균역법(군포 2필→1필), 1750년(영조 26년) 균역청 사목(均役廳事目), 신경준 『훈민정음운해』 |
| 1750 | 1752년 흄 『정치경제논집』, 캉티용 『상업의 본질』, 1755년 케네 『차지농론(借地農論)』, 1756년 미라보 『인간의 벗』(프랑스), 1758년 케네 『경제표』(프랑스), 1759년 아담 스미스 『도덕감정론』, 프랭클린 『대브리튼의 이익의 고찰』, 1760년 미라보 『조세론』, 1761년 루소 『사회계약론』, 1763년 미라보 『농업철학』, 1764년 유스티 『재정학 체계』, 1766년 튀르고 『부의 생산과 분배에 관한 제고찰』, 1769년 스튜어트 『경제학 원리』, 1771년 튀르고 『가치와 화폐』, 1776년 아담 스미스 『국부론』, 벤담 『정부소론』, 1788년 기번 『로마제국 쇠망사』, 칸트 『실천이성비판』, 1789년 벤담 『도덕 및 입법의 원리서설』, 1793년 고드윈 『정치적 정의(正義)』, 1798년 맬더스 『인구론』 | 1756~1763년 7년 전쟁, 1775~1783년 미국 독립전쟁, 1785년 스페인 왕립 필리핀회사 설립, 1789년 프랑스 혁명 발발, 1789년 인권선언 | 1751년(영조 27) 균역절목변통사의(均役節目變通事宜), 1751년(영조 27) 이중환 『택리지』, 1756년(영조 32) 안정복 『동사강목(東史綱目)』, 1759(영조 35)~1818년(순조 18) 서영보·심상규 등 만기요람(萬機要覽), 1681(숙종 7)~1763년(영조 39) 이익 『성호사설』, 1764년(영조 40) 『북도개시정례』 간행, 1769년(영조 45) 유형원 『반계수록(磻溪隨錄)』, 1770년(영조 46) 홍봉한 『동국문헌비고』, 1776년 곡부합록(穀簿合錄) 제작, 18세기 말경 유득공 『경도잡지(京都雜志)』, 1778년(정조 2년) 박제가 『북학의(北學議)』, 18세기 말경 신경준 『강계고(疆界考)』, 1780년(정조 4) 박지원 『열하일기』, 1788년(정조 12) 우정규 『경제야언(經濟野言)』, 1788년(정조 12)-미상 이규경 『오주연문장전산고』, 1795년(정조 19) 유득공 『사군지(四郡志)』, 1798년(정조 22) 박지원 『과농소초(課農小抄)』, 정약용 『마과회통』, 『해동농서』, 1798~1799년(정조 22~23) 서호수 『해동농서(海東農書)』 |

| 1800 | 1800년 피히테 『봉쇄상업국가론』, 1802년 시스몬디 『토스카나 농업개관』, 1803년 세이 『정치경제학 개론』, 맬더스 『인구론』(제2판), 벤담 『입법론』, 1804년 시스몬디 『상업적 부에 관해서』, 1806년 페리에 『상업과의 관련에서 본 통치』, 1807년 헤겔 『정신현상학』, 1815년 오언 『신사회관』, 맬더스 『지대의 성질 및 증진』, 오언 『공장제도의 효과에 관한 관찰』, 1817년 리카도 『정치경제학 및 과세의 원리』, 1820년 맬더스 『정치경제학 원리』, 1821년 헤겔 『법철학 강요』, 밀 『경제학 요강』, 1823년 맬더스 『경제학 원리』, J. S. 밀 『정치경제학 강요』, 생시몽 『산업제도론』, 1826년 맬더스 『경제학에 있어서의 여러 정의』, 1828년 세이 『실천경제학 교정(教程)』, 1836년 오언 『신도덕세계의 서』, 시니어 『경제학 강요』, 1838년 쿠르노 『부의 이론의 수학적 원리에 관한 연구』, 1839년 프루동 『재산이란 무엇인가』, 1841년 리스트 『국민경제학 체계』, 포이엘바하 『그리스도교의 본질』, 1842년 리스트 『농지제도 · 영세 경영 및 국외 이주』, 로트베르투스 『국가경제의 현상(現狀) 인식을 위하여』, 1843년 로셔 『국가경제학 강요』, 투우크 『통화원리의 연구』, 마르크스 『경제학 · 철학 수고(手稿)』, 1845년 마르크스 · 엥겔스 『독일 이데올로기』, 1846년 프루통 『경제적 여러 모순의 체계—빈곤의 철학』, 1847년 마르크스 『철학의 빈곤』, 1848년 밀 『경제학원리』, 마르크스 · 엥겔스 『공산당 선언』 | 1806년 신성로마제국 멸망(962～ ), 1806년 대륙봉쇄령, 1807년 프로이센 개혁, 1814～1815년 빈 회의, 1815년 워털루 전투, 1823년 먼로 선언, 1834년 독일관세동맹 발족, 1840～1842년 아편전쟁, 1848년 프랑스 2월 혁명, 1850년 〈청〉 태평천국의 난( ～1864), 1858년 영국 의회 인도법안 통과 : 무굴제국 멸망, 인도의 영국왕 직할지화, 1868년 일본 에도막부 멸망 후 왕정복고. | 1803년(순조 3) 김려 『우해이어보(牛海異魚譜)』, 1806년 이긍익 『연려실기술(燃藜室記述)』, 1801～1814년(순조 1～14) 정약전(丁若銓) 『자산어보(玆山魚譜)』, 1811～1833년 정약용 『아방강역고』, 1806～1842년 서유규 임원경제지(林園經濟志), 1823년(순조 23) 한치윤 『해동역사(海東繹史)』, 1824년(순조 24) 유희 『언문지』, 1852년(철종 3) 김정희 『금석과안록(金石過眼錄)』, 1861년 김정호 『대동여지도』 |
|---|---|---|---|

| | | | |
|---|---|---|---|
| 1850 | 1853년 크니스 『역사적 방법의 견지에 의한 경제학』, 1854년 고센 『인간의 교환의 여러 법칙 및 이에 유래되는 거래행위의 여러 준칙의 발전』, 로셔 『국민경제의 체계』, 1857~1859년 『경제학 비판요강』, 1859년 마르크스 『경제학 비판』, 밀 『자유론』, 1862년 쥬글라 『프랑스 · 영국 · 미국에 있어서의 상업공황과 그 주기적인 재발』, 라살 『노동자 강령』, 1863년 슈몰러 『국민경제 · 국민경제학 및 방법』, 라살 『간접세와 노동자 계급의 상태』, 밀 『공리주의』, 1865년 프루동 『노동자 계급의 정치적 능력에 관해서』, 1867년 마르크스 『자본론』 1권, 1869년 밀 『여성의 종속』, 1871년 제본스 『경제학의 이론』, 멩거 『국민경제학 원리』, 1873년 밀 『밀의 자서전』, 1874년 왈라스 『순수경제학 요론』, 『사회적 부의 이론』, 1879년 마샬 『외국무역과 국내가치와의 순수이론』, 1880년 마샬 부처 『산업의 경제학』, 밀 『사회주의론』, 엥겔스 『공상에서 과학으로의 사회주의의 발전』, 1883년 에지워스 『수리심리학』, 1884년 멩거 『사회과학, 특히 경제학의 방법에 관한 연구』, 1886년 뵘바베르크 『자본 및 자본이자』, 엥겔스 『가정 · 사유재산 및 국가의 기원』, 제본스 『통화 및 금융연구』, 로트베르투스 『자본론』, 토인비 『18세기 영국산업혁명 강의』, 마르크스 『자본론』 2권, 1886년 뵘바베르크 『경제적 제가치의 이론의 기초』, 멩거 『노동전수권(全收權)론』, 1890년 마샬 『경제학 원리』, 1892년 피셔 『가치 및 가격의 이론에 있어서의 수학적 연구』, 1893년 뷔허 『국가경제학의 성립』, 빅셀 『가치, 자본, 그리고 대출』, 1896년 왈라스 『사회경제학 연구』, 1897년 뵘바베르크 『마르크스 체계의 종말』, 파레토 『경제학 강의』, 왈라스 『사회경제학 연구』, 좀바르트 『사회정책의 이상』, 1899년 J. B. 클라크 『분배론』, 레닌 『러시아에 있어서의 자본주의의 발전』, 베블런 『유한계급론』 | 1853~1856년 크리미아 전쟁, 1870~1871년 프로이센-프랑스(보불)전쟁, 1871년 독일제국 성립( ~1918), 1888년 독일 빌헬름 2세 즉위( ~1918), 1894년 청일전쟁, 1895년 일본의 대만 점령 | 1862년(철종 13) 삼정이정청(三政釐整廳) 설치, 1866년 당백전 발행, 1871년 운양호 사건, 1876년 병자수호조약, 1883년(고종 20) 『여유당집(與猶堂集)』 필사 |

| | | | |
|---|---|---|---|
| 1900 | 1900년 슈몰러 『일반국민경제학 요강』, 1902년 좀바르트 『근대자본주의』, 빅셀 『국민경제학 강의』, 1905년 베버 『프로테스탄티즘의 윤리와 자본주의정신』, 1906년 피셔 『자본과 소득과의 본질』, 파레토 『경제학제요(提要)』, 1908년 힐퍼딩 『금융자본론』, 1910년 테일러 『과학적 경영의 이론』, 1911년 슈몰러 『국민경제, 국민경제학 및 방법』, 피셔 『화폐의 구매력』, 1912년 슘페터 『경제발전의 이론』, 좀바르트 『전쟁과 자본주의』, 1913년 룩셈부르크 『자본축적론』, 1914년 무어 『경제순환의 법칙과 원인』, 1915년 뷔저 『사회경제학』, 1919년 베버 『직업으로서의 정치』, 1920년 케인즈 『평화의 경제적 귀결』, 마샬 『산업과 상업』, 베블런 『근대문명에 있어서의 과학의 지위』, 1920년 미제스 『사회주의국가에 있어서의 경제계산』, 피구 『후생경제학』, 파레토 『엘리트의 순환』, 1922년 베버 『경제와 사회』, 1924년 보우리 『경제학의 수학적 기초』, 커먼스 『자본주의의 법제적 기초』, 1925년 스라파 『생산비와 생산량의 관계에 관하여』, 1926년 케인즈 『자유방임의 종언』, 1927년 콘트라티에프 『경기의 장기파동』, 토니 『종교와 자본주의의 발흥』, 1929년 자린 『경제학사』(제2판), 1930년 하이에크 『화폐이론과 경기이론』, 피셔 『이자론』, 케인즈 『화폐론』, 뮈르달 『경학설과 정치적 요소』, 좀바르트 『3가지의 경제학』, 1931년 호프만 『공업화의 단계와 유형』, 1932년 힉스 『임금이론』, 1933년 로빈슨 『불완전경쟁의 경제학』, 쳄버린 『독점적 경쟁의 이론』, 1934년 슘페터 『경제발전의 이론』, 1935년 커먼스 『제도파 경제학』, 1936년 케인즈 『고용 · 이자 및 화폐의 일반이론』, 1937년 쿠즈네츠 『국민소득과 자본형성』, 1939년 힉스 『가치와 자본』, 피구 『사회주의 대 자본주의』, 1941년 새뮤얼슨 『경제분석의 기초』, 1942년 슘페터 『자본주의, 사회주의, 민주주의』, 1944년 하이에 | 1912년 중화민국 설립, 1914년 사라예보사건, 제1차 세계대전 발발, 1915년 아인슈타인 일반상대성이론 발표, 1917년 러시아혁명, 1920년 국제연맹 성립, 1923년 일본 관동대지진, 1929년 세계대공황( ~1933), 1933년 독일 나치정권 수립, 1939년 독소불가침조약, 1939년 제2차 세계대전 발발, 1942년 일본 대동아건설 선언, 1945년 8월 15일 일본 항복문서에 조인, 1945년 UN 성립, 1949년 10월 1일 중화인민공화국 성립 | 1905년 러 · 일 전쟁 발발, 1901년(광무 5) 이제마 『동의수세보원』, 1904년 한 · 일 의정서 조인, 1905년 11월 17일 을사보호조약 체결, 1910년 토지조사사업 개시( ~1918), 1910년 일제강점기 시작( ~1945), 1939년 (홍대용의 5대손 홍영선 발간) 홍대용 『담헌집』, 1934~1938년 『여유당전서(與猶堂全書)』, 1945년 8 · 15 광복, 1945년 군정청, 일본인재산 동결, 1945년 미국의 한국에 대한 GARIOA 원조 제공 발표, 1945년 맥아더라인 설정, 1948년 대한민국 정부 수립, 1949년 한미경제원조 협정 체결, 1950년 한국은행 설립, 1950년 6 · 25 전쟁 발발 |

| | | | |
|---|---|---|---|
| | 크 『노예의 길』, 노이만 『게임이론과 경제행동』, 1947년 클라인 『케인즈 혁명』, 힉스 『재정학』, 핸슨 『경제정책과 완전고용』, 1948년 돕 『자본주의 발전의 연구』, 해로드 『동태경제학에의 길』, 새뮤얼슨 『경제학』, 모딜리아니 『저축률의 변동—경제예측의 1문제』, 1948년 하이에크 『개인주의와 경제질서』, 1949년 민트 『후생경제학의 이론』, 위너 『사이버네틱스』, 1950년 힉스 『경기순환론』, 커먼스 『집단행동의 경제학』, 킨들버거 『달러 부족』, 핸슨 『경기순환과 국민소득』, 클라인 『미국 경제의 변동』 | | |
| 1950 | 1951년 쿠프만스 『생산과 배분의 활동분석』, 갈브레이스 『미국자본주의』, 틴버겐 『계량경제학』, 시토우스키 『후생과 경쟁』, 윌슨 · 엔드류스 『가격기구의 옥스퍼드 조사』, 애로우 『사회적 선택과 개인적 가치』, 1952년 로스토우 『경제성장의 과정』, 코플런드 『미국의 마네 프로의 연구』, 틴버겐 『경제정책의 이론』, 바이너 『국제무역과 경제발전』, 1953년 누르크세 『후진제국의 자본형성』, 레온티에프 『미국 경제구조의 연구』, 버얼 『20세기 자본주의 혁명』, 클라인 『계량경제학』, 1954년 슘페터 『경제분석의 역사』, 로빈슨 『자본축적론』, 1955년 루이스 『경제성장의 이론』, 클라인 · 골드버거 『미국의 계량경제학적 모형』, 1956년 J. V. 로빈슨 『자본축적론』, 킨들버거 『교역조건—유럽 공업국에 관한 케이스 스터디』, 알렌 『수리경제학』, 1958년 갈브레이스 『풍요로운 사회』, 허쉬만 『경제발전의 전략』, 도프만 · 새뮤얼슨 · 솔로 『선형계획과 경제분석』, 뵘바베르크 『자본과 이자』, 피셔 『통계적 방법과 과학적 추론』, 누르크세 『외국무역과 경제발전』, 마스그레이브 『재정이론』, 뒤브류 『가치의 이론』, 체너리 · 클라크 『산업연관경제학』, 스트레이치 『제국주의의 종말』, 1960년 스라파 『상품에 의한 상품의 생 | 1949년 제1차 중동전쟁, 1950년 1월 26일 인도공화국 성립, 1950년 6월 25일 한국동란 발발, 1956년 8월 16~23일 수에즈운하 국제회의, 수에즈전쟁 발생, 1957년 4월 9일 수에즈운하 재개, 1962년 쿠바위기, 1964년 중국 문화혁명운동 고조, 1965년 베트남전쟁( ~1975), 1965년 9월 1일 인도 · 파키스탄 전쟁, 1969년 인간의 최초 달 착륙, 1973년 제4차 중동전쟁, 1955~1975년 베트남 전쟁, 1989년 11월 9일 베를린장벽 붕괴→독일 통일, 1991년 소비에트 연방 붕괴, 1991년 걸프 전쟁, 1997년 세계 최초 복제 양 돌 | 1953년 휴전협정 조인, 1961년 5 · 16 군사혁명, 1962년 제1차 경제개발 5개년계획 실시, 1965년 6월 22일 대한민국과 일본 간에 한일기본조약 조인되어 국교 정상화, 1970년 7월 7일 경부고속도로 개통, 1972년 7월 4일 7 · 4 남북 공동성명 발표, 1972년 8월 3일 8 · 3조치, 1993년 8월 12일 금융실명제 실시, 1997년 11월 21일 대한민국 정부 IMF에 구제금융 요청 |

| | | | |
|---|---|---|---|
| | 산』, 칼도어 『가치와 분배론집』, 『경제안정과 성장론집』, 로스토우 『경제성장의 제단계』, 1961년 뮈르달 『복지국가를 넘어서』, 1962년 프리드먼 『자본주의와 자유』, 발라사 『경제통합의 이론』, 뷰캐넌 · 털럭 『국민 합의의 분석』, 1963년 프리드먼 · 슈르츠 『합중국에 있어서의 화폐의 역사—1867~1960』, 1964년 페이-라니스 『노동력과잉경제의 발전』, 시로스-라비니 『과점과 기술진보』, 베커 『인적 자본』, 1965년 프리슈 『생산의 이론』, 힉스 『자본과 성장』, 미드 『정상경제론』, 요한센 『공공의 경제학』, 1967년 쿠즈네츠 『근대경제성장론』, 1968년 『거시경제학의 이론』, 뮈르달 『아시안 드라마』, 1969년 뷰캐넌 『공공재의 수요와 공급』, 1971년 토빈 『거시경제학의 재검토』, 1973년 쿠즈네츠 『인구, 자본 그리고 성장』, 1977년 갈브레이스 『불확실성의 시대』, 1980년 프리드먼 『선택의 자유』, 1988년 하이에크 『치명적 자만』, 1997년 로버트 머튼 · 마이런 숄츠 노벨경제학상 공동 수상 : 파생금융상품의 가격결정 모델 최초 개발 | 리 탄생. | |
| **2000** | 2007년 제프리 삭스 『빈곤의 종말』 2012년 크루그먼 『지금 이 디플레이션을 끝내라(End This Depression Now)』, 2013년 토마 피케티 『21세기 자본』 | 2001년 9월 11일 9.11 테러, 2007~2008년 글로벌 금융위기 | 2001년 8월 10일 IMF 구제금융 조기 상환, 2010년 무역 1조 달러 돌파, 2012년 3월 15일 한미FTA 발효, 2014년 11월 중국과 FTA 협상 체결 |

찾아보기

ㅂ

ㅅ

ㅈ

ㅋ



ㅌ

ㅎ

## 지은이에 대하여


### 이천우

부산대학교 상과대학 경제학과(경제학사)

부산대학교 대학원 경제학과(경제학 석사)

부산대학교 대학원 경제학과(경제학 박사)

일본 동북대학 연구교수 및 중국 청도농업대학 교환교수

창원대학교 교수회 의장 및 창원대학교 기획협력처장 역임

현, 창원대학교 경영대학 G-BIZ학부 교수

경상남도 소비자정책위원회 및 동 분쟁조정위원회 위원

경상남도 도정자문위원회 위원


**주요 저서**

『창원지역 노동시장과 인력수급 정책』(공저)

『한국경제론』(공저)

『신아시아경제론』(2010년도 문화체육관광부 우수학술도서 선정)

『현대 한국경제의 이해』

『현대 아시아경제론』(공저)

『해외투자론』 등

# 경제학의 역사와 사상

초판 1쇄 발행 2017년 8월 18일
초판 2쇄 발행 2022년 1월 18일

지은이 이천우
펴낸이 박기남
기획 · 영업 박정헌
펴낸곳 율곡출판사
08590 서울시 금천구 가산디지털1로 84(에이스하이엔드 8차), 803호
전화 (代) 02) 718-9872
팩스 02) 718-9874
home-page www.yulgokbooks.co.kr
e-mail yulgokbook@naver.com
등록 1989.11.10. 제2014-000031호
ISBN 979-11-87897-14-9 93320

값 30,000원